매산집

이 책은 2018 · 2019 · 2020년도 정부(교육부)의 재원으로 한국고전번역원의 지원을 받아 수행된 '권역별거점연구소협동번역사업'의 결과물임.

This work was supported by Institute for the Translation of Korean Classics-Grant funded by the Korean Government.

한국고전번역원 한국문집번역총서/성신여자대학교 고전연구소·(사)해동경사연구소

# 매산집 16

# 梅山集

홍직필 지음
洪直弼

신상후 옮김
이정은

## 일러두기

1. 이 책의 번역 대본은 한국고전번역원에서 간행한 한국문집총간 295·296집에 실린 《매산집(梅山集)》으로 하였다. 번역 대본의 원문 텍스트와 원문 이미지는 한국고전종합DB(http://db.itkc.or.kr)에서 확인할 수 있다.
2. 내용이 간단한 역주는 간주(間註)로, 긴 역주는 각주(脚註)로 처리하였다.
3. 한자는 필요한 경우 이해를 돕기 위하여 넣었으며, 운문(韻文)은 원문을 병기하였다.
4. 맞춤법과 띄어쓰기는 한글 맞춤법과 표준어 규정을 따랐다.
5. 이 책에서 사용한 부호는 다음과 같다.
   ( ) : 번역문과 음이 같은 한자를 묶는다.
   〔 〕 : 번역문과 뜻은 같으나 음이 다른 한자를 묶는다.
   " " : 대화 등의 인용문을 묶는다.
   ' ' : " " 안의 재인용 또는 강조 문구를 묶는다.
   「 」 : ' ' 안의 재인용을 묶는다.
   『 』 : 「 」 안의 재인용을 묶는다.
   《 》 : 책명 및 각주의 전거(典據)를 묶는다.
   〈 〉 : 책의 편명 및 운문·산문의 제목을 묶는다.

차례



## 매산집 제44권

### 묘지명 墓誌銘

## 매산집 제45권

### 시장諡狀



### 행장行狀



## 매산집 제46권

### 행장行狀

## 매산집 제47권

### 행장行狀

# 매산집

## 제44권

## 묘지명 墓誌銘

# 증조고 현령 증 좌찬성 부군[1] 묘지명

曾祖考縣令贈左贊成府君墓誌

연천현(漣川縣) 남쪽 10리의 청화산(淸華山) 아래의 인성동(仁聖洞)의 감좌(坎坐)의 언덕은 바로 우리 증조고 삼등 현령(三登縣令) 증 좌찬성 부군의 옷과 신을 묻은 곳이다. 선고(先考)께서 일찍이 불초에게 말씀하시기를 "만일 선조를 불후(不朽)하게 할 수 있는 자가 세상에 없다면 차라리 그 자손 스스로 선조의 불후를 도모하는 것이 나으니, 너는 기억하도록 해라."라고 하셨다. 불초는 선고의 유의(遺意)를 삼가 이어서 다음과 같이 묘지명을 짓는다.

공은 휘가 상언(尙彦)이고, 자가 군미(君美)이다. 우리 홍씨(洪氏)는 계통이 중국에서 나왔으니, 당 선종(唐宣宗)이 팔학사(八學士)를 보내어 국인(國人)을 가르쳤는데, 홍씨가 그 중에 하나를 차지하였으며 처음 남양(南陽)에 관적(貫籍)을 두었다.[2] 휘 은열(殷悅)에 이르러 고려 좌명태사(佐命太師)가 되었고, 증손 휘 복(馥)은 예사(禮史)를 지냈다. 5대를 전하여 휘 유도(由道)에 이르렀으니, 이분은 밀직사사(密直司事)를 지내고 이익재(李益齋) 등 제현과 함께 연저(燕邸)에서

1 증조고……부군 : 홍상언(洪尙彦, 1701~1763)으로, 1735년 생원시에 급제하고 삼등 현령과 돈녕부 판관을 지냈다. 정조의 비 효의왕후(孝懿王后)의 외조부이다.

2 당 선종(唐宣宗)이……두었다 : 남양 홍씨(南陽洪氏)의 시조는 홍천하(洪天河)로, 당나라에서 보냈던 팔학사(八學士) 중 한 사람이다. 홍천하는 고구려 영류왕(榮留王) 때에 고구려에 귀화(歸化)했다가 그 후 신라 선덕여왕(善德女王) 때에 태자태사(太子太師)가 되고 당성백(唐城伯)에 봉해졌다고 한다. 당성은 남양의 옛 지명이다.

수종(隨從)한 공으로 녹훈되었다.[3] 두 번 전하여 휘 명(溟)에 이르렀으니, 이분은 우리 조선조에 들어와서 가장 먼저 한성 판윤(漢城判尹)에 제수되어 경사를 다스렸다. 이분이 휘 사석(師錫)[4]을 낳으니, 재주가 장상(將相)을 겸하여서 태종(太宗)의 고명(顧命)을 받아 '장양(莊襄)'이라는 시호를 받았다. 또 2대를 지나 휘 이평(以平)[5]에 이르렀으니, 문학으로 높은 명망을 이루어서 정희량(鄭希良) 등 제공들과 금란계(金蘭契)[6]에 의탁하였으며, 관직은 성균관 사성(成均館司成)에 이르렀

**3** 5대를……녹훈되었다 : 이익재(李益齋)는 이제현(李齊賢)으로, 익재는 그의 호이다. 연저는 원나라의 수도인 연경(燕京) 소재의 집을 말한다. 홍유도(洪由道)는 공민왕(恭愍王)이 원나라에 있을 때에 호종했던 공으로 인해 공민왕 원년(1352)에 삼등 공신에 녹훈되고 전민(田民)을 하사받았다. 《高麗史 卷38 恭愍王世家 元年》

**4** 사석(師錫) : 홍사석(洪師錫 ?~1448)으로, 무과에 급제하여 1426년(세종8) 호군(護軍)이 되었고, 이듬해 무과중시에 급제하여 이후 진응사(進鷹使)와 진헌사(進獻使)로 두 차례 명나라에 다녀왔으며, 판중추원사(判中樞院事)를 지냈다. 1433년 전라도 도절제사·경상좌도 병마절제사 등을 지내고 이듬해 정조사(正朝使)가 되어 다시 명나라에 다녀왔다. 1488년 경상도 처치사(慶尙道處置使)로 병선과 군사를 이끌고 왜구를 정벌하러 갔다가 참패하여 파직되고 유배되었다가, 사후에 세종이 직첩을 되돌려주어 회복시켰다.

**5** 이평(以平) : 홍이평(洪以平, 1463~1525)으로, 자는 중성(仲城)이다. 1513년(중종8) 식년문과에 급제하여, 성균관 전적에 제수되었다가 사헌부 감찰·장례원 사평(掌隷院司評)을 지냈다. 1515년 공조 좌랑·춘추관 기사관·소격서 영(昭格署令) 등을 지내고, 이듬해 형조 정랑, 1517년 성균관 사예(成均館司藝)와 사성(司成), 예빈시 부정(禮賓寺副正)·상의원 정(尙衣院正)을 지내고, 1525년 대구 부사로 재직 중에 병으로 별세하였다.

**6** 금란계(金蘭契) : 뜻이 같은 사람끼리 돈독한 우의로 결성한 모임을 말한다. 《주역(周易)》 〈계사 상(繫辭上)〉에 "두 사람이 마음을 같이하니 그 예리함이 쇠를 끊을 만하다. 마음을 같이하는 말은 그 향기가 난초와 같다.〔二人同心, 其利斷金. 同心之言, 其臭

다. 이분이 휘 덕윤(德潤)을 낳으니, 덕윤은 종묘서 영(宗廟署令)을 지냈다. 두 대가 모두 이조 판서에 추증되었다. 덕윤이 휘 인서(仁恕)를 낳으니, 인서는 호조 판서를 지냈고 용만(龍灣 의주(義州))으로 어가를 호종(扈從)하다가 졸하였는데 유명(遺命)으로 녹훈을 사양하였으니, 이분이 공의 5대조이시다.

고조는 휘 매(邁)로 홍주 목사(洪州牧使)를 지냈다. 증조는 휘 여귀(汝龜)로 병자년과 정축년[7] 이후에 의리를 지키고 자정(自靖)[8]하여 세상에서 '대명 처사(大明處士)'라고 일컬었다. 네 아들을 두었는데, 장남은 휘가 태원(泰元)으로, 효에 죽어서 정려되었으며, 차남은 휘가 태형(泰亨)으로 생원이다. 생원공의 장자는 휘가 중채(重埰)로, 백부의 후사가 되어 사복시 정(司僕寺正)에 추증되었다. 양대의 문학과 행실이 사림의 칭술을 받았는데 모두 약관(弱冠)을 넘겨 별세하였으니, 곧 공의 조부와 선고(先考)이다. 선비(先妣)는 전주 이씨(全州李氏)로, 통덕랑 이덕령(李德齡)의 따님이니, 효령대군(孝寧大君) 보(補)가 그 선조이다.

공은 숙종 27년 신사년(1701) 12월 10일에 숭교방(崇敎坊)의 구택(舊宅)에서 태어났다. 천성이 준위(俊偉)하여 효도와 공경을 타고났다. 3세에 선고(先考)의 상을 당하였는데, 스스로 각고면려(刻苦勉勵)

如蘭.]"라고 한 데서 나온 말이다.

7 병자년과 정축년 : 병자호란(丙子胡亂)이 일어난 해를 가리키는바, 병자년인 1636년(인조14) 12월에 시작되어 이듬해 정축년인 1637년(인조15) 1월에 끝나면서 청(淸)나라와 화의를 맺었다.

8 자정(自靖) : 각자 의리상 마땅하게 처신하여 스스로를 편안하게 한다는 뜻으로, 여기서는 벼슬에 나아가지 않고 지조를 지켰다는 뜻이다. 《書經 商書 微子》

하고 문사(文詞)를 연마하여 과장(科場)에 나아가니 명망이 성대하였다. 을묘년(1735, 영조11)에 생원·진사 시험에 임하여 생원시(生員試)에 입격하였고, 정묘년(1747, 영조23)에 창릉 참봉(昌陵參奉)에 제수되었다가 영릉 참봉(英陵參奉)으로 옮겼고, 다시 제용감 봉사(濟用監奉事)와 종묘시 직장(宗廟署直長)을 역임하였다가 사도시 직장(司䆃寺直長)으로 옮기고 사헌부 감찰(司憲府監察)로 승진하였다.

임신년(1752, 영조28) 삼등 현령(三登縣令)에 제수되었는데, 읍에 누각과 산수(山水)의 승경(勝景)이 있어 공무를 처리하고 난 여가에 술잔을 잡고서 읊조리고 휘파람을 불며 초연히 은거하고자 하는 지취가 있었다. 정사를 함이 평탄하여 성예(聲譽)를 바라지 않았으나, 백성들에게 유애(遺愛)[9]가 있었으므로 오래되어도 백성들이 잊지 않았다. 3년 뒤에 〈귀거래사(歸去來辭)〉를 노래하며 돌아왔는데, 행리(行李)가 씻은 것처럼 텅 비었었다. 임오년(1762, 영조38)에 돈녕부 판관(敦寧府判官)에 제수되었다. 계미년(1763, 영조39) 8월 22일에 초천제(椒泉第)의 정침(正寢)에서 졸하니, 향년이 63세이다.

혜빈궁(惠嬪宮)[10]과 세손궁·세빈궁[11]이 별치부(別致賻)[12]하고 빈궁

**9** 유애(遺愛) : 지방관이 선정(善政)을 베풀어 백성들에게 끼친 은혜를 말한다.

**10** 혜빈궁(惠嬪宮) : 영조의 아들 사도세자(思悼世子)의 비인 혜경궁(惠慶宮) 홍씨(洪氏, 1735~1815)이다. 아들 정조가 즉위하자 궁호가 혜경(惠慶)으로 바뀌고 고종 때 헌경왕후(獻敬王后)로 추존되었으며, 대한제국 때 의황후(懿皇后)로 다시 추존되었다.

**11** 세손궁·세빈궁 : 당시 세손이었던 정조와 세빈이었던 효의왕후를 가리킨다. 홍상언은 효의왕후의 외조부가 된다.

**12** 별치부(別致賻) : 조선조 때 정·종(正從) 3품 이하의 시종(侍從)이나 대시(臺

은 또 금단(錦緞)을 하사하여 이로써 봉수(賵襚 죽은 사람에게 거마와 수의 등을 보내는 것)를 성대하게 하도록 하니, 은졸(隱卒 임금이 신하에게 애도를 표하는 것)의 은전(恩典)에 유감이 없었다. 10월 17일에 인성동(仁聖洞)에 장례를 지내니, 현계(玄溪)의 선영(先塋)과 한 산등성이를 사이에 둔 곳이었다.

공은 기국이 크고 후덕하여 너그러움이 성품을 이루어서, 관후하고 편안한 기상이 언사에 넘쳐흐르고 관대하고 인자한 태도가 몸가짐에 드러났다. 마음을 씀에 남을 시기하고 이기려는 마음을 매우 경계하고, 일을 처리함에 집착하고 기필하는 바[13]가 없었다. 어린 나이에 부친을 잃어 종신토록 함휼(含恤)[14]하였고, 상이 끝난 뒤에도 단괄(袒括)[15]했을 때와 똑같이 울부짖으며 곡하였다. 편모를 섬김에 정성을 다하여 곁에서 화락하게 해서 모친의 기쁨을 극진히 하는 데에 힘쓰니, 숙수

侍)가 상사(喪事)를 당했을 때 임금이 따로 돈이나 물품을 하사하는 일을 말한다.

**13** 집착하고 기필하는 바 : 원문의 '고필(固必)'은 《논어》 〈자한(子罕)〉에 "공자는 네 가지가 완전히 없으셨으니, 사사로운 뜻이 없으셨으며 기필함이 없으셨으며 집착함이 없으셨으며 사사로움(이기심)이 없으셨다.〔子絶四, 毋意, 毋必, 毋固, 毋我.〕"라고 보이는바, 주희(朱熹)의 주석에 따르면 '고'는 집착하고 고집하는 것으로서 일이 있고 난 뒤에 생기는 것이고 '필'은 사의(私意)로 인해 발생한 기필함으로 일에 있기 전에 생긴 것이다.

**14** 함휼(含恤) : 슬픔을 머금고 있다는 의미로, 어버이가 세상을 떠난 뒤의 자식의 심경을 형용한 것이다. 《시경》 〈소아(小雅) 육아(蓼莪)〉에 "아버지가 없으면 누구를 믿으며 어머니가 없으면 누구를 믿을꼬. 나가면 슬픔을 머금고 들어오면 이를 곳이 없네.〔無父何怙? 無母何恃? 出則銜恤, 入則靡至.〕"라고 한 데서 온 말이다.

**15** 단괄(袒括) : 처음 부모의 상(喪)을 당했을 때 행하는 고대의 예법으로, 단(袒)은 한쪽 어깨의 옷을 벗는 것, 괄(括)은 머리를 묶는 것이다.

(菽水)도 올리지 못할 지경이었으나 수수(滫瀡)의 봉양에 흠이 없었다.[16] 이 유인(李孺人)이 여서(女婿)의 집이 가난하다는 이유로 재산을 털어 공급해주었는데, 공은 모친의 뜻보다 앞서서 그 뜻을 받들고 순종하여 조금의 어김도 없었다. 선영이 멀리 궁벽한 산속에 있었는데, 사시(四時)의 절사(節祀)를 반드시 몸소 가서 행하고 반드시 병사(丙舍)[17]에서 연일 묵으며 선영을 첨의(瞻依)[18]하며 이로써 육아(蓼莪)의 사모[19]를 부쳤다. 읍에 부임하게 되어서는 녹봉이 부모 생전에 미치지 못했다 하여 제수(祭羞)를 풍성하게 하여 전성(專城)의 봉양[20]을 대신하였다.

두 손윗누이를 엄형(嚴兄)처럼 섬겨서 함께 편모를 모시며 담락(湛樂)[21]하고 융예(融泄)[22]하여 세월을 함께 보내서 자타의 경계가 없었

**16** 숙수(菽水)도……없었다 : 가난하여 어버이에게 좋은 음식을 올리지는 못하나 그 상황에서도 정성껏 음식을 조리하여 봉양했다는 말이다. '숙수'는 콩죽과 물이라는 뜻으로 가난한 효자가 어버이에게 올리는 음식을 비유할 때 쓰는 말이며, '수수'는 전분을 음식에 섞어 부드럽게 만드는 조리법으로 어버이에게 봉양할 음식의 조리에 정성을 다함을 비유할 때 쓰는 말이다. 《禮記 檀弓下・內則》

**17** 병사(丙舍) : 묘소 곁에 있는 여막(廬幕)이나 재실(齋室)을 이르는데, 전하여 시골에 있는 집을 뜻하는 말로도 쓰인다.

**18** 첨의(瞻依) : 항상 바라보고 의지한다는 뜻으로, 부모에 대한 경의(敬意)를 나타내는 말이다. 《시경》 〈소아(小雅) 소반(小弁)〉의 "우러러볼 것이 아버지 아님이 없으며 의지할 것이 어머니 아님이 없도다.〔靡瞻匪父, 靡依匪母.〕"라는 구절에서 왔다.

**19** 육아(蓼莪)의 사모 : 돌아가신 부모에 대한 그리움이나 슬픔을 뜻하는 말로, 《시경》 〈소아(小雅) 육아〉에서 온 말인데, 이 시는 부모가 돌아가셔서 은혜를 갚을 수 없음을 슬퍼하고 부모를 몹시 그리워하는 심정을 읊은 시이다.

**20** 전성(專城)의 봉양 : 한 고을 전부의 봉양이라는 말로, 자손이 고을의 수령이 되어 그 녹봉으로 어버이를 봉양하는 것을 말한다.

다. 계부(季父)를 한 집에서 모셨는데, 계부의 나이가 공보다 적었으나 계부를 향한 공경과 사랑이 모두 도타웠다. 규방의 안에서는 서로 빈객처럼 공경하여 앉는 자리를 멀리 떨어트리고 옷깃이 서로 닿지 않게 하였다. 친척과 화목하게 지냄에 도리를 곡진하게 하여 혼인과 상사(喪事)를 반드시 도와서 예(禮)를 이루었다. 종당(宗黨)과 모임을 할 때마다 술을 마시고 창수(唱酬)하여 정담을 모두 풀어내었고 풍류가 더욱 일어나면 사방의 자리에서 친밀히 환담을 나누었다.

공은 어린 나이에 집안을 담당하였다. 집안 대대로 내려온 재산이 지서(支庶)들에게 분배되어 남은 것이 전혀 없었는데, 장성한 뒤에도 이 일에 대한 심경을 얼굴에 드러낸 적이 없었다. 어려서는 외가에서 길러졌는데, 여러 삼촌을 부형처럼 섬겼고 매부와 서로 아끼고 믿어서 골육보다 더함이 있었다. 여러 생질을 교육함에 자기 소생과 차이가 없었다. 이것들은 모두 효를 미루어 행한 것이었다.

독자(獨子)에게 사랑을 오로지 쏟았으나 가르침을 엄준하게 베풀어

**21** 담락(湛樂) : 형제가 우애를 나누며 단란하게 지냄을 말한다. 《시경》 〈소아(小雅) 상체(常棣)〉에 "처자가 좋고 화합함이 금슬을 타는 듯하더라도 형제간이 화합하여야 화락하고 또 길이 즐길 수 있다네.〔妻子好合, 如鼓瑟琴, 兄弟既翕, 和樂且湛.〕"라고 한 데서 온 말이다.

**22** 융예(融泄) : 융융예예(融融洩洩)의 준말로, 화락하고 기뻐하며 즐거워함을 이른다. 《춘추좌씨전》 은공(隱公) 원년에, 정(鄭)나라 장공(莊公)이 아우 공숙단(共叔段)의 반란을 평정한 뒤에 그와 공모(共謀)한 어머니 강씨(姜氏)를 성영(城潁)에 유폐하고 다시 안 만나겠다고 했다가, 영고숙(潁考叔)의 충언을 듣고 땅굴을 통해 들어가서 강씨를 만났는데, 그때에 장공이 노래하기를 "대수 안에 그 즐거움이 화락하네.〔大隧之中, 其樂也融融.〕" 하였고, 그 어머니가 나와서 노래하기를 "대수 밖에는 그 즐거움이 펴지도다.〔大隧之外, 其樂也洩洩.〕"라고 하였다.

서 얼굴빛과 말에 있어 가차가 없었다. 사람을 접할 적에는 물아의 경계를 두지 않았고, 친인척이 환달(宦達)하였으나 사사로운 요구를 한 적이 없었다. 베풀기를 좋아하여, 빈궁함으로 인해 어버이를 봉양하지 못하는 자가 있으면 자기의 끼니를 덜어 급한 것을 주선해주었다. 거처하는 곳은 협루(狹陋)하였으나 편안하게 거하였고 방 하나를 청소함에 작은 먼지도 남지 않게 하였으며 종일토록 단정하게 앉아서 세상일을 영위함이 없었다. 평화롭고 담박하며 성실하고 고요해서, 친한 사람도 감히 서로 친압하지 못하고 소원한 사람에게는 그 마음을 다하였으니, 화목함과 준엄함이 함께 성취됨이 이와 같았다.

왕실의 외척이 된 뒤로부터는 겸퇴하고 단속하며 두려워하고 삼가서 사람들과 종유하기를 드물게 하였고 지조를 지키기를 확고하게 하여 관절(關節 뇌물)이 통하지 않았으며, 권세의 이익에 달려가는 자를 보면 타매(唾罵)할 것처럼 하였다. 노복을 어거함에 회초리를 치지 않았으나 노복이 절로 경외하고 심복하였다. 집안에서 대대로 전한 노복이 여러 곳에 흩어져서 자손이 번연(蕃衍)하였으나 공물을 수합하지 않고 문권(文券)을 모두 불살라 없애니, 부군(府君)을 맡은 자들이 모두 큰 도량이라고 칭찬하였다. 필법은 종왕(鍾王 위(魏)나라 종요(鍾繇)와 진(晉)나라 왕희지(王羲之))을 사모하여 한결같이 심획(心畫)에서 나와서, 비록 짧은 편지라도 대충 쓴 적이 없었다.

배위(配位) 순천 김씨(順天金氏)는 통덕랑(通德郞) 김재중(金載重)의 따님으로, 좌의정 평양 부원군(平陽府院君) 김승주(金承霔)가 그 선조이시다. 시부모 섬기기를 효로써 하고 남편 받들기를 공경으로써 하며 자손 가르치기를 예(禮)로써 하고 노복 거느리기를 은혜로써 하여, 그 인애(仁愛)와 충후(忠厚)가 규문 안에서 쉽게 찾아볼 수 있는 것이 아니었으니, 군자가 칭송하기를 "여사(女士)"라고 하였다. 병신년(1776, 영조52) 2월 18일에 장자의 예안현(禮安縣) 임소에서 졸하니, 생년인 계미년(1703, 숙종29)과의 거리를 계산하면 74년이 된다. 부군(府君)의 묘에 부장(祔葬)하니, 언덕을 함께 하고 실(室)을 달리 하였다.

1남 2녀를 두었으니, 아들 선양(善養)은 황주 목사(黃州牧使)로 이조 참판에 추증되었고, 딸은 부사(府使) 이수(李琇)와 청원 부원군(淸原府院君) 김시묵(金時默)에게 시집갔으며, 서녀(庶女)는 이신수(李信秀)에게 시집갔다. 참판공은 3남 3녀를 두었으니, 아들 이간(履簡)은 돈동녕(同敦寧)으로 이조 판서에 추증되었는바, 바로 나의 선군(先君)이시다. 정간(鼎簡)은 현감이고, 제간(濟簡)은 통덕랑(通德郞)이다. 딸은 김재상(金載象)과 진사 심능기(沈能基)와 완성군(完城君) 희(爔)에게 시집갔다. 부사 이수의 여서(女婿)는 민승현(閔升顯)이다. 청원 부원군 김시문의 딸은 바로 효의왕후(孝懿王后)이시다. 이신수의 양자는 명우(命愚)이다. 판서 이간은 1남 2녀를 두었으니, 아들은 불초 직필(直弼)인데, 외람되이 정초(旌招)를 받아 지위가 상경(上卿)에 올랐으나 감히 나아가지 않았고, 여서는 현감 김태근(金泰根)과 윤약렬(尹約烈)이다. 서자(庶子)와 서녀(庶女)를 두었으니, 서자는 전 주부(主簿) 약필(若弼)이고 서녀는 무과(武科) 이경우(李敬愚)에게 시집갔다. 현감 정간의 아들은 익필(翼弼)로 현령이고, 서자는 석필(奭弼)로 영장(營將)이다. 통덕랑 제간의 아들은 윤필(允弼)이다. 김재상(金載象)의 아들은 수(鏽)와 직(鑁)이고, 여서는 참판 정의(鄭漪)와 신석구(申錫久)이다. 민승현의 아들은 치영(致永)과 군수 치병(致秉)과 치경(致儆)이다. 직필의 양자는 전 현령 일순(一純)이고, 여서는 진사

민경호(閔慶鎬)이다.

아! 부군(府君)이 집안의 변고를 만나 상화(喪禍)가 거듭 혹독하여 외롭게 한 몸만 남았는데, 그런데도 집안을 재조(再造)하여 곤궁함을 굳게 지키고 분수를 편안히 여겨서 노쇠하여도 더욱 엄숙하여 의리로 운명에 대처하고 당세에 구차히 영합하지 않았으니, 이는 《시경》에 이른바 "선인(善人)인 군자여, 그리워하여 진실로 잊지 못하도다.〔淑人君子 懷允不忘〕"라고 한 것일 것이다. 처사공(處士公)[23]의 숨겨진 덕과 그윽한 광채가 이미 오래도록 쌓였는데도 수명과 지위로 현달하지 못했으니, 석과(碩果)의 보답[24]이 마땅히 부군에게 있어야 했다. 그런데 이미 공거(公車 과거(科擧))에 곤액을 당하고 또 장수를 누리지 못하여 뜻과 사업을 끝까지 다하지 못해서 지위와 덕이 칭송되지 못하였으니, 이것이 후손의 한없는 애통함이 된다. 그렇지만, 아! 우리 성후(聖后)께서 택상(宅相)의 기운[25]을 모아 태어나시어 일국(一國)의 어머니로 임하여 음교(陰敎)를 크게 여셨으니, 이것이 바로 부군의 적덕

**23** 처사공(處士公) : '대명 처사(大明處士)'로 일컬어진 홍여귀(洪汝龜)를 가리킨다. 홍상언의 증조부이다.

**24** 석과(碩果)의 보답 : 생전에 덕을 쌓고 복을 누리지 못하면 자손이 대신 그 복을 누린다는 의미로, 《주역》 〈박괘(剝卦) 상구(上九)〉에 "마지막 남은 큰 과일은 먹지 않는다.〔碩果不食.〕"라고 한 데서 온 말이다.

**25** 택상(宅相)의 기운 : '택상'은 본디 집터의 풍수지리상의 형상을 가리키는데, 훌륭한 외손을 뜻하는 말로도 쓰이는바, 진(晉)나라 위서(魏舒)가 어려서 외가인 영씨(寧氏) 집에서 자랐는데, 그 집터의 미래를 점친 자가 장차 귀한 외손이 나오게 될 것이라고 예언하였고, 과연 그 말대로 위서가 나중에 사도(司徒)의 지위에까지 올랐다는 고사에서 비롯된 것이다. 《晉書 卷41 魏舒列傳》 여기서는 효의왕후가 홍상언의 외손이기 때문에 이렇게 말한 것이다.

(積德)의 남은 경사이다. 천도(天道)의 보시가 아마도 여기에 있을 것이다.

순묘(純廟) 기사년(1809, 순조9) 8월에 부군을 숭정대부 의정부 좌찬성(崇政大夫議政府左贊成)에 추증하고 겸함(兼銜)을 준례대로 하였으며 김 숙인(金淑人)도 따라서 정경부인(貞敬夫人)에 추증하고 승지를 보내어 치제(致祭)한 뒤 사손(嗣孫)을 녹용(錄用)하도록 명하였으니, 이는 곧 경사(慶事)를 인하여 왕대비의 성스러운 뜻을 순히 따른 것이었다. 아! 성대하도다!

불초가 삼가 보건대, 선철(先哲)과 근세의 명현(名賢) 중에 스스로 선조의 묘도문(墓道文)을 쓰면서 행적과 경력만을 서술하고 명(銘)은 짓지 않은 경우가 많으니, 이는 명문이란 것이 찬송(贊頌)하는 글이어서 자손이 감히 사사롭게 쓸 수 있는 것이 아니기 때문에 그만둔 것이다. 이에 그 준례를 삼가 본받아 묘지문를 지어 땅속에 넣어서 이로써 산천의 변천에 대비하노라.

# 조고 목사 증 이조 참판 부군[26] 묘지명

祖考牧使贈吏曹參判府君墓誌

연천현(漣川縣) 동쪽 10리 현계(玄溪)의 위, 청화산(淸華山)의 아래에 우리 집안 6대 소목(昭穆)의 장지(葬地)가 있다. 조고 부군(府君)의 옷과 신발이 3번 옮겨서 선영을 따르게 되었으니, 이로써 골육이 함께 모이고자 했던 평소의 소원을 이루게 되었다. 부군은 휘가 선양(善養)이고 자가 사호(士浩)이다. 우리 홍씨(洪氏)는 계통이 중국에서 나왔으니, 당 선종(唐宣宗)이 팔학사(八學士)를 보내어 국인(國人)을 가르쳤는데, 홍씨가 그중에 하나를 차지하였으며, 남양(南陽)에 집터를 잡아 관적(貫籍)을 두었다.[27] 고려 태사(太師) 휘 은열(殷悅)이 비조(鼻祖)가 된다. 증손 휘 복(澓)은 예사(禮史)를 지냈다.

여러 대를 전하여 휘 유도(由道)에 이르렀는데, 공민왕(恭愍王)을 연저(燕邸)에서 수종(隨從)한 공으로 녹훈되었으며[28] 밀직사사(密直

26 조고……부군 : 홍선양(洪善養, 1727～1798)으로 자는 사호(士浩)이다. 1754년(영조30) 증광 생원시에 합격하고 성균관 장의(掌議)로 있으면서 상소하여 신임사화를 일으킨 소론을 변호하는 자들을 배척하였으며, 벼슬이 청주 목사(淸州牧使)에 이르렀다.

27 당 선종(唐宣宗)이……두었다 : 남양 홍씨(南陽洪氏)의 시조는 홍천하(洪天河)로, 당나라에서 보냈던 팔학사(八學士) 중 한 사람이다. 홍천하는 고구려 영류왕(榮留王) 때에 고구려에 귀화(歸化)했다가 그 후 신라 선덕여왕(善德女王) 때에 태자태사(太子太師)가 되고 당성백(唐城伯)에 봉해졌다고 한다. 당성은 남양의 옛 지명이다.

28 공민왕(恭愍王)을……녹훈되었으며 : 12쪽 주3 참조.

司事)를 지냈다. 손자 휘 명(溟)이 있었으니 이분이 우리 조선조에 들어와서 한성부 판윤(漢城府判尹)에 제수되어 경사를 다스렸으며 숭교방(崇教坊)에 집터를 잡아 자손이 대대로 이곳에 살았다. 장양공(莊襄公) 휘 사석(師錫)을 낳으니, 문무(文武)의 재주를 모두 갖추어서 헌릉(獻陵 태종(太宗))의 고명(顧命)을 받았다. 2대를 지나 휘 이평(以平)이 사성(司成)을 지냈는데, 경술(經術)과 덕행으로 무오년 제현[29]과 더불어 이십팔수(二十八宿)라고 일컬어졌다. 휘 덕윤(德潤)을 낳으니, 종묘서 영(宗廟署令)을 지냈다. 두 대가 모두 이조 판서에 추증되었다. 덕윤이 휘 인서(仁恕)를 낳으니, 인서는 호조 판서를 지냈고 임진년(1592, 선조25)에 어가를 호종(扈從)하다가 용만(龍灣 의주(義州))에서 졸하였는데, 유명(遺命)으로 녹훈을 사양하였으며, 목릉(穆陵 선조(宣祖))의 명신이 되었는바, 이분이 부군의 6대조이시다.

이 분이 휘 매(邁)를 낳으니, 홍주 목사(洪州牧使)를 지냈다. 이 분이 휘 여귀(汝龜)를 낳으니, 병자년과 정축년[30] 이후에 의리를 지키고 은둔하여 세상에서 '대명 처사(大明處士)'라고 일컬었다. 장남은 휘가 태원(泰元)으로 통덕랑이고, 차남은 휘가 태형(泰亨)으로 생원이다. 통덕공이 묘령의 나이로 효에 죽어서 정려되어, 생원공의 아들 휘 중채(重埰)를 후사로 삼았는데 중채 또한 약관에 별세하였으며, 사복시

**29** 무오년 제현 : 무오사화에 연루된 사람들을 가리키는바, 무오사화는 무오년인 연산군 4년(1498)에 김일손(金馹孫) 등의 사림파(士林派) 신진사류(新進士類)들이 유자광(柳子光)을 중심으로 한 훈구파(勳舊派)에 의하여 화를 입은 사건을 말한다. 본집 권50에 실린 〈오대조고 통덕랑 부군 행장(五代祖考通德郎府君行狀)〉에, 무오년 제현으로 조원기(趙元紀)·권달수(權達手)·정희량(鄭希良) 등이 거론되었다.

**30** 병자년과 정축년 : 13쪽 주7 참조.

정(司僕寺正)에 추증되었다. 이분이 휘 상언(尙彦)을 낳으니, 삼등 현령(三登縣令)을 지내고 좌찬성에 추증되었다. 배위는 순천 김씨(順天金氏)로 통덕랑 김재중(金載重)의 따님이니, 좌의정 김승주(金承霔)가 그 선조이시다. 영종 3년 정미년(1727)에 공을 한사리(漢師里 한양)의 집에서 낳았다.

갑술년(1754, 영조30) 증광시에서 생원시에 합격하자, 인척이 악대를 보내어 축하하려 하니, 부군이 사양하며 말하기를 "작은 성취는 한때 어버이를 기쁘게 함에 불과한 일인데, 어버이가 임소에 계시니[31] 음악 연주를 어디에 쓰겠습니까."라고 하였다. 여러 번 성균관의 장의(掌議)[32]가 되어 소(疏)로 '여러 소인이 신임사화(辛壬士禍)를 일으킨 자들의 남은 자손들을 힘껏 구제해준 죄'를 논하니, 이로 인하여 누차 한쪽 당의 사람들에게 핍박을 받았고, 여러 번 침랑(寢郎)[33] 망단자에 들었으나 낙점을 받지 못한 것 또한 이 때문이었다고 한다.

계미년(1763, 영조39)에 외간상(外艱喪 부친상)을 당하였다. 을유년(1765, 영조41)에 경릉 참봉(康陵參奉)에 제수되고 준례대로 선공감 부봉사(繕工監副奉事)와 상서원 직장(尙瑞院直長)에 임명되었으나 작은 잘못으로 파직되었고 곧바로 사옹원 직장(司饔院直長)에 제수되었다가 상의원 주부(尙衣院主簿)로 승진하고 다시 의금부 도사(義禁府都

31 어버이가 임소에 계시니 : 홍선양의 부친 홍상언은 당시 삼등 현령(三登縣令)이었다.

32 장의(掌議) : 성균관에서는 재생들의 임원인 재임(齋任)을 두었는데, 장의는 재임들의 우두머리이다.

33 침랑(寢郎) : 종묘·능·원 등에 소속된 영(令)이나 참봉을 이른다.

事)와 장악원 주부(掌樂院主簿)에 제수되었다. 형조 좌랑(刑曹佐郎)으로 옮겼는데, 송사를 공명하게 처리해서 판당(判堂 판서) 심수(沈鏽) 공이 부군을 주좌(籌座)에서 칭송하기를 "홍 아무개는 총명하고 신중하니, 어느 관직으로 가더라도 마땅하지 않은 바가 없을 것이다. 반드시 크게 드러날 것이니, 낭잠(郎潛)[34]에 오래 있을 자가 아니다."라고 하였다. 이때 친국(親鞫)이 있었는데, 성상이 추조(秋曹 형조)에 명하여 부군을 형방(刑房)의 낭관으로 들여서 낭관의 일을 대행하고 묻게 하였다. 이에 주선하기를 민첩하고 신속하게 하여 주대(奏對 임금의 물음에 신하가 답하여 아룀)가 명백하고 유창하니, 성상이 칭찬하기를 마지않으셨다. 임진년(1772, 영조48)에 예안 현감(禮安縣監)에 제수되었는데 정사할 적에 화락하고 평이함을 숭상하여 상하가 믿고 감동하였다. 공청을 크게 수리하였으나 한 명의 백성도 수고롭게 하지 않아서 백성들이 노역이 있는 줄을 알지 못하였다.

병신년(1776, 영조52)에 임소에서 내간상(內艱喪 모친상)을 당하였는데, 상복을 벗자 사도시 주부(司䆃寺主簿)・의빈부 도사(儀賓府都事)・ 정릉 영(貞陵令)・ 광흥창 수(廣興倉守)에 제수되었다. 갑진년

34 낭잠(郎潛) : 불운하여 오래도록 낮은 벼슬에 머물러 있는 것을 말한다. 한(漢)나라 안사(顔駟)는 문제(文帝) 때 말직인 낭관이 되었으나 늙어 백발이 되도록 승진하지 못하였다. 어느 날 무제(武帝)가 그를 발견하고, "노인은 언제 낭관이 되었는가? 왜 그리도 늙었는가?" 하니, "신은 문제 때 낭관이 되었으나, 문제께서는 문(文)을 좋아하셨는데 신은 무(武)를 좋아했으며, 경제(景帝)께서는 잘생긴 사람을 좋아하셨는데 신은 모양이 추하였으며, 폐하께서는 젊은이를 좋아하시는데 신은 이미 늙었습니다. 이 때문에 삼대가 지나도록 지우를 입지 못하였습니다."라고 하였던 고사가 있다. 《古今事文類聚 前集 卷44 顔駟不遇》

(1784, 정조8)에 의령 현감(宜寧縣監)에 제수되니, 의령은 영남에 있어 읍이 크고 풍속이 사나웠는데 공이 치례(治禮)[35]의 법으로 다스리면서 엄숙함을 숭상하였다. 큰 흉년을 만나서는 백성을 어루만지고 안정시켰으며, 평소 말하기를 "흉년이 든 해의 백성은 동요되지 않도록 하는 것이 최선이고, 동요되지 않는 방법은 책납(責納 세금을 독촉해서 납부하게 함)하지 않음이 최고이니, 진휼(賑恤)을 시행함은 말무(末務)이다."라 하고는, 공부(公賦) 외에 관에 바치는 것을 모두 견감해주고 면해주었다. 관찰사가 공에게 사진(私賑)[36]의 편부(便否)를 묻자, 부군이 "공진(公賑)은 바로 정도(正道)이고 사진은 곡식을 마련하는 것이 끝내 요판(料販)[37]에 해당하니, 다만 공진이 있는 줄만 알고 사진이 있는 줄은 모릅니다."라고 하였다. 관찰사가 윤허하지 않고 미루니, 부군은 보고하지 않고 녹봉을 저축하여 권속의 식구를 계산해서 먹인 뒤 나머지를 모두 진휼 물자에 들여 넣었으며, 또 법도에 따라 각 영(營)의 모곡(耗穀)[38] 및 저(邸)의 가곡(價穀)[39]을 미리 교역하는 등 다

35 치례(治禮) : 정사를 함에 백성을 사랑하면서도 예(禮)를 잘 닦고 다스려서 절도에 맞게 함을 말한다. 《예기(禮記)》 〈애공문(哀公問)〉에 "옛날에 정사를 함은 사람을 사랑함이 큼이 되고, 사람을 사랑함을 다스림은 예가 큼이 되며, 예를 다스림은 공경이 큼이 되었다.〔古之爲政, 愛人爲大, 所以治愛人, 禮爲大, 所以治禮, 敬爲大.〕"라는 공자(孔子)의 말에서 온 것이다.

36 사진(私賑) : 공진은 관곡으로 백성을 구제하는 것이고, 사진은 공진의 보조적인 수단으로 수령이 자비곡(自備穀)이나 부민(富民)의 원납 전곡(願納錢穀) 등을 써서 진휼하는 것이다.

37 요판(料販) : 일을 헤아려서 운영한다는 뜻으로 예컨대 관속이나 상인들을 이용해 매매 등의 일을 하는 것을 말하는바, 요판(料辦)이라고도 한다.

38 모곡(耗穀) : 환자곡을 받을 때 곡식을 쌓아 둘 동안 모손(耗損)될 것을 계산하여

방면으로 애를 써서 수천 명을 구제하였다. 당시에 굶주린 백성 중 역병에 걸린 이가 많았는데, 부군이 매번 위난(危難)을 무릅쓰고 진휼에 직접 임하자 자제들이 가지 말라고 간하였으나 듣지 않았으니, 백성과 나라를 위하여 자신을 돌보지 않음이 이와 같았다. 암행어사와 관찰사가 모두 진휼을 잘했다는 내용의 장계를 올리니, 준직(準職)[40]에 제수하라는 명이 있었으며, 읍인들은 비석을 세워 은혜를 기렸다.

정미년(1787, 정조11)에 재령 군수(載寧郡守)로 승진하니, 군(郡)의 평지에 궁장(宮莊)[41]이 많고 고을의 풍속이 청탁하기를 좋아하였는데, 부군이 한결같이 확고한 원칙을 따라 행해서 흔들리거나 변치 않았다. 경내에 당탄(唐灘)이 있어 배들이 기성(箕城 평양(平壤))으로 통하니, 백성들이 모두 시장을 열기를 원하였다. 시장을 설치하기로 약속하

10분의 1을 첨가하여 받던 곡식이다.

**39** 저(邸)의 가곡(價穀) : 저는 저리(邸吏)가 사무를 보는 곳으로, 저리는 경저리(京邸吏)와 영저리(營邸吏)가 있었는바, 경저리는 서울에 주재하는 지방 관청의 향리이고, 영저리는 각 감영에 딸려 각 군아와 감영 간의 연락을 담당하는 이속이다. 이들은 주로 지방의 공물(貢物)·입역(立役) 등의 일을 대행하였다. 가곡은 '가미(價米)'라고도 하는바, 공물(貢物) 등의 물품(物品)이나 공역(公役) 등의 값으로 대신 거두거나 지급하는 곡식을 말한다.

**40** 준직(準職) : 당상관(堂上官)으로 올라갈 때 반드시 거쳐야 하는, 당하관에서 제일 높은 당하 정3품 관직을 말한다. 품계는 관직 제수의 전제가 되므로 당상관이 되려면 문관은 통훈대부(通訓大夫), 무관은 어모장군(禦侮將軍)의 품계를 가지고, 이 준직을 거쳐야 당상의 품계에 가자(加資)된다.

**41** 궁장(宮莊) : 각 궁방에 딸렸던 전답으로, '궁방전(宮房田)'이라고도 한다. 조선조 후기에, 왕족들의 궁방에 소요되는 경비와 죽은 뒤의 제사 비용을 위하여 지급하던 토지로, 조선조 전기에는 사전(賜田)·직전(職田)의 형식으로 지급하다가 임진왜란 이후 시행하였다.

니, 봉산(鳳山)의 은파(銀坡)와 접한 곳이었다. 그런데 봉산의 부유한 자들이 두 시장이 같은 날에 열리므로 이익을 독차지하기가 힘들 것이라고 여겨 끝까지 방해하였다. 관찰사가 그 이야기를 듣고 막비(幕裨)를 당탄에 보내어 시장을 파하도록 지휘하게 하니, 부군이 거취를 걸고 싸웠다. 관찰사가 그 뜻을 꺾을 수 없음을 알고 시장을 파하게 하는 조치를 정지하니, 당탄에 큰 시장이 열려 재령의 백성들에게 무량의 은혜가 되었다. 읍에 부호가 많았는데, 순영(巡營 감영(監營))의 막료(幕僚)임을 칭하고 뇌물을 내놓으라고 협박하는 자들이 있어 이 때문에 재산을 탕진한 사람들이 매우 많았다. 부군이 법을 엄준하게 시행하여 뇌전(賂錢)을 색출하니, 민호(民戶)가 이에 힘입어 생업이 안정되었다. 암행어사가 장계를 올려 그 상황을 보고하였다.

경술년(1790, 정조14)에 황주 목사(黃州牧使)로 승진하였다. 당시 대간(臺諫)이 '수령이 옥교(屋轎 뚜껑이 있는 가마)를 타는 것'에 대해 논박해서 이를 금지하게 된 일이 있었는데, 조정에서 여러 도(道)로 하여금 사실대로 고하게 하였다. 부군은 옥교를 탄 일이 없었는데 자신을 해명하고 실정을 호소하기를 꺼려서 하지 않으니, 하교하기를 "아무개는 바로 인척이니, 마땅히 가배(加倍)의 형률을 써야 할 것이다."라 하고 특별히 파직하였다. 다른 수령 중에 요행히 면한 자가 부끄러움을 금하지 못하니, 사람들이 모두 이 일을 가지고 부군을 훌륭하게 여겼다.

신해년(1791, 정조15)에 청주 목사(淸州牧使)에 제수되어 1년을 보낸 뒤에 체직되었다. 계축년(1793, 정조17)에 장용영 종사관(壯勇營從事官)에 제수되니, 장용영이 숙위(宿衛)하는 중요한 자리라 하여 관원을 뽑을 적에 선발을 매우 신중히 한 것이었다. 부군은 영의 물자를 관장하고 장전(帳殿 임금이 앉도록 임시로 꾸민 자리)을 모시고 고시(考試)하면서 두려워하고 삼가서 태만하게 하는 바가 없었다. 상의원 첨정(尙衣院僉正)으로 옮기고, 또 천거되어 선혜랑(宣惠郎)이 되었다.

무오년(1798, 정조22) 7월 14일에 양생방(養生坊) 집의 정침(正寢)에서 고종명(考終命)을 하니, 향년이 72세이다. 효의성모(孝懿聖母)[42]가 치부(致賻)[43]하고 또 수의(襚衣)를 하사하였으며, 생질 종선(宗善)[44]을 보내어 치제문(致祭文)을 짓고 치제하게 하니, 슬픔과 영광이 모두 갖추어졌다. 9월에 현계(玄溪)에 부장(祔葬)하고, 기미년에 인성동(仁聖洞)으로 옮겼다가 또 북쪽의 마갈리(馬渴里)로 옮기고 또 현계의 건좌(乾坐)로 옮겼다.

부군은 효를 타고났다. 양대(兩代)의 독자로, 부모의 사랑을 전일하게 받았으나 자식의 직분을 잘 수행하여 비록 주머니와 상자 안의 자질구레한 것이라도 모두 스스로 단속하니, 찬성공(贊成公 홍상언(洪尙彦))이 '너무 수고롭게 일하다가 병을 얻게 될 수 있음'을 경계하였으나, 조금도 스스로 안일하게 하지 않았다. 김 부인은 어린 시절부터 고질병을 앓아 부군이 주야로 곁에서 모시면서 옷의 후박(厚薄)과 음식의

**42** 효의성모(孝懿聖母) : 정조의 비, 효의왕후(孝懿王后, 1753~1821)를 가리킨다. 효의왕후의 외조부는 홍선양의 부친 홍상언인바, 홍선양은 효의왕후의 외삼촌이 된다.

**43** 치부(致賻) : 임금이 죽은 신하의 집에 물품을 보내어 제수에 보태도록 하는 것이다.

**44** 생질 종선(宗善) : 김종선(金宗善, 1766~1810)으로 성보는 그의 자이고, 호는 송재(松齋), 본관은 청풍(淸風)이다. 박윤원(朴胤源)의 문인으로 매산과 절친한 사이였다. 정조의 비인 효의왕후(孝懿王后)의 조카인바, 척신(戚臣)으로 기용되어 벼슬이 형조 참판에 이르렀다.

경연(硬軟)을 모두 알맞게 하였고 의원을 물색하고 약을 물으며 지극히 하지 않는 것이 없었으니, 자신의 의술을 믿고서 꼿꼿하게 구는 사람이라도 믿고 감동하여 스스로 왔다. 맥을 짚고 증상을 판단하며 직접 도규(刀圭)[45]를 잡아서 남이 대신하는 것을 허락하지 않았다. 증상의 차도와 식사량의 다소를 일일이 기록하여 날로 비교하고 달로 비교하여 쇠약하고 왕성해지는 단계를 징험하였으니, 이처럼 하기를 50년을 하였다. 판여(板輿)[46]를 받들고 예안(禮安)의 임소로 가서는 효성스러운 봉양이 모두 지극하였고, 모친의 마음이 매양 친척들을 돌아보고 연연하시면 녹봉을 바쳐서 친척들에게 베푸는 물자로 쓰니, 모친의 뜻보다 앞서서 그 뜻을 받들고 따르기를 이처럼 하였다. 병의 징후가 점점 심해지자, 매번 손뼉을 치며 하늘에 기도하니 이로 인하여 손바닥에 피가 흐를 정도였으며, 상을 당하자 훼척하여 거의 생명을 잃을 뻔하였다. 김 부인의 기운과 모습이 위태로워 조석 간을 넘기지 못할 듯하였으나, 향년이 팔질(八耋)이었으니, 모두 "부군의 순수한 효가 이루어낸 바이다."라고 하였다.

어린 시절에 박사업(博士業 과거공부)을 하니 명성이 널리 퍼져 사람들이 모두 크게 떨칠 것이라고 기대하였으나 오랜 세월 시탕(侍湯)하느라 진취할 겨를이 없었고 부모님이 별세한 뒤로는 과거공부를 그만두었다. 인재의 전형(銓衡)을 관장하는 자가 부군의 나이가 서사(筮

45 도규(刀圭) : 약(藥)의 양을 헤아리는 기구로, 모양이 규(圭)와 비슷하여 이러한 이름이 붙여졌는데, 후세에는 약물을 일컫는 말로도 쓰인다.

46 판여(板輿) : 방석을 깐 푹신한 가마인데, 주로 관리들이 임지(任地)에 있으면서 부모를 맞이해올 때 쓰는 가마를 가리키는 말로 쓰인다. 《晉書 卷55 潘岳列傳》

仕)에 이르렀음[47]을 듣고, 재랑(齋郎)에 의망하고자 하였는데, 부군이 존항(尊行)에게 양보하니, 전장(銓長 이조 판서)이 이를 훌륭하게 여겨 존항으로 바꾸어 의망하자, 사람들이 모두 감복하였다. 내직과 외직을 거치면서 명예를 구하지 않았으나 모두 유애(遺愛)[48]가 있었다. 상관과 동료들에게 처신함에 화목과 공경을 다하는 데에 힘썼으나, 배경을 믿고 으스대는 자에게는 조금도 굴복하지 않고 구차하게 부화뇌동하지도 않았으며, 내심 부군을 좋아하지 않는 자가 있더라도 개의치 않았다.

교유를 드물게 하고 언어를 신중히 하여 붕우 간에 서로 호칭을 편하게 하는 자가 매우 적었다. 세속에서 손을 맞잡고 귓속말을 하는 상황을 항상 문제시하여 자손에게 경계하기를 "말세에는 우도(友道)가 먼저 상실되는 법이라 지금 사람들은 교제할 적에 오로지 친압함을 일삼으니, 가하겠는가."라고 하였다. 천박한 말이나 쓸데없는 말을 혹시라도 입에 담지 않았으니, 이 때문에 벗들이 오랠수록 더욱 공경하였다. 마음속이 평탄하고 화기(和氣)가 용모에 가득하며 말과 웃음이 온화하였으며 사람들을 접할 적에 귀천과 친소의 차이를 두지 않았다. 친척들이 가난한 사정을 알리면 아낌없이 베풀어서 재산을 다 탕진하고서야 그만두었으며, 혼례와 상례를 다스림에 사력(事力)을 극진히 하였다. 주군(州郡)을 여러 번 맡음에 혼금(閽禁 관청의 출입을 금함)하는 일이

**47** 나이가 서사(筮仕)에 이르렀음 : 40세가 되었음을 말한다. 《예기(禮記)》〈곡례 상(曲禮上)〉에 "40세를 강(强)이라 하니, 벼슬한다.〔四十曰強, 仕.〕"라고 한 데서 온 것이며, 서사는 처음으로 관직을 얻어 벼슬길에 나아가는 것을 말한다. 《春秋左氏傳 閔公元年》

**48** 유애(遺愛) : 14쪽 주9 참조.

없어서 빈궁한 자들이 마치 집으로 돌아오듯 찾아왔는데 부군이 허심으로 맞이하니, 부군의 덕에 취하고 의리에 감복하지 않은 자가 없었다.

타고난 성품이 한가롭고 고요한 것을 좋아해서 만년에 꽃과 대나무를 그리는 것을 즐겼고 지팡이를 짚고 동산의 정자로 가서 한가로이 세속을 벗어나고자 하는 지취가 있었다. 인물의 선악과 시정(時政)의 득실에 대해서는 혹여나 입에 담지 않았으니, 이는 가까운 외척이어서 더욱 스스로 삼가고 단속한 것이었다.

평생토록 뇌물을 통하지 않고 이해득실을 생각하지 않아서, 사람들이 권세가의 집에 달려가서 뇌물을 바친다는 소리를 들으면 마치 장차 자신의 몸을 더럽힐 것처럼 여겼다. 속리(俗吏) 중에 아래를 덜어 위를 보태어[49] 자기를 파는 자가 있으면 통렬히 배척하기를 마지않았다. 취사(取舍)에 매우 엄격하여 만일 비리(非理)한 것이면 아주 작은 것도 취하지 않았다. 가까운 인척 중에 금곡(金穀)과 갑병의 관리를 십수 년 동안 한 자가 있었는데, 그에게 편지 한 통을 보낸 적이 없었으니,

**49** 아래를……보태어 : 이 말은 《주역(周易)》 〈손괘(損卦) 단(彖)〉의 말로, 정이(程頤) 《역전(易傳)》의 해설에 따르면, 손괘의 육삼효(六三爻)는 본래 양효(陽爻)였는데 양을 덜어 음효(陽爻)가 되었고, 상구효(上九爻)는 본래 음효였는데 양을 보태서 양효가 되었기 때문에 이렇게 말했다고 한다. 그러면서 "위를 덜어 아래에 더하면 익괘(益卦)가 되고, 아래에서 취하여 위에 더하면 손괘가 된다. 군상이 된 자가 은택을 베풀어 아래에 미치면 '익'이 되고 아래의 것을 취하여 자신을 후하게 하면 '손'이 되니, 이것을 성루의 흙에 비유하면 위의 흙을 덜어 기본을 북돋아 두텁게 하면 위아래가 안정되고 튼튼해지니 어찌 '익'이 아니겠는가. 아래의 것을 취하여 위를 더 높이면 위태롭고 떨어짐이 이를 것이니, 어찌 '손'이 아니겠는가."라고 부연하였다. 여기서는 부패한 관리가 백성에게 착취하여 자신의 배를 불리고 상관에게 뇌물을 주는 것을 빗대어 말한 것이다.

사람들이 탄식하기를 "부군의 청렴한 지조는 지금 세상에 있지 않은 바이다."라고 하였다. 부군이 평소에 말하기를 "청탁하여 구걸함은 사대부의 일이 아니니, 이에 대하여 엄격하게 하지 않으면 그 나머지는 볼 것이 없다."라고 하였다.

관청의 사무가 아니면 집밖에 나서지 않고, 일찍 일어나 세수하고 빗질하고 의관을 갖추고서 종일토록 단정히 앉아 있었으며, 책상과 서책이 모두 정해진 위치에 있었고, 방안의 창문에 작은 먼지 하나도 없었다. 글자를 씀에 반듯하게 하였고, 글쓰기를 좋아하였으나 또한 거칠게 쓴 것이 없었으니, 그 심력(心力)의 정밀함을 징험할 수 있다.

자손을 가르칠 적에 비록 작은 허물이라도 조금도 관대하게 봐주지 않았으며 설만한 복장으로 뵙는 것을 허락하지 않았고 한만하게 뒤따라 다니지 못하게 하였다. 큰아들이 여러 읍을 맡아 비로소 곁에서 모시면서 봉양하고자 하였으나 흉년이 들었다는 이유로 나아가고자 하지 않았다. 아들을 타이르기를 "우리 집안의 먹고 사는 일은 네가 걱정하지 않아도 되니, 녹봉을 모두 진휼하는 밑천으로 삼아서 굶어 죽는 백성을 살리도록 해라. 이것이 나라의 은혜에 보답하고 아비의 뜻을 받드는 방도니라."라고 하고는, 아울러 초하루에 으레 찬수를 보내는 것을 허락하지 않았으니, 실천하는 방법의 참됨과 바름을 볼 수 있다.

배위 평산 신씨(平山申氏)는 통덕랑 신육(申錥)의 따님이니, 판서 사간공(思簡公) 신호(申浩)가 그 선조이시다. 부군보다 3년 먼저 태어나 부군보다 49년 먼저 졸하니, 처음에 현계의 선영 구역 안의 미좌(未坐)에 장례하였다가 뒤에 부군 묘 오른쪽으로 옮겨 부장(祔葬)하였다. 효도하고 유순하고 자애롭고 겸손하여서 여사(女士)의 기풍이 있었다.

자식을 기르지 못하였다.

계배(繼配) 전주 이씨(全州李氏)는 통덕랑 이탁(李鐸)의 따님이니, 세종의 별자 익현군(翼峴君) 연(璉)이 그 선조이시다. 부군보다 6년 늦게 태어나 부군보다 13년 먼저 졸하였다. 청명(淸明)하고 화락하여 규방의 법도를 모두 갖추었다. 부군의 묘 왼쪽에 부장하였다.

3남 3녀를 두었으니, 장남은 이간(履簡)으로 동돈녕(同敦寧)으로 이조 판서에 추증되었고, 차남은 정간(鼎簡)으로 현감이고, 삼남은 제간(濟簡)으로 통덕랑(通德郎)이며, 딸은 김재상(金載象)과 진사 심능기(沈能基)와 완성군(完城君) 희(爔)에게 시집갔다. 판서 이간의 아들 직필(直弼)은 외람되이 정초(旌招)를 받아 지위가 상경(上卿)에 올랐으나 감히 나아가지 않았다. 딸은 현감 김태근(金泰根)과 윤약렬(尹約烈)에게 시집갔다. 서자(庶子)는 전 주부(主簿) 약필(若弼)이고, 서녀(庶女)는 무과(武科) 이경우(李敬愚)에게 시집갔다. 현감 정간의 아들은 익필(翼弼)로 현령이고, 서자는 석필(奭弼)로 영장(營將)이다. 통덕랑 제간의 아들은 윤필(允弼)이다. 김재상(金載象)의 아들은 수(鏽)와 직(鑁)이고, 두 여서는 참판 정의(鄭漪)와 신석구(申錫久)이다. 직필의 양자는 전 현령 일순(一純)이고, 여서는 진사 민경호(閔慶鎬)이다. 익필의 양자는 일정(一貞)이고, 여서는 심흥택(沈興澤)이다. 서녀는 서강보(徐康輔)에게 시집갔다. 석필의 아들은 일녕(一寧)과 일성(一成)이고, 여서는 송재순(宋載純)과 이갑우(李甲愚)와 주부(主簿) 심능순(沈能恂)이다. 윤필의 양자는 일증(一曾)이다. 일순의 양자는 최수(冣秀)이다. 나머지는 기록하지 않는다.

부군은 덕성이 혼후하고 기상이 너그러워서 천륜에 돈독하고 본분에 확고하였다. 어버이를 받들고 선조를 제사함에 내면의 바탕을 우선하고 외면의 문식(文飾)을 뒤로 하였으며, 남을 접하고 사물을 어거함에 마음속의 성실함이 외면에 드러났다. 재주가 아름답고 내면에 덕을 온축하였으면서도 스스로 자랑하는 것을 부끄럽게 여겼고, 차근차근 진취해서 편안하게 자신의 분수를 지켰으니, 그 마음에 '행기(行己 몸가짐)와 처사에 차라리 서툴지언정 공교함이 없고, 차라리 검속할지언정 자랑함이 없으며, 차라리 엄밀함에 잘못될지언정 소홀함에 잘못됨이 없고, 차라리 구애됨에 잘못될지언정 구차함에 잘못됨이 없어야 한다.'라고 생각했던 것이다. 부군의 표리를 상고해봄에 명백하고 순수해서 남을 대하고서 말하지 못할 것이 없는 분[50]이라 하겠다.

부군이 자호(自號)하기를 '묵와(默窩)'라고 하였으니, 이는 '묵묵히 성취함은 덕행에 있음'[51]을 바란 것이다. 그러니 소자가 어떻게 감히 전술할 수가 있겠는가. 선고께서 일찍이 불초에게 고하시기를 "선조의 불후(不朽)함을 도모해줄 만한 사람이 세상에 없으니, 차라리 자손이 자작(自作)하는 것이 더욱 온당할 것이다."고 하셨다. 같은 시대의 사람을 하나하나 꼽아봄에 부군의 덕을 아는 자가 매우 드무니, 이에 선고의 유의(遺意)를 체행하여 부군의 묘지를 써서 산천의 변천에 대비하노라.

**50** 남을…… 분 : 떳떳하지 못한 일을 행한 적이 없음을 말한다. 사마광이 말하기를, "내가 남보다 나은 것이 없지만 다만 평소 행한 바가 일찍이 남을 대하여 말할 수 없는 것은 없다.〔吾無過人者, 但平生所爲, 未嘗有不可對人言者耳.〕"라고 하였는데, 이 말을 원용한 것이다. 《心經附註 卷1》

**51** 묵묵히……있음 : 이 내용은 《주역》 〈계사전 상(繫辭傳上)〉의 "묵묵히 성취하며 말하지 않아도 믿음은 덕행(德行)에 있다.〔默而成之, 不言而信, 存乎德行.〕"라는 구절에서 인용한 것이다.

## 중부 현감 부군[52] 묘지명 병서○정미년(1847, 헌종13)

仲父縣監府君墓誌銘 幷序○丁未

선(先) 중부 부군이 별세하여 연천(漣川)의 계산(雞山)에 장례를 지냈는데, 사자(嗣子) 익필(翼弼)이 나에게 묘지명을 써달라고 부탁했었다. 익필이 죽은 지도 19년이 되었는데 글을 아직도 완성하지 못하고 있으니, 바람 앞의 등불처럼 위태로운 목숨에 죽음이 엄습해오면 끝내 유명(幽明 이승과 저승)의 한이 될까 항상 두려워하였으므로 마침내 병을 무릅쓰고 다음과 같이 쓰노라.

공은 휘가 정간(鼎簡)이고 자가 치화(稚和)이니, 영종 을해년(1755, 영조31) 5월 11일에 태어났다. 계묘년(1783, 정조7)에 처음 생원시에 합격하고, 신유년(1801, 순조1)에 처음 출사하여 장릉 참봉(長陵參奉)이 되었다. 임술년에 선공감 봉사(繕工監奉事)로 옮기고, 또 중부 도사(中部都事)로 옮겼으며, 장악원 주부(掌樂院主簿)로 승진하였다. 을축년(1805, 순조5)에 외직으로 나가 영춘 현감(永春縣監)이 되었다. 정묘년(1807, 순조7) 11월 10일에 관사에서 별세하니, 춘추가 53세였다. 처음에 양주(楊州) 초촌(楚村)에 장사지내고, 기사년(1809, 순조9)에 계산(雞山)의 유좌(酉坐)로 옮겼다.

공은 사람됨이 온화하고 화락하고 평이하여 품행을 잘 다스렸다.

**52** 중부 현감 부군 : 홍정간(洪鼎簡, 1755~1807)으로, 1783년(정조7)에 생원시에 합격하고 음직으로 벼슬길에 나아가서 장악원 주부(掌樂院主簿)·영춘 현감(永春縣監) 등을 역임하였다.

부모를 섬김에 공경히 부모의 뜻을 따라서 어김이 없었으며 형제간에 처신함에 우애와 공경이 매우 돈독하였다. 양지(養志)의 효[53]에 마음을 다하여 부모님께서 뜻을 내보이시기 전에 미리 받들었고, 다른 집에서 살 때도 혼정신성(昏定晨省)에 소홀하지 않았으며, 매번 곁에서 모실 적에 용모를 화락하게 하여 선고(先考)가 매우 편안해하셨다. 선비(先妣)가 여러 해 동안 와병하였는데 공이 손뼉을 치며 하늘에 기도하여 이로 인해 손바닥에 피가 흐를 정도였다. 백씨(伯氏)를 섬기기를 아버지처럼 하여 날마다 서로 함께 담락(湛樂)[54]하여, 비와 바람, 추위와 더위가 심하다고 해서 서로 만나보는 일을 생략하지 않았다. 계매(季妹)가 갓난아기 때에 기이한 질병에 걸려 항상 은통(隱痛)을 품고 있었는데 더욱더 돌보고 예우하였고, 형제의 자식을 사랑하기를 자기 자식처럼 하였으며, 이를 여러 친척에게 미루어서 화목함을 다하는 데에 힘썼다. 읍을 맡아 다스릴 적에는 친척들이 마치 자기 집 드나들 듯이 하였으나, 요구하는 대로 번번이 응하면서도 조금도 피로한 기색을 보이지 않았으며, 다만 공무에 해가 되지 않게 할 뿐이었다. 선고가 일찍이 세보(世譜)를 개수하고 윤색하고자 하였는데, 공이 붓과 벼루를 받들고서 그 일을 도와 끝내 성취하였다. 평소에 수졸(守拙 우직함을 지킴)하여 교유(交遊)가 드물고 인물평을 거의 하지 않았으며, 오랜

**53** 양지(養志)의 효 : 어버이의 뜻을 헤아려 잘 모시는 효를 이르는바, 증자(曾子)가 아버지 증석(曾晳)을 봉양할 적에 반드시 술과 고기를 밥상에 올렸으며, 상을 치울 때 증석이 "남은 것이 있느냐?"고 물으면 반드시 "있습니다." 하고, 계속해서 "누구에게 주시겠습니까?"라고 여쭈었는데, 맹자가 이러한 증자의 효에 대해 '뜻을 봉양한 것〔養志〕'이라고 하였다. 《孟子 離婁上》

**54** 담락(湛樂) : 17쪽 주21 참조.

벗이 현달하게 되면 곧 왕래하지 않으니, 사람들이 그 청렴하고 진솔함을 병통으로 지적하였으나 근심하지 않았다.

어려서 박사업(博士業 과거공부)을 하니, 사부(詞賦)에 재주가 있었다. 여러 번 과거에 응시하여 반제(泮製)[55]에서 1등을 차지하였는데, 염률(簾律)[56]에 맞지 않는다는 이유로 뜻을 이루지 못하였으나 또한 득실을 마음에 두지 않았다. 만년에 음관(蔭官)으로 충원되니, 오직 봉공(奉公)하고 신중히 삼가서 전혀 자랑하려 하지 않았고, 읍을 맡았을 때도 명예를 구하지 않고 일을 각박하게 하지 않았으며 백성을 위하여 이익을 일으키고 해로움을 제거하되 오직 미치지 못할까 근심해서 옛날의 어진 지방관의 풍도가 있었다. 이 때문에 상급 관아에서 공을 칭찬하고 중시하였으며, 공이 별세하자 한 경내의 사민(士民)들이 모두 달려가 울부짖으며 곡을 하였고 발인하는 날에는 앞다투어 와서 치전(致奠)하고 상여를 함께 잡아서, 오래되어도 공을 향한 감회를 잊지 못하였다. 공은 평소 벼슬에 욕심이 없어서 매번 만년에 벼슬을 맡고 있음을 부끄러움으로 여겼다. 그래서 나의 선군(先君)과 산수에 초막집을 짓고서 만년에 은거할 계획을 세웠는데, 성취하지 못하였다.

우리 홍씨는 남양(南陽)에서 나왔으니, 고려 태사(太師) 휘 은열(殷悅)이 비조(鼻祖)가 된다. 증손 휘 복(澓)은 예사(禮史)를 지냈는데, 대대로 높은 관직을 지냈다. 휘 명(溟)에 이르러 우리 조선조에 들어와서 가장 먼저 한성 판윤(漢城判尹)에 제수되어 경사를 다스렸으며 숭

**55** 반제(泮製) : 반궁(泮宮) 즉 성균관에서 원점생(圓點生)에게 보인 제술(製述) 시험으로, 특교(特敎)가 있을 때만 방외 유생(方外儒生)까지 통틀어 시험하였다.

**56** 염률(簾律) : 시(詩)를 지을 때 평측(平仄)을 맞추는 운율을 말한다.

교방(崇教坊)에 집터를 잡아 자손이 대대로 이곳에 살았다. 장양공(莊襄公) 휘 사석(師錫)을 낳으니, 헌릉(獻陵 태종(太宗))의 고명(顧命)을 받았다. 사성(司成)을 지낸 휘 이평(以平)과 호조 판서를 지낸 휘 인서(仁恕)는 그 명성과 덕망이 서로 이어졌다. 판서공은 손자 휘 여귀(汝龜)를 두었는데, 병자년과 정축년[57] 이후로 출사하지 않고 절개를 지키며 청화산(淸華山)에 은둔하니, 사람들이 '대명 유민(大明遺民)'이라고 일컬었는바, 이분이 바로 공의 5대조이시다.

고조 휘 태원(泰元)은 거상(居喪)을 감당하지 못하여 효로써 정려되었다. 증조 휘 중채(重埰)는 큰 명망을 지녔었는데 약관에 별세하여 사복시 정(司僕寺正)에 추증되었다. 조부 휘 상언(尙彦)은 삼등 현령(三登縣令)으로 좌찬성에 추증되었다. 선고 휘 선양(善養)은 황주 목사(黃州牧使)로 이조 참판에 추증되었다. 참판공에게 두 배위가 있으니, 평산 신씨(平山申氏)는 통덕랑 신육(申錥)의 따님인데 자식이 없고, 전주 이씨(全州李氏)는 통덕랑 이탁(李鐸)의 따님이니, 공은 바로 이분의 차남이다.

공에게도 두 배위가 있으니, 전주 이씨(全州李氏)는 그 선고가 현감 이윤명(李潤明)이며, 공보다 2년 늦게 태어나 공보다 23년 먼저 졸하였다. 처음 현사(玄沙)의 선영에 장례하였다가 양주(楊州) 녹양역(綠楊驛)으로 옮겼으며, 기사년(1809, 순조9)에 공의 묘 왼쪽에 부장하였다. 1남을 두었으니, 익필(翼弼)로, 창평 현감(昌平縣令)이다. 계배 한산 이씨(韓山李氏)는 그 선고가 통덕랑 이중재(李重載)이며, 공보다 10년 늦게 태어나 공보다 38년 뒤에 졸하였다. 시흥(始興) 백마산

**57** 병자년과 정축년 : 13쪽 주7 참조.

(白馬山) 간좌(艮坐)에 따로 장례하였다. 3남을 두었는데 모두 요절하였다. 두 숙인(淑人)이 모두 규문의 법도를 드러내었다. 공의 서자 석필(奭弼)은 무과로, 영장(營將)이다. 익필의 양자는 일정(一貞)이고, 딸은 심흥택(沈興澤)에게 시집갔다. 서녀는 이의민(李宜敏)과 서경보(徐康輔)에게 시집갔다. 영장의 아들은 일녕(一寧)과 일성(一成)이고, 딸은 송재순(宋在純)과 이갑우(李甲愚)와 주부 심능순(沈能恂)에게 시집갔다.

아! 공은 지극한 성품과 돈독한 행실이 있었으나 스스로 내세우지 않고 자타의 경계를 두지 않았다. 그 경지를 상고해봄에 조금도 진실하지 않음이 없으니, 이는 가정에서 아름다움을 훈습한 것이 이와 같았던 것이다. 비록 사우 간의 이택(麗澤)[58]의 도움이 없었으나 암암리에 도의(道義)에 계합한 것이 많았으니, 《논어(論語)》에 이른바 "사람들이 어진 부형이 있음을 좋아한다."는 것[59]이 참으로 믿을 수 있는 말이로다!

명은 다음과 같다.

우리 집안 대대로 我家傳世

**58** 이택(麗澤) : 서로 붙어 있는 두 개의 연못이라는 뜻으로, 붕우 간에 서로 도움을 주며 학문을 토론하고 덕을 닦는 것을 의미하는바, 《주역》 〈태괘(兌卦) 상전(象傳)〉에 "붙어 있는 못이 태(兌)이니, 군자가 이를 보고서 붕우 간에 강습한다.〔麗澤, 兌, 君子以, 朋友講習.〕"라고 보인다.

**59** 논어에……것 : 어진 부형의 교육을 통해 자신을 성취시킬 수 있으므로 어진 부형이 곁에 계심을 좋아한다는 뜻으로, 이 말은 《논어》가 아니라, 《맹자》 〈이루 하(離婁下)〉에 다음과 같이 보인다. "도(道)에 맞는 자가 도에 맞지 않는 자를 길러주며, 재주 있는 자가 재주 없는 자를 길러준다. 그러므로 사람들이 어진 부형이 있음을 좋아하는 것이다.〔中也養不中, 才也養不才, 故人樂有賢父兄也.〕"라고 보인다.

| | |
|---|---|
| 인후함이 기반이 되었는데 | 仁厚爲基 |
| 오직 공이 능히 계승하니 | 惟公克承 |
| 이는 천병[60]에 연유한 것이라네 | 寔由天彝 |
| 일상의 행실에서는 | 日用常行 |
| 위함이 없이 행하였고[61] | 無所爲爲 |
| 나가서 정사를 행할 적에는 | 出而爲政 |
| 한결같이 이것을 법도로 삼아서 | 一此爲規 |
| 백성에게는 큰 관용을 베풀고 | 大裕於民 |
| 자신에게는 각박하게 하였네 | 於己則虧 |
| 단명하여 | 惜其短造 |
| 그 정사를 널리 펴보지 못함이 애석하도다 | 罔克普施 |
| 고을의 모든 백성이 슬퍼하고 사모하여 | 一方哀慕 |
| 눈물을 흘리며 상여를 보내네 | 涙濕靈輀 |
| 돌아와서 강호에 은거하겠다는 | 歸隱江湖 |
| 만년의 계획이 어그러져 버렸지 | 晚計差隳 |

**60** 천병(天彝) : 하늘이 내려준 떳떳한 본성을 말한다. 《시경》〈대아(大雅) 증민(烝民)〉에 "하늘이 여러 사람을 내시니, 사물이 있으면 법칙이 있도다. 사람들이 떳떳한 본성을 가지고 있는지라 이 아름다운 덕을 좋아한다.〔天生烝民, 有物有則. 民之秉彝, 好是懿德.〕"라고 하였다.

**61** 위함이 없이 행하였고 : 어떤 목적을 달성하기 위하여 행하는 것이 아니라 그저 당연히 해야 할 일이기 때문에 하는 것을 말한다. 반면 어떤 목적을 달성하기 위하여, 예컨대 명예나 이익을 얻기 위하여 선행을 하는 것은 '위함이 있어 하는 것〔有所爲而爲〕'이 된다. 남송(南宋)의 학자 장식(張栻)은 "위한 바가 없는 것은 천리로서 의(義)의 공(公)이고, 위한 바가 있는 것은 인욕으로 이(利)의 사(私)이다.〔無所爲者, 天理, 義之公也. 有所爲者, 人欲, 利之私也.〕"라고 하였다. 《南軒集 卷16 史論 漢家雜霸》

| | |
|---|---|
| 진실한 성품을 보존하였음을 | 眞性所存 |
| 제대로 아는 사람이 드물다네 | 人尠能知 |
| 평소의 일을 모으고 실정을 상고하여 | 撮凡攷實 |
| 형의 아들이 시를 짓노라 | 兄子爲詩 |
| 공경히 무덤길에 들이니 | 敬納玄隧 |
| 아름다운 명성이 길이 드리워지리라 | 休聞永垂 |

## 계부 통덕랑 부군 묘지명 병서○정미년(1847, 헌종13)
季父通德郎府君墓誌銘 幷序○丁未

나의 계부 통덕랑 부군이 은거하며 어버이를 모시면서 남촌(南村)에 거한 것이 30년이다. 남촌 안의 여러 사우가 '질박하고 정직하고 돈독히 행하는 군자'를 거론할 때면 번번이 "여즙(汝楫)이다."라고 하니, 여즙은 공의 자이다.

공의 휘는 제간(濟簡)이니, 우리 홍씨는 고려 태사(太師) 휘 은열(殷悅)이 비조(鼻祖)가 되니, 아름다움을 서로 전하여서 세상의 큰 문벌이 되었다. 우리 조선조에 들어와서 한성부 판윤(漢城府判尹) 휘 명(溟)과 장양공(莊襄公) 휘 사석(師錫)과 사성(司成) 휘 이평(以平)과 호조 판서 휘 인서(仁恕)가 가장 현달하였다. 판서공은 손자 휘 여귀(汝龜)를 두었는데, 정축년[62] 이후로 은둔하고 벼슬하지 않아서 사람들이 '대명 처사(大明處士)'라고 일컬었다. 두 번 전하여 휘 중채(重埰)에 이르니, 사복시 정(司僕寺正)에 추증되었고, 이분이 휘 상언(尙彦)을 낳으니, 삼등 현령(三登縣令)으로 좌찬성에 추증되었으며, 이분이 휘 선양(善養)을 낳으니, 황주 목사(黃州牧使)로 이조 판서에 추증되었는바, 이 분들이 공의 증조고·조고·선고이시다. 판서공의 원배(元配)는 평산 신씨(平山申氏)인데 자식을 두지 못하였고, 계배는 전주 이씨(全

**62** 정축년 : 병자호란이 끝난 1637년(인조15)를 가리킨다. 병자호란은 1636년(인조14) 12월에 시작되어 이듬해 정축년인 1637년 1월에 인조가 청나라에 항복하고 청나라와 화의를 맺으면서 끝났다.

州李氏)로 통덕랑 이탁(李鐸)의 따님인데, 3남을 두었는바 공은 막내 아들이다.

공은 영종(英宗) 임오년(1762, 영조38) 5월 17일에 태어나 정묘(正廟) 경신년(1800, 정조24) 4월 12일에 졸하니, 춘추가 39세였다. 6월에 양주(楊州) 송산(松山) 효자봉(孝子峯)의 북쪽 병좌(丙坐)에 장례하였다. 배위는 영일 정씨(迎日鄭氏)로 처사 정순(鄭洵)이 그 선고이시다. 공의 묘 왼쪽에 부장하였으며 별도의 묘지명[63]이 있다. 아들 윤필(允弼)은 요절하였고, 양자는 일증(一曾)이다. 일증의 아들은 영수(永秀)이다.

공은 어려서부터 용모가 아름다워 피부가 옥과 눈처럼 희었다. 그러다 두창(痘瘡)을 앓아 거의 죽을 지경에 이르렀는데, 이로 인해 모습과 정신이 모두 변하였다. 그렇지만 효도와 공경을 천성으로 타고나서 부모님을 모시고 자는 수십 년 동안 곁을 떠나지 않았고, 깊은 사랑이 안색과 언사에 넘쳐흘렀다. 그러나 호기(豪氣)를 타고나고 기개가 높아서 부형에게 오히려 책난(責難 행하기 어려운 일을 힘쓰도록 권면함)을 하니, 참판공이 간쟁하는 자식[64]으로 대하였다. 모친상과 부친상을 겪은 뒤로는 백씨(伯氏)·중씨(仲氏)와 형수를 부모처럼 섬겨서, 백씨가

**63** 별도의 묘지명 : 영일 정씨의 묘지명은 본집 본권에 〈계모 유인 정씨 묘지명(季母孺人鄭氏墓誌銘)〉이란 제목으로 실려 있다.

**64** 간쟁하는 자식 : 《효경(孝經)》 〈간쟁장(諫諍章)〉에 "부모에게 간쟁하는 자식이 있다면 부모의 몸이 의롭지 못한 일에 빠지지 않을 것이다.……그러므로 의롭지 못한 일을 당하였을 때에는 간쟁하여야 하니 부모의 명령만 따른다고 어찌 효도라 할 수 있겠는가?〔父有爭子, 則身不陷於不義……故當不義則爭之, 從父之令, 又焉得爲孝乎?〕"라고 보인다.

곁에서 담배를 피울 것을 명하였으나 공은 따르지 않았다. 누이들과의 우애가 매우 돈독하여 형제의 자식을 마치 자기 자식처럼 대하였고, 글방의 스승을 세워서 고아가 된 생질을 가르치니, 은혜로운 뜻이 정성스러웠다. 장구(漳丘)[65]의 분암(墳庵 묘지 가까이에 지은 재실)이 세월이 오래되어 훼손되었는데, 공이 부형을 도와서 서로 일을 알맞게 헤아리며 바람으로 빗질하고 비에 머리를 감으면서 노고를 꺼리지 않고 몸소 동역(董役)을 하여 병사(丙舍)[66]를 중건하였다. 상재(桑梓)를 공경함[67]과 송추(松楸)[68]를 배양함이 모두 지극한 정성에서 나왔으니, 향당과 종족 중에 감복하지 않는 이가 없었다.

베푸는 것을 좋아하여 남의 어려움을 주급(周急)하기를 자기의 일보다 더 열심히 하였다. '여관에서 자식이 죽어서 자식의 시신을 염하지 못하였다.'라고 말하는 자가 있자, 공이 돈과 비단을 꾸어서 그에게 주었는데, 뒤에 그것이 거짓이었음을 들었으나 또한 후회하지 않았으니, 공이 후하게 베풀고 보답을 잊은 것이 이와 같았다. 항상 남을 자기인 양 믿었으므로 왕왕 속기도 하였으나, 평소 말하기를 "군자는

**65** 장구(漳丘) : 장수(漳水) 가에 있는 언덕으로, 홍직필 집안의 선영이 이곳에 모여 있다. 장수는 청화산(淸華山) 서쪽의 현계(玄溪)를 이른다.

**66** 병사(丙舍) : 병사는 묘소 곁에 있는 여막(廬幕)이나 재실(齋室)을 이른다.

**67** 상재(桑梓)를 공경함 : 대대로 선조가 살던 고향에서 거주함을 말한 것이다. 상재는 뽕나무와 가래나무로, 《시경》 〈소아(小雅) 소반(小弁)〉에 "뽕나무와 가래나무도 반드시 공경하니 우러러볼 것은 아버지 아님이 없으며 의지할 것은 어머니 아님이 없도다.〔維桑與梓, 必恭敬止, 靡瞻匪父, 靡依匪母.〕"라고 보이는데, 이는 부모가 심은 나무여서 공경하지 않을 수 없음을 말한 것이다. 이후 상재(桑梓)는 고향을 가리키는 말로 쓰이게 되었다.

**68** 송추(松楸) : 소나무와 가래나무로, 묘소 앞에 심는 나무들이다.

방도(方道)로써 속일 수 있으니,[69] 속임을 당하지 않으면 군자가 아니다."라고 말하였다.

젊어서 과거에 응시하였으나 남성시(南省試 생원·진사시)에 합격하지 못하였는데, 득실을 잊고서 여유롭게 유유자적하였다. 태양증(太陽證)[70]이 있어서 매번 너무 조급한 데서 생기는 문제가 있었지만, 마음은 평탄하여 여유가 있었고 또한 노여움을 잊고 이치를 관찰하여 구차히 당세에 영합하지 않았다. 술을 마시면 혹 거문고를 연주하고 피리를 불면서 흉중의 높은 기상을 풀어내었다. 재예가 남보다 뛰어나서 명물도수(名物度數)를 익히는 일에 마음을 쓰지 않았으나 묘한 깨달음이 많아 새로운 뜻을 만들어서 스스로 참된 경지에 나아갔다. 적륵(趯勒)[71]의 묘법에 통하여 김생(金生 통일신라 시대의 서예가)의 필법을 익혔으나, 또한 거기에만 급급하지 않았다. 스스로 '은암(隱庵)'이라고 호를 지어서 하거(霞擧)를 옥류산(玉流山)에 빗대고[72] 선영 가까이에 땅

69 군자는……있으니 : 이치에 맞는 내용이나 방도를 가지고 속이면 군자를 속일 수 있음을 말하는바, 이 내용은 《맹자》 〈만장 상(萬章上)〉에 "군자는 방도로써 속일 수는 있지만 방도가 아닌 것으로 터무니없이 속이기는 어려운 것이다.〔君子, 可欺以其方, 難罔以非其道.〕"라고 보인다.

70 태양증(太陽證) : 타고난 양기(陽氣)가 왕성하여 기질이 지나치게 센 병통을 이른다. 주희(朱熹)가 여백공(呂伯恭)에게 답한 편지에 나오는 말인데, 거기에 "남에게 조그만 실수가 있는 것을 보면 매번 참고 말하지 않으려 하다가 부득이해서 말하게 되면 입에서 막 나와서 반드시 일을 훼손하고서야 그치니, 이 또한 태양증의 증거이다."라고 하였다. 《朱子大全 卷34 答呂伯恭》

71 적륵(趯勒) : '적(趯)'은 서법의 8가지 방법 중 구획(鉤劃)으로 갈고리처럼 굽은 모양의 획이고, '늑(勒)'은 횡획(橫劃)인데, 전하여 서법을 가리킨다.

72 하거(霞擧)를 옥류산(玉流山)에 빗대고 : 옥류산에서 은거함을 말한다. '하거'는

을 마련해서 일생을 그곳에서 마치고자 하는 계획을 세웠는데, 끝내 성취하지 못하였다. 공자(孔子)께서 말씀하시기를 "'효도하고 형제간에 우애한다.'고 하니, 이것 또한 정사를 하는 것이다. 어찌 벼슬을 해야만 정사를 하는 것이 되겠는가."라고 하셨으니,[73] 성인(聖人)의 뜻은 "사람이 현달하지 못하여 집안에 머무는 자가 진실로 효제(孝悌)의 도를 잘 닦는다면 이 또한 벼슬을 해서 정사를 하는 자와 다름이 없다."라는 것이니, 밖에서 이르는 공명(功名)을 어찌 사모할 것이 있겠는가.

나는 약관에 과거공부를 그만두고서 지조를 지키고 뜻을 추구했는데, 공이 엄하게 경책(警策)하여서 혹시라도 내가 진덕수업(進德修業 덕을 진전시키고 학업을 닦음)에 나태함을 보이면 "범을 그리다가 완성하지 못하면 도리어 개와 비슷해진다."는 말로 경계하여, 그 훈도하는 말씀이 정성스럽고 간절하였다. 그래서 나는 항상 채찍 그림자가 나의 등에 있는 것만 같았다. 그런데 죽음이 가까워진 지금, 뜻과 학업이 황폐하고 실추되어 장차 지하에서 공을 뵐 적에 아무것도 보여드릴 것이 없으

'노을이 일어난다'는 의미로, 진(晉)나라 시인 손작(孫綽)이 적성산(赤城山)에서 은거하면서 지은 시 〈유천태산부(遊天台山賦)〉에 "적성산에 노을이 일어나 절로 표지를 세운다.〔赤城霞起而建標.〕"라고 한 데서 온 말이다. 옥류산은 양주의 불곡산(佛谷山)인바, 《양주목 읍지(楊州牧邑誌)》에 1792년(정조16)에 정조가 이곳으로 행차하여 옥류산이라는 이름을 내렸다고 보인다.

**73** 공자(孔子)께서……하셨으니 : 벼슬하지 않고 다만 집안에서 효도하고 우애하면서 집안의 정사를 잘하는 것을 말한다. 이 말은 《논어》 〈위정(爲政)〉에 혹자가 공자에게 왜 정사를 하지 않느냐고 묻자, 공자가, "《서경(書經)》에 말하지 않았는가. '효도하도다. 효도하고 형제간에 우애하여 정사에 베푼다.'라고 하였으니, 이 또한 정사를 하는 것이다. 어찌 벼슬을 해야만 정사를 하는 것이 되겠는가.〔書云: 孝乎! 惟孝, 友于兄弟, 施於有政. 是亦爲政, 奚其爲爲政?〕"라고 대답한 데에서 온 말이다.

니. 아! 슬프다. 마침내 병을 무릅쓰고 명문(銘文)을 짓노라.

명문은 다음과 같다.

| | |
|---|---|
| 효도하고 형제간에 우애한다고 하니 | 曰惟孝悌 |
| 이것이 인을 행하는 근본이 된다네[74] | 爲爲仁本 |
| 오직 공이 이를 본받아서 | 惟公則之 |
| 한 집안의 법도를 드리웠네 | 垂一家憲 |
| 행실을 반드시 과단성 있게 하고 | 其行必果 |
| 말을 반드시 미덥게 하며 | 其言必信 |
| 이미 승낙한 일은 반드시 성실히 이행하여 | 已諾必誠 |
| 선비의 곤궁함에 달려갔다네[75] | 赴士阨困 |
| 사람들이 혹 공의 병폐로 | 人或病公 |
| 법도를 넘는 경우가 있다고 지적하였으나 | 有踰繩準 |
| 여기에서 또한 | 是亦可見 |
| 공의 뜻과 기개가 드높음을 볼 수 있다네 | 志氣骯髒 |
| 소자는 늙어 정신이 어두우니 | 小子昏耄 |
| 어찌 감히 그 실상을 묘사하랴 | 曷敢摹狀 |
| 사람들의 월조[76]에서 징험해보면 | 徵于月朝 |

**74** 이것이……된다네 : 《논어》 〈학이(學而)〉에 유자(有子)의 말로 "효(孝)와 제(弟)라는 것은 인(仁)을 행하는 근본일 것이다.〔孝弟也者, 其爲仁之本與.〕"라고 보인다.

**75** 행실은……달려갔다네 : 이 말은 《사기(史記)》 〈유협열전서(遊俠列傳序)〉에, 유협에 대해 형용하면서 "말을 반드시 미덥게 하고 행실을 반드시 과단성 있게 하며, 이미 승낙한 일은 반드시 성실히 이행하여 자신의 몸을 아끼지 않고서 선비의 곤궁함에 달려갔다."라고 한 것을 줄여 쓴 것이다.

공의 덕을 형상할 수 있으리 惟德是象

덕을 많이 소유하였는데 德則多有

어찌하여 긴 수명을 주지 않았는가 胡靳遐景

효자산에 山名孝子

효자가 묻혀있네 孝子攸藏

묘소에 비문을 나열하니 列辭幽墟

천년 후세에 이르도록 영원할지어다 千祀其永

**76** 월조(月朝) : 월단평(月旦評)과 같은 말로, 인물을 품평하는 것을 말한다.《後漢書 卷68 許劭列傳》

# 종제 성백 묘지명 병서

從弟成伯墓誌銘 幷序

양주(楊州) 남쪽 10리 오곡(鰲谷)의 언덕은 바로 나의 종부제(從父弟) 윤필(允弼)의 장지(葬地)이다. 내가 매번 장주(漳州)로 성묘하러 갈 적에 길이 그 아래로 나 있어서 무덤가를 돌면서 '성백'을 부르며 오래도록 배회하고도 차마 떠나지 못하니, 성백은 군(君)의 자(字)이다. 노쇠하여 죽을 때가 가까워서 자주 성묘할 수 없으므로 마침내 병을 무릅쓰고 다음과 같이 쓰노라.

우리 홍씨(洪氏)는 고려 태사(太師) 휘 은열(殷悅)에서 시작되어 마침내 남양(南陽)의 큰 문벌(門閥)이 되었다. 우리 조선조에 들어와서 휘 명(溟)은 한성 판윤(漢城判尹)을 지냈고, 휘 사석(師錫)은 '장양공(莊襄公)'이고, 휘 이평(以平)은 성균관 사성(成均館司成)을 지냈고, 휘 인서(仁恕)는 호조 판서를 지냈으니, 모두 덕행(德行)과 공업(功業)으로 현달하였다. 두 번 전하여 휘 여귀(汝龜)에 이르렀으니, 정축년에 항복[77]한 뒤로 청화산(淸華山)에 들어가 평생 은둔하며 절개를 지키니, 세상에서 '대명 처사(大明處士)'라고 일컬었는바, 이분이 군의 6대조이시다. 증조 휘 상언(尙彦)은 삼등 현령(三登縣令)을 지냈고 좌찬성에 추증되었다. 조부 휘 선양(善養)은 황주 목사(黃州牧使)

**77** 정축년에 항복 : 병자호란 때 인조가 청나라에 항복함을 말한다. 병자호란은 1636년(인조14) 12월에 시작되어 이듬해 정축년인 1637년(인조15) 1월에 인조가 청나라에 항복하고 청나라와 화의를 맺으면서 끝났다.

를 지냈고 이조 참판에 추증되었다. 선고 휘 제간(濟簡)은 통덕랑으로 호가 은암(隱庵)이다. 은암공이 연일정씨(延日鄭氏) 정순(鄭洵)의 따님에게 장가들어, 참판공의 재령(載寧) 임소[78]에서 군을 낳았다.

군은 나면서부터 병치레를 자주 하고 두창(痘瘡)을 앓아서 매우 위독하였다. 참판공이 "이 아이의 골격에 요절할 상은 없다."고 하였는데, 끝내 회생하였다. 13세에 부친을 여의고, 경인년(1830, 순조30) 12월 10일에 별세하니, 생년인 무신년(1788, 정조12) 8월 19일과의 거리를 계산하면, 43세가 된다. 임시로 통덕공의 묘소 아래에 매장하였다가, 이듬해에 비로소 장례하였다. 배위 은진 송씨(恩津宋氏)는 처사 송오규(宋五圭)의 따님이니, 우재(尤齋) 문정공(文正公 송시열(宋時烈))의 7세손이다. 자식을 기르지 못하여 족자(族子) 일증(一曾)을 후사로 삼았다.

군은 지극한 효성이 있어서 항상 부친을 일찍 여읜 것을 지극한 애통으로 여겼고, 부친의 마지막 질병의 원인이 두부〔豆泡〕였다는 이유로 종신토록 두부를 먹지 않았으며, 편모의 곁을 떠나지 않고 밤에는 곁에서 모시고 잠을 잤다. 정 유인(鄭孺人)이 연세가 높아져 시력을 잃었는데, 군이 몸소 부축해서 모친의 기거·잠자리·식사를 편하게 해드렸고, 혹 언문으로 된 패사(稗史)를 읽어서 모친을 즐겁게 해드렸으며, 콩죽을 끓여 먹고 물을 마시면서도 모친의 기쁨을 지극히 하여[79] 궁핍

**78** 참판공의 재령(載寧) 임소 : 홍윤필의 조부 홍선양은 1787(정조11)에 재령 군수(載寧郡守)에 제수되었다.

**79** 콩죽과……하여 : 콩죽과 물은, 가난하지만 어버이를 극진하게 봉양하는 효자의 음식을 비유할 때 쓰는 말로, 공자의 제자 자로(子路)가 집안이 가난해서 효도를 제대로 하지 못한다고 탄식을 하자, 공자가 "콩죽을 끓여 먹고 물을 마시더라도 어버이의 기쁨

함을 얼굴색이나 언사에 드러내지 않았고, 해마다 달마다 옷을 지어드려서 전혀 아쉬운 점이 없었다.

타고난 자질이 온화하고 진실하여 남과 다투지 않았고 사람을 대할 적에 화평하여 물아의 경계를 두지 않았으나, 또한 성질이 강직하여 왕왕 감정에 내맡겨 마음 가는 대로 행하기도 하였다. 내가 이를 고치라고 훈계하자 군이 만년에는 자못 후회할 줄을 알게 되었는데, 군이 갑자기 별세하고 말았다. 나는 군과 같은 상에서 밥을 먹고 한 이불을 덮고 잤으며 또한 경서와 사서(史書)를 군에게 가르쳐주었는데, 명성을 이룬 바가 없으니, 이는 바로 나의 책임이다. 어찌 다만 군보다 늦게 죽는다는 슬픔만 있을 뿐이겠는가.

명문은 다음과 같다.

| | |
|---|---|
| 아 나의 아우여 | 吁嗟吾弟 |
| 질박함을 지키고 순박함을 머금었도다 | 守樸含醇 |
| 욕심이 없고 근심이 없어서 | 無欲無憂 |
| 천진한 마음을 잃지 않았네 | 無喪天眞 |
| 오직 효도가 천성에서 나와서 | 惟孝由性 |
| 간절하고 간절하게 깊이 사랑하였네 | 深愛肫肫 |
| 그런데 어찌하여 봉양을 끝마치지 않아서 | 胡不終養 |
| 병든 모친으로 하여금 한을 품게 하는가 | 齎恨病親 |
| 그대의 짧은 생을 슬퍼하여 | 哀命之短 |

을 극진히 하면, 그것을 일러 효라고 한다.〔啜菽飮水盡其歡, 斯之謂孝.〕"라고 위로했던 고사에서 나온 것이다.《禮記 檀弓下》

| | |
|---|---|
| 푸른 하늘을 향해 울부짖고 싶네 | 欲叫蒼旻 |
| 눈물을 흘리며 명문을 들이니 | 和淚納銘 |
| 영세토록 민멸되지 않으리라 | 永世不湮 |

## 종제 현령군 묘지명 병서
從弟縣令君墓誌銘 并序

윤여(允汝 홍익필(洪翼弼, 1777~1825)의 자(字))의 묘소에 이미 16년째 풀이 묵어, 황량한 언덕이 잡초로 뒤덮여서 나무꾼과 목동의 출입을 금하지 않으니, 군의 죽음이 애석해할 만한 것임을 누가 알겠는가. 내 처음 하관하는 것을 지켜보고는 이 무덤에 명(銘)을 짓고자 하였으나, 너무 슬픈 나머지 글을 쓸 수가 없었다. 죽음이 가까워진 지금, 병을 무릅쓰고 다음과 같이 명문(銘文)을 짓노라.

군(君)은 이름이 익필(翼弼)이고 자가 익여(翊汝)이며, 초명이 용필(龍弼)이고 자가 윤여(允汝)이니, 윤여로 행세하였다. 남양(南陽)을 관향으로 하는 홍씨는 고려 태사(太師) 휘 은열(殷悅)로부터 나왔다. 휘 명(溟)에 이르러 우리 조선조에 들어와서 첫 번째로 한성 판윤(漢城判尹)에 제수되었고, 휘 사석(師錫)은 장양공(莊襄公)이며, 휘 이평(以平)은 성균관 사성(成均館司成)을 지냈는데 무오사화(戊午士禍)[80]에 폄출되어 일생을 마쳤다. 손자 휘 인서(仁恕)는 호조 판서(戶曹判書)를 지냈고, 판서공이 또 손자 휘 여귀(汝龜)를 두었는데 이분은

**80** 무오사화(戊午士禍) : 원문에는 '무자사화(戊子士禍)'로 되어있는데, 본집 권50 〈망매윤씨부인행장(亡妹尹氏婦行狀)〉 등을 참고하여 '오(午)' 자로 바로잡아 번역하였다. 무오사화는 무오년인 연산군 4년(1498)에 김일손(金馹孫) 등의 사림파(士林派) 신진사류(新進士類)들이 유자광(柳子光)을 중심으로 한 훈구파(勳舊派)에 의하여 화를 입은 사건을 말한다. 홍이평(洪以平)이 정희량(鄭希良) 등 무오사화에 연루된 이들과 교분이 두터웠으므로 이때에 폄출되었다고 말한 것이다.

정축년의 화의[81] 이후로 청화산(淸華山)에 들어가서 은둔하며 절개를 지키니, 세상에서 '대명 처사(大明處士)'라고 일컬었다. 처사공에게 두 아들이 있었으니, 장남 휘 태원(泰元)은 효에 죽어서 정려되었고, 차남 휘 태형(泰亨)은 성균관 생원(成均館生員)이다. 생원공이 휘 중채(重埰)를 낳으니, 사복시 정(司僕寺正)에 추증되고 백부의 후사가 되었는 바, 이분이 군의 고조이시다. 군의 증조 휘 상언(尙彦)은 삼등 현령(三登縣令)으로 좌찬성에 추증되었고, 군의 조부 휘 선양(善養)은 황주 목사(黃州牧使)로 이조 참판에 추증되었다. 참판공이 휘 정간(鼎簡)을 낳으니, 영춘 현감(永春縣監)을 지냈다. 현감공에게 두 배위(配位)가 있었으니, 전주 이씨(全州李氏)는 현감 이윤명(李潤明)의 따님이고, 한산 이씨(韓山李氏)는 이중재(李重載)의 따님이다. 군은 원배(元配)의 소생이다.

군은 어려서부터 총명하여 겨우 7, 8세 무렵에 책 읽기를 좋아하였고 영특하고 통창하여 글 읽는 소리에 곡절(曲節)이 있었으니, 조고가 아끼고 칭찬하며 항상 곁에 두었으며, 손님이 오면 모두 귀 기울여 글 읽는 소리를 들었다. 장성하자 사부(詞賦)를 익혔는데 성균관에 명성이 자자하였다.

을축년(1805, 순조5) 증광시(增廣試)에서 생원시에 합격하고, 계유년(1813, 순조13)에 처음 벼슬길에 나가 광릉 참봉(光陵參奉)이 되었다가, 장흥고 봉사(長興庫奉事)로 옮기고 북부 도사(北部都事)로 옮겼

**81** 정축년의 화의 : 정축년은 1637년(인조15)으로, 병자호란이 끝난 해이다. 병자호란은 1636년(인조14) 12월에 시작되어 이듬해 정축년인 1637년 1월에 인조가 청나라에 항복하고 청나라와 화의를 맺으면서 끝났다.

으며, 장악원 주부(掌樂院主簿)·사복시 주부(司僕寺主簿)로 승진하였으며, 호조 좌랑(戶曹佐郞)·전생서 판관(典牲署判官)·영릉 영(永陵令)·창평 현령(昌平縣令)을 역임하였다. 관서에 있을 적에 전심으로 직무를 수행하였고 시행하고 조처함이 법도에 맞았으므로, 상관들이 의지하고 믿어주었다.

창평현은, 백성은 적고 환자곡은 많아 거의 고을이 없어질 지경이었는데, 군이 이를 바로잡을 방도를 강구하자, 도백(道伯) 이서구(李書九) 공이 그 계획을 칭찬하고 환자곡을 여러 고을로 옮겨주니, 백성들이 이로 인해 비로소 살게 되었다. 전염병이 크게 유행하였을 때는 약을 제조하여 백성들을 죽음에서 구제하였다. 고을에서 과거를 시행하게 되자, 백성들의 재력을 쓰지 않고 시지(試紙)를 장만하여 가난해서 시지를 장만하지 못하는 읍의 자제들에게 주었다. 이공(李公)은 군의 공명(公明)함을 신뢰하여 선비를 천거할 적에 군과 상의하였는데, 군이 명성과 실제를 조사하여 이에 응하니, 한 도(道) 전체가 흡족해하며 훌륭한 선비를 얻었다고 칭찬하였다. 임오년(1822, 순조22)에 파직하고 돌아왔는데, 뒤에 어사 심영석(沈英錫)이 공의 치적을 포계(褒啓 어사가 수령의 선정(善政)을 포창(褒彰)하도록 임금에게 아뢰는 것)하고 고을의 백성들도 비석을 세워 그 은혜를 기렸다.

을유년(1825, 순조25) 7월 27일에 별세하니, 생년인 무술년(1778, 정조2) 6월 13일과의 거리를 계산하면 48세가 된다. 8월에 양주(楊州) 외곽의 송산(松山) 효자봉(孝子峯) 아래에 장례하였다. 내실(內室) 고령 신씨(高靈申氏)는 참판 신익빈(申益彬)의 따님이니, 딸 하나를 낳았는바 심흥택(沈興澤)에게 출가하였다. 양자는 일정(一貞)이고, 서녀(庶女)는 이의민(李宜敏)과 서강보(徐康輔)에게 출가하였다.

군은 사람됨이 시원하고 활달하였으며 지극한 행실이 있었다. 8세에 어머니를 잃었는데, 성인(成人)처럼 상을 치렀고, 상기가 끝나고 가묘에 들어갈 때면 번번이 신주를 안고 울었다. 효성을 계모에게 옮겨서 지물(志物)의 봉양[82]을 지극히 하니, 집안에 흠잡는 말이 없었다.

타고난 성품이 재리(財利)에 밝지 못해서, 친인척 간에 화목하게 지내고 이웃 간에 믿고 구휼할 적[83]에 언제나 그 마음을 다하였고, 돈을 내어 베푸는 일이라면 비록 천금을 쓰더라도 조금도 연연하지 않았으며 종종 자신의 재력을 헤아리지 않았다. 나는 매양 주자(朱子)의 "남에게 줌에 절도(節度)가 없으면 남에게 취함도 절도가 없게 된다."는 가르침을 들어 군을 경계하였으나, 군은 끝내 그 태도를 고치지 않고 남의 위급함에 달려가기를 자신의 개인적인 일보다 더 다급하게 하였다. 지방의 수령이 되어서는 베풀기를 더욱 좋아하여 집안 살림이 더욱 어려워졌으나 아랑곳하지 않았으며, 병환이 심해지는데도 오히려 빚을 내어서 남의 혼사를 이루어 주었다.

마음이 맞는 사람을 만나면 비록 노비나 하인이라도 자신의 간과 쓸개를 다 내주며 벽을 쌓지 않았으니, 이 때문에 사람들이 군에게 쓰이는 것을 즐거워하였다. 사람들과 교유하기를 좋아하여 청탁(淸濁) 간에 잘못하는 바가 없었으나[84] 마음속에는 청탁을 판단하는 권형(權

**82** 지물(志物)의 봉양 : 지(志)의 봉양은 어버이의 뜻을 받들어 어버이를 즐겁게 하는 것을 말하고, 물(物)의 봉양은 의복・음식 등으로 어버이를 봉양하는 것을 말한다.

**83** 친인척……적 : 원문의 '목인임휼(睦婣任恤)'은 《주례》〈지관(地官) 대사도(大司徒)〉에 나오는 여섯 가지 행실 중 네 가지로, 여섯 가지 행실은 효도〔孝〕, 우애〔友〕, 동성(同姓) 간에 화목함〔睦〕, 이성(異姓) 간에 화목함〔婣〕, 이웃 간에 신실함〔任〕, 서로 구휼함〔恤〕이다.

衡)이 있었다. 다만 청안(青眼)과 백안(白眼)[85]을 드러내지 않았을 뿐이다.

어린 시절의 벗 중에 현귀(顯貴)하게 된 자가 있었는데, 군이 그의 인품을 천박하게 여겨, 매번 그가 없는 틈을 엿보아 방문하였다. 내가 그 진실하지 못함을 꾸짖으며 "만나고 싶지 않다면 가지 않아야 하니, 굳이 그가 없는 틈을 엿보아서 감은 애당초 가지 않음이 바름이 되는 것만 못하다."라고 하자, 군은 싫어함 없이 이 말에 복종하였다.

군이 일찍이 서재의 호(號)를 지어줄 것을 청하였는데, 내가 '몸을 지킴이 큼이 된다.'[86]는 뜻을 취하여 '수와(守窩)'라고 이름을 지어주었다. 군이 예법을 대략 보존했던 것은 이 이름을 돌아보고 그 뜻을

**84** 청탁(淸濁)……없었으나 : 상대가 청류(淸流)이건 탁류(濁流)이건 간에 상관없이 두루두루 잘 지냈다는 말이다. 《소학》 〈가언(嘉言)〉에 "두계량이 호협하고 의를 좋아하여 남의 근심을 걱정하고 남의 즐거움을 즐거워하여 청류(淸流)에나 탁류(濁流)에나 잘못하는 바가 없었다.〔杜季良豪俠好義, 憂人之憂, 樂人之樂, 淸濁無所失.〕"라고 하였는데, 《소학집설(小學集說)》에서 이에 대해 "청류와 탁류를 구별하지 않고 그들을 대하여 모두 잘못하는 바가 없는 것이다.〔不辨淸濁待之, 皆無所失.〕"라고 하였다.

**85** 청안(青眼)과 백안(白眼) : 백안은 냉대하여 눈을 흘겨보는 것이고 청안은 반가운 눈빛으로 맞이하는 것이다. 진(晉)나라 죽림칠현(竹林七賢)의 한 사람인 완적(阮籍)이 예교(禮敎)에 얽매인 속된 선비가 찾아오면 백안을 뜨고, 깨끗한 고사(高士)가 찾아오면 청안을 뜨고 상대한 데서 온 말이다. 《晉書 卷49 阮籍列傳》

**86** 몸을……된다 : 《맹자》 〈이루 상(離婁上)〉에, "섬기는 일 중에 무엇이 가장 큼이 되는가? 어버이를 섬김이 큼이 된다. 지키는 일 중에 무엇이 가장 큼이 되는가? 몸을 지킴이 큼이 된다. 몸을 잃지 않고서 그 어버이를 잘 섬긴 자는 내가 들었고, 몸을 잃고서 그 어버이를 잘 섬긴 자는 들어보지 못하였다.〔事孰爲大? 事親爲大. 守孰爲大? 守身爲大. 不失其身而能事其親者, 吾聞之矣; 失其身而能事其親者, 吾未之聞也.〕"라고 한 데에서 온 말이다.

생각했기 때문일 것이니,[87] 이로써 명문을 지을 만하다. 명문은 다음과 같다.

| | |
|---|---|
| 사람을 널리 사랑하고 은혜를 널리 베풀되 | 泛愛博施 |
| 천륜에 더욱 돈독하게 하였고 | 而克篤於天倫 |
| 세속에 동화하고 더러운 세상과 부합하나 | 同流合汙 |
| 자기의 지조를 지킬 줄을 알았네 | 而能知有吾身 |
| 평소 행실에서 상고해보면 | 考諸日用常行 |
| 신실하고 돈후하여 | 恂恂敦厚 |
| 성대하게 몸속 가득한 인을 잃지 않았네 | 藹然不失滿腔之仁 |
| 실로 의리로 제재하고 요약함으로 지킬 수 있었더라면 | 信能裁之以理而守之以約 |
| 옛사람을 뒤따라 잡을 수 있었을 것이네 | 則庶幾追踵乎古人 |
| 오직 분수를 밝게 알았는지라 | 惟其分數明 |
| 좋아함과 미워함에 혼미하지 않았으니 | 故不迷於好惡 |
| 아! 군이여 | 吁嗟乎君 |

**87** 이 이름을……것이니 : '이름을 돌아보고 그 뜻을 생각함〔顧名思義〕'은 왕창(王昶)의 말로, 《삼국지 위지(三國志魏志)》 권27 〈왕창전(王昶傳)〉에, 왕창이 자신의 아들과 조카의 이름을 지어주며 당부하기를 "내 너희들이 입신하고 처신함에 유가의 가르침을 따르고 도가의 말을 실천하게 하고자 하였으므로 현·묵·충·허로 이름을 지었으니, 너희들로 하여금 이름을 돌아보고서 그 뜻을 생각하여 감히 어기지 못하게 하고자 함이다.〔欲使汝曹立身行己, 遵儒家之教, 履道家之言, 故以玄默沖虛爲名, 欲使汝曹顧名思義, 不敢違越也.〕"라고 보인다.

## 서종형 영장 묘지명 병서
庶從兄營將墓誌銘 幷序

아! 이곳은 나의 서종형 고 대구진 영장(大丘鎭營將) 홍군(洪君) 석필(奭畢), 자 석여(奭汝)의 무덤이다. 석여가 별세한 지 이미 20년이 지났는데, 인사(人事)의 변고를 이루 다 말할 수 없다. 오직 나만이 살아남아서 뒤에 죽는 사람의 소임을 다할 길이 없으니, 슬프다!

우리 홍씨(洪氏)는 계통이 남양(南陽)에서 나왔으니, 시조는 고려 태사(太師) 휘 은열(殷悅)이다. 조선조에 들어와 한성 판윤(漢城判尹) 휘 명(溟)과 장양공(莊襄公) 휘 사석(師錫)과 호조 판서(戶曹判書) 휘 인서(仁恕)가 덕업(德業)으로 현달하였다. 삼등 현령(三登縣令)으로 좌찬성에 추증된 휘 상언(尙彦)과 황주 목사(黃州牧使)로 이조 참판(吏曹參判)에 추증된 휘 선양(善養)이 바로 우리 증조고와 조고이시다. 참판공의 둘째 아들 휘 정간(鼎簡)은 영춘 현감(永春縣監)을 지냈으니, 군은 현감공의 소실(小室)의 아들이다.

군은 영종(英宗) 을미년(1775, 영조51) 12월 17일에 태어나서, 신미년(1811, 순조11) 정시 무과(庭試武科)에 급제하고 훈련원 주부(訓鍊院主簿)와 판관(判官)을 역임하였으며, 외직으로 나가 장연 현감(長淵縣監)이 되었다가 기장 현감(機張縣監)으로 옮겼다. 절충장군(折衝將軍)으로 품계가 올라서 대구진 영장이 되었다가 충장위장(忠壯衛將)으로 옮겼다. 도백 이재수(李在秀) 공이 군에게 벼슬을 그만둘 것을 권하고 군을 불러 막빈(幕賓)으로 삼아 순부(巡部)를 따르게 하였는데, 군이 칠원 읍참(漆原邑站)에 이르러 말에 차여 별세하니, 신사년

(1821, 순조21) 8월 18일이었다. 연천(漣川) 북쪽의 마산(馬山)에 임시로 장례하였다가 임오년 2월에 같은 산 모좌(某坐)에 정식으로 장례하였다.

배위 전의 이씨(全義李氏)는 이후식(李厚植)의 따님이니, 판서 이윤성(李潤成)이 그 조고이시다. 대낮에 곡을 한 지[88] 1년 만에 마침내 스스로 목숨을 끊어 부장되었으니, 별도로 묘지명이 있다. 두 아들을 두었으니, 일녕(一寧)은 군이 별세한 하루 뒤에 죽었고, 일성(一成)은 군이 별세한 다섯 달 뒤에 태어났다. 세 딸은 송재순(宋在純)과 이갑우(李甲愚)와 심능순(沈能恂)에게 시집갔다.

군은 타고난 자질이 정직하고 선량하며 재주가 지혜롭고 총명해서, 그다지 독서에 힘쓰지 않았는데도 큰 뜻에 통달하였고, 이를 일에 적용하면 밝게 알지 못함이 없었다. 우리 선고 부군(府君)이 군을 매우 특별히 아끼셨기에 군이 옆에서 부군을 모셨는데 부군이 뜻을 내보이시기 전에 미리 알고 받들었다. 부군이 외직으로 나갈 때마다 번번이 군을 따라오게 해서, 하루라도 곁에 군이 없으면 불안해하셨다. 부군의 동료와 벗 중에 관찰사가 된 사람들이 군을 불러 막하의 보좌관으로 삼은 경우가 많았는데, 보좌한 날이 오랠수록 더욱 친애하고 신뢰하였다.

**88** 대낮에……지 : 남편의 상에 곡을 함을 말한다. 춘추 시대 노(魯)나라 재상 문백(文伯)의 어머니 경강이, 남편 목백(穆伯)의 상에는 낮에만 곡하였고 아들 문백의 상에는 밤낮으로 곡을 했는데, 공자가 이를 두고 경강이 예(禮)를 안다고 평하였다. 《禮記 檀弓下》《예기》〈방기(坊記)〉에 "과부는 밤에 곡하지 않는다.〔寡婦不夜哭.〕"라고 하였는바, 남편의 상에는 주곡(晝哭)을 하는 것이 예에 맞기 때문에 공자가 이렇게 평한 것이다.

읍을 맡은 뒤에는 일을 잘 처리하고 청렴결백을 겸비하였으며, 옛것을 수리하고 폐지된 것을 일으켜서 온갖 정사가 거행되니, 상하 사람들이 믿고 감동하여 명성이 길에 가득하였다. 도백들이 모두 진심으로 군을 아끼고 칭찬하여, 매번 고과(考課)할 때면 준례에 의거하여 여러 고을에 염문(廉問)하되, 군에 이르러서는 "어찌 물을 필요가 있겠는가." 하고는 곧장 순포(純褒)를 주니, 군이 신임받은 것이 이와 같았다.

영남에서 양전(量田)을 시행하려 할 적에 도백이 군의 재주를 시험해보고자 군에게 가까운 읍의 경계를 다스리게 하였다. 이에 군이 시의(時宜)를 강구하여 계획을 이미 마련하였는데, 조정의 명령으로 인하여 돌연 파직되니, 완성된 계획을 시행하지 못함을 군이 매양 탄식하였다.

군은 신체가 작고 약하였으나 담력과 지략이 약간 있어서 일을 만나면 과감하였다. 평소에 말하기를 "남자가 진실로 뜻을 세워서 정할 수 있다면 못 할 일이 없으니, 전진만 있고 후퇴는 없어야 한다."라고 하였다.

겨울철에 선친의 묘를 이장하고 또 석물(石物)을 설치하였는데, 가파른 협곡의 바위 잔도(棧道)여서 행로가 험하였다. 그러나 군은 호표(虎豹)와 빙설(氷雪)을 무릅쓰고서 끝내 일을 마쳤다.

일이 손에 들어오면 조금도 지체하거나 의심하지 않았고, 또 의기(義氣)가 많고 남에게 베풀기를 좋아해서 남의 어려움에 급히 달려가기를 자기의 우환보다 다급하게 하였으며, 상대의 사정을 따져서 베풂의 정도를 정한 적이 없었다. 여러 고을을 맡았으나 집안 살림이 더욱 기울어서 처자식들이 추위에 떨고 굶주렸으나 근심하는 안색이 없었다. 평소 몸가짐에 법도가 있었고, 사대부의 명검(名檢)이 땅에 떨어진 것을 항상 탄식하였다. 젊어서 귀척(貴戚)의 자제들과 사귀어 우호가 있었는데 그들의 권세가 혁혁해지는 것을 보면 다시는 그 집에 발을 들이지 않았다.

학자를 흠모하여, 문간공(文簡公) 이시원(李始源)을 모시고서 순부(巡部)하다가 여주(驪州)에 이르러 중주(中洲) 이공(李公)[89]에게 납배(納拜)의 예를 올렸으며, 문간공의 장남 대은공(大隱公) 이봉수(李鳳秀)을 존경하고 믿어서 "이분은 당대 제1류이다."라고 하였다. 대은공이 의성 현령(義城縣令)으로 관찰영(觀察營)에 이르자, 군은 본진의 토포사(討捕使)로서 책을 끼고 가서 배우기를 청하였는데, 대은공이 끝내 사양하였으니, 관찰영의 훌륭한 일로 전해지고 있다.

군은 유순함으로 강건함을 겸하여 마음을 물건을 아끼는 데에 두었었고[90] 또 천륜인 형제간에 우애가 돈독하였으니, 의당 '하늘에서 도와주어서 길하여 이롭지 않음이 없음'을 입어야 한다. 그런데 끝내 제대로 죽지 못하였고 부자(父子)가 또 하루의 간격을 두고 함께 운명하였

**89** 중주(中洲) 이공(李公) : 이직보(李直輔, 1738~1811)로, 자는 유종(維宗), 호는 중주·돈암(遯菴), 본관은 연안(延安)이다. 초명은 성보(城輔)인데 1801년(순조1) 대사헌으로서 상소하여 직보로 개명하였다. 김양행(金亮行)에게 수학하였으며 1784년(정조8) 유일(遺逸)로 천거되어 선공감 감역에 제수되었으나 나아가지 않았고, 이듬해 세자익위사 부솔이 되었다. 이후 대사헌, 이조 판서, 성균관 좨주 등을 지냈다. 시호는 문경(文敬)이다.

**90** 마음을……두었으며 : 벼슬에 임하여 물건을 아끼는 데에 마음을 두어 백성을 구제함을 말한다. 《소학(小學)》 〈가언(嘉言)〉에 "명도 선생이 말하길, '처음 벼슬하는 낮은 관직의 선비가 진실로 물건을 아끼는 데에 마음을 둔다면 사람에 있어서 반드시 구제하는 바가 있다.' 하였다. [明道先生曰: 一命之士, 苟存心於愛物, 於人必有所濟.] "라고 보인다.

으니, 혹독한 재앙의 참혹함이 거의 병란보다 심하다. 하늘이 선인(善人)에게 보답함의 어그러짐이 어떠한가. 군의 사람됨을 아는 경대부와 선비들은 모두 슬퍼하고 탄식하며 군의 재주를 다 쓰지 못함을 애석해 하였다.

나는 군과 몸은 다르지만 한 몸과 같으니, 비단 '여러 종형제'라는 명칭에 맞는 예복을 입음에 불과한 것이 아니다.[91] 나는 일찍이 군과 손을 잡고 돌아가 은거해서 매산(梅山)의 송추(松楸)[92]에서 생을 마감하기를 원했었다. 군이 몸소 재실을 지어 이 소원을 이루려 하였는데, 군이 갑자기 별세하고 말았다. 군을 그 자리에 장례하였으나 나는 차마 홀로 그곳에서 은거하지 못하니, 길을 잃고 헤매는 여생을 누구와 함께 마치고 돌아가겠는가. 나의 신세를 슬퍼하느라 군을 위해 슬퍼할 겨를이 없다. 눈물을 훔치며 명문을 쓴다. 명문은 다음과 같다.

무신(武臣)의 몸으로 韎韋其身
인과 예를 마음에 보존하였네 仁禮存心
재주는 자잘하지 않았고 才非硜硜
평소 공경하고 공경하였네 居常欽欽
이 때문에 열부가 所以烈婦
목숨을 버려 뜻을 이루었던 것이네 舍命遂志

**91** 비단……아니다 : 홍석필과 홍직필의 관계는, 그 명칭으로 말하면 '여러 종형제'에 해당하여 그에 맞는 예복을 입지만, 실제의 우애는 친형제와 같다는 말이다. 이는 도연명(陶淵明)의 시 〈비종제중덕(悲從弟仲德)〉의 "예복은 명칭이 여러 종형제지만, 은애는 친형제와 같다.〔禮服名群從, 恩愛若同生.〕"라는 말을 원용한 것이다.

**92** 송추(松楸) : 소나무와 가래나무를 심어 놓은 곳으로 선산 또는 고향을 가리킨다.

| | |
|---|---|
| 교화가 행해져 부인에게 모범이 되었으니 | 化行刑家 |
| 스스로 이룬 것이었네 | 乃其自致 |
| 재주를 다 쓰지 못하였으니 | 未究厥用 |
| 나이와 지위에 국한된 것이 애석하네 | 惜局年地 |
| 내 명문을 지어서 | 我述銘章 |
| 그 아름다움을 밝히노라 | 用闡厥美 |

## 유자 일한 광지 경진년(1820, 순조20)
幼子一漢壙誌 庚辰

아! 이곳은 당성(唐城 남양(南陽)의 옛 지명) 홍직필(洪直弼)의 어린 아들 일한(一漢)이 묻혀있는 곳이다. 그 아비는 여러 대를 잇는 장손인데 나이가 삼십이 되어도 자식이 없어서, 종사(宗祀)를 의탁할 곳이 없음을 항상 걱정하였다. 그러다 그 어미 이씨(李氏)의 꿈에 신인(神人)이 와서 고하기를 "무진년(1808, 순조8)에 남자아이를 낳을 것이다."라고 하였는데, 과연 이해 5월 4일에 이 아이를 한성(漢城)의 죽동리(竹洞里) 집에서 낳았다. 아이는 날 때부터 얼굴이 청수(淸秀)하여 미간이 넓고 맑았다. 몇 달이 지나자 지혜로운 생각이 날로 열리는 듯하였고 돈후하고 단정하고 후중한 모습이 나타났으니, 그 자질을 다 채우면 훌륭한 가르침을 전수받을 수 있었을 것이다. 나는 '이 아이가 우리 집안을 대대로 이어가서 집안의 문헌(文獻)을 영원히 전해지게 할 수 있을 것이다.' 하고 생각했었다. 그런데 태어난 지 아홉 달 만에 죽으니, 바로 기사년(1809, 순조9) 정월 17일이었다. 죽고 난 며칠 뒤에 연천(漣川)의 청화산(淸華山) 선영의 옆에 묻으니, 아! 애석하다!

그 아비는 끝내 자식을 두지 못해서, 8대의 묘소와 4대의 사당이 의탁할 곳이 없게 되었으니, 아! 혹독하다! 우리 홍씨(洪氏)는 성(姓)을 얻은 이래로 수천 년간 기맥(氣脈)이 서로 이어져 왔는데, 일한이 죽음으로써 혈윤(血胤)이 영원히 끊이니, 아! 하늘이여! 이 애통함이 언제나 그치겠는가. 그 아비의 재앙과 잘못이 누적됨을 하늘이 미워해서 아비에게 벌을 내려 이 아이를 이처럼 빨리 빼앗아가고 또 그 후손을 없앴으니, 여기에서 천도를 징험할 수 있는 것인가? 창자가 찢어지고 뼈가 녹은 것이 10년이 하루 같다. 경진년(1820, 순조20) 5월에 병으로 영월(寧越)에 기거하니, 애통이 심하고 마음이 약해진다. 피눈물 닦으며 지문을 지어서 장차 무덤에 넣으려 하노라.

## 외조모 유인 정씨 묘지명 병서○을미년(1835, 헌종1)

外祖母孺人鄭氏墓誌銘 幷序○乙未

외조모 유인(孺人) 정씨(鄭氏)가 별세하고 10년 후에 큰아들 정언공(正言公 박성한(朴聲漢, 1763~1814))이 또다시 별세하였다. 정언공은 효성이 지극하니 마땅히 글을 지어서 유인의 행실을 기술해야 할 것이나 슬퍼서 글을 짓지 못하였고 나에게 묘지문을 지어 달라고 부탁했었다. 나는 그동안 초상과 병을 만나 이 일을 미루기만 하고 성취하지 못하였으니, 바람에 촛불이 꺼지듯 갑자기 목숨이 끊어져 유명(幽明) 간의 부탁을 영원히 저버릴까 항상 염려하였다. 이에 붓을 잡고 쓰니, 글은 다음과 같다.

유인은 계통이 해주(海州)에서 나왔으니, 시조 휘 숙(肅)은 고려조의 전법사(典法司) 정랑(正郞)이었다. 우리 조선조에 들어와, 휘 역(易)은 좌찬성과 집현전 대제학을 지냈으며, 찬성공의 손자 휘 종(悰)은 영양위(寧陽尉)이고, 영양위의 아들 휘 미수(眉壽)는 해평부원군(海平府院君)에 봉해지고 시호가 소평공(昭平公)인바, 유인에게 9세조가 된다. 조고는 휘가 내태(來泰)이고, 선고는 휘가 운휘(運徽)이니, 두 분 모두 은거하여 덕을 쌓고 벼슬하지 않았다. 선비(先妣) 여흥 민씨(驪興閔氏)는 민진황(閔震煌)의 따님이다.

유인은 영종(英宗) 신해년(1731, 영조7) 5월 10일에 출생하여, 나이 17세에 우리 외조부 지족당(知足堂) 박공(朴公)에게 시집왔는데, 부인의 일을 한 지 24년 만에 지당공(知堂公)이 별세해서 미망인이라고 칭해온 것이 43년이었다. 순조 임신년(1812, 순조12) 정월 28일에 별세하니, 향년이 82세이다. 3개월이 지나 양근(楊根 양평(楊平))의 서종면(西終面) 추동(楸洞)에 임시로 장례하였다가 이해 10월 갑자일에 오좌(午坐)의 산에 부장하였다.

지당공은 휘가 양흠(亮欽)이고 관향이 음성(陰城)이니, 이조 판서로 시호가 충의공(忠懿公)인 휘 순(淳)의 후손이고, 지평에 추증된 휘 정완(廷琓)이 그 선고이시다. 지당공이 처음 양천 허씨(陽川許氏)에게 장가들어 봉사(奉事) 명한(鳴漢)을 낳았고, 뒤이어 유인에게 장가들어서 2남 2녀를 낳으니, 장남인 정언 성한(聲漢)은 계부(季父) 진사공(進士公, 박장흠(朴長欽))의 후사가 되었고, 차남은 요절하였고, 차녀는 동돈녕(同敦寧) 홍이간(洪履簡)에게 출가하였으니 바로 나의 선고이시다. 그 다음 차녀는 김태주(金台柱)에게 출가하였다. 정언공의 아들 내오(來五)는 백부(伯父) 봉사공(奉事公)의 후사가 되었으며, 양자는 내교(來敎)이다. 내오의 아들 승혁(承赫)은 진사이다. 내교의 양자는 민혁(民赫)이고, 두 딸은 이중신(李種信)과 한윤석(韓胤錫)에게 출가하였다. 동돈녕의 아들 직필(直弼)은 전 세마(洗馬)이고, 두 딸은 현감 김태근(金泰根)과 윤약렬(尹約烈)에게 출가하였다. 김태주의 양자는 노석(魯奭)이다.

유인은 어려서부터 지극한 성품이 있어서 부모를 섬김에 효를 다하였고, 시집을 오자 시어머니를 미처 섬기지 못함을 애통히 여겨서 계고(繼姑 남편의 계모인 시어머니)를 섬김에 공손히 사랑하고 공경해서 지극함을 다하지 않음이 없으니, 계고가 "참으로 효부이다."라고 감탄하였다. 부엌일을 맡게 되어서는 목소리와 얼굴빛을 크게 동하지 않고도 규문의 일이 저절로 다스려졌다. 제사에 더욱 정성을 다하여 제기를 씻고 제수를 올릴 적에 몸소 하지 않음이 없었으며 제사를 받드는 날에는 꼿꼿이 서서 밤을 새웠다. 집안에서 폐주(廢主)의 사당을 받들었는데[93] 그 사당의 일에 더욱 공손하고 엄숙하였다. 일찍이 말씀하기를 "제사 지내는 날 잠깐 졸면 성대한 호위가 늘어서 어좌(御座)에 엄숙히 앉아 계신 것 같은 모습을 항상 보니, 어찌 제사에 경건한 마음으로 임하지 않고서 신이 흠향하시기를 바랄 수 있겠는가."라고 하였다. 또 말씀하기를 "혼조(昏朝)의 일은 모두 여러 신하가 군주의 악(惡)을 맞이하여[94] 그렇게 된 것이니, 오로지 폐주에게 죄를 돌릴 수 있는 것이 아니다."라고 하시고는 누차 흐느끼며 폐주의 잘못을 휘하였으니, 이는 예(禮)에 맞는 것이다.

지당공을 섬길 적에 유순함을 지키고 예를 따라서 서로 대하기를 엄한 손님처럼 하였다. 지당공이 화목을 돈독히 하고 의리를 좋아해서 지당공에게 의지해서 밥을 짓는 자가 매우 많았고 밥 먹는 손님이 항상 집안에 가득하였는데, 유인은 남편의 뜻을 잘 받들면서도 오히려 스스로 부족하다고 여겼다. 남이 굶주리고 추위에 떠는 것을 볼 때마다 단 음식을 나누어주고 적은 양도 갈라주어서 제때에 미치지 못할까 염려하였다. 소원한 친척이 남혼여가로 서울에 들어오면 모두들 유인에게 의지하였고 유인 또한 모두 마음을 다해 주선하니 친부모라도 그보다 더해주지는 못할 정도였다. 이 때문에 몸에 겹쳐 입을 만한 옷이 없고 밥상에 남은 반찬이 없어 항상 궁핍하였으나, 연연하

**93** 집안에서……받들었는데 : 폐주는 광해군(光海君, 1575~1641)으로, 광해군과 소의 윤씨(昭儀尹氏) 사이에서 출생한 옹주(翁主)가 박징원(朴徵遠)에게 하가(下嫁)하였는바, 박징원은 유인의 증조이다.

**94** 군주의 악(惡)을 맞이하여 : 군주의 악의가 아직 싹트지도 않았는데 신하가 이를 앞에서 이끌어내어서 악의가 싹트게 함을 말한다.《孟子 告子下》

지 않았다.

계고에게 딸 하나가 있어서 매우 사랑하였는데, 딸이 시집갈 적에 계고가 혼수품을 매우 많이 장만해주고 또 그 딸에게 노비를 모두 나누어주었다. 그러나 유인은 오직 계고의 뜻을 따라서 얼굴에 조금도 서운한 기색을 나타내지 않았으며, 계고가 별세하자 계고가 딸을 사랑하던 그 마음으로 시누이를 사랑해서 재물을 더욱 많이 보태주었고 함께 잠을 자고 밥을 먹으면서 노년을 마쳤다. 시누이는 유인을 어머니처럼 섬겨서 모든 행동거지에 있어 오직 유인의 말을 따랐다. 유인의 막내아들이 양자를 갔는데 그 양어머니에게도 정성을 다하여 흠잡는 말이 없었고, 동서들 사이에 취향이 똑같지 않아서 간혹 말하기 매우 어려운 일이 있기도 하였으나 유인이 마음을 열고 정성을 보여서 적당히 잘 조율하였다.

큰아들이 어려서 어머니를 잃고 병치레를 잘하였는데, 유인이 지성으로 보호하고 양육해서 아이가 장성하게 되니, 사람들은 유인이 계모인 줄을 알지 못하였으며, 지당공의 서자(庶子)에 있어서도 한결같이 자기 소생처럼 보살폈다. 맏며느리가 자식의 요절로 인해 몸이 상하여 자식이 없었고 화병이 나서 성질이 편벽되고 급하였는데, 유인이 말없이 몸으로 가르치자 결국 며느리가 믿고 감동하니, 온 집안의 사람들이 화락하고 흡족해서 한 터럭만큼이라도 싫어하는 것을 찾을 수 없었다.

자손을 매우 돈독히 사랑하였으나 은애(恩愛)로써 의리를 가린 적이 없었다. 그리하여 허물이 있으면 번번이 질책하였고 잘한 일이 있어도 구차히 칭찬한 적이 없었다. 사위를 대할 때에도 손님의 예로 만나보며 쓸데없는 말을 나누지 않아서 왼쪽 문을 닫아두는 뜻[95]을 보존하였다. 노비들을 대할 때에 매우 후덕하게 해서 잘못을 독책하지 않고 나쁜 말을 하지 않았으며, 자신이 시집올 때 가져온 물건을 도둑맞기까지 하였으나 벌을 주지 않았다. 물건을 사랑하는 데에 마음을 두어서 비록 곤충 같은 미물이라도 밟아 죽이지 않았다.

평소 부지런하고 검소해서 수고로움을 꺼리지 않아 잠시도 편안한 여가가 없었다. 높은 나이와 병든 몸으로도 길쌈과 바느질을 그만두지 않으니, 모시는 자가 조금 쉴 것을 청하자, "나는 이 일에 익숙해서 피로한 줄을 알지 못한다."라고 하시고, 매번 사람들에게 편안히 지내며 일을 하지 않는 것을 경계하였다.

비록 규문 안에 숨어서 수양하였으나 종국(宗國)을 언급할 때마다 슬피 탄식하여 마지않았다. 병이 위중할 적에 마침 관서(關西) 지방에 유적(流賊)이 창궐하여 서울이 진동하였는데,[96] 유인은 혼침하여 인사불성이 되었으나 "걱정하지 말라. 장차 평정될 것이다."라고 하였다. 잠꼬대에서 나오는 말씀이 이와 같았는데, 그 말씀이 과연 맞았다.

아! 유인의 순수한 덕과 아름다운 행실을 이루 다 쓸 수가 없는데, 소자가 늦게 태어나고 불초해서 평소의 아름다움을 다 기록하지 못하고 다만 귀로 듣고 눈으로 본 것을 기술한다. 유인은 우뚝히 여사(女師)가 되고 부녀자들에게 모범이 되었으며 살아서는 붕성(崩城)의 애통[97]

**95** 왼쪽……뜻 : 《의례(儀禮)》 〈사혼례(士昏禮)〉에, "신랑이 신부의 어머니인 주부를 뵙는데, 주부는 왼쪽 문을 닫고 그 안에 서며 신랑은 문 밖에 선다.〔見主婦, 主婦闔扉立于其內, 婿立于門外.〕"라고 보인다.

**96** 마침……진동하였는데 : 1811년(순조11) 12월 18일 평안도 일대인 관서 지방에서 발발한 홍경래(洪景來)의 난을 이른다. 홍경래와 우군칙(禹君則) 등이 중심이 되어 일으킨 대규모 농민반란으로, 이해 12월 29일 박천(博川)에서 관군에게 패하자 정주성(靜州城)으로 퇴각해 농성하였는데, 이듬해 4월 19일이 되어서야 진압되었다.

을 간직한 채 생을 마쳤고, 죽어서는 후손들이 적어서 자손이 이어지지 못하고 자손 중에 유인의 그윽한 덕을 밝혀 후세에 영원히 전해지도록 할 큰 문장가를 얻지도 못하였으니, 슬프다.

소자는 유인에게 길러졌으니, 이를 다시 돌아보건대 길러주신 은혜가 하늘처럼 무궁하다. 그리운 생각이 실로 이 마음에 가득할 뿐만이 아니다. 중간에 상전벽해의 온갖 변고를 겪었으나 완악하고 모질어서 아직 죽지 않았기에, 마침내 눈물을 섞어 붓을 적셔서 유인의 말씀과 행실을 글로 엮고자 하니, 어찌 제대로 기술할 수 있겠는가. 명문은 다음과 같다.

옛사람이 말하기를[98] "칠실(漆室)[99]과 제영(緹縈)[100]은 열녀(烈女)였

**97** 붕성(崩城)의 애통 : 남편을 잃음을 말한다. 춘추 시대 제(齊)나라 장공(莊公)의 대부인 기량(杞梁)이 임금을 따라 거(莒)나라의 성을 공격하다가 전사하였는데, 기량의 처가 남편의 시체 옆에서 10일 동안을 엎드려 통곡하니 그 성이 무너졌던 고사를 원용한 것이다. 《古列女傳 卷4 貞順傳》

**98** 옛사람이 말하기를 : 아래의 말은 백거이(白居易)의 〈당하남원부군부인형양정씨묘지명(唐河南元府君夫人滎陽鄭氏墓誌銘)〉에 보인다.

**99** 칠실(漆室) : 칠실은 춘추 시대 노(魯)나라의 읍명(邑名)이다. 《열녀전(烈女傳)》에 다음과 같은 고사가 보인다. 노나라 칠실의 여자가 기둥에 기대어 울고 있어 이웃 사람이 연유를 물으니, 여자가 "사람을 너무 모른다. 임금은 늙고 태자는 어리니 그것이 걱정되어 운다."라고 하였다. 그 사람이 웃으면서 말하기를 "그것은 대부(大夫)들이나 할 걱정이다."라고 하니, 여자가 "그렇지 않다. 지난날 객(客)의 말이 고삐가 풀려 우리 아욱 밭을 밟아 1년 내내 내가 아욱을 먹지 못하였다. 노나라에 환란이 생기면 군신(君臣) 부자(父子)가 다 그 해를 입게 되는데 부녀자가 홀로 피할 수 있겠는가?"라고 하였다.

**100** 제영(緹縈) : 한 문제(漢文帝) 때의 효녀(孝女)이다. 제영은 자신의 아비 순우의

으나 부인이 됨에 이르러서는 알려짐이 없고, 백종(伯宗)과 양홍(梁鴻)의 아내[101]는 명철한 부인이었으나 어머니가 됨에 이르러서는 알려짐이 없으며, 문백(文伯)과 맹씨(孟氏)의 어머니[102]는 현명한 어머니였으나 부인이 되었을 적에는 알려짐이 없다."고 하였다. 그런데 유인은 딸이 되어서는 효도하고 순종하였고, 부인이 되어서는 성실하고 조신하였고, 어머니가 되어서는 솔선하여 가르쳤다. 이렇

(淳于意)가 형벌을 받으러 장안으로 끌려가게 되자, 막내딸 제영이 천자에게 글을 올리기를, "죽은 자는 다시 살아날 수 없고 육형(肉刑)을 받은 자는 원래의 모습을 회복할 수 없으니, 비록 허물을 고쳐 스스로 새로워지고자 하더라도, 그렇게 할 방도가 없어 끝내 만회하지 못할 것입니다. 제 몸을 관청의 노비로 바쳐 부친의 형벌을 속죄함으로써 행실을 고쳐 스스로 새로워질 수 있게 하기를 원합니다."라고 하며 간절히 호소하였다. 문제가 그 뜻을 가엽게 여겨 육형을 없애게 하였다. 《史記 卷105 扁鵲倉公列傳》

**101** 백종(伯宗)과 양홍(梁鴻)의 아내 : 백종의 아내는 《춘추좌씨전》 성공(成公) 15년 조에 그 기록이 보이는바, 남편이 조정으로 나갈 때마다 경계하기를 "도적은 주인을 미워하고 백성은 윗사람을 싫어합니다. 그런데 당신은 바른말을 하기 좋아하니 반드시 재앙과 환란을 당할 것입니다."라고 하였다. 양홍은 후한의 현사(賢士)이고 양홍의 아내는 맹광(孟光)으로, 양홍이 벼슬을 구하지 않고 은둔하였는데, 맹광은 남편의 뜻을 따라 곤궁함을 견뎠으며 남편 앞에 밥상을 가지고 갈 때 상을 자기 눈썹 높이로 받들어 올려 공경하였다. 《後漢書 卷83 梁鴻列傳》

**102** 문백(文伯)과 맹씨(孟氏)의 어머니 : 문백은 춘추 시대 노나라의 공보문백(公父文伯)이고, 문백의 어머니는 경강(敬姜)으로, 《소학(小學)》 권4 〈계고(稽古) 제사(第四)〉에 "공보문백(公父文伯)이 조정에서 나와 어머니를 뵈었는데, 어머니는 막 길쌈을 하고 있었다. 문백이 '저의 집안의 주모(主母)께서 길쌈을 하신단 말입니까.'라고 하자, 어머니가 한탄하며 '노나라는 망할 것이다. 어린아이로 하여금 관직을 채우게 하였으니, 이렇게 한다는 말은 듣지 못하였다.' 하였다."라고 보인다. 맹씨의 어머니는 맹자의 어머니로, 자식의 교육을 위해 헌신해서, 세 번 이사하여 학궁(學宮) 옆에 살도록 하고, 맹자가 공부를 중단하고 집에 돌아오자 짜던 베를 끊고는 "네가 학문을 그만둠은 내가 이 베를 도중에 자른 것과 같다."라고 하였다.《列女傳 鄒孟軻母》

게 이 세 가지 아름다움을 구비하였으니, 규문의 으뜸이 될만하다. 소자가 공경히 기술하여 감히 동관(彤管)에게 고하노라.[103]

**103** 동관(彤管)에게 고하노라 : 유인의 훌륭한 덕과 행실을, 여인들의 훌륭한 업적을 기록하는 여사(女史)에게 고한다는 말이다. 동관은 대에 붉은 칠을 한 붓으로, 옛날에 여사(女史)가 궁중에서 정령(政令)과 후비(后妃)의 일을 기록할 때 쓰던 붓이다.

## 선비 묘지 추기 경오년(1810, 순조10)

先妣墓誌追記 庚午

아! 이것은 우리 선비(先妣)의 묘지명인데, 선사(先師) 근재(近齋) 선생이 지으신 것이다.[104] 그윽한 것을 드러내고 은미한 것을 밝혀서 억만세에 불후(不朽)하게 되었으니, 아, 거룩하다! 글은 무오년(1798, 정조22)에 완성되었는데 오늘에서야 묘에 넣는 것은 기다림이 있었기 때문이다. 소자가 불초해서 묏자리를 나쁜 땅에 잡았던지라, 임술년(1802, 순조2)에 영평(永平)의 금주산(金柱山)으로 옮기고, 정묘년(1807, 순조7) 8월 26일에 세 번째로 양성(陽城) 승량원(升良院) 천덕산(天德山)의 북쪽 손좌(巽坐)의 언덕으로 옮겼다. 점을 쳐보니, 길지(吉地)여서 천지와 유구함을 함께 한다고 하였다.

나의 대인(大人 아버지)은 현재 밀양 부사(密陽府使)이고, 사위 김태근(金泰根)은 1남 1녀를 낳았고, 사위 윤약렬(尹約烈)은 처가 일찍 죽어서 자식을 기르지 못하였고, 불초는 5명의 자녀를 두었으나 모두 기르지 못하였다. 아! 덕과 선함을 갖춘 우리 어머님은 마땅히 장수를 누리고 자식들이 번창해서 많은 복을 받아야 하는데, 불초가 죄를 지음으로 인해서 복을 받지 못하였으니, 불효의 죄가 크다. 아! 천도(天道)는 일정하게 친한 사람이 없어서 항상 선인(善人)을 도와주니, 어머니

**104** 선사(先師)……것이다 : 선사는 박윤원(朴胤源, 1734~1799)으로, 자는 영숙(永叔), 호는 근재, 본관은 반남(潘南)이다. 박윤원이 저술한 묘지명은 《근재집(近齋集)》 권31에 〈숙인음성박씨묘지명(淑人陰城朴氏墓誌銘)〉이란 제목으로 실려 있다.

가 받지 못한 보답은 후일에 기다리는 바가 있는 것인가 보다. 원래의 묘지명과 함께 구워 여덟 쪽을 만들어서 도자기 항아리에 넣어 무덤 남쪽에 매안해서 무궁한 후세에 전해지도록 하니, 하늘처럼 은혜가 무궁하다. 아! 애통하다!

## 계모 유인 정씨 묘지명 병서○경자년(1840, 헌종6)

### 季母孺人鄭氏墓誌銘 幷序○庚子

《시경(詩經)》의 서문에 이남(二南) 부인의 덕을 칭찬하기를 "이미 시집갔는데도 효성이 친정 부모에게 쇠하지 않는다."라고 하였으니,[105] 이미 시집갔는데도 친정 부모에게 효도하였다면 하물며 시집가기 전에 있어서랴. 시집간 뒤에 시부모를 잘 섬겼으리라는 것 또한 알 수 있는 것이다. 내가 동시대 부녀들을 살펴보건대, 《시경》 서문에서 칭한 것과 같은 분은 나의 계모(季母) 정 유인(鄭孺人)만한 분이 있지 않다.

유인(孺人)은 계통이 연일(延日)에서 나왔으니, 시조 균지(均之)는 고려조의 평장사(平章事)를 지냈다. 조선조에 들어와서는, 휘 홍(洪)은 시호가 공간(恭簡)이고, 공간공의 아들 휘 연(淵)은 병조 판서(兵曹判書)를 지냈다. 휘 시성(始成)은 강원 감사(江原監司)였으며, 두 번 전하여 좌윤(左尹) 휘 수송(守松)에 이르니, 이분이 유인의 증조이시다. 조고는 휘가 사량(師良)이고, 선고는 휘가 순(洵)이다. 선비(先妣) 반남 박씨(潘南朴氏)는 박사순(朴師淳)의 따님이다.

유인이 계례(笄禮)를 하고서 남양(南陽) 홍공(洪公) 휘 제간(濟簡)

**105** 시경(詩經)의……하였으니 : 이남은 《시경》 국풍(國風)의 〈주남(周南)〉과 〈소남(召南)〉을 지칭하는 말로, 문왕(文王)과 후비(后妃)의 훌륭한 덕화(德化)를 읊고 있는바, 이남 부인은 후비를 말한다. 이 말은 〈주남〉의 〈갈담(葛覃)〉편에 대한 주자(朱子)의 주석에 보인다. 깨끗이 옷을 빨아 입고 친정부모에게 문안할 것이라는 후비의 말이 〈갈담〉에 보이므로 주자가 이렇게 주석한 것이다.

에게 시집오니, 이분이 나의 계부(季父)이시다. 계부는 호가 은암(隱庵)이니, 삼등 현령(三登縣令)으로 좌찬성에 추증된 휘 상언(尙彦)과 황주 목사(黃州牧使)로 이조 참판에 추증된 휘 선양(善養)이 은암공의 조고와 선고이시다. 유인은 영종(英宗) 신사년(1761, 영조37) 9월 22일 출생하여 40세에 과부가 되고 계사년(1833, 순조33) 2월 26일에 별세해서 4월에 양주(楊州) 송산(松山) 효자봉(孝子峯) 아래 병좌(丙坐)에 장례하니, 바로 은암공 무덤의 왼쪽이다.

숙인(淑人)은 성품이 인자하고 강직하며 총명과 지혜를 겸해서, 부모를 섬길 적에 부모의 뜻을 먼저 알고 받들어 순종하였다. 조고 처사공(處士公)은 세상을 피해 은둔하여 고매한 행실이 있었는데 유인을 특별히 사랑하였고, 시어머니 정부인(貞夫人)은 규범(閨範)을 잘 갖춘 분이었는데 유인이 조금의 어김이나 태만함 없이 시어머니의 성품에 맞추어 드리니, 효도하고 공경한다고 시어머니가 항상 인정하였다. 유인은 시부모를 섬긴 것이 오래지 않음을 지극한 애통으로 여겨서 우리 선비(先妣)를 시어머니처럼 섬겨서 감히 맞서려 하지 않았고[106] 함께 밥을 지어 먹은 10년 동안 가정에 흠잡는 말이 없었다. 선비가 세상을 떠나자 유인은 또 집안 살림을 대신 주간하고 시아버지를 공양하며 정성과 힘을 다하였는데, 목소리가 규문 밖을 나가지 않았다.

**106** 맞서려 하지 않았고 : 원문의 '적우(敵耦)'는 아랫사람이 윗사람에게 대적한다는 의미로, 《예기(禮記)》 〈내칙(內則)〉에 "시부모가 작은며느리를 부리면, 작은며느리는 감히 맏며느리에게 맞서지 말아야 한다.〔舅姑若使介婦, 毋敢敵耦於冢婦.〕"라고 보이는 바, 작은며느리가 집안의 일을 맡아서 하더라도 큰며느리와 대등하다고 생각하면서 맞서서는 안 된다는 의미이다. 홍직필의 선비가 큰며느리, 유인이 작은며느리가 되기 때문에 이 말을 원용한 것이다.

은암공은 성품이 독후하였으나 왕왕 조급하였다. 손님과 벗들이 오면 술과 음식을 마련하라고 재촉해서 별안간에 음식을 장만하게 하였는데, 유인은 난색을 표하는 일이 없었다. 남편이 벼슬길에 나아가는 것에 욕심이 없어서 녹문(鹿門)의 은거[107]를 이루려 하였는데, 유인은 기꺼이 이것을 따라서 항상 그 소원을 이루지 못함을 한스럽게 여겼다. 은암공의 유모가 성질이 편벽되고 노망이 들어서 유인에게 공손하지 않았으나, 유인은 순종하기만 하고 잘못은 따지지 않았으니, 사람들이 어려운 일이라고 여겼다.

붕성(崩城)의 애통[108]에 피눈물을 흘려서 매번 자결하고자 하였으나 아들이 어려서 하종(下從)하지 못하는 것을 평생의 지극한 애통으로 삼았다. 아들이 죽었을 때는 유인의 나이가 이미 70이었고 시력을 잃은 지가 거의 10년이었다. 울면서 말하기를 "내가 은인자중하며 구차히 살아온 것은 아비 잃은 자식을 자립시키기 위함이었는데, 또다시 혈손이 끊기니, 죽지 말고 조금 더 살아서 사손(嗣孫)을 세우기를 기다려 그 아이에게 남편의 제사를 이어가도록 해야겠다." 하고는, 억지로 음식을 들고 이치로 마음을 달랜 것이 몇 년이었다.

음식을 먹고 운신함에 모두 남의 도움이 필요하였으나 정신이 한가롭고 안정되어서 운명처럼 편안히 대처하였다. 아우와 조카가 모두 죽어 본종(本宗) 제사가 끊겼다 하여 밤낮으로 눈물을 삼켰고, 매번

**107** 녹문(鹿門)의 은거 : 온 가족과 함께 은거함을 말한다. 후한(後漢)의 은자 방덕공(龐德公)이 원래는 남군(南郡)의 양양(襄陽)에 살았는데 형주 자사(荊州刺史) 유표(劉表)가 초빙하자 나아가지 않고 가솔을 모두 거느리고 녹문산(鹿門山)에 들어가 다시는 세상에 나오지 않았다는 고사에서 나온 말이다.《後漢書 卷83 逸民列傳 龐公》

**108** 붕성(崩城)의 애통 : 73쪽 주97 참조.

친족들과 상의하여 후사를 세울 것을 도모하였다. 질손(姪孫)을 데려다가 길러 제때에 시집보내서 사람들이 그녀에게 어머니가 없는 줄을 몰랐으니, 여기에서도 유인의 지극한 성품을 볼 수 있다.

이공(李公) 진연(晉淵) 용구(用九)는 유인의 지친이다. 매번 유인의 순수한 행실을 감탄하기를 "유인이 만년에 만난 처지는 달관한 군자도 참을 수 있는 바가 아닌데, 순리대로 대처하고 이치를 따랐으니 심학(心學)이 없이 이와 같을 수 있겠는가."라고 하였다. 내가 이공에게 유인의 묘지문을 지어서 그 숨겨진 덕을 드러내고 밝혀주기를 권하였으나 용구가 또다시 추백(秋栢)의 열매가 되었다.[109] 나는 항상 내가 조석 간에 죽어서 유인의 사적과 행실이 전해지지 못할까 염려하므로 병을 무릅쓰고 명문을 짓는다. 명문은 다음과 같다.

| | |
|---|---|
| '유순(柔順)의 덕을 항구히 하여 바름'을 | 恒其德貞 |
| 나는 《희경》에서 보았으니[110] | 我見羲經 |
| 여사가 이것을 본받아서 | 女士則之 |
| 오래도록 행하여 완성하였네 | 用能久成 |
| 정도를 행하여 길한 상으로 | 貞吉之象 |
| 평탄치 못함에 편안히 대처하였으니 | 以平不平 |

**109** 추백(秋栢)의 열매가 되었다 : 별세하였음을 말한다. 옛날엔 무덤가에 측백나무를 심었기 때문에 이렇게 말한 것이다. 《莊子 列禦寇》

**110** 유순(柔順)의 덕을……보았으니 : 《희경》은 《주역》의 이칭으로, 역의 64괘를 복희(伏羲)가 그었다 하여 이렇게 칭하는 것이다. 이 말은 항괘(恒卦) 육오(六五)의 효사로, 육오가 음유(陰柔)의 바른 덕을 항구히 행하여 바르고 견고한 상(象)이 있다는 의미이다.

| | |
|---|---|
| 삼가 이 뜻을 기술해서 | 謹述斯義 |
| 무덤의 명문으로 새기노라 | 琢銘玄扃 |

## 백고모 유인 묘지명 병서○경자년(1840, 헌종6)

伯姑母孺人墓誌銘 幷序○庚子

고양(高陽) 읍내 동쪽 원당면(元堂面) 서재동(書齋洞) 경좌(庚坐)의 언덕은 우리 큰고모이신 유인(孺人) 남양 홍씨(南陽洪氏)의 무덤이니, 통덕랑 김공(金公) 휘 재상(載象)의 무덤에 부장(祔葬)한 것이다. 유인은 나이 18세에 통덕공에게 시집왔는데, 시집온 지 19년 만에 통덕공이 별세하였고, 또 39년 만에 무덤을 함께 쓰는 예를 거행하였다.

우리 홍씨는 고려조의 태사(太師) 휘 은열(殷悅)로부터 시작되었다. 조선조에 들어와서는, 휘 명(溟)은 한성 판윤(漢城判尹)이요, 휘 사석(師錫)은 장양공(莊襄公)이이요, 휘 이평(以平)은 성균관 사성(成均館司成)이요, 휘 인서(仁恕)는 호조 판서(戶曹判書)이니, 이분들은 모두 덕업으로 현달하였다. 증조 휘 중채(重埰)는 사복시 정(司僕寺正)에 추증되었고, 조고 휘 상언(尙彦)은 삼등 현령(三登縣令)으로 좌찬성에 추증되었으며, 선고 휘 선양(善養)은 황주 목사(黃州牧使)로 이조 참판에 추증되었다. 선비(先妣) 전주 이씨(全州李氏)는 처사 이택(李鐸)이 그 선고이시다.

통덕공은 연안(延安)의 큰 성씨이니, 장령(掌令) 휘 호(灝)와 희정공(僖靖公) 휘 상신(相紳)과 사서(司書) 휘 용(容)이 그 3대 선조이시다. 유인은 영종(英宗) 33년 정축년(1757) 2월 22일에 출생하여 순조 경인년(1830, 순조30) 10월 20일에 별세하니, 향년이 74세이다. 2남 2녀를 두었으니, 아들은 수(鏽)와 직(鍨)이고, 딸은 참판 정기(鄭漪)와 신석구(申錫久)에게 출가하였다. 수의 아들은 광연(廣淵)이고, 직의 한 아들은 문연(文淵)이다. 정씨 사위의 양자는 해상(海尙)이다. 신씨 사위는 아들이 태준(泰駿)과 태기(泰驥)이고, 여서는 김우선(金宇善)과 민교빈(閔敎彬)이다. 광연의 세 아들은 모두 어리다.

유인은 타고난 성품이 온화하고 유순하며, 효도와 공경이 천성에서 나왔으며, 장성하자 더욱 침착하고 안정되고 면밀해서 기쁨과 노여움을 돌연 드러내는 일이 없었으며, 재주 또한 총명하여 식견이 뛰어나니, 이에 부모에게 큰 사랑을 받았다. 일찌감치 길쌈과 바느질에 통달해서 그 정밀하고 신속함이 왕왕 신(神)이 만든 듯하였다. 출가한 뒤로는 시어머니에게 사랑을 받았고, 집안이 곤궁하다는 이유로 맛있는 음식을 끊지 않았으며, 부지런히 주선해서 경비를 보탰다.

시아버지를 미처 섬기지 못함을 지극한 애통으로 여겨서 시숙을 시아버지처럼 섬겼는데, 시숙 또한 일찍 세상을 떠나고 후사가 없어서 자기 아들 수를 양자로 보내니, 수는 이때 나이가 어렸으므로 유인이 가문의 일을 담당해서 묘소의 꾸밈과 집안의 제수를 몸소 장만하였고, 매번 제사를 받들 때마다 앉아서 날을 세웠는데 늙어서도 그 공경이 해이해지지 않았다. 시숙이 만년에 다시 장가를 들어서 큰동서와 나이 차이가 수십 세였으나 개부(介婦 맏며느리를 제외한 나머지 며느리)의 예(禮)를 공손히 집행하여 물건을 주고받을 적에 반드시 무릎을 꿇고 올렸고, 함께 밥을 지어 먹은 지 수십 년 동안 집안에 흠잡는 말이 없었으며, 고아가 된 딸을 양육해서 장성할 수 있게 해주었다.

자녀를 의로운 방도로 가르쳐서 항상 두 아들에게 훈계하기를 "형제간의 인륜이 중한 줄을 누가 모르겠는가마는 베풀어도 보답을 받지 못하면 그 베풂을 중지한다. 그러므로 대부분 끝을 잘 보존하지 못하는 것이니, 한집에 사는 자들은 더욱 이것을 기억하고 경계하여야 한다."

라고 하였다. 또 "과거에 급제하고 벼슬하는 것은 내가 기대하고 바라는 바가 아니니, 독실히 학문하고 힘써 실천해서 근신하는 선비가 될 수 있다면, 이것이 복과 경사이다."라고 하였다. 두 아들이 여러 번 남성시(南省試 생원·진사시)에 합격하지 못하였으나 개의치 않았고, 집안이 항상 궁핍하였으나 비축된 양식의 유무나 다소를 남에게 이러쿵저러쿵 말하지 않았다. 두 아들이 혹 스스로 생계를 도모하여 돈을 벌어오면 반드시 어디에서 온 것인지를 물어서, 만약 의롭지 않은 것이면 엄하게 배척하고 조금도 봐주지 않았다.

만년에 장녀의 효성스러운 봉양을 받았으나 항상 기쁘지 않은 기색이 있었다. 빈객을 대접하기를 돈독히 하여 집안 식구들이 싫어하는 기색이 있으면 번번이 책망하기를 "정성스럽지 않으면 어떤 사물도 이루어질 수 없는데〔不誠無物〕 하물며 음식에 있어서겠는가."라고 해서 도간(陶侃)의 어머니가 머리카락을 잘라 손님을 대접한 뜻[111]에 부끄러움이 없었으니, 듣는 자들이 감복해서 아들들과 함께 학문을 연마하기를 원하였다.

유인은 우리 조고를 따라 네 고을을 갔었는데, 조비가 별세하자 조고의 공양을 오로지 유인이 책임졌다. 유인이 정성과 힘을 다해서 극진히 봉양하니, 조고가 매우 편안하여 홀아비의 고통이 있음을 알지 못했으며, 유인은 옆에 집을 짓고 지내면서 잠시도 곁을 떠나지 않았다. 우리

**111** 도간(陶侃)의……뜻 : 가난한 살림에도 극진하게 손님을 대접함을 이른다. 진(晉)나라 도간(陶侃)은 집이 몹시 가난하였는데, 어느 날 손님이 갑자기 찾아와서 접대할 음식이 마땅치 않자, 도간의 어머니가 자신의 머리카락을 잘라 술과 안주를 마련하여 대접하였다고 한다. 《晉書 卷66 陶侃列傳》

선군을 섬길 때도 공손과 공경을 다하였는데, 선군은 일이 있으면 크고 작음을 막론하고 번번이 유인에게 자문하였고, 유인의 자문은 언제나 절도에 맞았으니, 이에 한 가문이 유인을 여사(女師)로 보았다.

우리 작은고모가 기이한 병을 얻었는데, 유인이 보살피고 간호하면서 자기 몸에 병드는 것은 잊었고 조카들을 자기 자식처럼 돌보았으며 막내 조카가 어린 나이에 고아가 된 것을 가엽게 여겨 그 기색이 매번 얼굴빛과 말에 넘쳐났다. 우리 선비가 산고를 심하게 겪어서, 아이가 태어난 지 3일 만에 유인에게 길러졌는데, 유인이 아이를 어루만지며 길러서 그 은혜가 천지의 조화에 방불하였으나 4년 만에 요절하니, 유인은 이를 종신의 애통으로 여겨서 그 일을 언급할 때마다 번번이 눈물을 흘렸다.

처음에 우리 증조모 김씨(金氏)[112]는 세상에 모범이 되는 지극한 덕을 소유하고 또 사람을 알아보는 감식이 있었는데, 여러 손자 중에 유인을 특별히 사랑하였다. 유인이 매양 "내 얼굴과 언행이 우리 할머니와 매우 유사하다."라고 하였는데, 끝내 향년이 서로 부합하였으니, 기이하게 여길 만하다.

아! 순수한 덕과 돈독한 행실을 지닌 유인은 마땅히 큰 복을 누려서 길이 아름답게 되어야 하는데, 중년에 붕성(崩城)의 애통[113]을 당해서 한낮의 촛불을 끄고자 하였으니,[114] 무슨 슬픔이 이렇게나 모이며 무슨

112 증조모 김씨(金氏) : 홍상언(洪尚彦)의 처인 순천 김씨(順天金氏, 1703~1776)로, 통덕랑(通德郎) 김재중(金載重)의 딸이다. 향년은 74세이다.《梅山集 卷44 曾祖考縣令贈左贊成府君墓誌》

113 붕성(崩城)의 애통 : 73쪽 주97 참조.

어려움이 이렇게나 지극한가. 하지만 끝내 대질(大耋)[115]에 올라서 자녀가 모두 장성하고 연로하며 손자와 증손이 또 슬하에 가득하니, 천도가 선인(善人)에게 보답함이 여기에 있는가 보다.

직(鏎)이 유인의 행장을 기술하고는 울면서 나에게 묘지명을 지어 줄 것을 청하니, 내가 늙고 병들어 죽게 됨에 글을 지을 겨를이 없었다. 바람 앞의 촛불처럼 갑자기 목숨이 끊어져 천고에 한이 남을까 항상 두려워하므로 병을 무릅쓰고 명문을 짓는다. 명문은 다음과 같다.

| | |
|---|---|
| 세교가 실추되니 | 世教之喪 |
| 규문의 법도가 먼저 무너지네 | 先隕壼彝 |
| 하나같이 편벽된 성질대로 해서 | 咸遂性偏 |
| 좋아하고 미워함을 모두 사사롭게 하네 | 好惡皆私 |
| 훌륭하신 우리 고모여 | 憲憲我姑 |
| 정신이 안정되고 마음이 온화하셨네 | 神定心怡 |
| 운명이 기구하였으나 | 命道之舛 |
| 위태로움을 편안함으로 바꾸었네 | 以安易危 |
| 곤궁한 백성이 되었으나 | 天民之窮 |
| 험난함에 처하기를 평탄함에 처하듯이 하였네 | 蹈險若夷 |
| 면으로 철을 싼 듯하여 | 如綿裹鐵 |

**114** 한낮의……하였으니 : 삶의 의미를 잃어 항상 죽고자 하였음을 말한 것이다. 한낮의 촛불은 켜놓아도 그 불빛이 희미하여 쓸모가 없는바, 의미가 없는 삶을 비유하는 말이다.

**115** 대질(大耋) : 해가 기울듯 인생이 얼마 남지 않은 노년기를 이르는 말로 흔히 80세를 이른다.《周易 離卦 九三》 유인의 향년은 74세이다.

마음에 지조가 있었네　中有操持
시와 예를 배우고서　不待詩禮
안 것이 아니라네　學而後知
앎이 지극하니　知之所至
온갖 행실에 잘못됨이 없었네　百行罔虧
음성과 얼굴빛을 동하지 않고서　不動聲色
정성으로 규문을 감동시켰네　孚感簾帷
높은 이와 낮은 이가 모두 화합하고　尊卑俱協
작은 일과 큰 일이 모두 마땅하였네　小大幷宜
육친이 모두 칭송하여　六親咸頌
이를 본받고 이를 표본으로 삼았네　是則是儀
전형을 닮았으니　克肖典刑
바로 할머니가 주신 것이었네　王母之貽
오직 할머니를 사모하였는지라　惟其慕之
이 때문에 할머니와 같았으니　是以似之
만년에 다복을 누려서　晩享多福
고종명(考終命)을 기약하였네　考終于期
유택(幽宅), 그 참된 집은　有幽眞宅
군자를 따랐네　君子是隨
조카가 명문을 지으니　有姪述銘
감히 지나치게 찬양하겠는가　敢溢厥辭

## 구모 하동정씨 묘지명 병서○경자년(1840, 헌종6)

### 舅母河東鄭氏墓誌銘 幷序○庚子

고 사간원 정언(司諫院正言) 박공(朴公) 휘 성한(聲漢)이 별세하여 양주(楊州) 읍내 남쪽 구정리(九井里) 용마봉(龍馬峯) 아래 갑좌(甲坐)의 산에 장례하였는데, 16년 뒤 병신년(1836, 헌종2) 12월 9일에 계배(繼配) 숙인(淑人) 하동 정씨(河東鄭氏)가 향년 75세로 장흥방(長興坊) 본가에서 별세하여, 이듬해 정유년 2월 갑술일에 처음으로 부장(祔葬)하는 예를 거행하니, 박공 여동생의 아들 당성(唐城 남양(南陽)의 옛 지명) 홍직필(洪直弼)이 숙인의 행적을 서술하여 그 곁에 묻는다. 글은 다음과 같다.

아! 우리 외왕모 정 석인(鄭碩人)이 순수한 덕과 아름다운 식견이 있어서 자녀를 기르실 적에 모두 의로운 방도로 하셨는데, 숙인이 시집온 뒤로 오직 시어머니의 가르침을 의칙(儀則)으로 삼았다. 정 석인이 큰아들을 잃고 작은아들에게 봉양을 받으니, 바로 정언공이었다. 정언공은 지극한 품행이 있어서 모실 적에 지물(志物)의 봉양[116]을 지극히 하였다. 정 석인이 높은 나이에 병환이 들어서 운신할 적에 오로지 숙인에게 의지하니, 숙인이 옆에서 거처하며 부축해서 잠시도 떠나지 않은 것이 수십 년이었다. 한겨울 밤의 깊은 시간에도 옷의 띠를 풀지 않고 바람이 부는 화로와 얼어붙은 부엌에서 음식 만들기를 반드시 몸소 하였으며, 당(堂) 안에 냄비를 설치하고 맛있는 음식을 장만해서 석인의 기호에 반드시 맞게 하였으며, 음식을 받들어 올려서 잡수시는

**116** 지물(志物)의 봉양 : 57쪽 주82 참조.

양의 많고 적음을 가지고 근심과 즐거움으로 삼았다.

정 석인이 이질을 심하게 앓았는데 숙인이 병간호하며 변기를 깨끗이 씻되 그 노고를 해이하게 하지 않았으며, 자기 밥 먹는 것을 잊으면서도 굶주림을 알지 못하고 쓰러지면서도 스스로 돌보지 않았으며, 변의 달고 쓴 것을 맛보아서 안위(安危)를 살폈다. 이처럼 하기를 거의 반년 동안 하자, 정 석인이 마침내 병환이 나아서 대질(大耋)의 장수[117]를 누리니, 사람들은 지극한 효성으로 인한 것이라고 하였다.

상을 당하자 슬픔으로 몸을 훼손해서 곡하는 소리가 끊이지 않았고 종신토록 어린아이처럼 사모하여 석인을 언급할 때면 번번이 눈물을 흘렸다. 항상 시부모 두 분을 미처 섬기지 못한 것을 지극한 애통으로 여겨서 정성을 다해 제수를 올렸고 매번 사당의 일을 직접 하여 미리 재계하였다. 늙어서 예를 행할 만한 근력이 없었으나 반드시 억지로 일어나 제사에 임하였고, 원배(元配)를 제사할 적에도 정성을 다하였으며, 남편을 공경히 받들어서 남편의 뜻을 먼저 알고 공순히 따랐다.

근검절약을 몸소 행하고 궁핍한 사람들을 도와서 숙인에게 의지해 밥을 짓는 자들이 매우 많았다. 정언공이 여러 고모와 누님을 마치 어머니처럼 섬겼는데, 숙인 또한 고모를 시어머니처럼 받들어서 한 집안에서 먹고 잔 수십 년 동안에 사랑하고 공경함을 하루처럼 똑같이 하니, 이는 규문 안에 일찍이 없던 일이었다. 큰동서가 성질이 편벽되어 섬기기가 어려웠는데, 숙인이 힘써 온화함과 공순함을 쌓아서 규각(圭角)을 드러나지 않으니, 큰동서가 만년에 더욱 믿고 감동하였다.

**117** 대질(大耋)의 장수 : 해가 기울듯 인생이 얼마 남지 않은 노년기를 이르는 말로 흔히 80세를 이른다. 《周易 離卦 九三》 정 석인의 향년은 82세이다.

남편 정언공이 문과에 급제하였으나 몸가짐을 처자(處子)처럼 하니, 혹자가 정언공이 벼슬길에 나아가려 하지 않음을 문제시하였다. 그러나 숙인은 "세상의 현달과 영화는 내 마음에 좋아하는 바가 아니다."라 하고, 남편에게 혹자의 말을 따르지 말고 높은 지취를 이루라고 권면하였다. 남편이 손님을 좋아하여 숙식하는 자가 집안에 가득하였는데, 숙인은 힘을 다하여 일해서 그 비용을 장만하면서도 난색을 표하는 일이 없어, 남편으로 하여금 어려운 줄을 알지 못하게 하였다. 남편이 만년에 재물을 저축한 바가 있었는데, 숙인은 아랫사람들에게도 은애가 있어 노비에까지 은택이 미치니, 문안에 들어가면 화기(和氣)가 넘쳐나서 온화한 기상이 있었다.

숙인의 선조는 고려 첨의(僉議) 지연(芝衍)에게서 시작되었다. 우리 조선조에 들어와서는, 영의정 휘 인지(麟趾)와 이조 판서 휘 숭조(崇祖)가 있었다. 조고 휘 석복(錫福)은 진사이고, 선고는 휘가 숙림(肅霖)이니, 영종(英宗) 37년 임오년((1762, 영조38) 7월 3일에 숙인을 낳았다. 숙인은 날 때부터 자품이 정숙하였고 총명과 지혜를 겸하여서 부모의 큰 사랑을 받았다. 숙인이 어릴 때 부뚜막에 불이 났는데 당시 집에 사람이 없었으나 숙인이 홑이불을 가져다가 물에 담가서 불을 덮어서 끄니, 그 원대하고 깊은 지혜가 어릴 때부터 이미 이와 같았다.

정언공은 음성(陰城)의 명문가이다. 진사 휘 성구(聖龜)와 지평에 추증된 휘 연완(延琓)과 진사 휘 장흠(長欽)은 바로 정언공의 3대 선조이시다. 정언공은 지족당(知足堂) 휘 양흠(亮欽)의 아드님으로, 중부(仲父)의 후사가 되었다. 원배(元配) 연일 정씨(延日鄭氏)는 자식을 기르지 못하였고, 숙인은 4남 2녀를 두었으나 모두 기르지 못하였으며,

백부의 양자가 된 내오(來五)도 약관이 넘어 요절하니, 내오의 아들 승혁(承赫)은 생원이다. 정언공이 족자(族子)를 집에서 길러서 그를 세워 후사로 남고 이름을 '내교(來敎)'라 하였는데, 내교도 자식이 없다. 양자는 민혁(民赫)이고 두 딸은 이중신(李種信)과 한윤석(韓胤錫)에게 출가하였으며, 승혁의 한 딸과 민혁의 한 아들은 모두 어리다.

숙인은 어린 자식을 잃는 애통함을 혹독히 겪었으니, 거의 사람의 정리(情理)상 감당할 수 없는 것이었으나 능히 달관하여 운명처럼 편안히 여겼다. 항상 자손을 경계하기를 "남의 장단점을 논하지 말고 남을 대할 때 태만히 하지 말며, 일에 있어서는 반드시 그 혜택을 남에게 먼저 주고 자신은 뒤에 하며, 분수가 아닌 것을 바라지 말고 자기 몸에 맞지 않는 옷을 입지 말며, 너희 선인(先人)의 검소한 덕을 무너뜨려 가문의 명성을 실추하지 말라."고 하였다. 승혁이 학문을 게을리하면 반드시 눈물을 흘리면서 직접 종아리를 치니, 이는 세상의 법도가 될 만한 것이다.

나는 외할머니에게 길러져, 숙인의 처소에서 숙식한 지가 여러 해였는데, 숙인은 나를 자기 자식처럼 대우하였다. 나는 매번 숙인의 인자한 마음과 인자한 명성이 상하 사람들에게 흡족히 넘쳐서 육친들이 칭송하고 사방 이웃들이 복종함을 감탄하였으니, 부인의 일이 이렇게 하면 대개 다 완성되는바, 우리 외할머니의 어진 며느리가 됨에 부끄러움이 없는 것이다. 내교가 울면서 나에게 묘지명을 지어줄 것을 청하니, 나는 숙인에게 알아줌과 사랑을 받았으나 저버린 것이 많다. 오직 이 보잘것없는 글을 가지고서 영원한 후세에 불후를 도모하니, 슬프다! 명문은 다음과 같다.

| | |
|---|---|
| 온화하고 온화한 여인의 덕을 | 溫溫女德 |
| 숙인이 간직하였네 | 淑人是持 |
| 훌륭하고 훌륭한 군자여 | 憲憲君子 |
| 숙인이 이 군자에게 걸맞았네 | 淑人是宜 |
| 외롭고 외로운 고아는 | 煢煢孤胤 |
| 숙인을 스승으로 삼았네 | 淑人是師 |
| 딸과 며느리와 어머니의 도가 | 女婦母道 |
| 모두 그 의칙에 맞았네 | 咸中其儀 |
| 여러 아름다움이 이미 갖추어졌는데 | 衆美旣具 |
| 그중에도 효가 기강이 되었네 | 孝爲綱維 |
| 만년에 충성스러운 봉양을 받아서 | 晩享忠養 |
| 고종명을 하여 기이(期頤)[118]의 장수를 누렸네 | 考終期頤 |
| 복을 후손에게 남기니 | 遺贏後嗣 |
| 신의 이치 어긋나지 않았네 | 神理靡差 |
| 백세를 살고 무덤으로 돌아가서 | 百歲歸室 |
| 이름과 덕 두 가지를 모두 남겼네 | 名德雙垂 |
| 감히 동사(彤史)[119]에게 고하니 | 敢告彤史 |
| 내 명문이 여기에 있노라 | 我銘在斯 |

**118** 기이(期頤) : 100세의 나이를 뜻하는 말로, 《예기(禮記)》 〈곡례 상(曲禮上)〉에 "100세가 된 자를 '기(期)'라고 하니, 부양을 받는다.〔百年曰期, 頤.〕"라고 한 데에서 온 말이다.

**119** 동사(彤史) : 궁중(宮中)의 정령(政令)과 후비(后妃)들의 일을 기록하는 여관(女官)의 명칭으로, 옛날에 여사(女史)가 궁중의 정령과 후비의 일을 기록할 때 붉은 색깔의 동관(彤管)을 사용하였기에 이렇게 일컬었다.

# 외종매 정부인 김씨 묘지명 병서
外從妹貞夫人金氏墓誌銘 幷序

외종매 정부인(貞夫人) 김씨(金氏)가 무술년(1838, 헌종4) 6월 24일 계사일에 한성(漢城) 관리(冠里)의 집 정침에서 별세하였는데, 임종할 때 사자(嗣子)에게 경계를 남기기를 "시할머니와 시어머니가 모두 유월(逾月)의 예(禮)[120]로 장례하였으니, 나 또한 감히 이 예를 넘을 수 없다."라고 하였다. 그런데 사자가 전후의 형편이 똑같지 않다는 이유로 그 명령을 차마 받들지 못하고, 점을 쳐서 8월 신사일로 날을 정해서 양주(楊州) 능동리(陵洞里)의 모좌(某坐)의 산에 부장(祔葬)을 하니, 군자가 말하기를 "어머니와 아들이 모두 효를 행한 것이다. 효도는 마땅히 선조를 계승해야 하고, 또한 마땅히 부모의 뜻을 따라야 하는데 정도(正道)를 행하는 것을 귀하게 여기니, 정도를 행함은 지극한 효도가 되는 것이다."라고 하였다.

부인은 계통이 연안(延安)에서 나왔으니, 휘 도(濤)는 명나라 제과(制科)에 급제하여 벼슬이 밀직제학(密直提學)이었는데, 그 뒤로 벼슬이 계속 이어졌다. 그러다 부사(府使) 휘 수오(粹五)와 정언 휘 호(灝)와 희정공(僖靖公) 휘 상신(相紳)과 사서(司書) 휘 용(容)에 이르러서

**120** 유월(逾月)의 예(禮) : 달을 넘겨 장사를 지내는 예를 말한다. 《춘추좌씨전(春秋左氏傳)》 은공(隱公) 원년조에 "대부는 죽은 지 석 달 만에 장사를 지내니 이는 동료 관원들이 오기를 기다리는 것이요, 사(士)는 달을 넘겨서 장사를 지내니 이는 친척들이 모이기를 기다리는 것이다.〔大夫三月, 同位至; 士踰月, 外姻至.〕"라고 하였다.

는 연달아 4대가 제과에 급제하였다. 사서공이 아들 휘 재상(載象)을 낳으니, 문학과 행실이 있었으나 일찍 세상을 마쳤다. 이분이, 목사(牧使)로서 이조 참판에 추증된 남양(南陽) 홍공(洪公) 휘 선양(善養)의 따님에게 장가드니, 바로 나의 고모이시다. 홍 유인(洪孺人)이 정종(正宗) 무술년(1778, 정조2) 2월 29일에 주자동(鑄子洞) 본가에서 부인을 낳으니, 우리 조고께서는 일찍 총명한 것을 기특하게 여겨서 특별히 사랑하였고, 문자를 가르쳐주자 매우 능숙히 시(詩)를 외웠다. 우리 조고를 따라 세 고을에 갔고 15세에 부친을 잃었으며 17세에 시랑 정공(鄭公) 휘 의(漪)에게 출가하였다.

시할머니 김 부인(金夫人)은 법도 있는 가문에서 생장하여 규문의 법도를 지극히 구비하였고, 시어머니 청선군주(淸璿郡主)[121]는 성품이 장엄하여 남을 인정하는 일이 적었으나, 부인이 두 대를 받들어 모심에 효도와 공경을 힘써 행하여 근신하고 화순(和順)하게 해서 혹 충분치 못할까 염려하였다. 대궐에 들어가서 전궁(殿宮)[122]을 알현하게 되어서는 행동거지를 모두 예법대로 하니 전궁이 가상하게 여겼고, 부인을 총애하여 매우 성대하게 물건을 내려주었다. 왕명을 받들고서 나아가 뵐 적마다 조심하고 삼가서 조금도 해이해진 적이 없었다. 승중상(承重喪)[123]의 상복을 입을 적에 예를 다하였고 귀주(貴主 청선군주(淸璿郡主))

**121** 청선군주(淸璿郡主) : 1755년(영조31)~1802년(순조2). 장헌세자(莊獻世子)의 딸로, 정의의 부친인 정재화(鄭在和)에게 하가하였다.

**122** 전궁(殿宮) : 대왕대비인 정순왕후(貞純王后, 1745~1805)와 혜경궁 홍씨를 가리킨다.

**123** 승중상(承重喪) : 아버지를 여읜 맏아들이 당한 조부나 조모의 상을 이른다.

가 뒤이어 별세하자 예법과 슬픔을 모두 갖추었다. 이른 나이에 부친을 잃고 시아버지도 미처 섬기지 못한 것을 항상 종신의 지극한 애통으로 삼았다.

청선군주의 집은 규모가 본래 커서 집안을 통제하기가 어려웠는데, 부인이 묘령에 음식 장만하는 일을 이어받아, 부지런히 종합하고 가지런히 정리해서 위로 섬기고 옆으로 응함에 모두 그 도리를 다하였다. 내외의 친족에 이르기까지 모두 마음을 바치고 환심을 다하여 남과 나를 구분함이 없었고 아래로 노비들까지 모두 그 덕을 칭송하였다.

일찍이 남편을 따라 고을살이를 하였는데 청렴함과 엄숙함으로 스스로 지켜서 가문이 엄숙하였고, 여러 해 동안 한곳에 머문 적이 없었다. 남편이 만년에 벼슬길을 사양하고 산림에서 거처하였는데 부인 또한 남편과 함께해서 녹거(鹿車)를 끄는 풍모[124]를 변함없이 유지하였다. 비록 남편이 심원한 정취를 소유하여 높은 운치를 스스로 이룬 것이긴 하지만, 거기에는 부인의 내조가 실로 많았다.

시랑공(侍郎公)은 관향이 연일(延日)이니, 진사로 찬성에 추증된 휘 유(楺)와 서인(庶人)으로 영의정에 추증된 휘 인환(麟煥)과 흥인부위(興恩副尉) 휘 재화(在和)가 그 3대 선조이시다. 부인은 자녀를 낳았으나 모두 요절하였고, 족자(族子) 해상(海尙)을 데려다가 후사로 삼

**124** 녹거(鹿車)를 끄는 풍모 : 혼인 후에 검약을 지키며 사는 것을 말한다. 환소군(桓少君)은 후한(後漢) 발해(渤海) 사람으로 부유한 집안에서 자라서는 검약하게 사는 포선(鮑宣)에게 시집을 갔는데, 청고(淸高)하게 살려는 남편의 뜻을 따라 시집올 때 데리고 왔던 종들과 사치한 복식을 모두 돌려보내고, 짧은 삼베 치마를 입고 녹거를 끌고 와서 몸소 물동이를 이고 물을 길어 나르며 부도(婦道)를 수행하였다고 한다. 《小學 善行》

았는데 양자를 의로운 방법으로 가르쳐서 지극함을 다하였다. 해상은 전 감찰(監察)이니, 도정(都正) 이희두(李羲斗)의 따님에게 장가들어 두 딸을 낳았는데 모두 어리다.

부인은 자품이 순수하고 단정하고 성실하며 거기에 관후함을 겸하였고, 천륜인 형제간에 더욱 우애가 돈독하였다. 홍 유인이 붕성(崩城)의 애통함[125]을 품고서 피눈물로 몸을 훼손하였는데, 부인이 온화한 얼굴빛과 공손한 기색으로 옆에서 모시면서 여러 가지로 즐겁게 해드리니, 홍 유인은 여기에 힘입어서 몸을 온전히 보전할 수 있었다. 마음씀이 지극하여, 시집간 뒤에도 친정 부모를 향한 효성이 조금도 쇠하지 않았고, 산 사람을 봉양하고 죽은 분을 전송함에 반드시 마음에 흡족하게 하였다. 친정 아우와 조카들을 우애하고 구휼해서 장성할 수 있게 해주었고, 시랑공의 두 누님과 한집에서 거처하였는데 지극한 사랑으로 서로 믿고 감동해서 시어머니가 별세한 뒤에도 살아계실 때와 차이가 없었으며, 그 자녀의 양육과 혼인에도 정성과 힘을 다하였다. 병이 위독했을 때, 여동생의 아들이 생모의 상에 달려간다는 말을 듣고는 재력을 다해서 행자에 보태주었으니, 이것이 이른바 "죽은 자가 다시 일어나더라도 산 사람이 부끄러움이 없다."[126]는 것이다. 몇 년 동안

**125** 붕성(崩城)의 애통함 : 73쪽 주97 참조.

**126** 죽은……없다 : 춘추 시대 진 헌공(晉獻公)의 대신인 순식(荀息)이 한 말로, 진 헌공이 임종을 앞두고 세자 신생(申生)을 폐위하고 여희(驪姬)의 아들인 해제(奚齊)나 탁자(卓子)에게 군위(君位)를 물려주려 이들의 스승인 순식에게 "선비는 어떻게 하면 신의(信義)가 있다고 할 수 있는가?"라고 묻자, 순식이 "설사 죽은 사람이 다시 살아 돌아온다고 해도 산 사람이 자신이 한 말에 부끄러움을 느끼지 않는다면 신의 있다고 할 수 있을 것입니다.〔使死者反生, 生者不愧乎其言, 則可謂信矣.〕"라고 대답한 데에

유방의 병을 앓아서 증세가 계속 변하여 고통이 점점 심해졌으나 죽음을 슬퍼하는 뜻이 없었고 이를 얼굴빛에 나타내지도 않았으니, 평소 기른 바가 올발랐다는 것을 징험할 수 있다. 지식이 명철하여 고금의 일을 통달해서 세교의 성쇠와 인물의 선악을 논함에 어긋나지 않았으며, 붓글씨와 바느질 등의 여러 재주가 매우 뛰어났으나, 이는 다만 여사(餘事)였을 뿐이다.

옛사람이 말한바 "딸이 되어서는 딸 노릇을 잘하고 며느리가 되어서는 며느리 노릇을 잘하고 부인이 되어서는 부인 노릇을 잘하고 어머니가 되어서는 어머니 노릇을 잘했다."라는 것[127]은 바로 부인을 두고 말한 것인데, 운명이 좋지 못해서 그 혈윤(血胤)이 끊겼으니, 이는 하늘의 보시에 유감이 없지 못한 점이다. 그러나 후사가 인자하고 효성스러워서 그 집안에 걸맞으니, 천도의 정해짐이 아마도 여기에 있을 것이다. 명문은 다음과 같다.

| | |
|---|---|
| 훌륭한 부인이여 | 懿哉夫人 |
| 참으로 훌륭한 여사였도다 | 允矣女士 |
| 네 가지 덕[128]이 모두 온전하니 | 四德俱全 |

보인다.《春秋公羊傳 僖公 10年》

**127** 옛사람이……것 : 옛사람은 왕안석(王安石)으로, 이 말은《임천문집(臨川文集)》권99〈장안현태군왕씨묘지(長安縣太君王氏墓誌)〉에 "며느리가 되어서는 부며느리 노릇을 잘하고, 아내가 되어서는 아내 노릇을 잘하고, 어머니가 되어서는 어머니 노릇을 잘하고, 시어머니가 되어서는 시어머니 노릇을 잘하였다.〔爲婦而婦, 爲妻而妻, 爲母而母, 爲姑而姑.〕"라고 보인다.

**128** 네 가지 덕 : 부인이 갖추어야 할 네 가지 덕으로 부인의 덕인 부덕(婦德), 부인의

| | |
|---|---|
| 육친이 그 아름다움을 칭송하였네 | 六親頌美 |
| 높은 저 미산에 | 崔彼薇岡 |
| 수의를 영원히 묻었네 | 永閟袿襚 |
| 남편이 왼쪽에 있으니 | 夫子在左 |
| 무덤을 함께 하여 간격이 없네 | 靡間同隧 |
| 내 그 진실됨을 기술해서 | 我述其眞 |
| 천년 후세에 알리노라 | 用詔千祀 |

용모인 부용(婦容), 부인의 말씨인 부언(婦言), 길쌈과 바느질의 부공(婦工)을 이른다.《周禮 天官 九嬪》

# 여식 단성 광지명

女端誠壙誌銘

단성(端誠)은 당성(唐城 남양(南陽)의 옛 지명) 홍직필(洪直弼)의 넷째 딸이다. 태어난 뒤로도 오랫동안 이름을 지어주지 않다가 내가 《소학(小學)》을 읽고 "단성"이라 이름하였으니, 이는 《소학》의 "단정하고 한결같고 진실하고 장엄하다."라고 한 뜻을 취한 것이요, 태임(太任)을 배워서 거기에 이르기를 기대한 것이었다.[129] 내가 세 딸을 낳았으나 기르지 못했는데, 단성이 태어났으므로 또 '단(端)'이라고 이름하고는 외할머니께 보였는데, 외할머니가 그녀를 사랑해서 '임성(任誠)'이라고 고쳐주었다.

단성은 일찍 총명해서 부모를 향한 깊은 사랑이 있었다. 매번 나를 전송하여 규문을 나설 때마다 편안하시라고 당부하였으니, 말을 배울 때부터 이미 그러하였고 혹시라도 잊는 것을 보지 못하였다. 가친께서 전주부 판관(全州府判官)이 되었는데, 단성은 할아버지를 사랑해서 얼굴빛과 말에 나타났고, 우리 서모(庶母)에게 편지를 써달라고 요청해서 안부를 물었다. 내가 가친을 뵈러 전주에 갈 때면 단성은 빨리 돌아오라고 당부하였고, 돌아오면 기쁨을 스스로 이기지 못해서 아침저녁

**129** 이는……것이었다 : 《소학》 〈계고(稽古)〉에 "태임의 성품이 단정하고 한결같고 진실하고 장엄하여 오직 덕을 행하셨다.〔太任之性, 端一誠莊, 惟德之行.〕"라고 보인다. 태임은 주(周)나라 왕계(王季)의 비(妃)로서 문왕(文王)의 어머니인데, 문왕의 비인 태사(太姒)와 함께 덕행이 훌륭한 후비(后妃)로 널리 칭송되었다.

으로 내 처소에 와서 안부를 물었으며, 나의 생질녀와 서로 손잡고 자랐는데 싸운 적이 없었으니, 지극한 성품이 그러하였다.

정묘년(1807, 순조7) 10월 26일에 마마를 앓아서 마마꽃이 나오기도 전에 죽으니, 출생한 계해년(1803, 순조3) 12월 21일과의 거리는 5년이 된다. 자질이 돈후하고 기운이 순수하였으니, 장수를 누리고 복을 받음이 당연한데, 그 아비가 앙화(殃禍)를 쌓음으로 말미암아 요절하였으니, 아! 어찌 이 아이의 운명이겠는가. 그 아비의 운명 때문일 것이다.

정명도(程明道) 선생이 딸 단랑(澶娘)을 잃고서 말씀하기를 "사람의 도리를 다하지 못한 것을 내 하늘에게 질책하고자 한다." 하셨으니, 군자는 천명을 아는데도 오히려 하늘을 책망하였다. 나는 소인이니 어찌 하늘에 부르짖으며 스스로 원망하지 않을 수 있겠는가. 아! 천명은 말할 수가 없으니, 누가 그 지극한 이치를 알겠는가. 죽은 지 3일 되던 날에 연천(漣川) 청화산(淸華山)의 조비(祖妣) 묘소 옆에 장례하며 이 명문을 쓰노라. 명문은 다음과 같다.

| | |
|---|---|
| 너에게 무슨 죄가 있기에 | 以汝何辜 |
| 하늘이 이렇게도 빨리 빼앗아간단 말인가 | 奪之斯早 |
| 이것은 내가 아비된 도리를 | 由我不識 |
| 알지 못하였기 때문이다 | 爲父之道 |

## 망매 김씨 부인 묘지명 병서○무자년(1828, 순조28)

亡妹金氏婦墓誌銘 幷序○戊子

나의 누이 숙인(淑人) 홍씨(洪氏)는 진안 현감(鎭安縣監) 김태근(金泰根) 백원(伯元)의 원배(元配)이고, 나의 선친 동돈녕(同敦寧) 부군 휘 이간(履簡)의 장녀이다. 우리 선비(先妣) 정부인(貞夫人)이 정종(正宗) 무술년(1778, 정조2) 6월 27일 축시에 숙인을 한성(漢城)의 주자동(鑄字洞) 집에서 낳으니, 산실에서 순했다는 이유로 조고가 매우 기뻐하여 이름을 '효(孝)'라 하였다.

타고난 자질이 본래 아름다워서 청명(淸明)하고 공손하여 부모를 향한 깊은 사랑이 있어서 부모의 뜻을 어기는 일이 없었다. 평소 말과 웃음이 적었고 혹 사람을 대하면 침묵해서 종일토록 말이 없었으나, 속으로는 사리를 잘 분별해서 인물의 선악을 파악함에 합당하지 않은 적이 거의 없었으며, 성품이 협애해서 남의 과실을 용납하지 못했으나 노여움을 가슴에 담아두지도 않았다. 총명과 식견이 뛰어나서 남의 말과 행실을 한번 들으면 종신토록 잊지 않았고, 배우지 않고도 언문에 능통하였으며, 길쌈과 바느질 역시 그러하였다. 일찍이 내가 책 읽는 것을 옆에서 듣고는 큰 뜻을 대략 깨달아 나에게 묻기를, "자식이 없는 것은 운명인데, 무슨 죄가 있기에 칠거지악(七去之惡) 중에 무자(無子)가 끼어 있는 것입니까?"라고 하였으니, 그 지혜로운 식견이 이와 같은 것이 많았다.

시집가기 전에 선비가 별세하여 선친의 임실(任實) 임소로 따라갔는데, 영연(靈筵)을 지킬 적에 울부짖어서 살고 싶지 않은 것처럼 하였다. 3년 만에 서울 집으로 돌아와 백원에게 시집가서 호서(湖西) 지방에서 녹거(鹿車)를 풀고,[130] 또 7년 만에 선친을 안성군(安城郡)의 군아(郡衙)에서 뵈었고, 3년 뒤에 다시 호서로 돌아갔다. 백원이 거듭 큰 상(喪)을 만나서 집안이 더욱 영락해져 왕왕 채소와 거친 밥도 먹지 못했으나 숙인은 편안히 운명을 따랐다.

백원의 평소 성품이 태연하고 담박해서 사물을 경영하는 데에 마음을 쓰지 않으니, 숙인이 직접 가정일을 맡아 다방면으로 주선해서 어버이를 봉양하고 선조에게 제사함에 부지런히 일하고 정성을 다해서 남편에게 근심을 끼치지 않았다. 백원의 조카 중에 어머니를 잃은 아이를 양육하며 자기의 소생과 차이를 두지 않았다.

기묘년(1819, 순조19)에 자녀를 데리고 친정 부모를 뵈러 갔는데, 이때 백원이 서울로 벼슬하러 가니 곧 고을을 얻어 가솔을 불러 모으려 했었다. 그런데 숙인이 피로가 쌓여 병을 이루어서 경진년(1820, 순조20) 7월 18일에 별세하니, 임종 시에도 정신이 어둡지 않아서 사후의 일을 조처한 것이 모두 합당하였다. 몇 년 뒤에 백원이 읍재가 되어서 많은 녹봉을 누렸으나 숙인은 함께하지 못하였다. 빈천은 함께하고 안락은 함께하지 못했으니, 슬프다! 숙인의 무덤은 보령(保寧) 목충면(木忠面) 후곡(後谷) 건좌(乾坐)의 산에 있다. 3남을 낳았는데 둘은 기르지 못하고 병우(炳愚)는 둘째이며 두 딸은 윤면구(尹冕求)와 참봉 조병리(趙秉履)에게 출가하였다. 병우의 아들은 후균(厚均)이다.

우리 홍씨는 관향이 남양(南陽)이니, 고려조 태사(太師) 휘 은열(殷悅)을 시조로 삼는다. 증조는 삼등 현령(三登縣令)으로 좌찬성에 추증

130 녹거(鹿車)를 풀고 : 혼례를 올리고 혼인 생활을 했음을 말한다.《小學 善行》

된 휘 상언(尙彦)이고, 조고는 황주 목사(黃州牧使)로 이조 참판에 추증된 휘 선양(善養)이며, 선비(先妣)는 음성 박씨(陰城朴氏)이니 지당처사(知堂處士) 휘 양흠(亮欽)이 그 선고이시다. 백원은 안동(安東) 사람이니 우의정 문충공(文忠公) 휘 상용(尙容)의 8세손이요, 증조 휘 의행(毅行)은 운천처사(雲泉處士)로 이조 참판에 추증되었고, 조고 휘 이성(履成)은 형조 참판이고, 선고 휘 최순(最淳)은 통덕랑이다.

아! 우리 선비께서는 한권의 규훈서(閨訓)를 지당(知堂) 부군에게 배워서 종신토록 익혔고 이것이 여러 딸에게 전수되었으니, 숙인이 행동함에 예에 어긋남이 없고 생각함에 법도를 어김이 없었던 것은 가정교훈에서 얻은 것이었다. 또 성품이 불결한 것을 좋아하지 않아서 꿋꿋하게 지조가 있었으므로 자신의 소유가 아니면 지푸라기 하나도 취하지 않았으니, 만약 남자의 몸이었더라면 응당 견자(狷者)가 되어 성인(聖人)의 문하에서 인정을 받았을 것이다.[131] 그러나 부인의 행실은 아름다움을 감추어 밖으로 드러나지 않고, 또 동관(彤管)[132]이 끊긴 지가 오래되었으니, 누가 자정(子政 유향(劉向)의 자(字))의 《열녀전(列女傳)》을 이어받아서 여자 중의 깨끗한 선비를 천양(闡揚)하겠는가.

우리 형제 일곱 사람 중에 오직 나만이 살아있고 또 침상에서 죄를 안고서 쓸쓸히 죽음을 앞두고 있으니, 제때 명문을 짓지 않았다가 바람

**131** 견자(狷者)가……것이다 : 견자는 지식은 미치지 못하나 절조를 잘 지키고 행실을 잘 단속하는 사람을 이른다. 《논어》 〈자로(子路)〉에, "중도(中道)를 지닌 선비를 얻어 함께할 수 없다면 반드시 광자(狂者)나 견자(狷者)와 함께할 것이다. 광자는 진취적이고 견자는 하지 않는 바가 있다.〔不得中行而與之, 必也狂狷乎! 狂者進取, 狷者有所不爲也.〕"라는 공자의 말이 보인다.

**132** 동관(彤管) : 75쪽 주103 참조.

앞의 촛불처럼 갑자기 목숨이 끊어지게 되면 우리 누이의 현숙함이 천고에 매몰되고 말 것이다. 이 때문에 병을 무릅쓰고 눈물을 섞어 이와 같이 써서 병우로 하여금 이것을 묘에 넣게 하노라. 아! 이것으로 우리 누이를 불후하게 할 수 있겠는가. 슬프다! 명문은 다음과 같다.

| | |
|---|---|
| 슬프고 슬프다 우리 누이여 | 嗟嗟吾妹 |
| 참으로 정숙하고 굳세었다네 | 幇矣貞剛 |
| 그런데 어찌하여 장수하지 못해서 | 遐不壽考 |
| 온갖 복록을 누리지 못하였는가 | 百祿是將 |
| 울창한 저 신성에 | 鬱彼新城 |
| 우뚝한 응봉(鷹峯)이 있도다 | 有屹鷹岡 |
| 점을 쳐봄에 이곳이 길하다고 하니 | 卜云其吉 |
| 여사가 묻힌 곳이라네 | 女士攸藏 |
| 남편이 죽은 뒤에 | 君子百歲 |
| 이 유택(幽宅)을 함께 할 것이다 | 同此幽堂 |
| 살아서는 비록 함께하지 못했으나 | 生雖不偕 |
| 죽어서는 진실로 좋을 것이다 | 歿則允臧 |
| 받지 못한 보답을 받아서 | 報由不食 |
| 후손을 도와주고 열어주기를 끝없이 하리니 | 佑啓无疆 |
| 의당 너희 자손들은 | 宜爾子孫 |
| 영세토록 번창하리라 | 永世克昌 |

## 망녀 민씨 부인 묘지명 병서

亡女閔氏婦墓誌銘 并序

여흥(驪興) 민경호(閔慶鎬) 사선(士善)의 아내 남양 홍씨(南陽洪氏)는 매산거사(梅山居士)의 딸이다. 순조 9년 기사년(1809) 11월 12일 신시(申時)에 출생하였다. 처음에 거사가 자녀 다섯을 낳았으나 기르지 못하고 이 딸이 태어났으므로 여섯의 수(數)를 형상하여 이름을 '곤(坤)'이라 하고 여기에 '희(喜)'를 더하였으니, 이 일을 기록한 것이다.[133] 14세에 사선에게 시집갔는데, 임인년(1842, 헌종8) 정월 19일에 병으로 일어나지 못하니, 딸을 낳은 지 29일 만이었다. 3남 3녀를 낳았으니, 장남 영화(泳和)는 지금 14세이고, 딸은 2살이고, 그 나머지는 모두 상(殤 성년이 되기 전에 죽음)도 이루지 못하고 일찍 죽었다. 3월 4일에 지평현(砥平縣) 내면(內面) 송정(松亭) 신좌(辛坐)의 산에 장례하였다.

우리 홍씨(洪氏)는 계통이 고려조 태사(太師) 휘 은열(殷悅)에게서 나왔으니, 현령으로 좌찬성에 추증된 휘 상언(尙彦)과 목사로 이조참판에 추증된 휘 선양(善養)과 동돈녕 휘 이간(履簡)은 바로 거사의 3대 선조이시다. 거사의 이름은 직필(直弼)이니, 외람되이 임금의 부름을 받았으나 감히 나아가지 않았다. 배위 전주 이씨(全州李氏)는

**133** 이……것이다 : 아이의 이름을 '곤'이라고 한 것은 이 아이가 여섯 번째 자식이라는 사실을 남기기 위함이라는 말이다. 육(六)은 역(易)에서 음(陰)을 상징하는 수이기 때문에 여섯째 딸을 '곤'이라고 한 것이다.

판서 연(洐)이 그 선고이시다. 사선의 부친은 원임(原任) 이조 참의로 이름이 치문(致文)이고, 조고는 예조 판서 숙헌공(肅憲公) 휘 명혁(命爀)이며, 증조는 동부승지로 이조 판서에 추증된 휘 백창(百昌)이다.

유인은 나면서부터 기운과 모습이 진중하였고 마음이 그 모습과 같았으며, 성품이 또 너그럽고 후덕하였고 효도와 공경을 타고나서 가장 부모의 마음에 들었다. 우리 선친께서 항상 어루만지며 말씀하기를 "남자아이가 되어 가문을 유지하지 못함이 한스럽다."고 하셨다.

민씨(閔氏)에게 출가하니, 민씨 집안은 식구가 많고 귀하였는데 유인이 시집갔을 때 어린 나이였으나 정숙하고 삼가고 공손히 해서 여러 존장을 잘 섬기고 부도(婦道)를 매우 삼가서 집행하였다. 그리하여 입에 맞는 맛있는 음식이 하나라도 있으면 번번이 시부모에게 올려서 시부모의 지극한 사랑을 받았는데, 그런데도 항상 두려워하는 마음을 품었다. 남편을 섬길 적에 엄숙히 하여 친압하지 않았고, 동서와 시누이 사이에서 한결같이 화순하게 하였다.

사선의 형수가 출산하다가 죽자, 그 아이를 데려다가 길렀는데 자기의 소생과 차이가 없게 하였고, 매번 친정에 돌아와서 문안할 적에 차마 그 아이와 떨어지지 못해서 빨리 돌아가곤 했으며, 독자(獨子)를 가르칠 때 엄부(嚴父)처럼 하여 얼굴빛과 말소리를 너그럽게 해주지 않았다. 자식이 전염병에 걸려 위독해지자, 가슴을 태우고 몸을 피로하게 해서 자식 열 명을 기르는 수고로움이 있었으나, 자기 병이 손쓸 수 없게 될 정도로 심해지는 것은 잊었다. 불행하게 될 줄을 스스로 알아차리고는 유모를 불러서 딸자식을 부탁하였으며, 다시는 친정 부모와 시부모를 배알하지 못함을 지극한 한으로 삼았고, 남편에게 손을 저어 가까이 오지 못하게 해서 온전하게 죽는 의리를 다하였다. 죽음을 앞두고도 정신이 조금도 흐트러지지 않았다.

어려서 성깔이 있었으나 이를 얼굴빛에 나타내지 않았고, 남의 선악의 분명하게 알았으나 그 잘못을 말하지 않았다. 사선이 여러 번 남성시(南省試 생원・진사시)에 합격하지 못하다가 성균관에 입학하였으나 그 기쁨을 내색하지 않았으며, 시집간 지 20년 동안에 친정 부모 앞에서 남편 집안의 일을 한 번도 말하지 않았으니, 이는 평소 성품에서 나온 것이요, 억지로 힘써서 한 것이 아니었다.

평소 세속의 부녀자들처럼 외관을 꾸미지 않았고, 태도가 신실하여 마치 무능한 것 같았으나 종일토록 부지런히 힘써서 손에서 길쌈과 바느질을 놓지 않았고, 검약함을 기강으로 삼아서 혹시라도 방만하거나 소홀히 함이 없었으니, 만일 그 수명을 다 채웠더라면 이로써 집안을 보호해서 규문의 법도를 이루었을 터인데, 단명에 곤액을 당해서 천도를 징험할 수가 없게 되었으니, 아 슬프다!

옛날 정백자(程伯子 정호(程顥))가 딸 단랑(澶娘)의 묘에 지문(誌文)을 쓰기를 "기질이 단정하면서도 후덕하고 기운이 온화하면서도 어질었다. 거동과 생각이 편안하고 고요하고 침착하고 원대해서 거의 노성한 사람과 같았다. 그래서 사람들은 다 이 아이가 복과 장수를 타고났을 것으로 생각하였으니, 측량할 수 없는 것은 운명이다."라고 하셨다. 유인의 덕성이 단랑과 비슷하였는데, 단랑은 아버지 순공(純公)[134]이 있어서 영원한 후세에 불후가 되었으나, 유인은 그 아비의 죄가 몸에 쌓임으로 인하여 재앙이 엉뚱한 데로 옮겨가서 죽었다. 또 여인의 행실은 아름다움을 숨겨서 밖으로 드러나지 않으니, 유인의 죽음이 참으로

**134** 순공(純公) : 정호(程顥)를 가리키는바, 정호는 시호가 '순(純)'이다.

애석해할 만한 것임을 그 누가 알겠는가. 사선이 어버이의 명령을 받들어 나에게 지문을 짓게 하니, 가슴이 답답하고 원통하여 차마 붓을 들 수가 없다. 그러나 끝내 유인의 행적이 매몰될까 두렵고, 또 어린 아들이 미처 본 바가 없음을 슬퍼하여, 슬픔을 머금고 눈물을 흘리며 글을 써서 무덤에 넣는다. 아! 이것으로 영원히 가버린 사람을 무궁한 후세에 위로하여 부자간의 정리를 다할 수 있겠는가. 명문은 다음과 같다.

| | |
|---|---|
| 자질은 덕기를 이루고 | 資成德器 |
| 행실은 예법에 부합하였네 | 行符禮憲 |
| 마땅히 장수를 누리고 복을 받아야 했는데 | 宜壽而福 |
| 신명의 이치가 어긋났네 | 神理回舛 |
| 체백을 이곳에 묻어 영원히 편안케 하니 | 永寧體魄 |
| 이것으로 소원을 다하였네 | 是爲畢願 |
| 보답을 받지 못했으니 | 報在不食 |
| 하늘이 선인을 도와주리라 | 天祐其善 |
| 무덤에 맹세하니 | 矢辭玄隧 |
| 자손들이 번창하리라 | 子孫昌衍 |

## 서종수 전의 이씨 묘지명 병서○경자년(1840, 헌종6)

庶從嫂全義李氏墓誌銘 幷序○庚子

나의 서종형 대구진 영장(大丘鎭營將) 홍군(洪君) 석필(奭弼) 석여(奭汝)에게 열부(烈婦)가 있었으니, 바로 전주 이씨(全州李氏)이다. 이씨는 남편이 제대로 죽지 못함을 애통해해서 밤낮으로 울부짖고 가슴을 치면서 기년(朞年) 동안을 이렇게 하였는데, 하루는 영연(靈筵)에서 곡을 하다가 곡소리가 끊겼는데도 나오지 않았다. 집안사람들이 가서 살펴보니, 숨은 이미 끊겼고 입안 가득한 소금을 토한 상태였다. 치료하고 약을 썼으나 이미 어찌할 수가 없었으니, 바로 임오년(1822, 순조22) 12월 22일이었다. 출생한 계사년(1773, 영조49)과의 거리를 계산하면 50년이 된다. 간직하던 상자를 열어보니, 몸과 관(棺)에 쓸 물건들로, 반함하고 염습하는 도구가 모두 갖추어져 있었다. 이듬해 2월에 남편의 묘에 부장하였다. 이씨의 친정아버지는 후식(厚植)이고, 조고는 형조 판서 윤성(潤成)이며, 이조 판서 김상성(金尙星)이 그 외조이시다. 2남 3녀를 두었으니, 아들은 일녕(一寧)과 일성(一成)이고, 딸은 송재순(宋在純)과 이갑우(李甲愚)와 심능순(沈能恂)에게 출가하였다.

이씨가 19세에 석여에게 시집왔는데, 우리 중부모(仲父母)를 효성으로 섬겼고 혹 살림을 대신 주간하였는데 충성스러운 봉양이 순수하고 지극하였다. 돌아가신 왕고(王考) 부군이 상(喪)으로 인하여 중부의 처소에 거처하였는데, 이씨가 몸소 음식을 정갈하게 만들고 많이 장만해서 부군의 기호에 맞게 해서 자미(滋味)를 극진하게 하니, 부군이 항상 그 훌륭함을 찬탄하였다. 선친이 읍재가 되어 온 집안 식구들이 따라가면 이씨가 번번이 집안을 지키니, 내가 서울에 와서 함께 밥을 지어 먹은 것이 여러 달이었다. 매번 보면 꾸짖는 소리가 문밖으로 나오지 않는데도 여러 일이 저절로 다스려지니, 정신이 한가롭고 기운이 안정된 듯하여 목소리와 얼굴빛을 동하지 않았는바, 이씨의 재주와 지혜가 보통사람보다 뛰어남을 여기에서 볼 수 있다.

이씨는 타고난 자품이 온화하고 유순하며 거기에 명민함까지 겸해서, 술과 장(醬)을 담그고 베를 짜는 일을 잘하여 이로써 남편을 봉양하였다. 남편이 여러 고을에서 벼슬살이를 해서 가산(家產)을 경영하지 않았으나 이씨가 힘써 검약함을 다해서 한푼 한푼 재력을 모아 집안 살림을 대강 이루어 남혼여가를 거의 끝냈다. 그런데 석여가 비명에 횡사하니, 이것이 이씨가 결심하고 하종(下從)한 이유이다.

정렬(貞烈)로 여러 전기에 이름을 남긴 옛사람들 중에는 모발과 살을 훼손하여 부모가 남겨주신 몸을 온전히 하지 못한 경우도 있고, 종적을 드러내어서 단지 시신이 도랑에 뒹구는 작은 신의만을 이룬 경우도 있다. 이들은 정조(貞操)는 보존되었으나 몸은 망가졌고, 행실은 성립되었으나 형체는 훼손되었으니, 도리를 온전히 겸비해서 시종하자가 없는 자는 드물다. 이씨처럼 깨끗하게 흔적을 남기지 않아서 죽음이 제자리를 얻는 자는 그 죽음이 한때의 의기에서 나온 것이 아니니, 이것이 이른바 "조용히 의리를 이루는 것이 분개해서 몸을 죽이기보다 어렵다."는 것이다.[135]

**135** 이른바……것이다 : 이는 이천(伊川) 정이(程頤)의 말로, "분개하여 몸을 죽이기는 쉽고 조용히 의리를 이루기는 어렵다.〔感慨殺身者易, 從容就義者難.〕"라고 하였다.

판서 이광문(李光文)이 가까운 이웃에 살면서 이 일을 매우 자세히 알고는 나를 방문하여 찬탄하면서 천양(闡揚)할 방법을 도모했었는데, 이공 또한 별세하였다. 그러니 이 사실이 가려져서 드러나지 못하게 되지 않겠는가. 이씨가 한번 죽음은 마음을 스승 삼아 자기 뜻대로 해서 남편에게 정조를 바친 것이니, 이것이 어찌 동관(彤管)[136]에 오르고 정려되기를 바라서 그랬던 것이겠는가. 명문은 다음과 같다.

| | |
|---|---|
| 아 어진 부인이여 | 嗟嗟賢媛 |
| 좋지 못한 운명을 만났네 | 遭命不辰 |
| 슬프고 슬프다 성이 무너짐이여[137] | 哀哀崩城 |
| 푸른 하늘에 그 슬픈 심정을 하소연하였네 | 訴情穹旻 |
| 목숨을 바쳐 뜻을 이루어서 | 致命遂志 |
| 그 몸을 선하게 하였네 | 以淑厥身 |
| 열열한 절개요 | 烈烈其節 |
| 성대한 인이로다 | 翼翼其仁 |
| 문호를 빛내서 | 有光門戶 |
| 무궁한 후세에 광채를 드리웠네 | 垂耀無垠 |
| 내 사사로운 생각을 기술한 것이 아니요 | 非我述私 |
| 떳떳한 인륜을 서술한 것이라네 | 用敍彝倫 |

《近思錄 卷10 政事》

**136** 동관(彤管) : 75쪽 주103 참조.

**137** 성이 무너짐이여 : 남편의 죽음을 말한다. 자세한 내용은 73쪽 주97 참조.

매산집

제45권

시장 諡狀

행장 行狀

# 시장 諡狀

## 연창군 송공[1] 시장 경술년(1850, 철종1)

延昌君宋公諡狀 庚戌

공은 휘가 덕영(德榮), 자는 화숙(華叔)이다. 본관은 연안(延安)이니, 연춘군(延春君) 휘 모가 그의 선고(先考)이시다. 공은 타고난 자품이 온화하고 후덕하며 효도와 공경이 천성에서 나왔으며, 용력(勇力)이 있고 말타기와 활쏘기에 능하였다.

선조 임진년(1592, 선조25) 왜노(倭奴)가 대거 침입하였을 때 공은 당시 24살이었는데, 연춘공을 따라 용만(龍灣 의주)으로 대가(大駕)를 호종하였다. 대가를 되돌려 환궁할 때에 영유(永柔)에 이르러서 무과에 급제하여 선전관(宣傳官)에 제수되었다.

병오년(1606, 선조39)에 사신을 따라 일본에 갔는데 왜추(倭酋)가

1 연창군 송공 : 송덕영(宋德榮, 1569~1627)으로, 자는 화숙(華叔), 호는 사정(四貞), 시호는 충장(忠壯), 본관은 연안(延安)이다. 1624년(인조2) 이괄(李适)의 난이 일어나자 평안도 병마절도사 남이홍(南以興)의 막하에서 활약하였으며, 정충신(鄭忠信)·이희달(李希達)과 안현(鞍峴) 싸움에서 공을 세워 진무 공신(振武功臣) 3등에 녹훈되고 연창군(延昌君)으로 봉해졌다. 1627년(인조5) 정묘호란 때 안주(安州) 남성(南城)을 수비하다가 전사하였다.

공의 웅위함을 보고 금 백일(百鎰)을 주었다. 공은 이를 부끄러워하여 사신들과 본국으로 돌아오는 날에 금을 살도(薩島, 사쓰마반도)에 묻으니, 사신들이 공의 염의(廉義)에 감복하였다.

광해군 때 정사가 혼란하자 다시는 벼슬에 나아가지 않고 물러나 향촌에서 지내면서 손수 소나무·대나무·연꽃·국화를 심고는 서재에 편액하기를 '사정(四貞)'이라 하고, 경서와 사서(史書)를 가지고 스스로 즐기며 그대로 생을 마칠 듯이 하였다.

인조반정 때 맹산 현감(孟山縣監)에 천배(薦拜)되었는데 얼마 지나지 않아 적신 이괄(李适)이 평안 병사(平安兵使)로서 군대를 일으켜 반란하니,[2] 부원수(副元帥) 정충신(鄭忠信) 공[3]이 안주(安州)의 군대

**2** 이괄(李适)이……반란하니 : 1624년(인조2)에 인조반정의 공신이었던 이괄이 주동이 되어 반란을 일으킨 것을 말한다. 1624년 문회(文晦)와 허통(許通) 등이 이괄과 그의 아들 등을 역모로 고발하자, 조정에서는 이괄 등 관련자들을 조사하였고, 끝내 무고임이 밝혀졌다. 그럼에도 조정에서는 이괄의 아들을 더 조사하기 위해 서울로 압송하려 하였고, 이괄은 마침내 조정의 사자(使者)들을 죽이고 반란을 일으켰다. 이괄의 반란군은 평안도 영변에서 출발하여 황주(黃州)에서 관군을 대파하고 서울까지 진군하였으며, 이에 인조 이하 대신들은 공주로 피난하였다. 서울을 점령한 이괄군은 선조의 아들 흥안군(興安君)을 왕으로 추대하였다. 하지만 결국 도원수 장만(張晩)이 이끄는 토벌군에게 안현(鞍峴)에서 대패하였고, 이괄은 그를 배신한 부하 장수들에게 죽임을 당하였는바, 이로써 이괄의 난은 평정되었다. 인조는 이괄 등의 수급(首級)이 공주의 행재소에 이른 뒤에 환도하였으며, 반란 평정에 공을 세운 32인을 진무 공신(振武功臣)으로 포상하였다.

**3** 정충신(鄭忠信) 공 : 1576~1636. 자는 가행(可行), 호는 만운(晩雲), 시호는 충무(忠武), 본관은 하동(河東)이다. 임진왜란 때 권율(權慄) 휘하에서 종군했고, 1621년(광해군13)에 만포 첨사(滿浦僉使)로 국경을 수비했다. 이괄의 난 때 황주와 서울 안현(鞍峴)에서 싸워 이겨 진무 공신(振武功臣) 1등에 녹훈되고 금남군(錦南君)으로 봉해졌다. 정묘호란 때는 부원수를 지냈으며, 1633년 조정에서 후금과 단교하려는 데에

를 이끌고서 먼저 안현(鞍峴)[4]을 점거하였다. 공은 본 현의 군사를 이끌고 부원수의 군대를 뒤따라 와서 원수(元帥) 장만(張晩) 공[5]의 진영에 예속되어 힘을 다해 적을 토벌할 것을 맹세하였다. 밤에 자면서 두 해가 서로 일렁이다가 거짓 해가 깨져서 떨어지는 꿈을 꾸었는데, 꿈에서 깨자 공이 매우 기뻐하며 종질 희건(希建)[6]에게 "꿈에 길한 징조가 있었으니 죽을 각오로 싸운다면 적을 반드시 격파할 것이다. 다만 여러 장수들이 머뭇거리며 관망하려는 마음이 꽤나 있으니 격려하지 않을 수 없다."라고 말하고서, 희건과 함께 검을 뽑고 군대에 맹세하기를 "물러서는 자가 있으면 이 검으로 참하겠다."라고 하니 군사들이 두려워 떨며 용기가 백배가 되었다. 공이 몸소 사졸들 앞에 나아가서 화살을 쏨에 백발백중하니, 대군들이 이 기세를 타고 일시에 적을 섬멸

반대해 유배되었다가 곧 풀려 나와 이듬해 포도대장·경상도 병마절도사 등을 지냈다. 문집으로 《만운집》이 있다.

**4** 안현(鞍峴) : 현재 서울시 서대문구 소재의 안산(鞍山)을 말하는바, 산의 생김새가 소나 말 따위의 등에 얹는 길마[鞍]와 유사하다고 하여 붙여진 이름이다. 길마재라고도 한다.

**5** 장만(張晩) 공 : 1566~1629. 호는 낙서(洛西), 시호는 충정(忠定), 본관은 인동(仁同)이다. 1591년 별시 문과에 병과로 급제하여 여러 벼슬을 역임하였고, 1599년 봉산 군수(鳳山郡守)로 있으면서 명나라 군사를 잘 다스린 공으로 동정대부로 승계되었다. 이후 형조 판서·병조 판서 등을 역임하고, 인조반정 이후 도원수에 임명되었으며, 이괄(李适)의 난을 진압한 공으로 진무 공신 1등에 녹훈되었다. 영의정에 추증되었으며, 문집으로 《낙서집》이 있다.

**6** 종질 희건(希建) : 이희건(李希建)으로, 자는 중식(仲植), 시호는 장렬(壯烈), 본관은 연안(延安)이다. 1624년 용천 부사(龍川府使)로 있을 때 이괄이 난을 일으키자, 원수 장만을 따라 반란군을 안현에서 격파하여 진무 공신 2등에 녹훈되고 홍양군(洪陽君)에 봉해졌다.

하였다. 여러 공이 차례대로 책훈되었는데 공을 진무 공신(振武功臣) 3등으로 기록하였고 품계를 뛰어넘어 연창군(延昌君)에 봉하였다.

장공(張公)은 공이 관서(關西)의 군대를 통솔하였다는 이유로 공을 임지로 돌아가게 하였다. 공의 임기가 다 차자, 당시 구성(龜城)을 진무하고 있던 남이흥(南以興) 공[7]이 "변방 일이 매우 급하니 이 사람이 없어선 안 된다."고 조정에 아뢰어 공을 중군(中軍)에 두었다.

정묘년(1627, 인조 5)에 건로(建虜)[8]들이 갑자기 침범해오자 남공(南公)은 '안주(安州)는 적들이 다니는 길의 요충지이다.'라고 여겨서 구성(龜城)에서 안주로 진(鎭)을 옮겼으며, 조정에 아뢰어 공을 남영(南營)의 장수로 삼고 병력을 나누어 공에게 남성(南城)을 지키면서 건로들과 격렬하게 싸우게 하였다. 건로들이 새벽에 동성(東城)의 낮은 곳을 타고 넘어와서 정예병을 총동원하여 진격해오자, 남공은 군사의 수가 적어 대적할 수 없음을 보고서 백상루(百祥樓)에 올라 스스로 불에 타 죽으며 부장(副將)들을 돌아보며 "그대들은 모두 가라."라고 하였다. 공의 조카 송급(宋汲) 또한 막하에 있었는데 공에게 달려와 고하고 "어찌합니까?"라고 하니, 공이 성내고 꾸짖기를 "주장(主將)은

**7** 남이흥(南以興) 공 : 1576~1627. 자는 사호(士豪), 호는 성은(城隱), 시호는 충장(忠壯), 본관은 의령(宜寧)이다. 이괄의 난 때에 장만의 지휘 아래 중군을 이끌고 많은 무공을 세웠다. 이에 연안 부사(延安府使)가 되고 진무 공신 1등에 책록되었으며 의춘군(宜春君)에 봉해졌다. 정묘호란 때 안주성에 나가 후금군을 막았는데, 무기가 떨어져 성이 함락되자 자결하였다. 영의정에 추증되었다.

**8** 건로(建虜) : 건주(建州)의 오랑캐, 곧 만주(滿洲)의 건주여진(建州女眞)을 말한다. 1616년(광해군8)에 건주여진의 추장 누르하치〔奴兒哈赤〕가 후금(後金)을 세웠는데, 곧 청(淸)나라의 태조(太祖)이다.

진실로 이렇게 말해야 하지만, 네가 어찌 수치를 당하며 구차히 살 수 있단 말이냐."라 하고 칼을 빼서 그를 내쫓았다. 종들에게 말하기를 "내 뼈를 거두어 돌아가라."라 하고, 군사들에게 큰 소리로 말하기를 "고식(姑息)의 계책을 마음속에 품는 자는 신하가 아니다."라고 하였다. 목사 김준(金浚) 공[9]은 공의 말을 듣고 마침내 통곡하며 사졸들을 격려하니 사졸들이 모두 힘을 다해 싸웠다. 얼마 후에 화살이 다 떨어져서 적군의 화살이 온몸에 박히니, 공과 온 진영의 사람들이 모두 죽었다.

이보다 앞서 공은 격문을 써서 오랑캐들을 깨우쳤는데, 거기에 대략 말하기를,

"우리나라와 너희 나라는 대대로 우호를 맺어왔는데 너희들이 지금 우리 예의의 나라를 업신여기고 까닭 없이 군대를 일으켜 우리 국경을 침범하고 우리 백성들을 침략하면서 '바닷길을 따라 명나라 조정에 조회한다.'는 것을 구실로 삼는다. 너희 또한 군장(君長)이 있을 것인데, 어찌 자식이 아비를 섬기듯 소국이 대국을 섬기는 의리를 모른단 말인가. 더군다나 우리 임진년의 난 때에 다행히 황제께서 요동(遼東)과 강절(江浙) 지역의 군사들을 다 징발한 것에 힘입어 우리의 예전 문물을 회복하였으니, 황제의 덕으로 하늘처럼 덮어줌이 어떠하였던가. 이 때문에 무오년의 전쟁[10] 때 황제의 명령을 공경

9 김준(金浚) 공 : 1582~1627. 자는 징언(澄彦), 시호는 장무(壯武), 본관은 언양(彦陽)이다. 이괄의 난 때에는 후영장(後營將)으로 임진강 상류에 있는 영평산성(永平山城)을 지켰으며, 난이 평정된 뒤에는 훈련원 정(訓鍊院正)·봉산 군수(鳳山郡守) 등을 역임하였고, 1625년 안주 목사(安州牧使)가 되었다. 정묘호란이 일어나 안주성이 함락되자 자결하였다. 좌찬성에 추증되었다.

히 받들고서 멀리 타국으로 간 것이었는데, 강홍립(姜弘立)과 박난영(朴蘭英)에 의해 잘못되어 끝내 패했다. 우리 성상께서는 의리를 들고 인륜을 밝혀 대위(大位)를 바르게 하시어, 미워하는 것을 감추고 더러운 것을 받아들이셨기에[11] 강홍립과 박난영의 가솔들을 연좌하지 않은 데다가 이어서 그들을 녹용(錄用)하였으니, 국가가 두 신하에게 무슨 저버림이 있겠는가. 지금 팔도의 순변사(巡邊使)와 방어사(防禦使)가 십만의 군사를 거느리고 있고, 경중(京中)의 정예 포병 또한 만여 명이다. 너희들이 싸울 수 있다면 우리 또한 용기를 북돋을 것이니, 너희들은 후회하지 말지어다."

라고 하였다.

공이 국난에 목숨을 바친 뒤에 이 일이 조정에 알려지자, 공을 병조판서(兵曹判書)에 추증하고 예조의 낭관을 보내서 치제(致祭)하였으며 이어서 예장(禮葬)을 하사하였다. 고을 사람들이 안주(安州)에 사당을 세우니 숙묘조(肅廟朝) 때에 편액을 내려 '충민(忠愍)'이라 하였다. 순묘조(純廟朝) 때에는 황해도 유생들의 상언(上言)을 인하여 왕의 명으로 작설(綽楔)을 내려주었으니, 숭보(崇報)의 은전이 갖추어졌

**10** 무오년의 전쟁 : 1618년(광해군10)에 명(明)나라에서 누르하치를 공격하기 위해 조선에 병력을 요청하였는데, 강홍립(姜弘立)을 도원수로 삼고 김경서(金景瑞)를 부원수로 삼아 1만 3천여 명의 군사를 지원한 것을 말한다. 조・명 연합군이 후금의 군사에게 대패하자, 강홍립은 남은 군사를 이끌고 후금군에 투항하였다.

**11** 미워하는……받아들이셨기에 : 『춘추좌씨전(春秋左氏傳)』의 "시내와 못은 더러운 것을 용납하고, 산림과 풀숲은 독물들을 감추어 준다.〔川澤納汙, 山藪藏疾.〕"라는 말에서 나온 표현으로, 여기서는 강홍립과 박난영의 죄를 그 가솔들에게 적용하지 않고 용서한 것을 빗댄 말로 쓰였다.

다고 이를 만하다.

연안(延安) 영달(永達) 삼둔산(三屯山) 자좌(子坐)에 묘를 마련하였다. 배위(配位) 정부인(貞夫人) 해주 최씨(海州崔氏)는 최세란(崔世鸞)의 따님이다. 아들 부사과(副司果) 송수(宋授)는 충효로 알려졌다. 손자는 시증(時曾)·시민(時閔)·시호(時浩)이고, 증손은 상렴(相濂)·상원(相元)·상량(相亮)이다.

아! 공이 앞에서는 적개심을 품고 공훈을 세워 단서철권(丹書鐵券)[12]이 해와 별처럼 빛났고, 뒤에서는 의(義)를 취하고 인(仁)을 이루어,[13] 천리(天理)와 민이(民彝)[14]가 이에 힘입어 황폐해지지 않았으니, 그렇다면 반드시 역명(易名)[15]의 은전이 있고 난 뒤에야 풍도(風道)를 세우고 세교(世敎)에 보탬이 되어서 길이 유감이 없을 수 있을 것이다. 공의 6세손 서준(瑞駿)이 시장 써주기를 누차 청하니, 삼가 작리(爵里)·출처(出處)·치명수지(致命遂志)[16]의 대략을 기록하여 태상씨(太常

**12** 단서철권(丹書鐵券) : 공훈을 기록한 문서로, 한 고조(漢高祖)가 공신들의 공훈을 철권에 붉은 글씨로 새겨 영원히 지워지지 않게 하여 보관했던 데에서 유래하였다. 《漢書 卷1 高帝紀》

**13** 의(義)를……이루어 : 삶을 버리고 의를 취하며〔捨生取義〕 자신의 몸을 죽여 인을 이룸〔殺身成仁〕을 말한다. 《孟子 告子上》《論語 衛靈公》

**14** 민이(民彝) : 사람이 하늘로부터 부여받은 떳떳한 본성으로, 《시경(詩經)》〈대아(大雅) 증민(烝民)〉의 "하늘이 백성을 내시니 사물이 있는 곳에 법칙이 있도다. 사람들이 떳떳한 본성을 지니고 있는지라 이 아름다운 덕을 좋아하도다.〔天生蒸民, 有物有則. 民之秉彝, 好是懿德.〕"라는 말에서 온 것이다.

**15** 역명(易名) : 이름을 바꾼다는 뜻으로, 시호(諡號)를 내리는 것을 이르는 말이다.

**16** 치명수지(致命遂志) : 목숨을 바쳐 뜻을 이룬다는 말로, 《주역》〈곤괘(困卦) 상(象)〉에 "못에 물이 없음이 곤이니, 군자가 보고서 명을 지극히 하여 그 뜻을 이룬다.〔澤

氏)[17]에게 고하노라.

无水困, 君子以, 致命遂志.〕"라고 한 데서 온 말이다.

**17** 태상씨(太常氏) : 태상시(太常寺), 즉 봉상시(奉常寺)의 관원으로, 봉사시는 제사를 주관하고 묘호(廟號)와 시호(諡號)를 의정(議定)하는 일을 관장하던 관서이다.

# 판돈녕 김공에 대한 시장 신해년(1851년, 철종2년)

判敦寧金公諡狀 辛亥

공은 휘가 지묵(持默)이고, 자는 유칙(維則)이며, 계통이 신라에서 나왔다. 원조(遠祖) 휘 대유(大猷)가 고려조에 출사하여 시중(侍中)이 되고 청성부(淸城府)에 봉해졌는데, 자손이 마침내 청풍(淸風)을 관향으로 삼았다. 본조(本朝)에 들어와 대사성(大司成) 휘 식(湜)[18]이 정암(靜庵) 조 문정(趙文正 조광조(趙光祖)) 등 현자들과 성리학을 창도하여 기묘대종사(己卯大宗師)가 되어 좌찬성에 추증되었고, 시호를 문의(文毅)라 하였다. 4대를 전하여 잠곡(潛谷) 문정공(文貞公) 휘 육(堉)[19]에 이르러 덕망과 사업으로 영릉(寧陵 효종의 능호)의 어진 보필이 되었다. 이분이 충익공(忠翼公) 휘 우명(佑明)을 낳았는데, 우명은 과방(過房)[20]되어 문정공의 종부제(從父弟)로 영의정에 추증된 휘 지

18 대사성(大司成) 휘 식(湜) : 김식(金湜, 1482~1520)으로, 자는 노천(老泉), 호는 사서(沙西)·동천(東泉) 또는 정우당(淨友堂), 시호는 문의(文毅), 본관은 청풍이다. 사림파의 대표적 인물 중의 한 사람이다. 1519년 4월 조광조·김정(金淨) 등 사림파의 건의로 실시된 현량과에서 장원으로 급제하여 후에 대사성에 임명되었으나 11월에 기묘사화가 일어나자 선산(善山)에 유배되었으며, 뒤따라 일어난 신사무옥에 연루되어 자결하였다. 선조 때에 이조 참판을 거쳐 영의정에 추증되었다.

19 잠곡(潛谷)……육(堉) : 김육(金堉, 1580~1658)으로, 자는 백후(伯厚), 호는 잠곡(潛谷)·회정당(晦靜堂), 시호는 문정(文貞), 본관은 청풍이다. 여러 벼슬을 역임하면서 백성들을 위한 정책을 두루 추진하였는바, 대동법의 실시·화폐의 주조와 유통·수차(水車)의 사용·수레의 제조와 보급·시헌력(時憲曆)의 제정과 시행 등을 주장하였다. 효종대에 우의정과 영의정을 역임하였다.

(址)의 양자가 되고, 현묘(顯廟)의 국구(國舅)로서 청풍부원군에 봉해졌으니, 공에게 고조가 된다. 증조 휘 석익(錫翼)은 한성 좌윤(漢城左尹)을 지냈다. 진사 조부 휘 도영(道泳)은 정희공(貞僖公) 휘 석연(錫衍)의 중자(仲子)로 양자 가서 좌윤공의 후사가 되었고, 좌찬성에 추증되었다. 선고(先考) 휘 성응(聖應)은 병조 판서 효정공(孝靖公)이다. 선비(先妣) 정경부인(貞敬夫人) 남양 홍씨(南陽洪氏)는 감사(監司) 홍우녕(洪禹寧)의 따님이다.

공은 경종 갑진년(1724, 경조4)에 태어났는데, 놀이하는 것이 범상한 아이와 달라, 장자들이 큰 그릇이라고 기대했었다. 영조 경오년(1750, 영조26)에 생원시에 합격하고, 병자년에 의릉 참봉(懿陵參奉)에 제수되니, 성상께서 공을 불러 편전에서 만나보실 적에 말씀이 간곡하여 집안사람으로 대하였다. 직임에 나아갔는데 곧바로 체직되었다. 이해 겨울 의종황제(毅宗皇帝)[21]의 성절(聖節)에 성상께서 망배례(望拜禮)를 행할 적에 숭정 연간 병자년(1636, 인조14)의 사신(使臣)과 삼학사(三學士)[22]의 자손들을 명하여 함께 들어가 참가하게 하였는데,

**20** 과방(過房) : 자식이 없는 사람이 형제나 혹은 동종(同宗)의 아들을 데려다가 후사(後嗣)로 삼는 것을 말한다.

**21** 의종황제(毅宗皇帝) : 1611~1644. 중국 명(明)나라의 마지막 황제인 숭정제(崇禎帝)를 가리킨다. 숭정은 그의 연호이며, 재위 기간은 1628~1644년이다.

**22** 삼학사(三學士) : 병자호란(丙子胡亂) 때 청(淸)나라와의 화의(和議)를 반대하고 끝까지 척화(斥和)를 주장한 홍익한(洪翼漢)·윤집(尹集)·오달제(吳達濟) 세 사람을 이른다. 인조가 삼전도(三田渡)에서 굴욕적인 항복을 하고 화의가 성립되자, 청나라에서는 척화론자들을 체포하여 신병을 넘겨줄 것을 요구하였다. 이에 오달제와 윤집은 스스로 척화론자로 나섰으며, 홍익한은 1637년(인조15) 2월초 평양에서 회군하는 청군에 잡혀 심양(瀋陽)에 끌려갔다. 이들은 청나라의 회유와 협박에 굴하지 않고 척화

공은 문정공의 후손으로 특별히 군함(軍銜)[23]에 제수되어 참가하니, 이에 은혜가 한층 더하게 되었다.

정축년(1757, 영조33)에 산릉도감(山陵都監) 감조관(監造官)에 차임되었는데, 공사를 감독한 공로로 승진하여 사옹원 주부(司饔院主簿)에 제수되었다가, 장예원 사평(掌隷院司評)·제용감 판관(濟用監判官)으로 옮기고, 기묘년에 부묘도감(祔廟都監) 낭청(郎廳)에 차임되었다가, 천거를 받아 호조 정랑이 되었다.

신사년(1767, 영조37)에 순안 현감(順安縣監)에 제수되었는데, 사은숙배할 적에 성상께서 "어떻게 고을을 다스릴 것인가?"라고 물으시자, 공이 "마땅히 지성(至誠)으로 봉공해야 할 것입니다."라고 답하였다. 이에 성상께서는 "관아에 있을 적에 항상 우리 군주가 위에 임한 듯이 할지니, 힘쓰고 힘쓸지어다! 관아 안에 자성(慈聖)께서 손수 심으신 밤나무가 있다고 들었으니, 모름지기 잘 보호할지어다."라고 하셨다. 임무를 맡은 지 반년 만에 어버이 곁을 떠나는 것을 어렵게 여겨 끝내 〈귀거래사(歸去來辭)〉를 부르며 돌아왔다.

임오년(1762, 영조38) 효의대비(孝懿大妃)[24]가 세손빈으로 책봉되

의 대의를 끝까지 주장하다가 모두 심양성 서문(西門) 밖에서 처형당했다.

**23** 군함(軍銜) : 군함체아(軍銜遞兒)의 줄임말로, 군직체아(軍職遞兒)라고도 한다. 동반(東班)의 관직으로 직무는 있으나 봉록이 없는 자에게 봉록을 주기 위해 임시로 서반의 관직을 붙여주거나, 은퇴한 관리나 임명 대상자들의 생활안정을 위하여 직무 없이 군직에 소속시켜 봉록을 받게 하는 제도이다. 또한 공신과 공신의 적장자손들을 우대하여 직무 없이 녹봉만을 지급하는 원록체아(原祿遞兒)도 있는바, 여기서는 원록체아에 해당하는 것으로 보인다.

**24** 효의대비(孝懿大妃) : 1753~1821. 정조의 비로, 청원부원군 김시묵(金時默)의

니, 이로부터 공은 수신(修身)하고 처세함에 더욱 삼가고 두려워하였다. 계미년에 형조 정랑에 제수되고 장악원 첨정(掌樂院僉正)으로 옮겼다. 갑신년에 외간(外艱 부친상)을 당하였고, 병술년에 이어 거듭 조비 윤 부인(尹夫人)의 상을 당하였는데, 두 상에 모두 거상의 제도를 잘 지켜 예(禮)를 다하였다.

기축년(1769, 영조45)에 사옹원 첨정(司饔院僉正)에 제수되었는데, 절제(節製)[25]에 응시하여 합격하였다. 성상께서 시권(試券)을 읽기를 명하고는 전교하기를 "아깝도다! 이 글은 장원보다 낫다."라 하시고, 명하여 한 구에 비점을 찍으셨다. 겨울에 평양 서윤(平壤庶尹)에 배수되었다.

경인년 봄에 관아로 사판(祠版 신주)을 받들고 가려 하는데, 성상께서 밤에 꿈에 효정공(孝靖公 김성응(金聖應))을 보시고는 친히 제문을 지어서 사유(賜侑)하시고 자손에게 명하여 입시하게 하였으며, 또 좌윤공과 증 찬성공 내외의 사당에 치제(致祭)하시고, 대부인(大夫人)에게 쌀과 콩을 하사하고 봉양할 때 각 읍에서 호송하도록 하셨다. 임기가 차자 통례원 인의(通禮院引儀)로 옮겼다가 사옹원 첨정으로 옮겼다.

계사년(1773, 영조49)에 고양 군수(高陽郡守)에 제수되었다가 갑오

딸이다. 김지묵은 김시묵의 아우이다.

**25** 절제(節製) : 조선조 때 매년 1월 7일〔人日〕, 3월 3일〔上巳〕, 7월 7일〔七夕〕, 9월 9일〔重陽節〕 등 절일(節日)에 시행하는 과시(科試)로서, 의정부와 육조(六曹), 그 밖의 관아의 당상관(堂上官)이 성균관에 모여 거재생(居齋生)과 지방 유생들에게 제술(製述)만을 시험하였다. 이 시험에 합격하면 문과(文科)의 정시(庭試)나 복시(覆試)에 응시할 자격을 주거나 시상을 하였다. 절일제(節日製)라고도 한다.

년에 체직되고, 얼마 후 선혜청(宣惠廳) 낭관(郎官)에 차임되었다. 무술년(1778. 정조2)에 내간(內艱 모친상)을 당하였는데, 상례를 마치고 사도시 첨정(司導寺僉正)에 제수되었다. 신축년에 연달아 사도시와 사복시(司僕寺)의 주부(主簿)에 제수되고, 청도 군수(淸道郡守)에 제수되었는데, 본시(本寺 사복시)에서 계속 주부를 맡아주기를 청하고 호조에서는 또 정랑으로 불렀다. 곧 선혜청 낭관으로 이직되었다.

임인년(1782, 정조6)에 연안 부사(延安府使)에 제수되었고, 계묘년에 황주 목사(黃州牧使)로 옮겼는데, 병오년에 사직하고 돌아왔다. 문효세자(文孝世子)가 별세하자, 명하여 종척집사(宗戚執事)・묘소도감(墓所都監) 낭청에 차임하였고, 장악원 첨정(掌樂院僉正)으로 옮겼다.

병오년(1786, 정조10)에 영의정 김치인(金致仁) 공이 '김모의 처지(處地)가 다른 이와 다르며 사람됨이 달통하고 확고하여 저망(儲望)에 부합한다.'고 아뢰고, 승진시켜 등용할 것을 청하였다. 당시 나라의 형세가 외롭고 위태로워서 흉당(兇黨)이 기회를 엿보고 원융(元戎)이 복주(伏誅)하니[26], 사람들이 의심하고 두려워하였다. 성상께서 여러 신하 중에 믿고 의지할 만한 사람이 없다고 생각하셨으므로 공에게

**26** 원융(元戎)이 복주(伏誅)하니 : 원융은 당시 훈련대장이던 구선복(具善復)을 가리킨다. 정조 10년 5월에 문효세자(文孝世子)가 죽고, 그해 9월에 문효세자의 생모이자 당시 임신 중이던 의빈(宜嬪) 성씨(成氏)가 잇따라 죽는 일이 발생하였는데, 왕대비가 빈청(賓廳)에 언문 전교를 내려 이들의 죽음에 의심스러운 정황이 있음을 논하고 역적의 토벌을 주장하였다. 결국 이 사건의 주모자로 구선복(具善復)과 그의 조카로 포도대장과 금군 별장을 지낸 구명겸(具明謙)이 지목되어 처형당했다.《日省錄 正祖 10年 5月 11日, 9月 14日, 12月 1日・9日・10日・17日》《正祖實錄 10年 12月 6日》

마음이 기울어서 드디어 공을 통정대부(通政大夫)로 승진시키고 오위장(五衛將)에 제수하였으며, 또 대신의 말을 따라 호조 참의에 제수하였다.

정미년(1787, 정조11)에 천거로 총융사(摠戎使)에 제수되니, 공은 위로는 군주의 은혜와 지우(知遇)에 감동하고 아래로는 시국의 우환을 생각하여 억지로 왕명에 응하고 이어서 상소를 진달하였으니, 그 내용은 대략 다음과 같다.

"신의 집안은 인척(姻戚)이 되는 영화를 외람되이 두 번이나 누렸고, 믿고 의지해주심에 거듭 응하여 4대에 걸쳐 다섯 명이 장군이 되어서, 임무를 맡겨 주심이 가장 전일했습니다. 예전에 신의 부친과 형이 서로 이어서 직임을 받아 여러 진영(鎭營)의 임무를 담당할 적에, 매번 공소에서 물러 나오면 부자가 서로 마주하고는 '임무는 중한데 재주가 부족하고, 성은은 깊은데 보답이 하찮은 것'을 지극한 한으로 삼아 눈물을 흘리기까지 했습니다. 신이 그 곁에 있으면서 마음속으로 두려워했던 것이 마치 어제 일 같습니다.

돌아보건대, 신은 불초해서 진실로 선부(先父)와 선형(先兄)의 일을 따를 수 없고, 다만 여음(餘蔭)에 의뢰하여 외람되이 주군(州郡)을 맡고 있는데 털끝만큼도 보답하지 못하니, 항상 더없이 부끄럽고 두렵습니다. 게다가 나이도 쇠해지고 정력(精力)도 소모되어 비록 보통의 직무라고 할지라도 감히 억지로 응할 수가 없는데, 천만뜻밖에 열 달 사이 잘못된 은혜가 거듭 내리니, 전하의 명철함[27]으로

27 명철함 : 원문은 '즉철지명(則哲之明)'인바, 사람을 알아보는 명철함을 말한다. 이 말은 《서경》 〈고요모(皐陶謨)〉에 "사람을 알면 명철하여 훌륭한 사람을 벼슬시킨다.

무능할 뿐인 이 천한 신하에게 무엇을 취하려 하시기에 마침내 이렇게 만부당한 총명(寵命)이 있단 말입니까."

어영대장(御營大將)과 금위대장(禁衛大將)으로 바뀌고, 그 사이에 한성좌윤(漢城左尹)·형조 참판(刑曹參判)·동지의금부사(同知義禁府事)에 제수되었다.

신해년(1791, 정조15)에 이직되어 장용영(壯勇營)의 군대를 총괄했는데, 이때 이 영(營)을 처음 창설하여 주액(肘腋)의 친위대로 삼아서 왕실을 지키는 가까움과 호위를 맡기는 중함이 여러 영(營) 중에 으뜸이었기 때문에 이러한 특별한 제수가 있었던 것이다. 가을에 호조 참판(戶曹參判)에 제수되었다. 이해 겨울에 장영(壯營)의 활쏘기 대회에서 공이 일순(一巡)에 세 발을 맞췄는데, 성상께서 활을 하사하여 포상하고 이어서 여러 장수에게 말씀하기를 "이처럼 바람이 불고 추운 날씨에 일순에 세 발을 맞추는 것은 날마다 활쏘기를 익히는 훈련대장과 금위대장이라 할지라도 결코 이렇게 하기는 힘들 것이다."라고 하였다.

임자년(1792, 정조16)에 한성 좌윤(漢城左尹)과 호조 참판(戶曹參判)에 제수되고, 장흥고(長興庫)·사재감(司宰監)의 제거(提擧)를 겸하였다.

계축년(1793, 정조17)에 상신(相臣) 김이소(金履素) 공이 "김 아무개의 처지와 이력이 실로 탁용(擢用)에 부합하니, 정경(正卿)으로 승진시키기를 청합니다."라고 아뢰어, 형조 판서(刑曹判書)에 제수되었다. 상이 현륭원(顯隆園)[28]에 나아갈 적에 화성(華城)을 장용외영(壯勇

〔知人則哲, 能官人.〕"라고 한 데서 온 말이다.

**28** 현륭원(顯隆園): 정조의 생부(生父) 사도세자(思悼世子)를 모신 묘이다. 본래 명

外營)으로 삼고 책임자를 두되 유수(留守)가 겸하게 하였고, 내영(內營)에는 어영청과 마찬가지로 책임자를 두어 '대장'이라고 칭하게 하였는데, 공이 승진하여 대장이 되고 선공감(繕工監)의 제거(提擧)를 겸하였다.

겨울에 조정의 신하들이 전궁(殿宮)에서 축하 예식을 거행할 것을 청하자, 상이 경사를 널리 함께하고 기쁨을 표하는 도를 행하면서 공의 수(壽)가 일흔에 준한다는 이유로 특별히 숭정(崇政)의 품계로 승진시켜주고서 전교하기를 "이 사람은 우리 집안사람으로 고희의 나이이며, 명성대비(明聖大妃) 본방(本房) 동당(同堂)의 친척[29]이 되고 근래에 또 척련(戚聯)이 되었으니,[30] 내가 국구(國舅)와 다름없게 대우하였다. 다만 음재(蔭宰)[31]라는 이유로 기로소(耆老所)에 들어가지 못했고, 지금 나이가 비록 칠십이나 되었으나 높은 반열에 오르지 못했다."라 하고 명하여 판돈녕부사(判敦寧府事)로 제수하였으며, 다시 직접 제문을 지어 청풍부원군(淸風府院君 김우명(金佑明))·청원부원군(淸原府院君 김시묵(金時默)) 두 국구(國舅)와 효정공(孝靖公 김성응(金聖應))에게 사제(賜祭)하였다. 공이 장수한 것으로 인하여 특별히 융성한 은혜가

칭은 영우원(永祐園)이었는데, 1789년(정조13)에 수원(水原)으로 천장(遷葬)하면서 이름을 바꾸었다.

**29** 명성대비(明聖大妃)……친척 : 명성대비(1642~1683)는 현종의 비로, 부친은 청풍부원군 김우명(金佑明)인바, 김우명은 김지묵의 고조이다. 본방은 왕비의 친정을 이르고, 동당의 친척은 조부가 같은 친척을 이른다.

**30** 근래에……되었으니 : 척련은 왕실의 외척을 말한다. 정조의 비 효의왕후(孝懿王后, 1753~1821)는 청원부원군 김시묵의 딸로, 김지묵의 조카이다.

**31** 음재(蔭宰) : 음관(蔭官)으로서 정3품 당상관 이상의 지위에 있는 사람을 말한다.

드리워져서 선대(先代)에 아름다움을 올려 집안과 나라가 함께 경사를 누렸으니, 진실로 특별한 예수(禮數)라 하겠다.

갑인년(1794, 정조18)에 말미를 청하여 양주(楊州)와 춘천(春川)에 있는 여러 선영(先塋)에 성묘하려 하니, 특명으로 유마(由馬 말미를 받은 관리에게 내주는 말)와 요전상(澆奠床 묘소에 차려 놓는 제물상)을 대신의 준례에 맞추어 지급하였고, 또 문정공(文貞公 김육(金堉))과 충익공(忠翼公 김우명(金佑明))의 제사를 하사하고 묘문(墓文)도 친히 지어 내렸다. 공이 높은 나이로 성묘함에 매우 보기 드문 은총과 예우를 성상께 받으니, 이에 온 세상이 크게 칭송하는 바가 되었다. 도총관(都摠管)에 제수되고, 사도시(司䆃寺) 제거가 되었다. 겨울에 일에 연좌되어 삭출당하였다가, 을묘년(1795, 정조19) 봄에 특별히 용서를 받아 다시 금위대장(禁衛大將)에 제수되고 장흥고(長興庫) 제거(提擧)가 되었으며, 또 판돈녕·한성 판윤(漢城判尹)·장용사(壯勇使)에 제수되었다.

병진년(1796, 정조20)에 효정공(孝貞公)의 신도비가 완성되자 공이 손수 음기(陰記)[32]를 작성하니, 성상께서 그 정성과 노력에 어긋남이 없음을 찬탄하셨다.

정사년(1797, 정조21)에 총융사로 바뀌 제수되었다가 다시 장용사에 제수되었다. 이해 겨울 책력을 반포할 적에, '공이 노년에 힘든 일을 하는데도 근력이 젊은 사람들과 같다.' 하여 글을 내려 표창하였다.

무오년(1798, 정조22)에 다시 총융사로 교체되고 사옹원 제거가 되었다. 향년 76세이던 기미년(1799, 정조23) 3월 27일에 졸하였다. 부음(訃音)을 아뢰니 상이 매우 슬퍼하여 조회를 보지 않고 법도대로

**32** 음기(陰記) : 묘비의 뒷면에 새겨 넣는 글을 말한다.

부의(賻儀)와 제문을 내려보냈다. 5월에 양주(楊州) 문곡리(文谷 里) 간좌(艮坐)의 언덕에 장사지냈다.

공은 네모진 얼굴에 훤칠한 체구를 지녔으며 겉은 엄격하나 속은 온화하였고 가슴속이 막힘없이 트여 물아(物我)의 경계를 두지 않았다. 어버이를 섬김에 깊이 사랑함이 있었고, 거상 중에는 슬퍼함을 근본으로 삼아서 60의 나이에 묘소 옆 여막에서 거처하였는데 아침저녁으로 곡하기를 3년을 하루같이 하였으며 종신토록 선인(先人)의 뜻을 계승하여 효(孝)를 이루고자 하였다.[33]

궁궐을 출입함에 조심하고 외경(畏敬)하여 나아가고 머무름에 한 자 한 치도 법도를 어기지 않았고, 지위가 높고 현달하였으나 감히 재상으로 자처하지 않았다. 매번 어전에 나아갈 때마다 두려워하고 공경하여 항상 낭료로 있을 때처럼 하였고, 관보(官報) 중에 성상의 하교가 있으면 누워있다가도 반드시 일어났다. 항상 말하기를 "우리 집안은 대대로 나라의 은혜를 입었고 나에 이르러서는 또 외람되이 높은 반열에 올랐으니, 다만 몸과 마음을 다하여 터럭만큼이라도 보답을 바치도록 해야 할 뿐이요, 영예가 이미 분에 넘치니 지족(知足 만족할 줄을 아는 것)의 마음가짐을 반드시 보존하여야 한다."라 하고 '과분지족(過分知足)' 네 글자를 집의 편액으로 걸었다.

만년에는 더욱 몸을 숨겨 문을 닫아걸고 자중하였으며 병이 위독해

**33** 선인(先人)의……하였다 : 원문의 '휼추(遹追)'는 《시경》 〈대아(大雅) 문왕유성(文王有聲)〉에 "성을 쌓되 옛 도랑을 그대로 따르고 풍읍을 만들되 그 성에 걸맞게 하시니, 이는 그 욕심을 빨리 달성하려는 것이 아니라 선인의 뜻을 따라서 효를 오게 하신 것이니, 왕후는 훌륭한 군주로다.〔築城伊淢, 作豐伊匹. 匪棘其欲, 遹追來孝, 王后烝哉!〕"라고 보인다.

졌는데도 여전히 종묘와 나라를 생각하여 번번이 눈물을 흘렸다. 성상께서 근시(近侍)에게 명하여 병세를 물으니, 정신이 혼미하여 제대로 살피지 못하는데도 시중드는 이를 시켜 웃옷을 몸 위에 덮게 하고 관(冠)을 베개에 두게 하여 동쪽으로 머리를 두는 뜻[34]을 잊지 않았다.

청원군(淸原君)을 아버지처럼 섬기고 그 고손(孤孫)들을 아끼고 돌보아서 자립할 수 있게 하였으며, 아우 참판공[35]과 이웃하여 살면서 화락하게 지내고 여러 조카를 양육함에 자신의 소생과 차이를 두지 않았다. 막내 누이가 일찍 과부가 되어 자식이 없자 가까운 곳에 집을 사주고 생계를 마련해주어 의식(衣食)을 걱정하지 않도록 하였으며, 우애를 먼 친족에게까지 미루어서 다급하고 곤궁한 이들을 구휼하기를 마치 미치지 못할 듯이 여기며 부지런히 힘썼다. 자식과 조카들을 가르침에 반드시 의로운 방법[36]으로써 하되 '집안의 명성을 떨치고 나라의

**34** 동쪽으로……뜻 : 임금이 문병할 적에 남면(南面)하여 환자를 볼 수 있도록 한다는 의미로, 《논어》 〈향당(鄕黨)〉편에 "병을 앓을 적에 임금이 문병오시면 머리를 동쪽으로 두시고 조복(朝服)을 몸에 걸치고 띠를 그 위에 걸쳐놓으셨다.〔疾, 君視之, 東首, 加朝服拖紳.〕"라고 보인다. 이 구절에 대한 형병(邢昺)의 소(疏)에 "병자는 항상 북쪽 창 아래에 있는데 임금이 문병을 오면 잠시 남쪽 창 아래로 옮겨서 머리를 동쪽으로 두어 임금으로 하여금 남면하여 볼 수 있게 한다.〔病者常居北牖下, 爲君來視, 則暫時遷鄕南牖下, 東首, 令君得南面而視之.〕"라고 하였다.

**35** 참판공 : 병조·예조·공조의 참판을 지낸 아우 김치묵(金峙默, 1741~1788)을 가리킨다.

**36** 의로운 방법 : 의로운 방법으로 자식을 가르침은 《춘추좌씨전(春秋左氏傳)》 은공(隱公) 3년 조에 보이는 말로, 위(衛)나라 장공(莊公)의 아들 주우(州吁)가 오만방자하게 굴자, 현대부(賢大夫) 석작(石碏)이 장공에게 충간하기를, "신은 들으니 자식을 사랑하되 의로운 방법으로 가르쳐서 잘못된 곳으로 빠지지 않게 해야 한다고 하였습니다.〔臣聞愛子敎之以義方, 弗納於邪.〕"라고 하였다. 이 말은 《소학(小學)》 〈계고(稽

은혜에 보답하는 것'을 조리(條理)를 시작하고 끝냄[37]으로 삼았다.

인간관계를 애호하여 거리를 두는 바가 없었지만, 불의한 것을 보면 언제나 면전에서 질책하여 조금도 용서하지 않았다. 이 때문에 권문귀족들을 거스르는 경우가 많았고 또 간혹 좋아하지 않는 이들이 있었지만 공은 모두 개의치 않았다. 그러나 성품과 도량이 크고 후덕하여 관용과 포용으로 구제해주기도 해서, 고을을 다스릴 적에 관의 재물을 훔친 이에 대해 그 수량을 변상해주고 예전처럼 대하였다.

성심(誠心)으로 정사를 함에 사람들이 믿고 감동해서, 사납게 하지 않아도 위엄이 서고 번거롭게 하지 않아도 일이 거행되니, 관리들은 따르고 백성들은 편안하여 가는 곳마다 명성과 공적이 있었다. 여러 군영을 두루 통솔함에 비용을 절약하고 백성을 사랑하며 단속을 엄격하게 하고 다스림을 관대하게 하였다. 이 때문에 군영의 비축이 넉넉해지고 군교(軍校)들이 덕을 칭송하였다. 공의 평생을 고찰해 보건대, 참으로 빛나는 시대의 훌륭한 신하요, 단지 외척 중의 어진 자일뿐이 아니었다.

배위 한산 이씨(韓山李氏)는 현령 이규환(李奎煥)의 따님이니, 성품이 단정하고 정숙하며 법도가 있어서 시할머니 윤 부인(尹夫人)[38]과 시어머니 홍 부인(洪夫人)이 특별히 사랑하여 집안일을 거행함에 며느

古)〉에도 실려 있다.

**37** 조리(條理)를 시작하고 끝냄 : 하나의 맥락으로 일의 시작과 끝을 관통하여 크게 완성함을 말한다. 《孟子 萬章下》

**38** 윤부인(尹夫人) : 김지묵의 조부 김도영(金道泳)의 배위, 해평 윤씨(海平尹氏)를 가리킨다.

리의 말을 따랐고 위아래 동서들이 흡족해하지 않음이 없었다. 효정공이 일찍이 "우리 며느리는 여자 중의 제갈공명(諸葛孔明)이다."라고 말하였으며, 매사에 반드시 자문하였다. 청원공은 성품이 엄숙하고 후중하여 부인을 인정하는 경우가 드물었으나 의심나고 난처한 일이 있으면 또한 나아가 물었다. 가문이 존귀하여 일이 매우 많았지만 부인은 감히 스스로를 돌보지 않고 시부모를 봉양하고 남편을 받들어 의복과 음식을 모두 직접 살펴서 마련하였다. 윤 부인이 공의 아우 참판공의 은산(殷山) 임소에서 졸하였는데, 부인은 효를 끝까지 다하지 못한 것을 지극히 애통해하여 하실(下室)[39]의 궤전을 행할 적에 몸소 음식을 만들어 비록 병이 위중해도 남을 시킨 적이 없었다.

자식을 가르침에 재화와 이익을 말하지 말고 남과 다투지 말도록 하였으며, 자식들이 잘못이 있으면 번번이 더불어 말을 하지 않았다. 간곡한 인도와 훈계의 말들이 모두 성현의 격언과 선조의 유훈(遺訓)이었으니, 이는 비록 부인의 천품이 남보다 뛰어난 데서 말미암은 것이기는 하나 공이 자신을 단속하고 집안을 잘 다스린 것을 여기에서 징험할 수 있다. 공보다 1년 늦게 태어나서 공보다 10년 일찍 별세하였고, 묘는 합장하였다.

2남 2녀를 낳았는데, 장남 기후(基厚)는 공조 판서이고 차남은 기륜(基崙)이며 딸들은 동지돈녕부사(同知敦寧府事) 홍낙륜(洪樂倫)과 홍병실(洪秉實)에게 시집갔다. 장남의 양자는 택선(宅善)으로 전 목사(牧使)이고, 여서(女婿)는 부사(府使) 심응규(沈應奎)이다. 차남의 양

39 하실(下室) : 내당(內堂)이나 연침(燕寢)과 같은 의미로, 망자가 생시에 음식을 먹고 일을 보던 곳을 말한다.

자는 우선(宇善)이다. 목사(牧使) 김택선의 양자는 익상(益相)이고, 익상은 1남을 두었는데 어리다.

목사군(牧使君)이 내가 공과 통가(通家)의 정의(情誼)가 있고 평소 공을 사모하였다고 하여 나에게 공의 덕을 기록하는 글을 부탁하니, 감히 늙어 병들었다는 이유로 사양하지 못하고 위와 같이 차례대로 엮어서 태상씨(太常氏)[40]에게 고하노라. 삼가 글을 쓴다.

**40** 태상씨(太常氏) : 122쪽 주17 참조.

# 행장 行狀

## 유안처사 이공[41]에 대한 행장 병신년(1856, 철종7)

遺安處士李公行狀 丙申

공은 휘가 보천(輔天)이고 자가 여익(汝翼)이며 성이 이씨(李氏)이니, 계통이 세종의 별자 계양군(桂陽君) 충소공(忠昭公) 휘 증(璔)[42]에서 나왔다. 8대를 전하여 돈녕부 도정(敦寧府都正)으로 이조 참판에 추증된 휘 몽석(夢錫)에 이르렀으니, 이분이 공에게 증조가 된다. 조부 휘 덕영(德英)은 관찰사로서, 청렴하고 곧은 성품으로 숙종조의 명신이 되었다. 부친 휘 계화(繼華)는 통덕랑(通德郞)으로, 문학과 행실이 있었는데 요절하였다. 배위 청송 심씨(靑松沈氏)는 처사 심한장(沈漢章)의 따님이니, 조부는 부제학 심유(沈攸)이다. 숙종 갑오년(1714) 12월 9일에 공을 낳았다.

**41** 유안처사 이공 : 이보천(李輔天, 1714~1777)으로, 호가 유안재(遺安齋)이다. 연암(燕巖) 박지원(朴趾源)의 장인이다.

**42** 계양군(桂陽君)……증(璔) : 이증(李璔, 1427~1464)으로, 자는 현지(顯之)이고, 모친은 신빈김씨(愼嬪金氏)이다. 1452년 단종이 즉위한 후에 수양대군(首陽大君)의 측근이 되어 계유정난(癸酉靖難)을 도운 공으로 좌익공신(佐翼功臣) 1등으로 책록되었다.

공은 3세에 부친을 여의고 8세에 조부의 상을 당하였는데 상제(喪制)를 지키는 것이 어엿한 성인과 같았다. 이우(二憂) 조태채(趙泰采) 공과 귀락(歸樂) 이만성(李晩成) 공이 공의 머리를 쓰다듬으며 말하기를, "손자가 이처럼 의젓하니 우리 벗이 죽지 않았구나."라고 하였다. 심 부인(沈夫人)은 여사(女士)의 기풍이 있어, 자애와 연민으로 자식을 대하느라 의로운 방법[43]으로 자식을 가르치기를 소홀히 하는 일은 없었다. 그리하여 종숙부 익찬공(翊贊公) 명화(命華)에게 나아가 배우도록 하였으니, 익찬공은 농암(農巖 김창협(金昌協)) 선생의 뛰어난 제자인바, 공이 이분을 아버지처럼 섬겼다. 또 찬선(贊善) 기원(杞園) 어유봉(魚有鳳) 공은 익찬공과 동문수학한 벗인데, 공의 훌륭함을 듣고 사위로 삼았는바, 공이 또 이분께 나아가 학업을 마쳤다. 부사(父師)들 사이를 왕래하며 농암·삼연(三淵 김창흡(金昌翕)) 두 선생의 가르침을 익혔으니, 두 선생께 친자(親炙)한 것이나 다름이 없었다.

공은 효성을 타고나서 심 부인을 봉양함에 뜻을 봉양함[44]과 물질로 봉양함이 모두 갖추어졌다. 늘 말하기를 "어버이를 위하는 것과 자신을 위하는 것은 하나이니, 자신의 지조를 잃고서 어버이 봉양을 하려는 것은 효도가 아니다."라고 하였다. 평소 모친에 대한 공경이 사랑보다 더하여 매사에 반드시 명을 여쭈고서 말하기를 "내가 어려서 아버지를

**43** 의로운 방법 : 133쪽 주36 참조.

**44** 뜻을 봉양함 : 어버이의 뜻을 헤아려 잘 모셨다는 말로, 증자(曾子)가 아버지 증석(曾晳)을 봉양할 적에 반드시 술과 고기를 밥상에 올렸으며, 상을 치울 때 증석이 "남은 것이 있느냐?"고 물으면 반드시 "있습니다." 하고, 계속해서 "누구에게 주시겠습니까?" 라고 여쭈었는데, 맹자가 이러한 증자의 효에 대해 '뜻을 봉양한 것〔養志〕'이라고 하였다. 《孟子 離婁上》

여읜지라 우리 모친께서 어머니로서 아버지 역할까지 겸하시니, 감히 사랑에 치우쳐 홀만히 할 수 없다."라고 하였다. 공은 산수와 벗을 매우 좋아하였으나 늘 멀리 노니는 것을 삼가서 하루 넘게 모친 곁을 떠난 적이 없었다. 시탕(侍湯)할 적에는 띠를 풀지 않은 채 3년을 하루처럼 하였다. 부인은 성격이 깔끔하여 베개나 자리, 씻는 도구들까지도 반드시 몸소 빨고 며칠이 지나면 다시 새로 바꿨는데, 공이 미리 그 뜻을 헤아려 그 일을 받들어 행하였다. 부인의 병이 위독해지자 눈물을 흘리며 하늘에 기도하였고, 단괄(袒括)[45]하는 날에는 직접 상구(喪具)를 마련하되 세심하고 주밀하게 하여 친히 관세(盥洗)[46]하고 수봉(襚賵)[47]을 받들어서 장례를 극진히 행하여 마치고 자제들을 대행하게 한 적이 없었다. 이는 평소의 지극한 효성을 미루어 시종 예를 어김이 없게 하려고 했던 것이다.

복암(服闇)의 경계[48]를 삼가서 상을 마치고서야 비로소 중문(中門)

**45** 단괄(袒括) : 두루마기 등 웃옷의 한쪽 소매를 드러내고 관(冠)을 벗고서 삼으로 머리를 묶는 것으로, 어버이의 상(喪)을 당했을 때 행하는 예법을 말한다.

**46** 관세(盥洗) : 제사 의식을 거행하면서 제관(祭官)이 절차에 따라 손을 씻는 행위를 말한다.

**47** 수봉(襚賵) : '수'는 장례를 지낼 때에 필요한 의복과 이불이고, '봉'은 거마(車馬)로 죽은 자를 위하여 보내주는 물품이다.

**48** 복암(服闇)의 경계 : 복암은 어두운 데에서 일한다는 뜻으로, 남이 보지 못하여 자기만 알 수 있는 일을 함을 이른다. 《예기》 〈곡례 상(曲禮上)〉에 "효자가 어두운 데에서 일하지 않으며 위태로운 곳에 오르지 않음은 어버이를 욕되게 할까 두려워해서이다.〔孝子不服闇, 不登危, 懼辱親也.〕"라고 하였는데, 그 소(疏)에 "어두운 데에서 일하지 않는다는 것은 어두운 가운데에서 일을 행하지 않는 것이니, 첫째는 갑자기 비상한 일이 있을까 해서이고, 둘째는 남의 혐의를 받을까 염려해서이다. 그러므로

에 들어갔다. 당시에 공의 나이가 60에 가까워 숨기운이 가늘게 이어지는 상태였는데 장례에 이를 때까지 소식(素食)을 하다가 중부(仲父)의 훈계가 있자 이에 못 이겨 소식을 그만두었으나 다만 말린 생선과 젓갈을 상에 올렸을 뿐이었다. 늘 점괴(苫塊)[49]에서 생활하면서 질대(絰帶)를 풀지 않고 사람들과 한담(閑談)을 나누지 않았으며 매월 초하루마다 성묘를 하였다. 몸소 무덤의 섬돌과 흙을 재단하고 쌓으며 손수 구목(丘木 묘역을 보호하기 위해 묘소에 심는 나무)을 심고서 그루를 빽빽하게 만들어 잘 북돋워 주었다. 고질(姑姪)의 집을 지나가면서도 들어가지 않았다.

만년에 영조의 방상(方喪 국상(國喪))에 거할 적에 인산(因山 왕의 장례) 전까지는 육식을 하지 않았고 평소에 애훼하기를 친상(親喪)처럼 하였다. 앞서 임오년 5월의 일[50]을 만났을 적에는 모일(某日) 이후로는 곧바로 산 사람의 일을 폐하고 말할 때마다 오열하고 실성(失聲)하였으며 빈객을 맞지 않은 것이 여러 달이었다. 그가 군주와 어버이에게 독실했던 것이 이와 같았다.

간간이 죽암(竹菴) 윤득관(尹得觀)과 상례(喪禮)와 제례(祭禮)를

효자가 경계하는 것이다.〔不服闇者, 不行事於暗中, 一則爲卒有非常, 二則主物嫌. 故孝子戒之.〕"라고 하였다. '남의 혐의를 받을까 염려한다.'는 것은 주로 부부간의 교접을 지칭한 것인바, 옛날 상주는 부부관계를 가장 죄악으로 여겼으므로 후세에는 '복암'을 주로 부부관계를 가리키는 뜻으로 해석하였다.

**49** 점괴(苫塊) : 짚으로 만든 거적자리와 흙 베개라는 말로, 부모 상중에 자식이 사용하는 것이다. 《儀禮 旣夕禮》

**50** 임오년 5월의 일 : 1762년(영조38) 윤5월13일에 사도세자(思悼世子, 1735~1762)가 뒤주에 갇혀 죽은 사건, 즉 임오화변(壬午禍變)을 가리킨다.

강구하여 시정한 것이 많았다. 제사에 있어서는 반드시 엄숙하게 치재(致齋)하고 몸소 제수가 깨끗한지 살펴서 내면과 외면을 모두 구비하였다. 이른 시간부터 몸과 마음을 정결히 하여 아래로 하인들과 아이들에 이르기까지 모두 경건하고 장엄한 자세로 종일토록 공경하고 삼가 앉아서 새벽을 기다렸다. 제사가 끝나도 슬프고 엄숙한 기운이 종일토록 서려 있었다. 인척들이 혹 와서 보고 배우고는 "이처럼 하지 않으면 제사 지내지 않은 것과 같다."라고 하였다. 한 노복이 공의 교화를 입어 제사마다 반드시 옷을 빨고 깨끗한 땅에 자리를 깔았으며 준여(餕餘)[51]를 주면 늦은 밤이라도 반드시 손을 씻고 무릎을 꿇고서 음식을 받았으니, 향리에서 오늘날까지 그 일을 전한다.

공이 늘 개탄하기를, "종법(宗法)이 서지 않으면 종족(宗族)을 통솔할 수 없다."라 하여 종자와 종부를 위해 자최(齊衰)를 만들어서 원근의 족인(族人)들로 하여금 모두 입게 하였다. 족보를 편찬하고 종계(宗契)를 만들어서 봄가을에 모여 잔치하며 친목을 다졌다. 탈상한 뒤로는 집안의 경조사를 반드시 몸소 맡아서 제종(諸宗)을 이끌었다. 만년에 집안을 다스리는 것이 더욱 엄하여 자녀들은 세수하고 빗질하지 않으면 감히 공을 뵙지 못했고 하인들은 웃음소리가 들리지 않게 하였다. 공은 새벽에 일어나 알묘하고 물러나 서실에 앉아 있음에 마치 상제를 대하듯이 공경하였다.

공의 중제(仲弟) 교리공(校理公) 휘 양천(亮天)과는 어려서부터 뜻

51 준여(餕餘) : 제사를 지내고 제상에서 물린 음식으로, '제퇴선(祭退膳)'과 같은 바, 《예기》 〈곡례 상(曲禮上)〉에 "준여로는 제사지내지 않으니, 아버지도 준여로 자식에게 제사지내지 않으며, 지아비도 준여로 아내에게 제사지내지 않는다."라고 보인다.

과 행실을 함께 강마하여 평소 한 방에서 책상을 마주하고 화락하게 지냈다. 교리공이 과거에 급제한 뒤에 명망이 높아지니, 더욱 옛 도리로써 서로에게 기대하여 세속을 따라 부침(浮沈)하고자 하지 않았다. 하루는 교리공이 공청에서 물러나오자 공이 책언하기를, "모사(某事)를 마땅히 강력히 간쟁해야 하니, 머리 위의 관이 부서지는 것이 무엇이 아깝겠는가."라고 하자 교리공이 죄를 자신의 탓으로 돌리고 사죄할 뿐이었다. 뒤에 정직한 말로 인하여 섬으로 유배가게 되었는데, 정직하다는 명성이 조정을 진동하였다.[52] 수년 후에 교리공이 별세하자 공은 과부가 된 제주를 보살핌에 은혜와 예(禮)가 모두 도타워 날마다 집문에 들어가 절하였으며 고아가 된 조카를 어루만지고 기르기를 자기의 소생보다 더 성실히 하였다. 조카딸 유씨 부인(兪氏夫人)과 윤씨 부인(尹氏夫人)이 노년에도 매번 서로 말하기를, "우리 형제가 태어나서 시집갈 때까지 백부모(伯父母)가 생부모가 아닌 줄을 몰랐다."고 하였다.

말년에 선영(先塋)에 의지하여 가까이 살기를 원하여, 자녀의 혼인을 끝마치자 광주(廣州)의 석마향(石馬鄕)으로 이사하였다. 마을 이름이 '율리(栗里)'여서 도연명(陶淵明 도잠(陶潛))과 부합함을 기뻐하여 〈사천곡(斜川曲)〉[53]을 읊고 인하여 그 일을 서술하였다. 고을사람들을

**52** 뒤에……진동하였다 : 이양천(李亮天)은 1752년(영조28)에 영조가 노기로 삼사의 관료들을 사방으로 찬배한 것에 대한 상소를 올렸는데, 이로 인해 영조의 분노를 사서 흑산도로 귀양 보내져 위리안치(圍籬安置) 되었으며, 이듬해 6월 위리가 철거되고 육지로 옮겨졌다.《英祖實錄 28年 10月 29日, 29年 6月 3日》

**53** 사천곡(斜川曲) : 도연명의 시, 〈유사천(遊斜川)〉을 가리킨다. 도연명이 나이 37세 되던 401년 정월 5일에 이웃사람 두세 명과 함께 율리(栗里)와 가까운 사천(斜川)에

덕으로 대우하여 봄과 가을의 한가한 날에는 이끌고서 나가 함께 노닐었고 매번 예속(禮俗)으로 모이는 날에는 '효도하고 공경하고 농사를 힘쓰며 공사(公事)를 먼저 하고 사사(私事)를 나중에 하는 의리'로써 신칙하니, 듣는 자들이 기뻐하고 복종하였다. 오래도록 송사(訟事)를 했음에도 결단하지 못한 자가 있었는데, 공의 한 마디 말에 힘입어 송사가 종식되었다. 이때 기근이 들어서 부엌에서 밥 짓는 연기가 나지 못했는데, 공이 농암과 삼연 두 현자의 백운산(白雲山)과 설악산(雪岳山)의 일을 들어서 집안사람들에게 말해주니, 모두 기뻐하며 오랫동안 굶주린 기색이 있는 줄도 몰랐다.

고을에 계당(溪堂)이 있으니, 이는 바로 관찰공(觀察公 이덕영(李德英))이 처음 지은 것으로 선비들이 학업을 쌓는 곳이었다. 공은 향당에 권하여 곡식을 증식하고 책을 모아서 열흘마다 강(講)하는 규약을 마련하여 행하도록 하였다. 공은 훌륭한 선비들을 은연히 인도하여 한 지방을 좋게 하고자 의도한 것이었으나, 지방의 습속이 무지하여 인재를 이루기를 바랄 수 없었다. 그리하여 오직 《소학(小學)》을 가르쳐주고 또 〈오륜가(五倫歌)〉를 만들어서 동자들에게 가르치며 말하기를 "향촌에 책이 없으니, 다만 날마다 오륜을 외우기만 해도 사람다워질 수 있을 것이다."라고 하니, 사람들이 모두 공의 고심과 교도(敎導)에 감복하였다. 간간이 이행상(李行祥)·송단(宋煓)·성덕명(成德明) 세 처사[54]와 함께 서당에서 계제사(禊祭祀)를 행할 적에 공을 주석(主

나가 노닐면서 지은 시인바, 율리는 도연명이 은거하였던 곳이다.

**54** 이행상(李行祥)·송단(宋煓)·성덕명(成德明) 세 처사 : 모두 도암(陶菴) 이재(李縡) 문하의 고제(高弟)로, 홍직필이 쓴 송단의 묘지명에 "도암(陶庵) 이 선생(李先

席)으로 추대하였고, 또 포은서원(圃隱書院)에서 모여 강할 적에는 이 종형 문청공(文淸公) 남유용(南有容)이 급히 글을 보내어 강하는 일을 맡게 하자 공은 잘하지 못한다고 사양하였고, 윤죽암(尹竹巖)[55]이 공에게 저술을 권하자 공이 이 또한 사절하며 "내 아직 자신하지 못한다."라고 하였다. 이러한 부류의 일들은 모두 공이 학문에 있어 근본을 돈독히 하는 데에 힘써서 오로지 내면의 수양을 정밀하게 하였기 때문에 명예를 가까이하려 하지 않았던 것이다.

누님이 늙어 병이 들고 외로워서 공이 멀리 떠나지 않기를 바라자 공은 어쩔 수 없이 도성 서쪽의 옛 마을에 집을 얻어서 사니, 이에 수업을 청하는 벗과 자제들이 공을 매우 크게 칭찬하였다. 공은 평소 스승으로 이름나고자 하지 않았고, 또 서울의 풍기가 이미 변해서 사대부들이 실제의 학문에는 힘쓰지 않고 오직 몰려다니면서 동당벌이(同黨伐異)[56]를 일삼으니, 공은 더욱 이 세상을 좋아하지 않게 되었다.

정종(正宗) 정유년(1777, 정조1) 4월 15일에 별세하니, 향년이 64세이다. 사우들이 "공이 장수를 누리지 못하여 초야에 도학의 한 맥이

生)이 한천(寒泉)에서 도(道)를 강론할 때에, 멀고 가까운 곳에서 수업을 청하러 온 선비들이 열 명, 백 명으로 헤아려졌는데, 현암(玄巖) 송공(宋公) 휘 단(煓)이 가장 먼저 스승으로 섬겨서, 이행상(李行祥) 공, 성덕명(成德朋) 공과 함께 인향(仁鄕) 삼처사(三處士)로 일컬어졌다."라고 하였다. 《梅山集 卷43 贈持平玄巖宋公墓誌銘 幷序》

**55** 윤죽암(尹竹巖) : 윤득관(尹得觀, 1710~?)으로 죽암은 그의 호이다. 자는 사빈(士賓), 본관은 해평(海平)으로 1738년(영조14) 식년 진사시에 합격하고 교부(敎傅) 벼슬을 지냈다. 기원(杞園) 어유봉(魚有鳳)에게 경전을, 담옹(澹翁) 박창원(朴昌元)에게 시를 배웠다. 문집으로 《죽암집(竹菴集)》이 있다.

**56** 동당벌이(同黨伐異) : 자기와 같은 편의 사람과는 당(黨)을 만들어 애호하고, 다른 편의 사람은 공격하는 것을 말한다.

전함을 이어가지 못하고, 광채를 숨기고 도를 품어서 조정으로부터 명을 받지 못했으니, 마땅히 특별한 칭호를 가해야 한다."라고 하여 장례를 지낼 적에 그 묘에 쓰기를 '유안처사(遺安處士)'라고 하였으니, 여기에서 그들이 지극한 마음으로 공을 사랑하고 사모하였음을 볼 수 있다. 6월에 석마향(石馬鄕) 임좌(壬坐)의 언덕에 장사하였고, 9년 뒤 을사년(1785)에 어 유인(魚孺人)이 별세하자 무덤 남쪽 간좌(艮坐)에 부묘하였다.

어 유인은 관향이 함종(咸從)이니, 일찍이 가정교육을 받아 유순하고 정숙하고 신중하였다. 공에게 시집와서는 공의 덕과 짝하여 어김이 없었고 내면의 온화함으로 스스로 다스려서 규문의 모범이 되었다. 1남 2녀를 낳았으니, 아들 재성(在誠)은 참봉이고, 딸은 부사(府使) 박지원(朴趾源)과 군수 박종경(朴宗敬)에게 출가하였다. 참봉은 2남 2녀를 두었으니, 아들 정리(正履)는 문과에 급제하여 교리가 되었고, 정관(正觀)은 봉사(奉事)이며, 딸은 목사 민원용(閔元鏞)과 황종만(黃鍾萬)에게 출가하였다. 박지원은 2남 2녀를 두었으니, 아들은 종의(宗儀)·종채(宗采)이고 여서는 승지 이종목(李鍾穆)과 목사 이겸수(李謙秀)이다. 박종경의 아들은 치수(致壽)이다. 정리의 아들은 석용(碩鏞)이고, 정관의 양자는 석종(碩鍾)이다.

공은 타고난 자품이 영특하고 의기(意氣)가 한 시대의 사람들을 굴복시켰다. 그리하여 처음에는 세상에 통제되기 어려운 듯이 보였으나 기옹(杞翁 기원(杞園) 어유봉(魚有鳳))을 따라 배운 뒤에는 남에게 자신을 낮추고 세상의 예법에 나아갔다. 처가에서 공급하는 의복과 음식이 조금이라도 화려하고 사치스러우면 "이는 궁중에서 쓰고 남은 것이다."라고 하며 입과 몸에 가까이하지 않았으니, 이 때문에 기옹이 공을 아끼고 소중히 여겼다. 기옹이 공이《논어》를 읽는다는 것을 듣고는 '임중도원(任重道遠)'[57]으로 면려하였고, 또 농암 선생의 문집을 전하며 "이 문집은 의리의 정수이고 문장의 정종(正宗)이 되니, 종신토록 힘써 연구한다면 도움 되는 것이 참으로 많을 것이다."라고 하니, 공이 평생 외우고 본받아서 거의 그 전형(典刑)에 부합할 수 있었다. 그러나 스스로 학문함은, 꾸밈이 지나치고 바탕이 없을까를 항상 염려하여 독서에 힘쓰고 공효를 시행한 것이 견고하고 건실했으며, 어묵동정(語默動靜)을 모두 법도에 들어맞도록 고치고 바로잡았다. 의리에 푹 젖어 들고 정밀함과 윤택함을 연마하여 하나의 옳은 도리만을 구하니 이에 기질의 작용이 서서히 깎여 없어지게 되었다.

신임사화(辛壬士禍)를 겪은 뒤 조정(調停)의 논의[58]가 일어나서 충신과 역신이 뒤섞여 세교가 망하게 되자, 공은 깨끗한 의론을 힘껏 주장해서 사류(士流)를 격양시켰는데, 요점은 군덕(君德)을 높이고 방

**57** 임중도원(任重道遠) : 책임이 무겁고 갈 길이 멀다는 뜻으로,《논어》〈태백(泰伯)〉에 증자(曾子)의 말로 "선비는 도량이 넓고 뜻이 굳세지 않으면 안 되니 책임이 무겁고 길이 멀기 때문이다. 인(仁)으로 자기의 책임을 삼으니 또한 막중하지 않은가. 죽은 뒤에야 끝나는 것이니 또한 멀지 않은가.〔士不可以不弘毅, 任重而道遠. 仁以爲己任, 不亦重乎? 死而後已, 不亦遠乎?〕"라고 보인다.

**58** 조정(調停)의 논의 : 조정은 당쟁을 해소하기 위하여 당파 간에 화해를 시키고 두루 등용함을 말한다. 북송(北宋) 원우(元祐) 초에 왕안석(王安石)을 주축으로 하던 신법파(新法派)가 실각하고 구법파(舊法派)가 권력을 잡았는데, 1091년경에 신법파가 중외에 포진해 있으면서 유언비어를 만들어 조정에 있는 사람들을 동요시키자 좌상인 여대방(呂大防, 1027～1097)과 우상인 유지(劉摯, 1030～1098) 등이 이를 근심하여 원풍의 당인(黨人), 즉 신법파도 아울러 등용하여 신구(新舊) 간의 당쟁을 해소해야 한다고 주장하였는바, 이를 조정의 논의라고 하였다.《宋史 卷339 蘇轍列傳》

무(邦誣)[59]를 분변하는 데 있었다. 이에 공의 초라한 집은 쓸쓸하였으나 명망 있는 선비들이 자리에 가득했다. 혹 조정(朝廷)의 논의가 분열되고 사설(邪說)이 판을 치는 때를 만나면 번번이 공거(公車)[60]에 나아가지 않았고 교리공이 급제한 뒤에는 마침내 과거공부를 그만두었다.

공은 평소 벗과의 도리를 중시하여서 지암(止庵) 김양행(金亮行) 공·삼산재(三山齋) 김이안(金履安) 공과 교분을 맺은 것이 더욱 돈독하였다. 지암은 바르고 꼿꼿하여 마음 맞는 사람이 적었으나 도성에 들어가면 반드시 먼저 공을 방문하였고, 과장(科場)에 가서는 반드시 공과 자리를 함께 하였으니, 일대(一隊) 사류(士類) 중에 교분을 맺고 싶어 하지 않는 이가 없었다. 삼산재가 일찍이 동시대 여러 선비를 평가하여 말하기를, "이치를 궁구하여 스스로 터득하기로는 임중사(任仲思)[61]만한 이가 없고, 자신을 신칙하여 독실하게 행하기로는 이여익(李汝翼)만한 이가 없다."라고 하였는데, 여익은 바로 공이다. 삼산재는 사우와 종유할 때마다 번번이 공의 안부를 살피고 무슨 책을 읽는지 물었다. 지암의 맏아들 이구(履九)씨도 "우리 선고(先考)의 벗 이장(李丈)은 지금 세상의 진정한 학자인데 세상의 알아줌을 받지 못하는 것이

**59** 방무(邦誣) : 와언(訛言)을 지어내어 사실을 왜곡시켜 군주와 신하를 속이는 것이다. 《周禮 秋官 士師》

**60** 공거(公車) : 중앙에서 치르는 과거 시험에 응시하는 것을 뜻하는 말로, 한(漢)나라 때 지방 선비들이 과거 시험에 응시할 적에 공가(公家), 즉 국가의 수레를 타고 서울로 왔으므로 이렇게 이른 것이다.

**61** 임중사(任仲思) : 임성주(任聖周, 1711~1783)로, 중사(仲思)는 그의 자이다. 호는 녹문(鹿門), 본관은 풍천(豐川)이며, 도암(陶菴) 이재(李縡)의 문인이다. 문집으로 《녹문집》이 있다.

애석하다."라고 하였다.

매번 기옹의 기일이 되면 비록 멀어서 참석하지 못하더라도 반드시 재계와 목욕을 하고 소식(素食)만 먹으며 앉아서 아침을 맞이했다. 또 기옹의 유집(遺集)이 간행되지 못하고 오류가 많은 것을 한으로 여겨서 헤아리고 고증하여 교정하였다. 항상 사문(師門)의 심사(心事)가 밝혀지지 못한 것을 애통해하며 말하기를, "이는 후인의 책임이다."라고 하였다. 당시 한천(寒泉)[62]과 여호(黎湖)[63] 두 현자의 문하에서 훌륭한 의론이 한창 성하였는데, 공은 두 현인과 모두 친분이 있었고 배우는 제자들이 또 공의 집우(執友 뜻을 같이 하는 벗)가 많아서 왕래하며 공을 천거하면 공이 사양하며 말하기를, "우리 스승께서 한창 세상에 곤액을 당하고 계시는데 어찌 버리고 다른 데로 갈 수 있겠는가."라고 하였다.

유언순(兪彦淳) 공이 일찍 세상을 떠나자, 공은 그가 품고 있던 큰 뜻을 성취하지 못함을 애석하게 여겨 늘 그 집안을 문후하며 살폈고 그의 유문(遺文)과 사행(事行)을 모아 그의 아들에게 주었으며, 아들이 장성하자 족녀(族女)를 시집보내어 집안의 도를 이룰 수 있게 하였다.

**62** 한천(寒泉) : 이재(李縡, 1680~1746)로, 한천은 그의 호이며, 또 다른 호는 도암(陶菴)이다. 자는 희경(熙卿), 본관은 우봉(牛峰), 시호는 문정(文正)으로, 1702년(숙종28) 문과에 급제하고 벼슬이 대제학을 거쳐 의정부 좌참찬에 이르렀는데, 1727년(영조3) 정미환국(丁未換局)으로 문외출송(門外黜送)되자, 이후 용인의 한천(寒泉)에 은거하면서 학문의 도야와 후진 양성에 전념했다. 문집으로 《도암집》이 있다.

**63** 여호(黎湖) : 박필주(朴弼周, 1665~1748)로, 여호는 그의 호이다. 자는 상보(尙甫), 본관은 반남(潘南), 시호는 문경(文敬)이다. 천거로 시강원자의(侍講院諮議)가 된 뒤 세자찬선(世子贊善)·이조판서·우찬성 등을 역임하였다. 저서에 《여호집》·《독서수차(讀書隨箚)》·《주자왕복휘편(朱子往復彙編)》 등이 있다.

공에게는 어릴 적 외부(外傅)[64]가 있었는데, 스승이 돌아가시고 고아가 된 손자가 남게 되자 공이 그를 몹시 지극하게 가르치고 길렀다. 이는 사우(師友) 간에 사생(死生)과 존망(存亡)을 따라 정의(情誼)를 변치 않는 것이니, 이를 공에게서 처음 볼 수 있다.

내외종(內外從) 형제 및 자서(子壻) 중에 천성을 자부하고 기운을 믿고서 예법을 소홀히 하는 자가 있으면 반드시 통렬히 잘못을 바로잡아 그로 하여금 스스로 기뻐서 따르게 하였다. 종족 중에 뛰어난 자를 교육하고 사우 중에 어진 자를 추중(推重)하여 성취하는 바가 있게 하였다. 잘못은 숨겨 주고 잘한 것은 드러내 줌이 지극한 성심(誠心)에서 나왔고, 후진(後進)을 가르치고 꾸짖어 조금도 봐주지 않으니, 듣는 자들이 두려워 땀을 흘리며 마음에 간직하여 비난하는 말이 없었다.

공은 감식안이 남보다 훨씬 뛰어났다. 홍계희(洪啓禧)[65]는 당시의 명성이 융성하여 그에게 붙는 선비들이 많았는데, 공만은 "저 사람은 유학의 학술로 겉만 꾸며서 이익을 독차지하려 하니, 이는 농단(隴斷)[66]중에서도 심한 자이다. 아마도 반드시 전복되고 실추되는 근심이

**64** 외부(外傅) : 집 밖에 있는 스승을 가리킨다. 《예기(禮記)》〈내칙(內則)〉에, "남자가 10세가 되면 집 밖에 나가서 스승에게 배운다.〔十年, 出就外傅.〕"라고 하였다.

**65** 홍계희(洪啓禧) : 1703~1771. 자는 순보(純甫), 호는 담와(淡窩), 본관은 남양(南陽)이다. 영조 계비의 아버지 김한구(金漢耉)와 내통하는 등 권력을 좇아 처세한 탓에 사림들에게 소인 내지 간신으로 지목되었다. 시호가 문간(文簡)이었으나, 두 손자가 '정조 시해 미수사건'에 연루되어 그의 두 아들과 일가가 처형당하게 되자, 관작이 추탈되고 역안(逆案)에 이름이 올랐다.

**66** 농단(隴斷) : 농단은 농단(壟斷)이라고도 하는바, 시장 주위에 구릉이 끊어진 곳을 말한다. 이곳에 올라가면 사방이 잘 보여 값싼 물건을 많이 취하여 이익을 독차지할 수 있게 된다 하여 '이익이나 권력을 독차지함'의 뜻이 있다. 《孟子 公孫丑下》

있을 것이다."라고 하였다. 송덕상(宋德相)[67]이 권세 있는 간신들에게 농락당하여 부름에 응하려 하자, 공이 "대로(大老)의 후손으로 지조를 잃음이 이와 같으니, 선조를 욕되게 할 뿐 아니라 유학이 이로부터 비천하게 될 것이다."라고 하며 서글퍼하여 편치 못하게 여긴 것이 오래였는데, 얼마지 않아 공의 말이 모두 징험되었다.

공은 의표(儀標)가 훤칠하고 정신과 풍채가 빼어났다. 만년에는 더욱 장중하고 온화하며 진중하였으며 말과 행실이 순수하였다. 모든 일을 한결같이 의(義)로 재단하여서 마치 못을 자르고 쇠를 끊는 듯 과단성이 있었으며, 경서와 사서(史書)를 연구하고 명리(名理)를 분석하여서 남들을 개발시켜주기를 부지런히 하여 피곤함도 잊었다. 값싼 솜옷을 입은 중에도 광채가 사람들에게 엄습하였으며, 평소에 글 짓는 것을 일삼지 않았지만 글을 지으면 모두 정밀하고 절절하며 질박하고 진실하니, 참으로 인의(仁義)를 간직한 사람의 글이었다.

선생이 일찍이 가훈을 써서 자손에게 주고서 말하기를 "선비 된 자가 학문(學文)을 축적한다면 절로 과거에 급제할 수 있는데, 이를 버리고 반드시 합격할 방법을 구한다면 자신의 절개와 지조를 잃을 것이다. 그러니 어떻게 스스로 사족(士族)에 낄 수 있겠는가. 일찍이 보건대, 세상 사람들이 요행으로 작록(爵祿)을 바라면서 못하는 짓이 없다가 작록을 얻고서는 전원(田園)을 넓게 두고 집과 정자를 높게 세워서

**67** 송덕상(宋德相) : ?~1738. 자가 숙함(叔咸), 호가 과암(果菴), 본관이 은진(恩津)이며 우암 송시열의 현손이다. 1753년(영조29) 천거로 세자익위사 세마(世子翊衛司洗馬)에 제수되어 출사하고 홍국영(洪國榮)의 비호로 출셋길을 달려 이조 판서가 되었으나, 홍국영이 실각하자 1781년(정조5) 삼수부(三水府)에 안치(安置)되었으며, 기해년(정조3)에 올렸던 소에 흉역(凶逆)의 뜻이 있다 하여 옥에 갇혔다가 별세하였다.

고을 사람들을 크게 요동하게 한다. 그런데 권세가 사라지고 사람이 죽고 나면 반묘의 땅이나 서까래 하나도 남는 경우가 없으니, 이는 작록을 얻기를 도(道)로써 하지 않고 교만하고 방자하게 욕심을 부린 데서 말미암은 것이다."라고 하였다.

또 말하기를 "세간의 득실과 성패는 천백 번 변화하여 믿을 수 있는 것이 없지만, 오직 선(善)을 행하는 것은 천명(天命)으로부터 체득하여 이로써 사람이 되고 살아서도 편안하고 죽어서도 편안하니, 이것 외에 다른 일은 없다."라고 하였다. 아! 이 말이 '유안(遺安)'이 되는 까닭이다. 이러한 부류를 확충하고 이 뜻을 극진하게 한다면, 이것이 어찌 공의 한 집안의 가칙(家則)이 될 뿐이겠는가.

나는 사우들과 종유하며 공의 풍도를 들은 지 오래되었는데, 서유자(徐孺子)[68] · 곽임종(郭林宗)[69]의 무리에 비견하였으나 항상 그 덕을 아는 자가 적은 것이 한스러웠다. 근래에 또 공의 두 손자[70]와 잘 알게 되었는데, 두 손자가 모두 수신(修身)하고 면학(勉學)하여 선조의 아름다움을 뒤따르니, 이것이 바로 '나무를 보면 산을 알 수 있다.'는 것이다. 교리군(校理君)이 공의 언행 한 통을 기술하여 나에게 공의 덕을

**68** 서유자(徐孺子) : 후한(後漢) 때의 서치(徐穉)로, 유자는 그의 자인바, 집안이 빈궁하여 직접 농사지어 먹고 살면서도 소명(召命)에 응하지 않아 '남주 고사(南州高士)'라고 칭해졌다. 《後漢書 卷66 陳蕃列傳》

**69** 곽임종(郭林宗) : 후한(後漢)의 고사(高士) 곽태(郭泰)로, 자는 임종이다. 굴백언(屈伯彥)에게 사사하여 전적(典籍)에 통달했다. 낙양에 가서 당시 하남윤(河南尹) 이응(李膺)과 깊이 교제하며 명성을 떨쳤다. 향리에 은거하여 제자를 가르쳤는데, 그 수가 수천 명에 달했다고 한다. 《後漢書 卷68 郭林宗列傳》

**70** 두 손자 : 이정리(李正履, 1783~1843)와 이정관(李正觀, 1792~1854)을 말한다.

나타내는 글[71]을 부탁하였다. 생각건대, 만생(晩生)으로 우매한 내가 실로 공의 감춰진 덕을 드러내지는 못하지만, 광세(曠世)의 감회[72]로 공의 의리를 칭송해 왔기에 감히 끝내 사양하지 못하고 삼가 위와 같이 짓는다. 돌아보건대, 지금 명예와 이익이 하늘을 뒤덮어 세상에서 추구하는 것이 날마다 낮아져 '자신이 있음을 아는 선비'[73]가 없으니, 비록 공처럼 수신하고 자중하는 자를 보고자 한들 어찌 볼 수 있겠는가. 어떻게 해야 구천(九泉)에서 공을 다시 나오게 해서 유림(儒林)의 표준을 세울 수 있겠는가. 옛말에 "온 세상이 혼탁해야 청사(淸士)가 비로소 드러난다."[74]고 하였는데, 이 말을 통해 생각해본다면 아마도 공이 공이 되는 이유를 알 것이다.

**71** 덕을 나타내는 글 : 원문은 '상덕지문(狀德之文)'으로, 죽은 사람의 공적이나 덕행을 기록한 글로 가장(家狀)·행장(行狀) 등을 말한다.

**72** 광세(曠世)의 감회 : 동시대에 태어나지 못해 서로 만나지 못한 것을 아쉬워하는 감회를 이르는 말이다.

**73** 자신이……선비 : 외물에 휩쓸리지 않고 자신의 본분과 지조를 지킴을 말한다. 《魯齋遺書 卷1 語錄上》

**74** 온……드러난다 : 청사는 깨끗한 선비로, 이 말은 《사기(史記)》 권61 〈백이열전(伯夷列傳)〉에 보인다.

# 노주 오 선생[75]에 대한 행장 정유년(1837, 헌종3)

## 老洲吳先生行狀 丁酉

선생은 성이 오씨(吳氏), 휘가 희상(熙常), 자가 사경(士敬)으로, 학자들이 선생의 거처를 가지고 선생을 '노주 선생(老洲先生)'이라고 일컬었다. 계통이 해주(海州)에서 나왔으니, 선조 휘 인유(仁裕)는 고려조에 검교 군기감(檢校軍器監)의 감(監)을 지냈는바, 이분이 바로 선생의 비조(鼻祖)이시다. 이로부터 후대로 이어져 본조에 들어와 높은 관직을 서로 계승하였는데, 정무공(貞武公) 휘 정방(定邦)에 이르러 혼조(昏朝) 때 금용(金墉)의 변고[76]를 만나니, 조정에서 의론을 개진할 적에 경도(經道)를 지켜서 화에 이를 뻔하였다.[77] 2대를 내려와

**75** 노주 오 선생 : 오희상(1763~1833)으로, 자는 사경(士敬), 호는 노주, 본관은 해주(海州), 시호는 문원(文元)이다. 문집으로 《노주집》이 있다. 본집 권31에 제문이 실려 있다.

**76** 혼조(昏朝)……변고 : 혼조는 광해군을 말하고, 금용의 변고는 인목대비(仁穆大妃)의 유폐(幽廢)를 말한다. 금용은 본래 중국 하남성(河南省) 낙양현(洛陽縣)의 성(城)으로 위(魏)나라 명제(明帝)가 만든 것인데, 그 후에 사마사(司馬師)가 위주(魏主)인 방(芳)을 폐위시켜 이곳으로 옮기게 하고, 진(晉)의 양후(楊后), 민회태자(愍懷太子), 가후(賈侯)를 폐하여 모두 이곳에 유폐시키는 등 왕족을 이 성에 유폐시킨 사례가 많았으므로 이렇게 표현한 것이다.

**77** 조정에서……뻔하였다 : 오희상이 지은 오정방의 행장에, "정사년(1617, 광해군9)에 광해가 모후를 폐위하려는 뜻이 날로 급해져서 백관(百官)을 위협하여 조정의 의론을 끌어내려 하자, 공이 개연히 눈물을 흘리며 대답하기를 '신은 무부(武夫)라서 《사략(史畧)》 제1권의 「순 임금이 끊임없이 선(善)으로 자신을 다스려 어버이로 하여금 간악한 데에 이르지 않게 하였다.」는 한 구절만 읽었습니다.'라고 하니, 듣는 사람들

휘 숙(翻)은 호당(湖堂)[78]에 선발되고 관찰사를 맡았으며 좌찬성에 추증되었는바, 문학과 정사로써 인조 때의 명신이 되었으니, 이분이 선생의 5대조이시다.

고조 휘 두인(斗寅)은 판서를 지냈고 영의정과 충정공(忠貞公)에 추증되었는바, 인현왕후(仁顯王后)가 손위(遜位)할 때 간하다가 죽었다.[79] 증조 휘 태주(泰周)는 해창위(海昌尉)에 봉해졌고 시호는 문효공(文孝公)이니, 지극한 효행이 있었으며 유학(儒學)을 좋아하였다. 조부 휘 원(瑗)은 참판을 지내고 문형(文衡)을 담당하였으며 좌찬성과 문목공(文穆公)에 추증되었는바, 문장과 명망이 일세를 감복시켰다.

선고 휘 재소(載紹)는 예조 판서로 시호는 정헌공(定獻公)이니, 인후하고 선을 좋아하여 세상 사람들이 장덕(長德 연로하면서 덕을 갖춘 사람)이라고 일컬었다. 선비(先妣) 증 정경부인(貞敬夫人) 한산 이씨(韓山李氏)는 군수(郡守) 이규항(李奎恒)의 따님이다. 선생은 정헌공의 백씨인 판중추부사(判中樞府事) 겸 태학사(太學士) 문정공(文靖

이 두려워하였다."라고 보인다. 오정방은 이로부터 계속 침륜되었다가 인조반정후에 곧바로 훈련원 도정(訓鍊院都正)에 제수되었다. 《老洲集 卷15 七代祖貞武公府君行狀》

**78** 호당(湖堂) : 연소한 문관들 중에 특히 문학에 뛰어난 사람을 선출하여 특별히 휴가를 주어 학업을 연마하게 한 서재로서, 독서당이라고도 한다. 1426년(세종8)에 사가독서(賜暇讀書) 제도를 만들고, 성종 때에는 구용산(舊龍山)에 있던 폐사(廢寺)를 수리하여 독서당으로 하였는데, 그 후 1515년(중종10)에 동호(東湖) 북쪽 기슭, 즉 지금의 두모포(豆毛浦)에 창설하였는바, 이때부터 '호당'이라 일컬었다.

**79** 인현왕후(仁顯王后)가……죽었다 : 1689년(숙종15)에 오두인이 사직(司直)으로 있으면서 박태보(朴泰輔)·이세화(李世華)와 함께 상소를 올려 인현왕후를 폐서인한 것에 대해 간쟁하다가 숙종의 노여움을 사서 곤장을 맞고 유배되었는데, 의주로 유배 가던 도중 파주에서 죽었다.

公) 휘 재순(載純)의 중자(仲子)인데, 정헌공의 후사가 되었다. 문정공의 배위(配位) 연안 이씨(延安李氏)는 영의정 문간공(文簡公) 이천보(李天輔)의 따님이니, 영묘(英廟) 계미(1763, 영조39)년 5월 10일 유시(酉時)에 경행방(慶幸坊)[80]의 사제(賜第 하사받은 집)에서 선생을 낳았다.

선생은 남다른 자질을 타고나서 과묵하고 신중하여 덕기(德器)를 일찌감치 성취해서 자연히 도에 가까웠다. 문정공은 가법이 평소 엄격하여 자제들이 곁에서 모실 적에 질문이 있는 경우가 아니면 감히 대답하지 못했고 일상에서 익히는 것이 법도에 어긋나지 않았다. 백씨 영재공(寗齋公) 휘 윤상(允常)[81]은 순수한 덕과 깊은 학문으로 세상의 순유(醇儒)가 되었는데, 선생이 천륜(天倫)에서 스승을 얻어서[82] 경서에 구두를 떼고 뜻을 분변하게 된 뒤로부터는 간절하게 공부하고 자세하게 물으니, 영재공이 '가학을 이을 수 있을 것'이라고 인정하였다.

선생이 조금 성장하여서는 육경(六經)의 공부에 더욱 힘을 써서《중용(中庸)》을 가지고 종암(鍾巖)의 별서(別墅)로 나가서 꿋꿋하게 각

**80** 경행방(慶幸坊) : 한성부 중부 8방 중의 하나로, 현재의 행정구역으로는 종로2·3가·낙원동·돈의동·경운동·와룡동 각 일부에 해당한다.

**81** 백씨……윤상(允常) : 1746~1783. 오윤상의 자는 사집(士執), 호는 영재(寗齋)이다. 미호(渼湖) 김원행(金元行)의 문인으로, 근재(近齋) 박윤원(朴胤源) 등과 교류하였으며, 경학에 정통하여《대학차기(大學箚記)》·《중용차기(中庸箚記)》를 저술하였다.

**82** 천륜(天倫)에서 스승을 얻어서 : 오희상이 그의 형 오윤상을 스승으로 삼았음을 말한다. '천륜'은 부자·형제 등 천연적 지친을 말하는데, 여기서는 형제간을 가리킨 것이다.

고하고 면려하였다. 그렇게 그 지취(旨趣)를 끝까지 추구하는 데 힘을 써서 영재공에게 질의하며 반복하고 논변해서 분명히 알지 못하면 탐구하기를 그만두지 않았다. 영재공이 별세하자, 선생은 더욱 스스로 분발하며 말하기를 "선형의 가르침의 한 가닥 명맥이 내 한 몸에 있으니, 내 어찌 감히 스스로 태만하게 해서 선형을 저버릴 수 있겠는가." 라고 하였다. 그리하여 영재공의 가르침을 외고 연구해서 밤낮을 쉬지 않으며 잠을 이루지 못하니 이에 고질(痼疾)을 이루는 지경에 이르렀다.

영재공이 돌아가신 뒤에 정헌공이 집을 팔고서 문정공과 같은 집에서 사니, 선생은 아침저녁으로 문안을 하고 집안일을 도맡아 하여서 잠시도 한가하거나 태만함이 없었다. 또 문정공이 여러 번 문형(文衡)과 전조(銓曹)를 맡았으므로[83] 가문이 매우 빛났는데, 선생은 외지고 조용한 곳에 처해있으면서 외부의 일에 관여하지 않아, 무관(武官)이나 통역관의 부류 중에 면식이 있는 자가 적었다. 문정공이 규장각 제학을 겸임하고 있을 적에 정조께서 규장각의 신하들과 후원(後苑)에서 곡연(曲宴)을 벌이면서 그 자제들을 선소(宣召)하여 잔치에 나오게 하시니,[84] 비록 벼슬하지 않는 사람이라도 참여할 수 있었다. 그러나

**83** 문형(文衡)과 전조(銓曹)를 맡았으므로 : 대제학과 이조·병조의 판서를 지냈음을 말한다. 오희상의 본생부 오재순은 정조의 총애를 받아 양관의 대제학과 규장각 제학, 이조와 병조 판서를 여러 차례 맡았다.

**84** 문정공이……하시니 : 곡연은 임금이 궁중의 내원에서 베푸는 작은 규모의 잔치를 말하고, 선소는 임금이 신하를 불러들이라고 명령을 내리는 것을 말한다. 1792(정조16) 3월 21일에 정조가 규장각의 신하들을 불러 내원에서 꽃을 구경하고 낚시를 하는 잔치를 베풀면서 "내가 규장각을 설치한 이래로 이 직책에 있는 모든 사람들을 집안사람처럼

선생만은 홀로 잔치에 나가지 않으며 말하기를, "벼슬하기 전에 임금을 뵙는 경우는 예(禮)에 없으니, 예를 돌아보지 않고서 염치없이 달려간다면 이는 예의 방범(防範 단속하고 방비하는 법도)을 넘는 것입니다. 방범이 한 번 무너지면 어느 곳에서야 그치겠습니까."라고 하였다. 그러자 성상 또한 강요하지 않으면서 말씀하기를 "오 제학(吳提學)의 두 아들 중에 글을 읽으며 뜻을 지키는 자도 있고 아버지의 뒤를 따라 조정에 설 자도 있으니, 이 어찌 좋은 운명이 아니겠는가."라고 하였다.

임자년(1792, 정조16)에 본생부 문정공이 세상을 떠나고, 을묘년(1795, 정조19)에 거듭 본생모의 상을 당하였는데, 선생이 전후로 부모의 상에 거할 적에 형식적인 예문(禮文)과 감정적 슬픔이 모두 지극하여 아침저녁으로 통곡하며 가슴을 치니, 이웃들이 감동하고 눈물을 흘렸으며 모두 선생이 상(喪)을 감당하지 못할까 염려하였다. 그러나 선생은 오히려 슬프다고 하여 공부를 폐하지 않아서 경서를 읽으며 예를 연구하기를 매우 독실하게 하였다.

기미년(1799, 정조23)에 정헌공을 안동 임소로 따라가 모시면서 가끔 밖으로 나와 누대와 산수를 감상하고 도산서원(陶山書院)으로 배알하여 퇴계(退溪 이황(李滉))의 남은 자취를 찾으니, 남쪽 지방의 인사들이 오랠수록 더욱 칭송하고 흠모하였다. 이해 겨울, 성상이 조정에서 명하여 경전과 주자서(朱子書 주자의 글)를 전공한 사람을 천거하게 하니, 총재(冢宰 이조 판서) 서용보(徐龍輔) 공이 선생과 송치규(宋穉圭) 공·조진구(趙鎭球) 공을 천거하여 조정의 명에 응하였다.[85]

보았으니, 오늘의 모임에도 집안사람의 준례를 적용하여야 할 것인바, 각신(閣臣)의 자제들 모두 이 자리에 참석함을 허여한다."라고 하였다.《正祖實錄 16年 3月 21日》

경신년(1800, 정조24)에 세자익위사 세마(世子翊衛司洗馬)에 제수되고 시직(侍直)으로 승진하니, 선생이 말하기를,

"나는 생원・진사 출신도 아니고 관직에 제수하라는 명이 있었던 것도 아닌데, 전조(銓曹)에서 사람을 천거하여 의망한 것은 실로 천목(薦目)[86]에 의거한 것이다. 어찌 천목을 무릅쓰고 조정에 나아갈 수 있겠는가."

하고서 소장을 올려 면직되기를 청하였다. 그러자 성상이 말씀하기를,

"처음 벼슬에 나올 때부터 제수의 명을 사양할지 받을지의 분수(分數)에 밝으니, 어찌 기뻐할 만하지 않은가. 또 이 사람은 누구의 아들이며, 누구의 집안인가. 초사(初仕) 중에서 다시 조용(調用)해서 특별히 그의 뜻을 이룰 수 있게 해주어라."

하였으니, 이는 문정공이 임금에게 특별한 인정을 받아서 죽은 뒤에도 임금이 그를 그리워했기 때문에 은혜로운 말씀이 여기에 미친 것이었다. 장릉 참봉(長陵參奉)으로 옮겼다가, 경사(京司)의 관직으로 바꾸라는 명으로 인해 돈녕부 참봉(敦寧府參奉)에 제수되고, 이어서 세자의 책례(冊禮)를 행할 적에 욕석 집사(褥席執事)로 차임되었는데, 본

**85** 이해……응하였다 : 1799년(정조23)에 정조가 초야의 글을 읽은 선비를 찾아서 천거할 것을 명하였는데, 아무도 기록하여 보고하지 않자, 재차 천거할 것을 명하면서 '경전과 주자서는 서로 필요로 하는 관계이므로 주자의 글을 독실하게 믿고 연구한 자를 천거하라.'는 취지의 하교를 내렸다. 이에 경전과 주자서를 전공한 사람으로 의정부에서는 김일주(金日柱)・임육(任焴)・이동윤(李東允)・강시환(姜始煥)・윤두기(尹斗基)・강필효(姜必孝)를 천거하고, 이조에서는 이 세 사람을 천거하였다.《正祖實錄 23年 8月 29日, 9月 5日, 10月 23日・24日》

**86** 천목(薦目) : 사람을 천거하는 데 필요한 명목으로, 학식이나 재능 혹은 품행을 이르는데, 이때의 천거는 특별히 주자서와 경학에 조예가 깊은 학식을 명목으로 하였다.

직에 아직 사은숙배하지 않았다는 이유로 사양하였다. 성상이 '처신하기를 의롭게 하여 구차하지 않다.'는 것으로 허여해주고 그대로 명하여 다시 계방(桂坊 세자익위사)에 제수하여, 4월에 세자익위사 부솔(世子翊衛司副率)에 제수되었다.

계씨 참판공[87]이 새로 과거 급제한 사람으로서 예궐하여 입시하자, 성상이 '선생이 제수의 명에 응하기를 지체하고 있는지 빨리하고 있는지'에 대하여 물으셨다. 이로부터 자주 주연(胄筵 서연(書筵))에서 세자를 모시고서 글을 통해 규간(規諫)을 올렸는데 그 말이 절실하고 조리가 통창하므로 성상이 매번 서연에 임하여 벽을 사이에 두고 들으실 적에 선생의 학식을 자주 칭찬하셨다. 선생이 처음에 비록 마지못해 발을 내디뎌 벼슬에 나아가기는 했지만, 관직에 오래 머무는 것은 선생의 평소 뜻이 아니었다. 이윽고 하늘이 무너지는 애통함[88]을 만나서, 규례에 따라 장악원 주부(掌樂院主簿)로 승직했다가 한성부 주부(漢城府主簿)로 옮겼는데 곧 체직되었다. 이로부터 10년 동안 한가롭게 거처하면서 글을 읽고 부모를 봉양하여서 마치 그대로 몸을 마칠 듯이 하였다.

무진년(1808, 순조8)에 모친상을 당하였는데, 선생의 나이가 이미 노쇠하였으나 상례를 집행하기를 더욱 엄하게 하였다. 장례를 지낼 적에는 눈보라를 무릅쓰고 일을 주관하여 세세한 일까지도 반드시 직

**87** 계씨 참판공 : 오연상(吳淵常, 1765~1821)으로, 오재순의 3남인데 종숙(從叔) 오재륜(吳載綸)에게 입양되었다. 1800년(정조24) 정시문과에 병과로 급제하였고, 예조 참판, 동지경연사, 이조 참판, 부제학, 도승지, 비변사 제조 등을 역임하였다.

**88** 하늘이 무너지는 애통함 : 왕의 죽음에 대한 슬픔을 나타내는 말로, 1800년(정조24) 6월 28일에 정조가 승하한 것을 가리켜 말한 것이다.

접 하여서 다른 사람이 대신 주관하게 하지 않았다. 장례를 끝마치고 상한(傷寒)을 앓아서 생명이 위태로운 지경에 이르렀지만 소생하였다.

신미년(1811, 순조11)에 돈녕부 주부(敦寧府主簿)에 제수되었는데, 이때 정헌공은 이미 기로사(耆老社)[89]에 들어가 있었다. 부친의 뜻을 따라 억지로 나아갔는데 취임하고 한 달 남짓 되었을 때 정헌공의 상을 당하였다. 정헌공의 별장이 불암산(佛巖山) 아래에 있었는데, 장례를 지낸 뒤에 궤연을 받들고 나가서 그곳에 우거하니, 종당(宗黨) 중에 따르는 자들이 여러 집이었다. 마침내 그 후진(後進)들을 모아 각각 하나의 경전을 가르쳐주고 날마다 강학하여 독려하였다.

갑술년(1814, 순조14)에 황해도 도사(黃海道都事)에 뽑혀 제수되었으나 나아가지 않았다. 을해년(1815)에 세자익위사 사어(世子翊衛司司禦)에 제수되었는데, 어떤 이가 '어린 나이의 세자와 진강할 적에 뜻을 진달하기를 너무 고원하게 해서는 안 된다.'고 넌지시 간하므로, 선생이 탄식하며 말하기를 "급선무는 훌륭한 뜻을 먼저 넣어주는 데에 있으니, 이 시기가 지나면 한격(扞格)[90]의 근심이 생겨날 것이다."라고 하였다. 여러 차례 등대(登對)하고서야 체직되었다.

무인년(1818, 순조18) 겨울에 우상(右相) 남공철(南公轍) 공이 '경학에 밝고 행실을 닦는 선비를 뽑아서 특별히 정초(旌招)[91]할 것'을

**89** 기로사(耆老社) : 나이가 70세 이상인 정2품 이상의 문관을 우대하기 위하여 설치한 관청이다. 오재소는 당시 83세였다.

**90** 한격(扞格) : 가르침의 내용을 거부하고 순순히 받아들이지 못함을 말한다. 《예기(禮記)》 〈학기(學記)〉에 "이미 발한 뒤에 금하면 한격하여 가르침을 감당하지 못하고, 때가 지난 뒤에 배우면 괴롭기만 하고 이루어지기 어렵다.〔發然後禁, 則扞格而不勝, 時過然後學, 則勤苦而難成.〕"라고 한 데서 온 말이다.

청하자, 선생과 이우신(李友信) 공이 함께 추천을 받아 경연관과 서연관의 두 직함을 부여받고, 뒤이어 사헌부 지평(司憲府持平)에 제수되었다. 선생이 광주(廣州) 징악산(徵岳山)으로 물러나 거처하였는데, 이곳은 바로 증조 문효공의 병사(丙舍 묘소 근처에 세워둔 재실(齋室))가 있는 곳이었다. 성상이 사관(史官)을 보내어 특별히 유지(諭旨)를 내려 정중히 부르시니, 선생이 소장을 올려 사면을 청하였다.

기묘년(1819, 순조19)에 장령(掌令)으로 승진하고 시강원 진선(侍講院進善)을 겸하였다. 당시 왕세자[92]의 관례를 앞두고 있었는데, 성상이 선조(先朝)의 고사를 원용하여 두 번 유소(諭召 유지를 내려 부름)를 내리니, 선생이 거듭 사직 상소를 올리고 '벼슬에 나아가기를 어렵게 하는 의리'[93]를 덧붙여 아뢰었다. 집의(執義)에 여러 번 제수되고 일소(馹召 역마를 타고 올라오라는 소명)가 계속해서 내려오자, 선생이 소를 올

**91** 정초(旌招) : 학덕이 높은 선비를 천거하여 벼슬을 제수하고 부르는 일을 이른다. 정(旌)은 꿩의 깃털을 깃대 끝에 단 기를 말하는데, 고대에 대부(大夫)를 부를 적에 정을 사용한 데서 유래하였다. 《맹자》 〈만장 하(萬章下)〉에, "서인은 전(旃)으로 부르고, 사는 기(旂)로 부르고, 대부는 정(旌)으로 부른다.〔庶人以旃, 士以旂, 大夫以旌.〕"라고 보인다.

**92** 왕세자 : 익종(翼宗)으로 추존된 효명세자(孝明世子, 1809~1830)로, 1812년(순조12)에 왕세자에 책봉되고 1819년 3월 20일 관례를 거행하였다. 1827년부터 대리청정하였으나 4년 만에 서거하였다.

**93** 벼슬에……의리 : 이는 《예기(禮記)》 〈표기(表記)〉에 보이는 말로, "군주를 섬길 적에 나아가기를 어렵게 하고 물러나기를 쉽게 한다면 자리에 질서가 잡힐 것이고, 나아가기를 쉽게 하고 물러나기를 어렵게 한다면 문란해질 것이다. 그러므로 군자는 세 번 읍을 한 다음에야 나아가고 한 번 사양하고는 곧바로 물러남으로써 문란해지는 것을 예방한다.〔事君難進而易退, 則位有序, 易進而難退, 則亂也. 故君子三揖而進, 一辭而退, 以遠亂也.〕"라고 하였다.

려 경계할 것을 진달하기를,

"하늘의 마음이 기뻐하지 않아 재해가 잇달아 나타나고 여러 달 가뭄이 들어 성문(星文)이 경계를 고하니, 하늘과 사람이 서로 감응하는 것에 대해서는 감히 알지 못하나 요컨대 재해는 공연히 생겨나지 않고 필시 초래함이 있는 것입니다. 재해가 그 자체로 재해인 것이 아니라 재해가 닥쳤는데 두려워할 줄 모르는 것이 진짜 재해입니다. 어떤 상소가 있었는지 귀 기울여 들었으나 전혀 알려진 것이 없으니, 이 한 가지 일이 재해보다 걱정스럽습니다. 삼가 바라건대, 덕음을 선포하시어 바른 말을 널리 구하고 이를 실제로 이용하셔서 하늘의 위엄에 답하신다면 매우 다행이겠습니다."

라고 하였다.

경진년(1820, 순조20)에 또 집의에 제수되자, 선생이 상소하여 소명을 사양하며 말하기를,

"예로부터 맏아들을 교육하는 방법을 논한 책 중에 〈보부전(保傅傳)〉[94]만큼 상세한 것이 없습니다. 그러나 그 귀결을 요약해 보면, '일찍 교유(敎諭)함과 좌우에 있는 사람을 선발함'[95]에 지나지 않는

94 보부전(保傅傳) : 보부는 태자가 성년이 되기 전에 보육하고 훈도하는 직책을 이르는바, 한(漢)나라 가의(賈誼)의 《신서(新書)》 권5의 편명이기도 하고, 《대대례기(大戴禮記)》 권3의 편명이기도 하다. 보부의 뜻에 대해서는, 《대대례기》 〈보부〉에, "옛날 주나라 성왕이 어려서 강보(襁褓)에 싸여있을 적에 소공(召公)이 태보(太保)가 되고 주공(周公)이 태부(太傅)가 되고 태공(太公)이 태사(太師)가 되었으니, 보(保)는 그 신체를 보우함이고 부(傅)는 그 덕의를 도움이고 사(師)는 가르쳐 인도함인바, 이것이 삼공(三公)의 직책이다.〔昔者, 周成王幼在襁褓之中, 召公爲太保, 周公爲太傅, 太公爲太師. 保, 保其身體; 傅, 傅其德義; 師, 導之敎訓, 此三公之職也.〕"라고 하였다.

95 일찍……선발함 : 가의(賈誼)의 《신서(新書)》 〈보부(保傅)〉에, "천하의 운명은

데, '좌우에 있는 사람을 선발함'은 '일찍 교유함'의 근본입니다. 평소 익힐 적에 올바른 사람과 거처하면, 강론하고 송독하는 것 외에 그가 올리는 가르침이 엄밀하고 태자가 보고 느끼는 것이 간절하여, 사벽함을 삼가는 방제와 의리를 편안히 여기는 습관을 절로 이어가게 될 것입니다. 그러므로 〈보부전〉에서 '좌우가 바르면 태자가 바루어져서 천하가 안정된다.'라고 한 것입니다.

저는 초야에 묻혀 있으면서 마음은 동위(銅闈)[96]에 매여 있었는데, 바름을 기르는 방도[97]와 보익(輔翼)하는 도구가 선왕의 법도를 잘 따르고 백성의 소망을 크게 위로한다는 말을 듣지 못하였으니, 이는 어째서입니까? 신이 계방(桂坊 세자익위사)에 외람되이 참여하여 살펴보니, 개강(開講)하는 날에 관료 두세 명이 대오를 따라 나아갔다가 늦은 아침에 물러나와, 급박하고 엉성하여 다만 형식적 절차로 귀결될 뿐이었습니다. 이때 외에는 깊은 궁에서 홀로 계셔서 입대(入對)할 길이 없고, 중간에 또 자주 정품(停稟 아뢰는 일을 정지함)을 하여 일정함이 없이 하다말다를 반복하는데, 한가로이 지낼 적에 함께 노닐고 거처하는 사람은 궁녀나 내시 등의 근신(近臣)에 불과합니다. 이들이 아는 바와 행하는 바는 이욕(利慾)으로 간교를 부리는 사사로움이요 아첨하여 영합하는 작태일 뿐이니, 심성을 해치고

태자에게 달려 있고, 태자의 선함은 일찍 교유하는 것과 좌우에 있는 사람을 선발하는 데에 달려 있다.〔天下之命, 縣於太子, 太子之善, 在於蚤諭教與選左右.〕"라고 보인다.

**96** 동위(銅闈) : 태자를 가리키는 말로, 한(漢)나라 때 태자가 거처하는 궁의 문 위에 구리로 만든 용이 있었던 데서 유래한 말이다.

**97** 바름을 기르는 방도 : 《주역(周易)》 〈몽괘(蒙卦) 단(彖)〉의 "어릴 때에 바름을 기름이 성인이 되는 공부이다.〔蒙以養正, 聖功.〕"라는 구절에서 온 말이다.

좀먹음을 이루 다 말할 수 없습니다.

그런데 충년(沖年)의 강학은 오히려 우선 간이함을 따라 행할 수 있지만, 지금 세자의 보령이 스승에게 나아갈 시기[98]가 이미 지났고 덕업(德業)이 막 떠오르는 해와 같습니다. 만일 강독할 때에 한결같이 관습을 따라 이전의 규례를 고치지 않고서 온화하고 예의 있는 자질을 기르고 제왕의 학문을 연구하기를 바란다면, 이는 뒷걸음질 치면서 앞으로 가기를 구하고 모래를 삶아서 밥을 만들려는 것과 거의 같을 것이며, 주자께서 말씀한 '명월주(明月珠)와 야광벽(夜光璧)을 길거리에 버린다.'[99]는 것이 불행히도 여기에 가까울 것입니다.

삼가 바라건대, 단정하고 방정하며 정직하고 신실한 법가(法家)·필사(拂士)[100]를 빨리 선발해서 서연관(書筵官)의 반열에 나열하고, 이어 별도로 강학하는 조례를 두도록 명해서 상규(常規)에 구애받지 마소서. 그리하여 세자로 하여금 문침시선(問寢視膳)[101]하는

**98** 스승에게 나아갈 시기 : 10세를 말한다. 《예기(禮記)》 〈내칙(內則)〉에, "남자가 10세가 되면 밖으로 나가서 집 밖의 스승에게 나아가 배운다.〔十年, 出就外傅.〕"라고 하였다.

**99** 명월주(明月珠)와……버린다 : 이 내용은 《주자대전(朱子大全)》 권12 〈기유의상봉사(己酉擬上封事)〉에 보인다.

**100** 법가·필사(法家拂士) : 법가는 법도가 있는 집안을, 필사는 보필하는 선비를 말하는바, 이 말은 《맹자(孟子)》 〈고자 하(告子下)〉에 "들어가면 법도 있는 대신의 집안과 보필하는 선비가 없고, 나오면 적국과 외환이 없는 경우는 나라가 항상 망한다.〔入則無法家拂士, 出則無敵國外患者, 國恒亡.〕"라고 한 데에서 온 것이다.

**101** 문침시선(問寢視膳) : 세자가 아침저녁으로 왕의 안부를 묻고, 왕의 식사 전후의 음식을 살피는 것을 말한다. 《禮記 文王世子》

여가에 항상 외당(外堂)에 있게 하여, 법강(法講)하고 소대(召對)하는 때가 아니더라도 불시의 접견을 자주 허락하여 예모를 간략히 하고 편안하게 자문하여 아침저녁으로 그들과 가깝게 지낼 수 있도록 하소서. 그렇게 하면 현자를 높이고 선비를 아껴서 마음이 서로 통할 것이고, 뜻을 공손히 한 채로 묻고 배워서 그 공효가 차츰 나타날 것입니다."

라고 하였다.

상소문이 들어가자 의례적인 비답을 내려 위로하고 면려하였다. 빈객(賓客) 이만수(李晩秀)가 이 상소를 소매에 넣고서 주강(晝講)에 들어가 한 차례 진독(進讀)하였는데 '궁녀나 내시 등의 근신'이라는 등의 말에 이르자, 좌우에서 듣는 자들이 모두 놀라서 얼굴빛이 변하였다. 얼마 후 장악원 정(掌樂院正)에 제수되었다가 집의로 옮겼는데, 이전에 올린 상소가 채택되지 못했다 하여 소장을 올려 스스로 인책하려 하였다. 상소가 완성되었으나 체직됨으로 인하여 올리지 못하였다.

신사년(1821, 순조 21) 효의왕후(孝懿王后)[102]가 승하하였을 때와 건릉(健陵)을 천봉(遷奉)할 때[103]에 모두 만장 제술관(輓章製述官)에 차임되었는데, 선생이 스스로 성병(聲病)[104]에 익숙하지 않다고 여기

**102** 효의왕후(孝懿王后) : 1753~1821. 정조의 비로, 본관은 청풍(淸風)이며, 부친은 김시묵(金時默)이다. 1821년(순조21) 3월 9일에 승하하였다.

**103** 건릉(健陵)을……때 : 건릉은 정조의 능으로, 원래 정조의 생부 장헌세자(莊獻世子)의 현륭원(顯隆園) 동강(東岡)에 있었는데, 효의왕후가 승하하자 수원 옛 향교 터로 옮기고 합장하였다.

**104** 성병(聲病) : 시를 지을 때 평(平), 상(上), 거(去), 입(入) 등 사성(四聲)을 조합하여 구성하는데, 그 구성이 일정한 규칙에 들어맞는 것을 성(聲)이라 하고 그렇지

고 선현(先賢)의 전례(前例)를 끌어와서 사양하였다. 수빈(綏嬪)[105]과 효명세자의 상에도 사양하기를 전처럼 하였다. 춘방(春坊 세자시강원)의 관원이 '국상의 졸곡 전에 서연을 행하고 폐하는 문제'에 대해 찾아와 묻자, 선생이 대답하기를,

"서연을 여느냐 정지하느냐에 대해 선배들의 의론이 비록 각기 다르지만, 저는 '당장의 간절하고 시급한 서연에 있어서는 옛 태도만 고수해서는 안 되는 점이 있다.'고 생각합니다. 지금 세자의 보령이 점점 지학(志學)의 나이[106]에 가까워지는데 보양(輔養)하는 도구들이 조종(祖宗)의 성대하던 시절에 전혀 미치지 못하니, 만약 또다시 사례(事例)에 얽매어서 척일(隻日)의 강독[107]까지 함께 정지한다면 그 사이 6, 7개월의 좋은 시절을 헛되이 보내게 될 것입니다. 깊은 궁궐에 한가로이 거하시는 가운데 가깝게 지내는 자들은 환관

못한 것을 병(病)이라 한다.

**105** 수빈(綏嬪) : 정조의 빈이자 순조의 생모인 수빈 박씨(綏嬪朴氏, 1770~1822)로, 본관은 반남(潘南)이고, 부친은 박준원(朴準源, 1739~1807)이다.

**106** 지학(志學)의 나이 : 15세를 말하는바, 《논어》 〈위정(爲政)〉의 "나는 열다섯 살에 학문(學問)에 뜻을 두었다.〔吾十有五而志于學.〕"라는 공자의 말에서 유래하였다. 효의왕후의 상 당시 효명세자의 나이는 13세였다.

**107** 척일(隻日)의 강독 : 척일에 행하는 강독인바, 쌍일의 경연과 짝을 이루는 것이다. 척일은 홀수인 날로, 일진에 갑(甲)·병(丙)·무(戊)·경(庚)·임(壬)이 들어 있는 날인데 이 날은 강독을 열고, 짝수 날인 쌍일에는 경연을 연다. 이는 송나라 인종(仁宗)이 즉위한 뒤에 처음에는 짝수 날에만 경연을 열다가, 왕증(王曾)이 인종이 처음 즉위하였으므로 사유(師儒)를 가까이하여야 한다고 여겨 손석(孫奭)과 풍원(馮元)을 불러 《논어》를 강독하게 하고 이때부터 홀수의 날에도 시신(侍臣)을 불러 강독하게 한 고사가 있다. 《續資治通鑑長編 卷99》

과 내시 등의 근신들에 불과할 것이고, 많은 빈료(賓僚 세자시강원의 관료)들은 자리만 차지하고 있으면서 세자와 날로 소원해질 것이니, 걱정할 만한 것이 오직 글 읽는 소리가 끊어지는 것에 있을 뿐만이 아닙니다.

예의(禮義 예법과 도의)는 독서에서 나옵니다. 그러므로 《예기(禮記)》에 '거상 중에 예서(禮書)를 읽는다.'[108]라는 가르침이 있고 〈단궁(檀弓)〉의 '대공(大功)에는 익히던 업(業)을 그만둔다.'라는 구절에 이르러서는 주석가들이 업(業)을 '몸에 익히던 것으로, 춤을 배우고 활쏘기를 배우고 금슬(琴瑟)을 배우는 따위와 같은 것'이라고 하였습니다.[109] 주자 또한 '거상 중에 독서를 하지 않는다는 문구는 애초에 없다.'[110]라 하여 수황(壽皇)의 산릉(山陵)을 잡기 전에 경연(經筵)을 열도록 청하였으니,[111] 이전 현인들이 강학을 시급히 여긴 것

**108** 거상……읽는다 : 《예기(禮記)》 〈곡례 하(曲禮下)〉에 "거상할 적에, 장례하기 전에는 상례(喪禮)에 관한 글을 읽고, 장례하고서는 제례(祭禮)에 관한 글을 읽고, 상복을 벗고 일상으로 돌아오면 악장(樂章)을 읽는다.〔居喪, 未葬讀喪禮, 旣葬讀祭禮, 喪復常讀樂章.〕"라고 하였다.

**109** 단궁(檀弓)의……하였습니다 : 《예기(禮記)》 〈단궁 상(檀弓上)〉에 "대공에는 업을 그만둔다.〔大功廢業.〕"라고 하였는데, 《예기집설(禮記集說)》의 주에 "'업'이란 몸에 익히던 것이니, 춤을 배우고 활쏘기를 배우고 금슬을 배우는 따위와 같은 것이다. 그만두는 것은 슬픔을 잊을까 염려해서이다.〔業者, 身所習, 如學舞、學射、學琴瑟之類. 廢之者, 恐其忘哀也.〕"라고 하였다.

**110** 거상……없다 : 이 말은 《주자어류(朱子語類)》 권87 〈예(禮)4 곡례(曲禮)〉에 "거상 중에 독서해서는 안 된다는 글이 애초에 없다.〔居喪, 初無不得讀書之文.〕"라고 보인다.

**111** 수황(壽皇)의……청하였으니 : 수황(壽皇)은 '지존수황성제(至尊壽皇聖帝)'를 줄인 말로, 남송(南宋) 효종(孝宗)의 존호(尊號)이다. 이 내용은 《주자대전》 권14 〈경

이 이와 같습니다. 이는 참으로 임금의 덕을 성취시키는 일이 오로지 강학에 달려있어서 하루도 비우거나 늦출 수 없기 때문인데, 거상하며 담박하게 지내는 중에는 선한 단서의 발현이 더욱 긴절하니, 이때 강학에 임한다면 위의(威儀)를 단속하고 사려를 전일하게 할 수 있을 것입니다. 또 이때 접하는 자는 어진 사대부이고 강독하는 책은 성현의 가르침이니, 이는 비단 학문을 진전시키는 데에 쉽게 효험을 볼 뿐만이 아니라 아울러 예를 다하는 데에도 도움이 될 것입니다. 더구나 기년의 복제는 자최・참최와는 다르고 어린 나이에는 배움에 더욱 힘써야 하니, 슬픔 때문에 강학을 정지하여 오래 끊어지게 해서는 안 될 듯합니다."

라고 하였다.

우상 임한호(林漢浩)가 선생의 의논을 인용하여 아뢰자, 소대를 행하도록 명하고, 얼마 후 집의에 제수하였다.

임오년(1822년, 순조22)에 춘궁(春宮 세자)의 진후(疹候)가 평복(平復)되자, 상소를 올려 축하하지 못한 죄를 청하고 이어서 말하기를,

"예전에 선조(宣祖)께서 편찮으셨을 때, 선정신 이이(李珥)가 '큰 병을 앓은 뒤에는 선한 단서가 개발된다.'라고 하여, 연석에서 진달할 적에 말을 성대하게 하여서 그 말이 임금의 마음을 감동시킬 수 있었습니다. 지금 세자가 평소의 건강을 회복하여 서연을 장차 열게 되었으니, 한 생각의 선함을 보양하고 확충하여 때로 민첩히 하는 학업[112]에 광명을 이어나가는 것이 마치 샘물이 처음 나오고 불이

연유신면진사사차자(經筵留身面陳四事箚子)〉에 보인다.

**112** 때로……학업 : 뒤처질까 염려하며 항상 민첩한 태도를 유지하며 공부하는 것을

처음 타오르듯 할 것입니다.[113] 그러니 이 기회를 잃어선 안 되고 이때를 늦춰서는 안 됩니다."

라고 하였다.

계미년(1823년, 순조23)에 승정원 동부승지에 발탁되고 연이어 돈녕부 도정, 형조 참의에 제수되었다. 병술년(1826년)에 대사간 오한원(吳翰源)이 상소하여 재야 유현들을 초치할 것을 청하고 우상 심상규(沈象奎) 공이 이를 이어서 아뢰니, 이에 특별히 동부승지에 제수하고 특별한 유지로 정중히 불렀다. 선생은 부주(附奏)하여 간곡히 사양하였는데, 성상이 연이어 돈독한 유지를 내리며 이르기를,

"자기의 지조를 지키는 일을 고상히 하고 왕후(王侯)를 섬기지 않는 것은 옛 열국의 선비가 열국의 임금에게 행하던 것이지 오늘날의 군신을 이르는 것이 아니다."

라고 하였다. 이에 선생이 상소를 올려 거듭 간청하며 아뢰기를,

"《주역》〈고괘(蠱卦) 상구(上九)〉에 '왕후를 섬기지 않고 자기의 지조를 지키는 일을 고상히 한다.'라고 하였는데, 정자(程子)의 전(傳)에 말하길, '현인과 군자가 좋은 세상을 만나지 못해서 고결함

말한다. 이 말은, 상(尙)나라 고종(高宗)이 부열(傅說)에게 가르침을 줄 것을 청하자 부열이 말하기를, "오직 배움은 뜻을 겸손하게 해야 합니다. 힘써서 때로 민첩하게 하면 그 닦여짐이 올 것입니다.〔惟學遜志, 務時敏, 厥修乃來.〕"라고 한 데서 온 말이다.《書經 說命下》

**113** 샘물이……것입니다 : 이는《맹자(孟子)》〈공손추 상(公孫丑上)〉에 보이는 말로, "무릇 사단이 나에게 있는 것을 다 넓혀서 채울 줄 알면 마치 불이 처음 타오르고 샘물이 처음 솟아오르는 것과 같을 것이다.〔凡有四端於我者, 知皆擴而充之矣, 若火之始然、泉之始達.〕"라고 하였다.

으로 스스로 지켜서 세상의 일에 얽매이지 않는 것이다. 옛사람 중에 이것을 행한 자가 있으니, 이윤(伊尹)·태공망(太公望)의 초기와 증자(曾子)·자사(子思)의 무리가 이러한 분들이다.'라고 하였습니다. 우주 간에 본래 이러한 도리가 있어서 '영달하면 천하를 겸하여 선하게 하는 자'[114]와 나란히 행해져도 모순되지 않으니, 진실로 이는 은거하며 세상을 잊는 데에 과감한 자의 부류만을 가리키는 것이 아닙니다. 그러니 열국의 선비를 가지고 여기에 해당시켜서는 안 될 듯합니다.

돌아보건대 지금은 세대가 내려오면서 풍속이 야박해졌고 현인들과의 거리가 멀어져 은택이 끊겼습니다. 그래서 선비들은 경전을 버리고 법가(法家)·필사(拂士)의 풍도를 벗어나서 다만 과환(科宦)과 이록(利祿)이 있는 줄만 알고 다시는 민이(民彝)와 물칙(物則)[115]의 중요함을 알지 못하니, 지금의 도를 따라서 지금의 풍속을 변화시키지 않으면,[116] 삼강(三綱)이 무너지고 구법(九法)이 매몰

114 영달하면……자 : 이 말은 《맹자》 〈진심 상(盡心上)〉에, "옛사람들은 뜻을 얻으면 은택이 백성에게 가해지고, 뜻을 얻지 못하면 몸을 닦아 세상에 드러냈으니, 곤궁하면 그 몸을 홀로 선하게 하고, 영달하면 천하를 겸하여 선하게 한다.〔古之人得志, 澤加於民, 不得志, 修身見於世. 窮則獨善其身, 達則兼善天下.〕"라고 한 데에 보인다.

115 민이(民彝)와 물칙(物則) : 민이는 사람이 하늘로부터 부여받은 떳떳한 본성을 말하고, 물칙은 사물의 법칙을 말한다. 이는 《시경(詩經)》 〈대아(大雅) 증민(烝民)〉의 "하늘이 백성을 내시니 사물이 있는 곳에 법칙이 있도다. 백성들이 떳떳한 본성을 가지고 있는지라 이 아름다운 덕을 좋아하도다.〔天生蒸民, 有物有則. 民之秉彝, 好是懿德.〕"라는 말에서 온 것이다.

116 지금의……않으면 : 이 말은 《맹자(孟子)》 〈고자 하(告子下)〉에, "지금의 도를 따라 지금의 풍속을 바꿈이 없다면, 비록 천하를 준다고 하더라도 하루아침도 차지할

됨[117]을 보게 될 것입니다. 전하의 이 하교가 한때의 단장취의(斷章取義)에서 나온 줄을 진실로 알고 있으나, 왕의 말은 한번 나오면 법이 되고 가르침이 되므로 대대로 이를 천하의 법칙으로 삼을 것입니다. 그러니 혹여 후배 초학자들이 성상의 뜻을 깊게 연구하지 못하고서 '지조를 지킴을 고상히 하는 일은 오늘날의 조정에서 행해서는 안 된다.'라고 잘못 인식한다면, 분주하게 뛰어나오는 행동을 갈수록 더하게 되어 나아갈 줄만 알고 물러날 줄은 모르게 될 것입니다. 어찌 근심스럽지 않겠습니까. 가령 신이 성상 앞에 나아가서 시무를 극론한다 하더라도 그 말은 정학(正學)을 높이고 선비의 취향을 바르게 하는 것을 제일의 급선무로 삼는 것에 지나지 않을 것입니다. 그런데 신이 거짓으로 무릅쓰고서 은총을 도둑질한다면 군자에게 버림을 받을 것이니, 신의 입에서 나온 말을 어찌 사람들이 흡족하게 듣겠습니까. 마음속의 생각을 숨기지 않고 다 아뢰었으니 더욱 죽을

수 없을 것이다.〔由今之道, 無變今之俗, 雖與之天下, 不能一朝居也.〕"라고 보인다.

**117** 삼강(三綱)이……매몰됨 : 삼강은 인륜의 기본이 되는 세 가지 강령으로 군신간의 도리를 말하는 군위신강(君爲臣綱), 부자간의 도리를 말하는 부위자강(父爲子綱), 부부간의 도리를 말하는 부위부강(夫爲婦綱)을 이른다. 구법은 《서경》 〈홍범(洪範)〉의 '구주(九疇)'를 가리키는 것으로, 천하를 다스리는 아홉 가지 대법(大法)인바, 곧 오행(五行)·오사(五事)·팔정(八政)·오기(五紀)·황극(皇極)·삼덕(三德)·계의(稽疑)·서징(庶徵)·오복(五福)과 육극(六極)이다. 한유(韓愈)의 〈여맹간상서서(與孟簡尙書書)〉에 "양주와 묵적이 서로 어지럽힘에 성현의 도가 밝아지지 못하고, 성현의 도가 밝지 못하면 삼강이 매몰되고 구법이 무너지며 예악이 무너지고 이적이 횡행할 것이니, 어찌 금수가 되지 않을 수 있겠는가.〔楊墨交亂而聖賢之道不明, 聖賢之道不明, 則三綱淪而九法斁, 禮樂崩而夷狄橫, 幾何其不爲禽獸也?〕"라고 한 말이 보인다.

죄를 지었습니다."

라고 하였다. 이에 곧바로 승지(承旨)에서 체차하고, 가설 찬선(加設贊善)에 제수하였다.

당시 성상이 세자를 데리고 건릉(健陵)에 행차하였는데, 선생은 경진년(1820)부터 이미 노호(鷺湖)에 살고 있었는지라, 연로(輦路 어가가 지나가는 길)에 가까워 마음이 편치 않았으므로 월곡(月谷)의 분암(墳庵)[118]에 가서 머물렀으며, 수레가 지나가기를 기다려 원동천(院洞川)에서 공손히 맞이하였다. 상이 승지를 보내어 구유(口諭 구두로 불러준 유시)를 내리시고, 동궁(東宮)도 궁관(宮官)을 보내어 안부를 물으시니, 선생이 구두로 진달하기를,

"선정신 송시열(宋時烈)이 숙묘(肅廟 숙종)께 고하기를, '바라건대 저하께서는 그릇된 사람을 가까이하지 마시고, 나쁜 말을 듣지 마시며, 놀고 거처할 때를 삼가시고, 먹고 마시는 것을 절제하시며, 어진 이를 친히 하고 선비를 사랑하며, 배우기를 부지런히 하고 묻기를 좋아하소서. 그렇게 하시면 성덕(聖德)을 이루어 우리 종묘사직과 백성의 바람에 부응하실 수 있을 것입니다.'라고 하였으니, 이것이 어찌 금일 저하께서 힘써야 할 바가 아니겠습니까. 다만 신은 이미 출사하지 않은 몸이라 말을 낼 수 없으니, 어리석은 저의 충심이 격동하므로 삼가 외워서 아룁니다."

라고 하였다.

환궁할 때에 성상과 세자가 선유(宣諭)하기를 처음처럼 하니, 선생

**118** 월곡(月谷)의 분암(墳庵) : 월곡(月谷)은 오희상의 조부 오원을 장사지낸 곳이다. 분암(墳庵)은 묘지 가까이 지은 재실이다.

이 이전에 진달하면서 미처 다하지 못한 뜻을 다시 들어 거듭 세자를 면려하였다. 도성에 돌아간 후에 성상이 다시 사관을 보내 특별한 유지를 내리고 이어서 함께 오기를 명하니, 선생이 부주하여 말하기를,

"옛사람이 말하길 '신하가 군주를 모실 적에 지조를 지킴이 첫 번째이고 보은은 그 다음이다.'라고 하였으니, 신은 일찍이 이 말에 의미를 두어 이것을 지키고 따라서 허물을 적게 하고자 하였습니다. 신의 허다한 기망(欺罔)의 죄를 이미 속죄하기 어려우니, 오직 출처거취(出處去就)에 있어서 잘못하는 데 이르지 않아 한 몸의 염치와 의리를 조금이나마 지켜서 선유(先儒)의 법문을 배반하지 않는 것이 곧 이른바 '이 마음을 가지고 부처님 은혜에 보답한다.'[119]는 것이 될 것입니다. 신이 만일 임금의 위엄을 두려워하여 지키던 지조를 잃는다면, 이는 큰 바탕이 이미 무너진 것이니, 장차 무엇을 가지고 은혜에 보답하겠습니까?"

라고 하였다. 특별한 유지를 거듭 내리고 더욱 정중히 재촉하며 부르니, 선생이 계와 소를 올려 힘을 다해 사양하였다. 이에 상이 '함께 오라'는 명을 거두어들일 것을 특별히 명하였다.

**119** 이……보답한다 : 은혜에 보답하지 않음으로써 도리어 은혜에 보답한다는 뜻으로, 벼슬에 나가서 국무에 종사하는 것만이 임금의 은혜에 보답하는 길이 아니라, 벼슬에 나가지 않고 자신을 수양하는 것도 임금의 은혜에 보답하는 한 가지 길이 된다는 뜻이다. 이 말은《능엄경(楞嚴經)》의 말로, 원문은 "이 깊은 마음을 가지고서 무수히 많은 세계의 중생을 받드는 것, 이것을 이름하여 부처님 은혜에 보답하는 것이라고 하네.〔將此深心奉塵刹, 是則名爲報佛恩.〕"인데, 주희(朱熹)가 진동보(陳同甫)에게 답한 편지에서 이를 인용하여 출처(出處)를 구차히 해서는 안 된다는 의리를 논한 뒤로 위와 같은 의미로 쓰이게 되었다.《朱子大全 卷36 書 答陳同甫》

정해년(1827, 순조27) 세수(歲首)에 세자가 동궁의 관료들에게 명령을 내려 '법강(法講)하고 소대(召對)할 적에 모두 《강목(綱目)》[120]을 진강하라.'고 하였다. 선생이 그것을 듣고 상소를 올렸는데 그 대략은 다음과 같다.

"지난번 세자의 명령에, 날마다 세 번 진대(晉對)할 때 모두 《강목》을 가지고 교과과정으로 삼으라고 하셨습니다. 신은 듣건대, 경(經)은 이치이고 사(史)는 일이며, 경은 순수하고 사는 잡되다고 하였습니다. 그러므로 옛사람의 독서법은 반드시 경을 우선하고 사(史)를 뒤로 하여, 의리의 광대한 강목에 푹 젖어들고 융회관통(融會貫通)하여서 이것이 마음의 주(主)가 되게 하고, 그런 뒤에 사(史)로 보충하였으니, 이렇게 하면 본말이 서로 자뢰하게 되어서 이치와 일이 일치될 것입니다. 그리고서 이것을 가지고 고금의 인물의 사정(邪正)과 사변(事變)의 득실(得失)과 왕패(王覇)·공사(公私)·선악(善惡)의 분별을 저울질하신다면, 올바른 견해가 이로 인해 정립되어서 털끝만큼도 어긋나지 않을 것입니다. 반면에 경을 뒤로 하고 사(史)를 급선무로 하여 선후가 차례를 잃는다면, 이는 비유하면 눈금 없는 저울이나 치수 없는 자와 같으니, 장차 철을 금으로 여기고 도적을 자식으로 여겨, 끝내는 공리(功利)의 굴레를 이루어서 천덕(天德)과 왕도(王道)의 학문[121]에 보탬이 없게 될 것입니다. 그

**120** 강목(綱目) : 《자치통감강목(資治通鑑綱目)》을 말한다. 사마광(司馬光)이 쓴 《자치통감(資治通鑑)》을 주요 사항인 강(綱)과 목(目)으로 나누어 편찬한 책으로, 주희(朱熹)가 강을 쓰고 그의 제자 조사연(趙師淵)이 강의 상세한 주석인 목을 썼다.

**121** 천덕(天德)과 왕도(王道)의 학문 : 왕이 자신의 덕을 닦고서 백성을 잘 다스려서 백성으로 하여금 자신의 덕을 닦을 수 있게 해주는 학문을 말한다. 천덕은 자신의 덕을

러므로 주자가 일찍이 배우는 자들이 경을 버리고 사(史)를 공부해서 심술(心術)에 해를 끼치는 것에 대해 탄식하신 것이니,[122] 진실로 지극한 가르침입니다.

삼가 《국조고사(國朝故事)》[123]를 상고해보건대, 법강에는 경서를 보고 소대에는 사서(史書)를 썼으니, 빈주(賓主)와 경중(輕重)의 구분을 여기에서 볼 수 있습니다. 삼가 바라건대, 전하께서는 동궁이 옆에서 모시고 있을 때 조종(祖宗)의 아름다운 법도로 조용히 가르쳐서, 경(經)을 씨실로 삼고 사(史)를 날실로 삼아 계술(繼述 선조의 뜻을 계승하고 따름)의 도를 다할 수 있게 하소서. 이것이 신의 충심에서 나온 바람입니다."

2월에 동궁이 중요한 사무를 대리청정하자, 상소하여 처음의 정사에 힘쓸 것을 권면하였다. 이조 참의에 제수되었다가, 얼마 후 체직되고

닦는 것으로 《대학》의 3강령을 가지고 말하면 명명덕(明明德)에 해당하고, 왕도는 백성을 잘 다스려서 백성으로 하여금 자신의 명덕을 밝히게 해주는 것으로 3강령 중 신민(新民) 해당한다. 정호(程顥)는 "'순수하여 그치지 않음'은 바로 천덕이니, 천덕을 소유한 자라야 왕도를 말할 수 있는바, 그 요체는 다만 신독에 있다.〔純亦不已, 此乃天德也. 有天德, 便可語王道. 其要只在愼獨.〕"라고 하였다. 《二程遺書 卷14 亥九月過汝所聞》

**122** 주자가……것이니 : 《주자대전(朱子大全)》 권53 〈답심숙회(答沈叔晦)〉에, "전일에 학문에 힘쓰되 책은 보지 않는다고 한 것은 진실로 한쪽으로 치우친 의론이지만, 근래에는 또 보통의 학문이 경을 버리고 사(史)를 공부해서 왕도에는 소략하면서 패도는 높이고 고금 흥망의 변화는 극론하면서 이 마음의 존망의 단서는 살피지 않으니, 이렇게 독서할 뿐이라면 차라리 독서하지 않는 것이 더 나을 것이다.〔前日務爲學而不觀書, 此固一偏之論, 然近日又有一般學問, 廢經而治史, 略王道而尊霸術, 極論古今興亡之變而不察此心存亡之端, 若只如此讀書, 則又不若不讀之爲愈也.〕"라고 하였다.

**123** 국조고사(國朝故事) : 조선조 역대 왕의 휘(諱)·재위 연수·생수(生壽)·능묘 등 인적 사항과 각 왕대에 일어났던 주요사실을 뽑아 수록한 책이다.

형조 참의에 제수되었다.

기축년(1829, 순조29)에 원손(元孫)[124]의 위호(位號)를 정하여 왕세손으로 삼고, 명을 내리기를 "유현은 다른 이들과 자별하니, 평소의 격식에 얽매이지 말고 사부(師傅)에 송 좨주(宋祭酒)와 오 찬선(吳贊善)을 임명하라."라고 하여 세손부(世孫傅)에 제수하니,[125] 이는 곧 정2품직이었다. 선생이 더욱 난처하게 여겨 상소하여 힘껏 사양하였다.

경인년(1830, 순조30)에 또 이조 참의에 제수되었는데, 5월에 왕세자가 서거하였다.[126] 예조 낭관이 대전(大殿)의 복제(服制)에 대해 물어오자, 선생이 대답하기를,

"이 예는, 고례(古禮)를 깊이 이해했던 영종대왕(英宗大王)께서 정하여 3년으로 하고 이 내용을 특별히 《상례보편(喪禮補編)》에 기재하여 천고의 잘못을 한번 씻어냈으니,[127] 길이 후세에 드리울 만하

**124** 원손(元孫) : 1827년(순조27) 7월 18일에 태어난 원손으로, 효명세자와 세자의 빈이었던 신정왕후(神貞王后) 사이에서 태어났는바, 뒷날의 헌종이다.

**125** 사부(師傅)에……제수하니 : 송 좨주는 좨주를 맡고 있던 송치규(宋稚圭)로, 송치규는 세손사(世孫師)에 제수되고, 오희상은 세손부에 제수되었다. 《純祖實錄 29年 11月 27日》

**126** 5월에 왕세자가 서거하였다 : 1830년(순조30) 5월 6일에 효명세자가 병으로 서거하였다.

**127** 이 예는……씻어냈으니 : 아버지가 장자를 위해서 어떤 복을 입어야 하는지에 대하여, 《의례(儀禮)》〈상복(喪服) 참최(斬衰)〉에 "아버지가 장자를 위하여 참최 삼년(斬衰三年)을 입는다."라고 하였는데, 가공언(賈公彦)의 소(疏)에서는 이것이 적자에서 적자로 3대를 계승한 경우에만 해당된다고 하였으며, 《경국대전(經國大典)》에는 장자나 차자의 구별 없이 기년복을 입는다고 되어 있어, 이에 대한 논란이 있었다. 그러다 1752(영조28)에 영조가 장자(長子)의 상(喪)에 입어야 할 복제에 대해 수의(收議)한 뒤, 경자년(1720, 경종즉위년)에 군신(君臣)의 복제(服制)에 대하여 고례(古禮)

다. 무릇 우리 후현(後賢)과 후왕(後王)은 진실로 여기에 의거하여 행해야 하고, 이전 조정의 병오년 기복제(期服制)[128]와 같은 경우는 그 사이에 정밀한 의리(精義)가 따로 있었던 것이니, 지금 정체(正體)의 지위에 있는 경우[129]에는 다시 의논할 것이 없을 듯하다."

라고 하였다.

이때 예조가 이미 《상례보편(喪禮補編)》의 제도를 가지고 입계(入啓)하고 이어서 함께 상의할 것을 청하였는데, 대신(大臣)들은 모두 행하기 어려운 점을 말하고 유신(儒臣)들은 또한 대답하지 않았다. 이에 선생이 말하기를,

"소현세자(昭顯世子)의 상에 동춘(同春 송준길(宋浚吉))과 여러 명유(明儒)들이 모두 3년상을 행할 것을 청하였고, 우암(尤菴 송시열(宋時烈)) 또한 일찍이 말하길 '소현세자의 상에 인조께서 국제(國制)를 따르시어 다만 기년복을 입으셨는데, 경(經)에 의거한다면 실로 참최복을 입어야 하는 것이다. 이미 소현세자를 위해 장자복(長子服)을 입었다면, 효종을 위하여 중자복(衆子服)을 입어야 하는 것은

를 회복시켰던 일을 근거로 하여 장자를 위해 3년 동안 참최복을 입는 예(禮)를 회복시킬 것을 명하고, 아울러 이를 《국조상례보편(國朝喪禮補編)》에 기재하도록 하였다. 《國朝喪禮補編 卷4 服制》

**128** 이전……기복제(期服制) : 병오년은 1786년(정조10)으로, 이해 5월에 정조의 맏아들 문효세자(文孝世子)가 5세의 나이로 갑자기 병사하였는데, 문효세자의 상에 정조가 어떤 복을 입어야 하는지에 대한 논의가 있었다. 논의 끝에 정조는 자최기년복을 입는 것으로 정하였다. 《正祖實錄 10年 5月 13日·14日》

**129** 지금……경우 : 정체는 종통(宗統)을 이어받은 적장자(嫡長子)를 의미하는바, 효명세자는 순조의 맏아들이자 순원왕후의 소생으로서 세자에 책봉되었으므로 정체의 지위라고 한 것이다.

의심할 여지가 없다.'라고 하였으니, 이 의리를 미루어 보면 금일의 복제를 정할 수 있다."

라고 하였다. 선생은 나라에 예(禮)와 관련된 크고 작은 일이 생기면 매번 자문을 받았으나 모두 사양하고 답하지 않았고, 오직 답한 것은 신사년(1821, 순조21)의 '서연(書筵)을 열고 중지하는 문제'에 대한 것과 이해에 있었던 복제(服制)에 관한 것뿐이었으니, 이 문제들은 세자의 학문을 권면하고 나라의 예를 바로잡는 것들이어서 그만 둘 수 있는 것이 아닌지라 부득이하게 했던 것이다.

8월에 빈궁(殯宮)에 화재가 일어나자 상소하여 위로의 뜻을 아뢰고 겸하여 여러 관직을 사양하니, 특별히 이조 참의에서 체차되고 얼마 뒤에 공조 참의에 제수되었다. 왕세손을 책봉할 때, 특별한 유지로 정중히 불렀는데, 선생은 병이 심해져 위독하다는 글로 부주(附奏)하였다.

임진년(1832, 순조32)에 세손이 처음으로 서연을 열었는데, 영의정 남공철(南公轍) 공이 선생을 초치할 것을 청하고 이어서 가설 찬선(加設贊善)에 제수할 것을 청하였다. 이에 선생을 다시 찬선에 제수하여 성상이 돈독한 유지로 불렀는데 그 말씀의 뜻이 매우 간절하였다. 선생이 받들어 읽고는 눈물을 흘리며 말하기를, "내가 만일 나가서 벼슬을 할 수 있다면 세신(世臣)이 의리를 다하는 도에 있어서 어찌 벼슬하지 않음을 공손함이라고 여길 수 있겠는가.[130] 이미 함부로 나아갈 수 없는

**130** 세신(世臣)이……있겠는가 : 세신은 여러 대에 걸쳐 중요한 지위를 차지한 신하를 배출하여 국가와 화복을 함께하는 유서 깊은 명문 세가(名門世家)를 말한다. 《孟子 梁惠王上》 오희상의 집안 역시 세신의 집안이라고 할 수 있으니, 만약 현재 조정에

데 앉아서 총애의 명을 받고 있으니, 다만 은혜를 저버리고 나라를 등지는 죄를 더할 뿐이다."라 하고, 실제 병세를 다시 아뢰었다. 또 상소하기를,

"맹자(孟子)께서 '들어가면 법가(法家)와 필사(拂士)가 없고, 나오면 적국(敵國)과 외환(外患)이 없는 경우는 나라가 항상 망한다.'라고 하셨습니다.[131] 돌아보건대, 지금은 법가와 필사가 하나도 남아있지 않고 사사로운 뜻이 하늘을 뒤덮어서 유교가 끊어지고 세도(世道)가 쇠망하였으니, 적국과 외환을 기다리지 않고도 실로 위급한 상황이 있게 되었습니다. 그런데도 백성들의 마음이 이반하지 않고 백성들의 목숨이 지켜져서 토붕와해(土崩瓦解)[132]의 지경에 이르지 않을 수 있는 것은, 진실로 한 명의 원량(元良)[133]이 억만년의 무궁한 아름다움의 기반이 될 수 있기 때문입니다.

주자는 '아름다운 자질은 얻기 쉬우나 지극한 도는 듣기 어렵다.' 라고 하였고,[134] 선정신 조광조(趙光祖) 또한 일찍이 조정에 건의하

나아가 벼슬할 수 있는 입장이라면 나라와 운명을 함께 해야 하는 세신의 집안에 속한 사람으로서 어찌 벼슬을 사양함을 공손함으로 여길 수 있겠냐는 말이다.

**131** 맹자(孟子)께서……하셨습니다 : 164쪽 주100 참조.

**132** 토붕와해(土崩瓦解) : 흙이 무너지고 기왓장이 깨지듯이 일이 완전히 망가져서 수습할 수 없는 지경을 말하는데, 민심이 이반되어 민란이 일어나 나라가 혼란해짐을 의미한다.

**133** 원량: 태자를 가리키는 말로《서경》〈태갑 하(太甲下)〉에 "한 사람이 크게 선하면 만방이 바르게 될 것이다."(一人元良 萬邦以貞)고 하였고,《예기(禮記)》〈문왕세자(文王世子)〉에 "한 사람의 원량이 있으면 만국이 바르게 된다는 것은 세자를 이른 것이다."(一有元良 萬國以貞 世子之謂也)라는 말이 나온다.

**134** 주자는……하였고 : 이 말은《논어집주(論語集註)》의 주석에 보이는 말로, 〈공

기를 '옛사람은 임신했을 때도 오히려 태교를 두었는데, 하물며 지각이 있는 때이겠습니까. 특이한 자질은 믿을 수 없으니, 재기(才氣)가 남보다 뛰어난 자는 선을 행하는 것이 진실로 쉽지만, 악을 행하는 것도 어렵지 않습니다.'라고 하였으며, 또 말하기를 '옛사람이 바른 사람을 태자와 거처하게 하고자 했던 것은 태자가 현자를 친히 하고 선비를 사랑하는 마음을 기르기를 바랐기 때문입니다. 삼대 이후에는 태자를 잘 보양하지 못했기 때문에 혼란과 멸망이 서로 이어져서 훌륭한 정치를 볼 수 없었습니다.'라고 하였습니다. 그렇다면 가르침은 일찍 하지 않을 수 없고, 바른 사람은 간택하지 않을 수 없는 것입니다.

지금 춘궁(春宮 세자)의 옷의 길이가 점점 길어져서[135] 숫자를 가르칠 나이[136]가 되었는데 이제야 강관(講官)을 접하게 하시니, 정자(程子)가 이른바 '밥을 먹을 줄 알고 말을 할 줄 아는 때'[137]와 비교해보면

야장(公冶長)〉 27장의 "10호쯤 되는 조그만 읍에도 반드시 나처럼 충신한 자는 있지만 나처럼 배우기를 좋아하지는 못할 것이다."라는 공자의 말에 대한 주석이다.

**135** 옷의……길어져서 : 나이가 많아짐을 말한다. 《예기(禮記)》〈곡례 하(曲禮下)〉에, "천자의 나이를 물으면, '들으니 이제 비로소 몇 자 길이의 옷을 입으신다고 한다.'라고 답한다.〔問天子之年, 對曰: 聞之, 始服衣若干尺矣.〕"라고 한 데서 온 말이다.

**136** 숫자를 가르칠 나이 : 6세를 말한다. 《예기(禮記)》〈내칙(內則)〉에, "6세가 되면 숫자와 방위의 이름을 가르친다.〔六年, 教之數與方名〕"라고 한 데서 온 말이다.

**137** 정자(程子)가……때 : 정자는 정이(程頤)이다. 정이의 〈상태황태후서(上太皇太后書)〉에 "옛사람들은 자식을 낳음에 밥을 먹을 줄 알고 말을 할 줄 알면 가르쳤다. 대학의 방법은 미리함을 우선으로 삼는다. 사람이 어렸을 때는 지식과 생각에 주장하는 바가 없으니, 마땅히 올바른 말과 지극한 의논을 가지고 날마다 어린아이 앞에서 말해주어야 한다. 비록 분명히 알지 못하더라도 우선 귀가 따갑도록 떠들어서 귀에 차고 뱃속

너무 늦은 것입니다. 그런데도 아직 '서연관을 신중하게 선발하기를 조종(祖宗)의 성대했던 시절의 좋은 규례처럼 한다.'는 말을 듣지 못했으니, 이렇게 하면서 세자의 자질을 양성하여 세자의 학문을 일취월장시켜 훗날 지치(至治)의 터전으로 삼기를 바란다면, 참으로 어렵지 않겠습니까.

아! 종묘사직의 큰 계획은 세자를 교육하는 것보다 급한 것이 없으니, 편안하게 지내며 세월을 헛되이 보내게 해서는 결코 안 됩니다. 간절히 바라건대, 전하께서는 후손을 편안히 하는 큰 계책[138]을 생각하시어 보필하고 장전(掌銓 인재의 전형을 관장함)하는 신하들에게 명하여, 사심 없이 대양(對揚 왕의 명을 받아서 천하에 알림)해서 강원(講員)은 가려서 뽑되 임무를 맡겨 성공을 책임지게 하고, 진대는 자주 하되 일정한 격식에 구애받지 않게 하며, 강독하는 시간 외에 비록 편안히 거처하고 장난치며 놀더라도 반드시 대부분 외당(外堂)에 있게 해서, 점차 법도에 젖어 들어 익숙해지고 그른 사람과 친해지지 않게 하소서. 그렇게 하면 바름을 기르고 성공을 이루는 공이 진실로 여기에 있을 것입니다. 신은 손을 모아 기원하며 간절히 바라마지

에 가득하게 하여야 한다. 오랫동안 이렇게 하면 자연히 편안하고 익숙해져서 마치 고유한 것처럼 될 것이니, 비록 다른 말로 유혹하더라도 들어갈 수 없게 된다. 만약 가르치기를 미리하지 않았다가 점점 장성함에 이르러, 사사로운 뜻에 편벽되게 좋아하는 것이 안에서 생기고 여러 사람의 변론하는 말이 밖에서 침식하면 순수하고 완전하기를 바라나 될 수 없을 것이다."라고 하였다.

**138** 후손을……계책 : 원문의 '이연굉모(貽燕宏謀)'는 《시경》 〈대아(大雅) 문왕유성(文王有聲)〉에 "후손에게 좋은 계책을 남겨 주어, 공경하는 아들을 편안하게 하시니, 무왕은 훌륭한 군주시도다.〔詒厥孫謀, 以燕翼子, 武王烝哉.〕"라고 한 말을 원용한 것이다.

않습니다."

라고 하였다. 이어서 직명을 체직해주기를 바라니, 마침내 공조 참의에서 해임되었다.

선생은 세자를 가르치는 하나의 일에 대해 항상 끓는 피가 뱃속에 가득 차있어서, 전후로 상소를 올리되 번독(煩瀆)함을 꺼리지 않고서 말하기를 "지위에 있는 사람들을 두루 돌아봄에 한 사람도 이것을 마음에 두는 이가 없으니, 내 조금이나마 깨우쳐주고자 하나 내 말을 건성으로 듣는 것을 어찌하겠는가."라고 하였다. 매번 세자시강원 관료와 대면하여 대화를 하다가 보도(輔導)가 소략한 부분을 들으면 종종 오열하니, 옆에서 지켜보는 자들이 감탄하였다.

선생은 타고난 기질이 매우 약했지만 양생함에 방도가 있어서 만년에 더욱 건강했다. 근년에 추위로 기침병을 앓았는데 계사년(1833 순조33)에 이르러 심해졌다. 한 달 동안 심한 설사를 하여 기식이 끊기려 하였으나 오히려 세수와 빗질을 멈추지 않았다. 모시는 자가 멈추기를 청하니, 선생이 "이렇게 하지 않으면 마음이 어지러워진다."고 하였다. 자제들이 생각을 그치고 편안히 계실 것을 청했는데, 선생이 웃으며 말하기를 "어찌 나를 죽음을 슬퍼하는 사람이라고 여기는가. 조금도 돌아보거나 연연해하는 것이 없다. 다만 죽음이 아직 이르지 않았는데 미리 의원과 약을 끊는 것도 천명을 순히 받는 방도가 아니므로 너희들이 하는 대로 맡기는 것이다."라고 하였다. 이로부터 병이 날로 심해졌으나 정신과 기운은 편안하기가 평소와 같았다. 10월 갑진일 유시(酉時)에 고종명(考終命)하니, 향년이 71세이다.

부음이 알려지자 성상이 하교하시기를 "이 유현은 비록 한 번도 조정에 나온 적이 없지만, 평소 조정의 예우가 과연 어떠하였는가? 지금 그가 서거했다는 소식을 들으니, 매우 놀랍고 슬프도다. 상을 치르는 데 필요한 비용을 넉넉하게 보내주도록 하라."고 하였다. 성복(成服)하는 날에 세손이 동궁의 관료를 보내 조문하였고, 벗과 문인으로서 가마(加麻)[139]한 자가 40여 명이었으며, 태학 및 그 관할 하의 사당과 서원의 제생들이 모두 조문하고 제사하였다. 12월 계축일에 광주(廣州) 성곶면(聲串面) 이호리(梨湖里)의 임좌(壬坐)의 언덕에 장사지냈다.

선생은 몸가짐이 단정하였고 어깨와 등이 꼿꼿하였으며 정신은 온축되었고 행동거지는 느긋하였으며 성긴 눈썹에 수염이 아름다웠고 눈빛이 빛나서 영기(英氣)가 있었다. 타고난 재분(才分)이 매우 뛰어나 성품이 맑고 명랑하였고 자애롭고 신실하고 너그럽고 정직하였으며, 일찍이 문정공의 솔선수범하는 가르침을 받아서 진정으로 마음을 써야 할 곳이 있음을 알았다. 법도로써 스스로 단속하여 작은 일이건 큰일이건 반드시 조심해서 오래 지나서야 여유롭고 편안하였으니, 사람들이 모두 선생을 아끼고 공경하였다. 비록 여러 대에 걸쳐 현귀(顯貴)하였던 가문의 사람으로 서울에서 나서 자랐지만, 본디 초야에 은거하여 장수(藏修)[140]하려는 소원을 품고 있었으니, 한 번 과장(科場)에 나아간 것[141]은 부친의 명 때문이었다. 마침내 학문에 헌신하여 옛

**139** 가마(加麻) : 벗이나 스승, 제자는 상복을 입지 않기 때문에 심상(心喪)의 표시로 3개월 혹은 1년 동안 겉옷에 삼베 헝겊을 붙여 애도의 뜻을 표하는데 이것을 '가마'라고 한다.

**140** 장수(藏修) : 학업을 항상 마음에 두고 익히는 것을 말하는바, 《예기(禮記)》 〈학기(學記)〉에 "군자는 학문할 적에 장하고 수하고 유하고 식한다.〔君子之於學也, 藏焉, 修焉, 息焉, 遊焉.〕"라고 한 데서 온 말인데, '장(藏)'을 공영달(孔穎達)은 '학업을 마음에 항상 품고 있음〔心常懷抱學業〕'으로 해석하였다. 《禮記註疏 卷36 學記》

성현과 같게 되기를 스스로 기약하는 것으로 서원하였다. 공부하는 것이 차례를 따라 정밀한 데로 나아가고 침잠(沈潛)하여 연역해서 자득을 위주로 하도록 힘썼다. 그러면서도 법도를 삼가 지켜서 천착하여 창신(創新)하는 것과 대충 섭렵하여 겉에만 치중하는 것을 깊이 경계하였다. 널리 배움을 말미암아 요약함으로 돌이켜서[142] 점차 순수한 경지에 이르렀으되, 깊은 식견과 밝은 지혜로 닿는 곳마다 환하게 꿰뚫어 보았다. 성명(性命)의 깊은 이치를 궁구하고 조화(造化)의 기미를 연구하였으며, 사물의 겉과 속, 정밀한 곳과 거친 곳을 분석하고, 근본과 말단, 처음과 끝을 관통하였으며, 일상의 동정(動靜)을 신중히 성찰해서, 앎〔知〕과 실천〔行〕이 어느 한쪽으로 치우치지 않았다.

항상 말하기를, "앎이 충분한 경지에 이르면 자연히 행하게 되어서 그만두려 해도 그만둘 수 없으니, 알면서도 행하지 못하는 것은 결국 앎에 다소 미진함이 있는 것이다."라고 하였다. 또 말하기를, "앎에 있어서는 그 큼을 보고, 행함에 있어서는 그 중함을 본다면, 한쪽에 치우치면 한쪽에 병통이 생기는 문제를 거의 면할 것이다."[143]라고 하였

**141** 한 번……것 : 오희상은 1783년(정조7) 가을에, 본생부 오재순의 명을 따라 21세의 나이로 감시(監試) 초시(初試)에 응시한 바 있다. 《老洲集 卷27 年譜》

**142** 널리……돌이켜서 : 글을 널리 배우고서 그 의미를 깊이 이해하여 그것들을 일관하는 요약된 이치를 발견하여 논한다는 말이다. 요약된 이치를 발견하고 논함은 근본의 이치로 수렴하는 것이므로 박학의 확장과는 반대 방향이기 때문에 '돌이킴'이라고 한 것이다. 이 말은 《맹자(孟子)》 〈이루 하(離婁下)〉의 "널리 배우고 자세히 말하는 것은 장차 이를 돌이켜서 요약함을 말하고자 해서이다.〔博學而詳說之, 將以反說約也.〕"라는 말을 원용한 것이다.

**143** 앎에……것이다 : '한쪽에 치우치면 한쪽에 병통이 생김'은 《주자어류(朱子語類)》 권9 〈학삼(學三) 논지행(論知行)〉에, "치지와 역행은 공부를 함에 한쪽에 치우쳐

다. 또 말하기를, "거경(居敬)과 궁리(窮理)와 역행(力行)은 바로 학문의 요결인데, 함양을 위주로 하는 거경은 지행(知行)과 동(動)·정(靜)을 나누어 말한 것이다. 초학자들은 각각 별도의 공부가 있으니, 마땅히 번갈아 그 힘을 다해야 한다. 그런데 공부가 성숙해지면 세 가지가 융합하여 일치하게 되니, 그제야 비로소 덕을 이루었다고 말할 수 있다."[144]고 하였다.

서는 안 된다. 한쪽에 치우치면 한쪽에 병통이 생긴다.〔致知、力行, 用功不可偏. 偏過一邊, 則一邊受病.〕"라고 보이는바, 치지는 자신의 앎을 극진하게 하는 것으로 지공부(知工夫)에 속하고, 역행은 실천에 힘쓰는 것으로 행공부(行工夫)에 속한다. 오희상은, 주희(朱熹)가 그의 지행론(知行論)에서 지선행후(知先行後)와 지경행중(知輕行重)을 주장한 데에 대하여, '행함이 앎의 귀결이기 때문에 중하긴 하지만, 시작이 없으면 완성이 없으므로 앎 역시 중요하다.'는 의견을 제출하며 이와 같이 말하였다. '앎에 있어서 그 큼을 봄'은 앎 역시 중대한 문제임을 아는 것을 말한다.

**144** 거경(居敬)과……있다 : 거경은 동시(動時)와 정시(靜時)를 관통하여 항상 경(敬)에 거하는 것으로, 동시의 경은 이를테면 임사시(臨事時)에 공경하는 마음가짐을 유지하고 몸가짐을 엄숙하게 하는 것이고, 정시의 경은 무사시(無事時) 혹은 사려나 감정이 일어나지 않은 미발시에 마음을 성성하게 깨어있도록 하는 것이다. 거경과 궁리의 병립은, 정자(程子)의 "함양은 모름지기 경을 써야 하고, 진학은 치지에 달려 있다.〔涵養須用敬, 進學則在致知.〕"라는 말에서 분명히 제시되었는데, 이를 주희(朱熹)가 "경을 주장하여 근본을 세우고, 이치를 궁구하여 앎을 진전시킨다.〔主敬以立其本, 窮理以進其知.〕"라는 말로 정리한 뒤에 더욱 강화되었다.《二程遺書 卷18 劉元承手編》《朱子大全 卷75 程氏遺書後序》이 병립에서 거경은 근본을 함양하는 공부이고, 궁리는 이치를 궁구하여 앎을 진전시키는 지공부인데, 유학에서는 일반적으로 지공부와 행공부를 병립시키는 전통이 있기 때문에 여기의 거경을 행공부로 이해하는 경향이 있었다. 이에 이이(李珥)는 여기에 '힘써 행하여 그 실제를 실천함〔力行以踐其實.〕'을 추가하여, 본원을 함양하는 근본 공부인 거경과, 지공부인 궁리와, 행공부인 역행, 이 세 가지로 공부의 체계를 정리하였다.《擊蒙要訣 持身章第三》여기서 오희상이 지적하는 것은, 이 세 가지 공부가 나열되었을 때의 거경은 함양을 위주로 하는 것으로서, 일반적으로

또 말하기를, "만약 단지 타고난 재분에 의지해서 좋은 사람이 되고자 할 뿐이라면 그만이지만, 그렇지 않다면 대본(大本)에 대하여 본 것이 있어야 비로소 명(明)과 성(誠) 두 가지가 모두 지극해질 수 있다."[145]라고 하였다. 항상 말하기를, "성인의 말씀은 결정정미(潔淨精微)[146]하니, 마땅히 그 맥락에 따라서 열린 마음으로 활간(活看)해야 한다. 주석에만 지루하게 매여있는 저들은 도리어 성인의 본뜻에 어두우니, 학자들은 반드시 마음을 쓰기를 고명하게 하여야 비로소 진보하는 부분이 있다."라고 하였다. 이어서 명리(名理)의 학문[147]을 하는 자

거경이 동정과 지행을 관통하는 것과 달리, 여기의 거경은 정(靜)에 속한다는 점이다. 그래서 지공부와 행공부 즉 궁리와 역행은 동시공부이고, 거경은 정시공부로서 구분된다는 것이다. 초학자는, 동시에는 궁리와 역행 공부를 하고 정시에는 거경 공부를 행하여 한쪽으로 치우치지 않도록 해야 한다는 것이 오희상의 주장이다.《老洲集 卷26 雜識〔四〕》

**145** 대본(大本)에……있다 : 대본은 천하의 큰 근본으로, 이는 곧 사람이 품부 받은 본성인데, 사려나 감정이 발하지 않았을 때〔未發時〕에는 편벽되거나 치우침이 없으므로 '중(中)'이라고도 한다. 《중용》에 "희로애락이 미발한 것을 중(中)이라 하고, 발하여 모두 절도에 맞는 것을 화(和)라 이르니, 중(中)이란 천하의 큰 근본이고, 화(和)란 천하의 공통된 도이다.〔喜怒哀樂之未發, 謂之中; 發而皆中節, 謂之和. 中也者, 天下之大本也; 和也者, 天下之達道也.〕"라고 한 데서 온 말이다. '명'과 '성'은 명선(明善)과 성신(誠身)을 말한 것으로, 이는《맹자》〈이루 상(離婁上)〉에 "선을 밝게 알지 못하면 몸을 성실하게 하지 못한다.〔不明乎善, 不誠其身.〕"라고 보이며, 《중용장구》 20장에도 보인다. 명선의 선은 본성의 선함이자 만사만물의 이치인바, 명선은 지공부에 해당하고, 성신은 자신의 마음과 생각이 모두 진실하고 망령됨이 없는 것으로 행공부에 해당한다.

**146** 결정정미(潔淨精微) : 깨끗하고 고요하며 면밀하고 은미하다는 뜻으로, 본래는 《주역》을 두고 한 말이다. 《禮記 經解》

**147** 명리(名理)의 학문 : 성리학을 가리킨다. 성리학이 사물의 명분과 명칭을 다루면

들이 기운을 숭상하고 이기기를 힘써서 문호를 분할하고 각각 선입견을 주장하여 서로 자기 문호의 경계를 넘어서는 이가 없음을 한탄하고, 마침내 피차간의 같고 다름을 참고하여 자양(紫陽 주희(朱熹))의 성훈(成訓)에서 표준을 모았다.

이기(理氣論)에 대하여 논하기를, "대요(大要)는 일원분수(一原分殊)[148]와 동정(動靜)·체용(體用) 등의 몇 가지 말에서 지나지 않는다. 일원(一原)이라는 것은 이(理)가 하나임에 기(氣) 또한 하나인 것이고, 분수는 기가 나뉨에 이 또한 나뉜 것이다. 일원의 측면에서 분수를 말하면 천지만물이 모두 분수에 속하고, 분수의 측면에서 일원을 말하면 천지만물이 각각 일원을 소유하고 있다. 일원은 정(靜)이자 체(體)인데 유행(流行)하는 부분에서 보면 정(靜) 또한 동(動)이며, 분수는 동(動)이자 용(用)인데 주재(主宰)하는 부분에서 보면 동(動) 또한 정(靜)이다."라고 하였다.

또 말하였다. "음양(陰陽)은 일기(一氣 전체의 기)의 동정(動靜)이고, 태극이 그 안에서 빠뜨림 없이 모든 기의 체(體)가 되는 것은 일리(一理 전체 본연의 이(理))의 본연이다. 이를테면 원형이정(元亨利貞)이 비록 사시(四時)가 되지만, 원(元)이 애초에 정(貞)의 기(氣)가 아닌 적이 없고 이(利)가 애초에 형(亨)의 기가 아닌 적이 없어서, 원형(元亨)

서 동시에 그 근저의 이치를 연구하는 학문이므로 이렇게 칭하는 듯하다.

**148** 일원분수(一原分數) : 이일분수(理一分殊)와 같은 의미로, '근원적 측면에서 보면 천지만물이 모두 동일한 하나의 이(理)를 본성으로 지니고 있고, 현상적 측면에서 보면 각각이 처한 위치와 상황에 따라 분한과 직분이 다르다'는 말이다. 이일분수는, 정이(程頤)가 장재(張載)의 〈서명(西銘)〉을 평하면서 "〈서명〉은 이일분수를 밝힌 것이다."라고 하면서 처음 발언되었다. 《二程文集 卷10 答楊時論西銘書》

이 동(動)이 되고 이정(利貞)이 정(靜)이 되지만, 정의 기가 곧 동의 기이고 동의 기가 곧 정의 기인 것인 것과 같다.[149] 이(理)가 이 안에 있으면서 유행하는 것은, 비록 모습과 정상이 기에 따라 다르지만 충막무짐(沖漠無朕)[150]하여 동하되 동이 아니고 정하되 정이 아니며[151] 양(陽)에 있어도 양에 국한되지 않으며 음(陰)에 있어도 음에 국한되지 않는다. 그러므로 건(乾)의 이정(利貞)은 건(健) 가운데의 순(順)이 되고, 곤(坤)의 원형(元亨)이 순(順) 가운데의 건(健)이 되니, 동(動)

**149** 이를테면……같다 : 원형이정은 《주역(周易)》 건괘(乾卦)의 괘사인바, 원형이정을 그 쓰임으로 말하면 생장수장(生長收藏)이 되고, 계절에 안배하면 원은 봄, 형은 여름, 이는 가을, 정은 겨울이 되며, 인성으로 말하면 원은 인(仁), 형은 예(禮), 이는 의(義), 정은 지(智)가 된다.《周易本義 卷1》 이렇듯 원형이정은 드러나는 모습과 작용이 다르지만, 애초에 우주 전체의 일기(一氣)가 유행하여 변화한 것이므로 원・형・이・정의 기가 서로 연속된다고 할 수 있으며, 궁극적으로는 하나라고 할 수 있다.

**150** 충막무짐(沖漠無朕) : 지극히 고요하여 아무런 조짐이 없는 것을 말하는바, 이(理)는 형이상자여서 형체와 조짐이 없으므로 이렇게 말한 것이다. 이 말은 본래 사람의 성을 가리켜 말한 것으로, 정이(程頤)가 '사람은 이(理)를 본성으로 간직하였기 때문에 미발시에 충막무짐하지만 그 안에 온갖 도리가 자재함'을 설명하면서, "텅 비어 조짐이 없을 적에 만상이 삼연히 이미 갖추어져 있으니, 미응이 먼저가 아니고 이응이 뒤가 아니다. 이는 100척의 나무가 근본으로부터 지엽에 이르기까지 모두 일관된 것과 같다.〔沖漠無朕, 萬象森然已具, 未應不是先, 已應不是後. 如百尺之木, 自根本至枝葉, 皆是一貫.〕"라고 한 데서 온 말이다.《二程遺書 卷15 入關語錄》

**151** 동하되……아니며 : 기는 형이하자로서 동하면 동하기만 하고 정하면 정하기만 하지만, 기를 작용하게 하는 형이상자로서의 이(理)는 동하는 기에 있다고 해서 동에 한정되지 않고 정하는 기에 있다고 해서 정에 한정되지 않는다. 이를 주희(朱熹)는 "태극(太極)이 동정을 포함한다'라고 말하는 것도 괜찮고 '태극에 동정이 있다'라고 말하는 것도 괜찮지만 '태극이 곧 동정이다'라고 말한다면 이는 형이상과 형이하를 구분하지 못하는 것이다."라는 말로 설명하였다.《朱子大全 卷45 答楊子直》

과 정(靜)이 서로 포함하는 오묘함은 결국 일리(一理)일 뿐이다."[152]

또 말하였다. "지금 사람들은 다만 이(理)에 '본연(本然)' 자를 놓을 줄만 알고, 기(氣)에도 본연이 있음은 알지 못하니, 기의 본연한 곳은 곧 신(神)[153]이다. 그러나 이(理)는 일정하여 바뀌지 않고 신(神)은 만 가지로 변하여 헤아릴 수 없으니, 본연의 일원(一原)에 나아가면 이와 기의 떨어지지 않음〔不離〕을 볼 수 있고, 만 가지로 변함과 일정함에 나아가면 이와 기의 섞이지 않음〔不雜〕을 볼 수 있다.[154] 그러나 이와 기는 떨어지면 둘이고 섞이면 하나이다. 그러므로 이른바 '불리부잡(不離不雜)'은 다만 '하나도 아니고 둘도 아니어서 형언하기 어려운

**152** 건(乾)의……뿐이다 : 오희상의 이 말은 녹문(鹿門) 임성주(任聖周)가 "건(乾)의 건(健)이 곧 태극인데 건(健) 안에 원형이정이 있는 것이고, 곤(坤)의 순(順)이 곧 태극인데 순(順) 안에 원형이정이 있는 것이다. 원형이정은 곧 '음양오행'이라는 것이다. 그러나 건(乾)의 원형이정은 여전히 건(健)이고, 곤(坤)의 원형이정은 여전히 순(順)이니, 본디 서로 다름에 무방하다."라고 한 것에 대한 비판으로 제기한 것이다. 오희상은 임성주의 말이 일원본연(一原本然)의 동일적 측면을 설명해주지 못한다고 보고, 이(理)는 물론이거니와 기(氣) 역시 한쪽으로 국한되지만은 않는다고 주장하며 그 논거로 '양(陽)인 건(乾)에도 음(陰)인 이정(利貞)이 있고 음인 곤에도 양인 원형이 있음'을 들었다. 《老洲集 卷26 雜識〔四〕》

**153** 신(神) : 심(心)을 가리키는바, 이때의 '신'은 황간(黃榦)의 형기신리설(形氣神理說)에서의 '신'이다. 형기신리설에 대해서는 아래 192쪽 주159 참조.

**154** 본연의……있다 : '불리부잡'은 이와 기, 태극과 음양, 성(性)과 심(心)의 관계를 설명하면서 주희(朱熹)가 썼던 말로, '현실적 측면에서 논하면 만물은 이와 기의 합물로 존재하므로 이와 기는 떨어질 수 없지만〔不離〕, 본체적 측면에서 논하면 이와 기는 별도의 존재로 섞이지 않아서〔不雜〕 기의 차별성과 변화에도 이는 불변의 동일성을 유지한다.'는 뜻을 지닌 말이다. 불리의 견지에서 보면 이와 기는 하나이고 부잡의 견지에서 보면 이와 기는 둘인바, 주희는 이를 "하나이면서도 둘이고 둘이면서도 하나이다.〔一而二, 二而一也.〕"라는 말로 표현하였다. 《朱子語類 卷4 性理一, 卷5 性理二》

묘함'을 형용한 말이다. 그렇다면 주리(主理)와 주기(主氣)를 막론하고 반드시 불리(不離)에 나아가서 부잡(不雜)을 보고, 부잡에 나아가서 불리를 보아야 하는 것이니, 그래야 이와 기가 서로 필요로 하고 서로 드러내는 뜻을 볼 수 있을 것이다."

또 말하였다. "이(理)에는 본말(本末)이 없기 때문에 성(性)은 진실하여 무망(無妄)한 것이고, 기(氣)에는 본말이 있기 때문에 심(心)에는 진(眞)도 있고 망(妄)도 있는 것이다. 그러나 신(神)과 이(理)가 묘합하는 곳에 곧장 나아가서 그 본체를 보면, 거의 부합되어 서로 구별이 없다. 만약 성의 선함만 알고 기 또한 본선(本善)하다[155]는 것을 모르면, 이는 도(道)와 기(器)가 분리되어서 심(心)과 성(性)이 두 개의 이치가 된 것이다. 그래서 형기(形氣)를 논하면 비록 편정(偏正)과 청탁(淸濁)의 구분[156]이 있지만 신(神)에는 편정이 없고 청탁이 없

**155** 기 또한 본선(本善)하다 : 심(心)이 본래 선함을 말한 것으로, 성의 순선(純善)과 대비하여 쓴 것이다. 성에는 전혀 불선함이 없으므로 '순선'이라고 하고, 심은 근본은 선하지만 그 발현 즉 말류에 있어서는 불선이 개입될 수 있으므로 본선이라고 한다. 《老洲集 卷10 答洪伯應》 이 말의 전거는 정자(程子)의 "심은 본래 선하다. 그러나 사려로 발현되면 선하기도 하고 불선하기도 하니, 이미 발하였다면 정(情)이라고 해야 하고 심이라고 해서는 안 된다.〔心本善, 發于思慮, 則有善有不善, 若旣發, 則可謂之情, 不可謂之心.〕"라는 말에 있다. 《二程遺書 卷18 劉元承手編》

**156** 편정(偏正)과 청탁(淸濁)의 구분 : 편정은 사람과 물건이 품부 받은 기 사이의 편정통색(偏正通塞)의 차이를 말하는바, 주희(朱熹)는 바르고 통하는 기를 품부 받으면 사람이 되고 치우치고 막힌 기를 품부 받으면 물건이 된다고 말한 바 있다. 청탁은 사람 사이에 있는 기의 청탁수박(淸濁粹駁)의 차이를 말하는바, 주희는 통(通)한 기에는 청탁의 차이가 있고 정(正)한 기에는 수박의 차이가 있다고 하였는데, 청탁은 양(陽)적인 기의 차이를 말한 것으로 그 차이는 앎의 능력 차이로 나타나 지우(智愚)의 다름을 만들고, 수박은 음(陰)적인 기의 차이를 말한 것으로 그 차이는 실천의 능력 차이로

는 것이다. 다만 이(理)에 비하면 정의(情意)와 조작(造作)이 있어서 이(理)가 순일하여 무망한 것과 같지 않다. 그러므로 이(理)는 신(神)에 자리하고 신은 이(理)에 배합하여 신이 기(氣)의 근본이 되고 형(形)의 주재가 되는 것이다. 그러나 그 안으로 나아가서 또 이(理)가 기(氣)의 근본이 되고 성(性)이 심(心)의 주재가 되는 뜻을 가려내어야 비로소 준칙이 있어서 이단의 견해로 떨어지지 않는다."

또 말하였다. "우주 간에 가득 차 있는 것은 기(氣) 아님이 없는데, 만물의 안에 모두 '조화(造化)를 강기(綱紀 주재하고 다스림)하고 고금에 유행하는 정정유상(正定有常)[157]의 불역(不易)의 본체'가 있으니, 천지가 뒤집히지 않고 만사가 모두 일정한 것은 단지 여기에 말미암은 것이다. 이것이 정정당당(正正堂堂)·직상직하(直上直下)의 바른 이(理)[158]가 삼극(三極 천·지·인의 삼재(三才))을 관철하여 주재하지 않는 주재가 되는 까닭이다."

또 말하였다. "황면재(黃勉齋)의 형(形)·기(氣)·신(神)·이(理)에 관한 의론[159]이 가장 정미하고 적확하니, 그 설은 형이 있으면 기가

나타나 현불초(賢不肖)의 다름을 만든다. 《大學或問》

**157** 정정유상(正定有常) : 바르고 일정하며 변함이 없음을 말한다. 이는 이(理) 혹은 성(性)의 특성을 설명하는 말로, 정이(程頤)는 '중용'을 풀이하면서 "불편(不偏)을 중(中)이라 하고 불역(不易)을 용(庸)이라 하니, 중은 천하의 정도(正道)이고 용은 천하의 정리(定理)이다.〔不偏之謂中, 不易之謂庸. 中者, 天下之正道; 庸者, 天下之定理.〕"라고 한 바 있다. 《二程遺書 卷7》

**158** 정정당당(正正堂堂)·직상직하(直上直下)의 바른 이(理) : 이 말은 정호(程顥)의 "중(中)은 천하의 대본이니, 천지 사이에 정정당당하고 직상직하한 바른 이치이다.〔中者, 天下之大本, 天地之間, 亭亭當當直上直下之正理.〕"라는 말에서 원용한 것이다. 직상직하는 상하를 관통함을 말한다. 《二程遺書 卷11》

있고 기가 있으면 신이 있고 신이 있으면 이(理)가 있다는 것이다. 예컨대 사람의 눈・귀・손・발은 형(形)이고, 보고 듣고 굽히고 펴는 것은 기(氣)이고, 보고 듣고 굽히고 폄을 능히 할 수 있는 것은 신(神)이고, 보고 들음에 밝게 보고 분명히 듣는 준칙이 있고 굽히고 폄에 손은 공손하게 하고 발은 진중하게 하는 덕목이 있는 것은 성(性)이다."

또 말하였다. "성(性)에는 특별한 이론이 없으니, 《대학(大學)》의 지선(至善)[160]과 《중용(中庸)》의 중화(中和)에 불과할 뿐이다. 여기에 나아가 정밀히 살펴서 오래도록 연구하여 터득하는 바가 있으면 성(性)의 명칭과 뜻에 대한 생각이 비로소 마음에 의심 없이 분명해질 것이다."

심(心)과 기질(氣質)에 대하여 논하기를, "심(心)의 체(體)는 오행

**159** 황면재(黃勉齋)의……의론 : 황면재는 주희의 제자 황간(黃幹, 1152~1221)의 호이다. 황간은 사람의 심성과 형체를 형・기・신・이의 네 글자를 가지고 형용하였는바, 이(理)는 성(性)이고 신(神)은 심(心)이고 기(氣)는 기질(氣質)이고 형(形)은 형질(形質)인데, 형(形)에서 이(理)로 갈수록 정(精)해지는 것이라고 하였다. 《勉齋集 卷13 復楊志仁書》

**160** 대학(大學)의 지선(至善) : 《대학》의 삼강령은 명명덕(明明德)・신민(新民)・지어지선(止於至善)인데, 주희는 지선을 '사리의 당연한 표준〔事理當然之極〕'라고 풀이하였는바, 말하자면 지어지선은 아버지가 되어서는 '자애'에 머물고 자식이 되어서는 '효도'에 머무는 것으로, 이것이 바로 '상황에서의 중절(中節)' 즉 '시중(時中)'이다. 시중은 이발(已發)의 중으로, 미발(未發)의 중인 '불편불의(不偏不倚)'과 구분되는 것인데, 《대학》은 임사시・이발시의 중을 위주로 말한 것이어서 지선도 본체보다는 작용의 측면에서 이해하게 되는 것이다. 이이(李珥)는 이 논의를 확장하여 지선을 본체와 작용을 나누고 지선의 본체가 미발의 중(中)으로서 천명의 성(性)이 된다고 하였다. 《栗谷全書 卷9 答成浩原》

(五行)의 정영(精英)한 기가 모여서 지극히 신묘하여 본디 일신에서 가장 귀한 것이 된다. 그러므로 이로써 중리(衆理)를 갖추고 만사에 응할 수 있는 것[161]이다. 사람이 요순(堯舜)이 되고 천지에 참여할 수 있는 까닭이 어찌 그저 성선(性善)에만 있겠는가. 실로 이 심의 허령통철(虛靈洞徹 비어있고 신령하며 밝게 통함)함에 분수(分數)가 없고 우열도 없어서 이 이(理)의 선함과 간격이 없기 때문인 것이다. 심이 '통성(統性)함'과 '기를 위주로 함'을 막론하고,[162] 심의 본래면목은 진실로 이와 같을 뿐이다. 그러므로 주자가 '정영(精英)'이라고 한 것은 또한 기(氣) 중에 그 본체를 구별해낸 것이니, 이로써 '그 허령함이 이 이(理)를 묘용(妙用)할 수 있어서 백체(百體)와 똑같이 취급할 수 없음'을 보인 것이다. 그렇다면 '명덕'과 '정영'이라는 이름은 비록 다르나 실제는 같은 것이다. 만약 마음을 기질과 나란히 논한다면 이는 천군(天君)을

**161** 중리(衆理)를……것 : 이 말은 《대학》의 명덕에 대한 주희(朱熹)의 해석에 보이는바, 거기에 "명덕은 사람이 하늘에서 얻은 것으로, 허령하고 어둡지 않아서 중리를 갖추고 만사에 응하는 것이다."라고 하였으며, 《맹자집주(孟子集註)》 〈진심 상(盡心上)〉에서도 '심(心)'을 해석하면서 "심은 사람의 신명이니, 중리를 갖추고 만사에 응하는 것이다."라고 하였다.

**162** 심이……막론하고 : 통성은 심이 성과 정을 관통하고 주재한다는 '심통성정(心統性情)'의 정의에서 온 말이고, 주기는 심을 논함에 기를 위주로 하여 말한다는 것이다. 오희상의 이 말은 심홍모(沈弘模)의 〈심기질설(心氣質說)〉에 대한 평으로, '통성'과 '주기'는 심홍모가 "마음은 하나인데 통성으로 말한 것이 있고, 주기로 말한 것이 있다. 통성으로 말한 것은 《대학》의 '명덕'이고 주기로 말한 것은 주자가 '정영'이라고 한 것이다. 명덕으로 말하면 마음은 일신의 가장 귀한 것이 되어서 기질과 섞어서 칭할 수 없고, 정영으로 말하면 마음은 백체와 똑같은 품부가 되니 기질과 나란히 논할 수 있다."라고 한 것에서 인용한 말로, 오희상은 통성이건 주기이건 마음은 기질과 동등하게 취급될 수 없다고 논하는 것이다. 《老洲集 卷21 籤論沈天老心氣質說》

끌어내려 백체와 같게 한 것이니, 옳겠는가."라고 하였다.

또 말하였다. "심(心)의 부위는 오행 가운데 화(火)에 속하고 몸의 가운데에 있으니, 그 광명하고 방정(方正)한 본체가 다른 장기에 비할 바가 아니다. 그래서 신명(神明)의 집이 되고 신묘불측한 작용을 간직할 수 있는 것이다. 그러나 이것을 가지고 '심(心)'이라고 하는 것은 괜찮지만 '심의 본체'라고 하는 것은 불가하다. 그 안에 본래 신령하고 생동하는, 이(理)를 묘용하고 만물을 주재하는 것이 있으니, 이것이 곧 신(神)이 하는 바로서 심의 본체가 여기에 있다. 기질을 심체에 해당시키는 자가 있으니 이는 다만 오장혈육의 심(心 심장)이 있는 줄만 알고 기의 근본이 하나임은 알지 못한 것이다. 혹 또 이것을 문제시하여 '방촌(方寸 심(心))에 기질을 붙일 수 없다.'라고 하는 자가 있는데, 이는 문제를 바로 잡으려다 너무 지나친 것으로 '심(心)이 오장 중의 하나여서 똑같이 이 기질을 가지고 있으나 다만 기질이 본체에 간여하지 못한다.'는 것을 전혀 살피지 못한 것이다."

또 말하였다. "기질은 별도의 한 기(氣)가 아니니, 바로 담일지기(湛一之氣)[163]의 찌꺼기로서 몸의 안팎에 두루 있는 것인데, 다만 한번 정해지면 바뀌지 않는 형질과는 달라서 그 기멸이 무상하여 마치 운무가 걷혔다가 펴졌다가 하는 것과 같다. 그래서 미발의 때에는 물러나서

**163** 담일지기(湛一之氣) : 본연의 기를 말한다. 장재(張載)는 《정몽(正蒙)》에서 기를 본과 말로 나누어서 본연의 원기(元氣)를 '음양'이라 하고 말엽의 기를 '유기(游氣)'라고 하였는바, 본연의 원기는 말엽의 유기와 달리 담박하고 동일하며 청허(淸虛)하기 때문에 원기를 '담일지기' 혹은 '담일청허지기'라고 한다. 오희상은 임성주(任聖周)의 설을 수용하여 이 본연의 담일지기는 이(理)와 차이가 없다고 하였다. 《老洲集 卷12 答南大任》

한결같이 없는 것 같다가 이발하면 용사(用事)해서 방촌을 치우치게 하고 어지럽히기를 마치 구름이 해를 가리는 것처럼 하는 것이다. 그러다가 기기(氣機)가 한번 멈추어 작용을 거둬 본체로 돌아오면 또 전처럼 태청(太淸)하다. 가령 기질에 한번 정해지는 종자가 있다면 기질을 어떻게 변화시킬 수 있겠는가.

또 말하였다. "선유들이 심과 기질의 구분을 논할 때마다 번번이 정추(精粗)를 가지고 말을 해서 기의 정상(精爽)을 심에 소속시켰던 것은 진실로 바꿀 수 없지만, 본말(本末)을 가지고 말을 해서 기의 본(本)을 심에 소속시키는 것만 못하니, 이 설명에서는 하나의 기이면서 본말의 구분이 있음을 볼 수 있다. 본은 똑같을 뿐이고, 똑같지 않은 것은 말이니, 본말을 들어 정추를 포함할 수 있다."

사람과 물건의 오상(五常)에 대하여 논하기를, "지금 사람들은 오상(五常)을 너무 높게 보아서 '물건은 오상을 다 갖추어 소유하지 못한다..'고 하니, 이는 오상이 사람으로 인해 생긴 이름이지만 끝내 오행의 이(理)라는 것을 전혀 알지 못한 것이다. 나누어서 다섯이 되면 오상이고, 요약하여 둘이 되면 건순(健順)이고, 또 요약하여 하나가 되면 태극이니, 있으면 사람과 물건에 모두 있고 없으면 사람과 물건에 모두 없는 것이다. 만약 '물건이 오상에 대하여 있기도 하고 없기도 하다.'라고 말한다면 이것은 태극을 분열시키는 것이다."라고 하였다.

또 말하였다. "기의 통색(通塞)과 수박(粹駁)을 가지고 편전(偏全)과 선악이 있다고 하니, 편전과 선악은 하나이다. 사람과 물건의 편전을 가지고 '품부의 본연'이라고 하면 사람의 선악 또한 절로 본연으로 귀속되니, 이 학설이 유행하면 성선론에 큰 문제가 생길 것이다. 기질은 선악을 가지고 말하고 분수(分殊)는 편전을 가지고 말하니, 발한 뒤에 선악이 있음이 본연의 선에 해가 되지 않음을 안다면 발한 곳에서의 편전이 일원(一原)의 온전함에 해가 되지 않음을 알 수 있을 것이다. 그러므로 발용한 곳에서 분수를 말하면 사람과 물건은 다만 심이 다를 뿐만 아니라 성 또한 다르고, 본체에서 일원을 말하면 비단 성이 같을 뿐만 아니라 심 또한 같지 않은 적이 없다. 어째서인가? 심은 신(神)이고 성은 이(理)라서 하나는 진실하고 하나는 허령하여 완전히 융화되어 원래 서로 떨어지지 않기 때문이다. 동정(動靜)과 생성(生成)이 하늘과 사람 사이에 차이가 없고 사람과 물건 사이에 다름이 없는데, 하늘과 사람의 구분은 형체의 유무에 있고 사람과 물건의 다름은 기의 통색에 있다."

또 말하였다. "분수(分殊)를 일원(一原)과 상대하면 비록 이발(已發)에 속하나, 그 중에 이(理)를 따른 기(氣)는 또한 본연이 됨에 무방하다. 예컨대 개가 지키는 것과 소가 순한 것은 당연의 준칙이 되어서 이미 피차와 대소의 구분이 없으니, 그렇다면 지킴과 순함이 결단코 다른 이(理)가 아니고 하나의 온전한 태극인 것이다. 그러므로 나뉘어 만 가지로 되어도 근본이 하나인 것에 무방하고, 혼융하여 하나가 되어도 만 가지가 있음에 무방한 것이니, 만 가지로 됨이 많음이 되지 않고 하나임이 적음이 되지 않는다. 그렇다면 일원과 본연이 동일한 지두(地頭)이고 분수와 기질 또한 동일한 지두인 것이니, 분수에 일원이 없던 적이 없고 기질에 본연이 없던 적이 없다."

선생은 일찍이 스스로 도를 보아서 대원(大原)을 환하게 꿰뚫었다. 그러므로 그 학설이 명철하여 깊이 관통하였으며 이리저리 말씀하는 것이 두루 섭렵하여 천류(川流)와 돈화(敦化)[164]가 곳에 따라 융합되어서 물 샐 틈이 없고 회통(會通)을 지극히 함이 이와 같았으니, 이것은 이른바 '하늘이 가르쳐주고 귀신이 풀이해주어서 그로 하여금 능력을 독차지하게 하였다.'[165]는 것일 것이다. 연세가 높아지고 학문이 이루어져서 참된 견해가 우뚝이 선 뒤에는 자족하며 스스로 즐거워하였다. 일찍이 문인들에게 훈계하기를 "문 앞의 길이 평탄하고 명백하니, 내 말을 통해서 탐구하면 거의 어긋나지 않을 것이다."라고 하였다.

의(義)와 이(利)의 구분에 평소 엄격해서, 말하기를 "이(理)와 욕(欲)은 공(公)과 사(私)가 나누어지게 되는 곳이니, 마땅히 일도양단해서 막히거나 꺼리는 바가 없어야 한다. 만약 조금이라도 계교하면 이미 아교와 옻칠의 동이[166] 속으로 빠진 것이다."라고 하였다.

유선(柔善)[167]이 일을 해치는 것을 깊이 배척하여 말하기를, "선을

**164** 천류(川流)와 돈화(敦化) : 천도를 말한다. 《중용》 30장에, "소덕은 냇물의 흐름이고, 대덕은 조화를 도타이 하는 것이다.〔小德, 川流; 大德, 敦化.〕"라고 하였는데, 31장의 지성(至聖)에 대하여 주희(朱熹)는 "윗장을 이어 소덕(小德)의 천류(川流)를 말하였으니, 이 또한 천도(天道)이다."라고 하였고, 32장의 지성(至誠)에 대하여는 "윗장을 이어 대덕(大德)의 돈화(敦化)를 말하였으니, 이 또한 천도이다."라고 하였다. 주희에 따르면, 소덕은 전체(全體)가 나누어진 것이고〔一本萬殊〕, 대덕은 만수(萬殊)의 근본인바〔萬殊一本〕, 모두 같은 천도인데, 발용처에서 말하느냐 본원처에서 말하느냐의 차이가 있을 뿐이다. 《中庸章句》

**165** 하늘이……하였다 : 이 말은 김창흡(金昌翕)이 김창협(金昌協)을 위해 쓴 제문에 보이는바, '묻고 배우는 한 가지 일에 있어서는' 김창협이 이러하였다고 서술하였다. 《三淵集 卷32 祭仲氏農巖先生文》

**166** 아교와 옻칠의 동이 : 아교와 옻칠이 서로 엉겨 붙어 있는 단지처럼 떼어 내기 어렵다는 뜻으로, 이욕(利欲)을 비유하는 말이다. 주희(朱熹)가 왕패논쟁(王覇論爭)을 벌였던 진량(陳亮)에 대해 "진동보는 이욕이 아교와 옻칠처럼 엉겨 붙은 단지 속에 들어 있다.〔同父在利欲膠漆盆中.〕"라고 평한 데에서 유래한 말이다. 동보(同父)는 진량의 자이다. 《朱子語類 卷123 陳君擧》

보고도 용감하게 그쪽으로 옮겨가지 못하고 허물이 있어도 빨리 그것을 고치지 못하면[168] 이는 도리어 강악(剛惡)이 변화하기가 쉬워서 선을 따르게 되는 것만 못하다."라고 하였다.

오직 도를 믿음이 독실하고 잡아 지킴이 견고하였다. 그러므로 나아가고 물러남과 말씀하고 침묵함에 혹시라도 하늘의 법칙에 위배됨이 있을까 염려하여 조금이라도 스스로 굽히려 하지 않았다. 항상 벽립(壁立)의 기상[169]을 이해하고자 하여 말하기를, "만약 말하고 행동하는 것이 남들의 경외(敬畏)를 받을만하지 못하다면, 이는 또한 향원(鄕愿)[170]일 뿐이니, 향원의 피해는 이단보다 심하다."라고 하였다. 또 말하기를, "학자가 혹 비웃음과 조롱을 참지 못하여 세상과 어우러져서 함께 뒤섞이려는[171] 뜻을 가진다면, 끝내는 구덩이에 빠져 스스로 헤어

**167** 유선(柔善) : 유약한 성격의 장점으로, 주돈이(周敦頤)의 《통서(通書)》에, "강(剛)의 선은 의(義)가 되고 곧음이 되고 결단함이 되고, 엄의(嚴毅)함이 되고 견고함이 되며, 강의 악은 사나움이 되고 좁음이 되고 뻣뻣함이 된다. 유(柔)의 선은 인자함이 되고 순함이 되고 공손함이 되며, 유의 악은 나약함이 되고 결단이 없음이 되고 간사함이 된다.〔剛善, 爲義、爲直、爲斷、爲嚴毅、爲幹固, 惡, 爲猛、爲隘、爲强梁. 柔善, 爲慈、爲順、爲巽, 惡, 爲懦弱、爲無斷、爲邪佞.〕"라고 하였다.

**168** 선을……못하면 : 개과천선을 하지 못함을 말하는바, 개과천선은 《주역》〈익괘(益卦) 상(象)〉에 "바람과 우레가 익(益)이니, 군자가 이 상(象)을 보고서 선을 보면 옮기고 허물이 있으면 고친다.〔風雷益, 君子以, 見善則遷, 有過則改.〕"라고 보인다.

**169** 벽립(壁立)의 기상 : 벽립은 '벽립만인(壁立萬仞)' 혹은 '벽립천인(壁立千仞)'의 줄임말인바, 만 길의 절벽이 온갖 풍상에도 변하지 않고 의연하게 서 있다는 뜻으로, 벽립의 기상이란 험난한 세파에도 조금도 흔들리지 않는 의연한 기상을 이른다.

**170** 향원(鄕愿) : 향리(鄕里)에서 근후(謹厚)하다고 일컬어지는 사람으로, 세상에 아첨하여 철저하게 위선(僞善)을 하는 사람을 가리키는데, 공자(孔子)가 이를 두고 "향원은 덕의 적이다.〔鄕原, 德之賊也.〕"라고 하였다. 《論語 陽貨》《孟子 盡心下》

나올 수 없게 될 것이니, 모름지기 목전의 일을 의식해서 애쓰지 말고 오로지 옳은 것을 찾는 하나의 길을 보아야 할 뿐이다."

평소 거처할 적에 온화하고 신실하여 말씀이 간략하고 예가 공손하였으며, 남들이 지나치게 고상한 의론을 하거나 구차하게 어려운 행실[172]을 하는 것을 보면 모두 그리 대단하게 여기지 않았다. 한 생각으로 경외하여 자신의 성(誠)을 묵묵히 길러서[173] 비록 근심과 사무가 끊임없고 위급한 가운데에 있더라도 정신을 일으키고 경각시켜서 잠시도 소홀히 함이 없었으니, 이는 아마도 '행건불식(行健不息)'[174]에 가까

**171** 세상과……뒤섞이려는 : 원문의 '화광혼세(和光混世)'는 《도덕경(道德經)》에 보이는 '화광동진(和光同塵)'과 같은 말로, 자신의 빛을 가리고 감추어서 세상과 함께 한다는 의미인바, 여기에서는 '세상에 영합함'의 의미로 쓴 것이다.

**172** 구차하게 어려운 행실 : 반드시 행할 필요가 없는 일인데 자신을 과시하기 위해 어려운 일을 구차히 행하는 것이다. 《순자(荀子)》 〈불구편(不苟篇)〉에 "군자는 행실을 구차하게 어렵게 하는 것을 귀히 여기지 않고, 오직 예의에 합당함을 귀하게 여긴다.〔君子行不貴苟難, 唯其當之爲貴.〕"라고 보인다.

**173** 자신의……길러서 : 이 말은 장재(張載)가 "내 일찍이 공맹(孔孟)이 별세하신 뒤에 유자들이 시끄럽게 떠들어서 요약함으로 돌아와 근원을 궁구할 줄을 모르고 구차히 일함에 용감하여, 미치지 못하는 자질을 가지고 후세에 알려지는 것을 급하게 여김을 병폐로 여겼다.……바야흐로 장차 이 병폐를 징계하여 묵묵히 자신의 성을 길러야 하니, 다만 염려되는 것은 날짜가 부족하여 이것을 할 수가 없는 것이다.〔竊嘗病孔孟既沒, 諸儒囂然, 不知反約窮源, 勇於苟作, 持不逮之資而急知後世.……方且創艾其弊, 默養吾誠, 顧所患, 日力不足而未果他爲也.〕"라고 한 데서 인용한 것으로, 오희상은 이를 평하여 "횡거(橫渠) 장자(張子)의 '내 성을 묵묵히 기른다.'는 가르침은 임사(臨事)에 구경법(究竟法)이 된다고 생각하였다."라고 하였다. 《張子全書 卷14 性理拾遺》《老洲集 卷11 答李子岡》 홍직필은 장재의 이 말을 풀이하여 "《중용》의 '성실히 하는 것〔誠之者〕'으로서 사람의 도〔人道〕이다."라고 하였는바, 이는 지성무식(至誠無息)한 천도(天道)와 합일하고자 하는 사람의 노력을 말하는 것이다. 《梅山集 卷14 答俞星老》

울 것이다.

일찍이 연평(延平)의 '묵묵히 앉아서 마음을 깨끗이 한다.'는 말[175]을 좋아하여, 혹 눈을 감고 정좌(靜坐)하여 마음과 이(理)가 하나가 되는 묘함을 징험하였다.

평소 말하기를, "학문을 하는 것은 마땅히 경(經)을 먼저하고 예(禮)를 뒤에 해야 하지만, 예의 쓰임은 평상시 행실에 더욱 긴절하다."라고 하여, 매번 장횡거(張橫渠)의 예교(禮教)[176]를 들어서 가르침을 삼았다. 항상 예서(禮書)가 번잡하고 연혁(沿革)이 같지 않은 것을 문제로 여겨, 《가례(家禮)》를 기준으로 삼고 고례(古禮)를 참작하니, 이로써

**174** 행건불식(行健不息) : 천도의 지성무식(至誠無息)과 같은 말로, 하늘의 운행이 굳세어서 쉬지 않음을 말한다. 이 말은 《주역(周易)》 〈건괘(乾卦) 상(象)〉에, "하늘의 운행이 굳세니, 군자가 이것을 보고서 스스로 힘쓰고 쉬지 않는다.〔天行健, 君子以, 自强不息.〕"라고 보인다.

**175** 연평(延平)의……말 : 연평은 주희(朱熹)의 스승 이통(李侗)으로, 그는 주희에게 성인(聖人)의 마음이 되는 공부법으로 묵좌징심(默坐澄心)과 체인천리(體認天理)를 전수하였는바, 주희는 이를 회상하여 "연평 선생께서 말씀하시기를 '학문의 도는 말을 많이 하는 것에 있지 않다. 단지 묵묵히 정좌하고 마음을 맑게 하여 천리를 체인해서 견득하면 작은 사욕이 발생하더라도 물러나 천리에 순종할 것이다.'라고 하셨다.〔其言曰: 學問之道不在多言, 但嘿坐澄心, 體認天理若見, 雖一毫私欲之發, 亦退聽矣.〕"라고 하였다. 《朱子大全 卷97 延平先生李公行狀》

**176** 장횡거(張橫渠)의 예교(禮教) : 장횡거는 장재(張載, 1020~1077)로, '예교'는 '예로써 가르침'의 뜻인데, 정호(程顥)가 이에 대하여 "자후(子厚)가 예로써 배우는 자들을 가르치니, 매우 좋다. 배우는 자들로 하여금 먼저 의거하여 지키는 바가 있게 한다.〔子厚以禮教學者, 最善, 使學者先有所據守.〕"라고 평한 바 있다. 자후는 장재의 자(字)이다. 《二程遺書 卷2上》 장재가 예교에 대해 언급한 것은 《소학(小學)》 〈가언(嘉言)〉편 등에 보인다.

성인께서 예를 제작하신 뜻을 얻으면서도 시대에 맞게 조처하는 마땅함에 능히 부합하였다. 사시(四時)의 정제(正祭)를 거행하되 풍부함과 간략함을 따져 의식(儀式)을 만듦으로써 길이 행할 수 있는 방법을 세웠다.

자녀를 혼인시킬 때, 관례에는 반드시 삼가례(三加禮)[177]를 행하고 혼례에는 반드시 친영(親迎)을 행하고서[178] 말하기를, "사람을 이루는 도와 집안을 바로잡는 시작이니, 어찌 세속의 소홀하고 간략함을 따를 수 있겠는가."라고 하였다. 남이 예를 물음에 답할 적에는 상례(常禮)와 변례(變禮)를 절충해서 상고하고 근거함이 자세하고 진실하였으니, 도수(度數)만 숭상하여 옛것에 집착하고 사사로운 지혜를 사용하여 글에 너무 얽매이는 것은 모두 취하지 않았다.

선생은 평소 군주를 요순으로 만들고 백성을 요순의 백성으로 만들

**177** 삼가례(三加禮) : 관례(冠禮) 때 세 번 관을 갈아 씌우는 의식으로, 초가(初加)·재가·삼가(三加)로 나뉘는데, 《주자가례(朱子家禮)》에 따르면 초가에는 심의(深衣)와 흑리(黑履) 차림에 치포관(緇布冠)을 씌우고, 재가에는 조삼(皁衫)과 가죽신〔鞋〕 차림에 사모(紗帽)를 씌우고, 삼가에는 공복(公服)과 가죽신〔靴〕 차림에 복두(幞頭)를 씌운다.

**178** 반드시 친영(親迎)을 행하고서 : 친영은 혼례의 육례(六禮) 중 하나로, 신랑이 신붓집에 가서 신부를 맞이해오는 것을 말한다. 육례는 납채(納采)·문명(問名)·납길(納吉)·납징(納徵)·청기(請期)·친영인데, 《주자가례(朱子家禮)》에서는 이를 간략하게 줄여서 납채·납폐·친영만을 남겨두었다. 오희상 당시에는 친영을 빼고 납채와 납폐만 행하는 경우가 많았으므로 이렇게 말한 것이다. 이에 대해 홍직필은 "친영하는 예가 폐해지면서 공뢰(共牢)와 합근(合巹)을 모두 신부의 집에서 하게 되어, 혼사를 신붓집이 주관하고 신랑집은 관여하지 않게 되었다."라고 지적한 바 있다. 공뢰는 신랑과 신부가 같은 그릇에 차려진 음식을 먹는 것이고 합근은 같은 술잔에 담긴 술을 나누어 먹는 것이다. 《梅山集 卷11 與金正宅 乙丑正月》

려는 뜻을 품어서 세상을 근심하고 백성을 긍휼하는 것이 지극한 정성으로부터 나왔다. 항상 말하기를, "다스리는 방도는 마땅히 먼저 규모를 세워야 하니, 이재(理財)와 용인(用人)은 바로 천하를 평안히 하는 규모인데,[179] 우리 조정은 수백 년 동안 한결같이 구차하게 하였다. 이재는 균전(均田)과 호포(戶布)이고, 용인은 향공(鄕貢)[180]과 과거(科擧)의 제도인데, 만일 이것을 갑작스럽게 고치기 어렵다면 향공과 과거를 번갈아 행하되 향공을 중하게 여기고 과거를 가볍게 여겨서, 점점 익숙하게 만들어 사람들의 이목(耳目)을 새롭게 함으로써 그 취사(取捨)를 바로잡아야 하니, 비록 처음부터 철저하게 이해하여 한 시대의 제도로 정하지는 못할지라도 이렇게 한다면 거의 도에 가까울 것이다."라고 하였다.

일찍이 과거의 폐해를 하나하나 논하여 말하기를, "온 세상이 과거에 달려가서 마치 황하가 터지고 바다가 옮겨가는 듯하여, 눈앞에 단지 이것의 중함만 보이므로 성명(性命)이 어떠한 물건이 되고, 명분과 행실이 무슨 일이 되는 줄을 알지 못한다. 그러니 이 같은 무리를 장차 어디에 쓰겠는가. 옛날에는 인재를 배양(培養)하여 썼는데, 지금은 인

**179** 이재(理財)와……규모인데 : 이재는 재정을 관리함이고 용인은 인재를 등용함인데, 이 두 가지를 잘 하는 것이 평천하의 가장 중요한 요건이 된다는 것이다. 《대학》 전(傳) 10장에 평천하를 논하면서도 이 두 가지를 들어 말하였는바, 예컨대 "재물을 생산함에 큰 방법이 있으니, 생산하는 자가 많고 먹는 자가 적으며 생산하기를 빨리 하고 쓰기를 느리게 하면 재물이 항상 풍족할 것이다."라고 한 것은 이재를 말한 것이고, "현자를 보고도 등용하지 못하며 등용하되 먼저 하지 못함이 태만함이요, 불선한 자를 보고도 물리치지 못하며 물리치되 멀리하지 못함이 잘못이다."라고 한 것은 용인을 말한 것이다.

**180** 향공(鄕貢) : 지방에서 지방관이 사람을 뽑아 천거하는 것을 말한다.

재를 해쳐서 쓰는구나."라고 하였다.

이어서 말하였다. "효도하고 공경하고 힘써 농사짓는다면 거의 왕도(王道)에 가까울 것이다. 힘써 농사지으면 민산(民產)이 정해지고 효도하고 공경하면 민행(民行)이 흥기될 것이니, 이 일은 애초에 특별하고 비범한 일이 아니고 다만 사람의 본분상 마땅히 해야 하는 것으로, 그 규모와 기상이 농후하고 크다. 한(漢)나라 초기에는 이 두 가지로 인재를 뽑아서[181] 오로지 실제를 돈독히 하고 근본을 힘썼으니, 삼대(三代 하(夏)·은(殷)·주(周)) 이후의 제도 중에는 이처럼 좋은 제도가 없다."

또 유반계(柳磻溪)의 《수록(隧錄)》[182]이 그 강령(綱領)이 정대(正大)하고 조목이 정밀하여, 헤아리고 가감한 것이 엄연히 왕의 제도가 되는데 이것을 당세에 시험해보지 못한 것을 한스럽게 여겼다. 선생의 경륜이 성대하게 범위가 있어서 참담(慘惔)함[183]을 펼치고 베풀면 지금

**181** 한(漢)나라……뽑아서 : 한대(漢代)에는 관리를 선발할 때의 시험 과목으로 '효제역전과(孝弟力田科)'가 있었다. 백성에게 효도와 공경의 덕행과 힘써 농사짓는 것을 장려하기 위해 만들어진 이 제도는 혜제(惠帝) 때에 처음으로 만들어져 고후(高后) 여씨(呂氏) 때에 '효제역전'이라는 관직을 두었고, 문제(文帝) 때에는 효제(孝弟), 역전(力田), 삼로(三老)의 향관(鄉官)을 두어 군현의 교화를 담당하는 직임을 맡겼다고 한다.《漢書 卷2 惠帝紀, 卷3 高后紀, 卷4 文帝紀》

**182** 유반계(柳磻溪)의 수록(磻溪隧錄) : 유반계는 유형원(柳馨遠, 1622~1673)으로, 반계는 그의 호이다.《수록》은《반계수록》으로, '수록'이란 책을 읽다가 수시로 베껴 둔 것이라는 뜻의 겸사이다. 유형원은 1654년(효종5)에 진사시에 합격하였으나 이후 문과에 떨어지자 벼슬하려는 뜻을 버리고 전라도 부안군(扶安郡) 우반동(愚磻洞)으로 이거하여 평생 학문에 전력하고 거의 20년에 걸쳐《반계수록》을 완성하였는바, 이 책은 통치 제도에 관한 개혁안을 주로 다루고 있다.

을 교화하고 후대에 전수할 수 있었을 것임을 거의 알 수 있다.

일찍이 말하기를 "우리 동방의 제현(諸賢)들에 대해서는 모두 부사(父師)로 섬기는 의리가 있다."라고 하여 그분들을 높이고 사모하는 데에는 차이가 없었으나, 율곡(栗谷 이이(李珥))과 농암(農巖 김창협(金昌協))에 있어서는 더더욱 광세(曠世)의 감회[184]가 간절하여, 두 선생의 은미한 말씀을 외고 연구함에 마치 두 분을 아침저녁 사이에 만난 듯[185]이 여겼으니, 그 흉금의 깨끗함과 문리의 치밀함이 본래 묵묵히 합함이 있었다.

처음에 도암(陶庵) 이 선생(李先生 이재(李縡))이 율곡의 유집(遺集)과 율곡이 찬집한 여러 글을 모아서 이름을 '율곡전서(栗谷全書)'라 하고 활자로 인쇄하였었는데, 오래되어 닳아 없어지려 하였다. 그리하여 이때 사우들이 이를 판각하여 후세에 오래 전할 것을 도모하였는데,

**183** 참담(慘憺)함 : '참담경영(慘澹經營)'의 준말로, 본래는 그림을 그리기 전에 어떤 것을 진하게 하고 어떤 것을 흐리게 할지 구상하는 것을 의미하였는데, 전하여 '어떤 일을 고심하여 구상함'의 뜻이 되었다. 참담경영은 마음을 다하여 나라의 경영을 생각한다는 뜻으로, 당(唐)나라 두보(杜甫)의 〈송종제아부하서판관(送從弟亞赴河西判官)〉에서는 벼슬에 제수 받고 난 뒤의 태도를 "용약하는 것은 보통사람의 정이요, 참담하는 것은 고사의 뜻이다.〔踊躍常人情, 慘澹苦士志.〕"라고 묘사하였다.

**184** 광세(曠世)의 감회 : 동시대에 태어나지 못해 서로 만나지 못한 것을 아쉬워하는 감회를 이른다.

**185** 아침저녁……듯 : 지기를 만남의 기쁨을 표현한 말로, 그 만남이 너무나 반가워 만세 뒤에 만난 것임에도 불구하고 마치 아침과 저녁 사이에 만나는 것처럼 느끼게 된다는 것이다. 이 말은 《장자》 〈제물론(齊物論)〉에 "만세가 지난 뒤에 대성인이 이해해 줌을 한번 만난다면, 아침과 저녁 사이에 만나는 것이 될 것이다.〔萬歲之後, 而一遇大聖知其解者, 是旦暮遇之也.〕"라고 한 데서 유래한 말이다.

도옹(陶翁)의 손자인 이채(李采)[186] 공이 이 일을 주관하였다. 그런데 이도중(李度中)이라는 자가 앞장서서 말하기를, “마땅히 《송자대전(宋子大全)》의 준례를 따라서 ‘이자전서(李子全書)’라고 개칭해야 한다.” 라고 하고는 이공(李公)에게 편지를 보내어 권하였다. 이공이 사우들과 널리 상의하자 선생이 답하여 말하기를,

“이 책을 편집한 것이 문정(文正) 노선생(老先生)[187]에게서 나왔는데, ‘집(集)’을 고쳐 ‘전서’로 만들자는 것은 ‘집’이 낮고 ‘전서’가 높다고 여겨서는 아닐 듯하고, 아마도《이정전서(二程全書)》에서 모방한 듯한데 《이정전서》는 바로 사실을 기록한 명칭[188]에 불과합니다. 선배들이 이미 완성해 놓은 본(本)을 번각(飜刻)할 적에 후인이 손을 대어 고치지 않는 것이 사체(事體)에 맞습니다.

더구나 율옹(栗翁)이 율옹이 되는 이유는 진실로 구구한 칭호에 있지 않으니, 비록 ‘자(子)’라고 칭하더라도 율옹의 지위에 한 터럭도 더해지지 않고, 비록 ‘자’라고 칭하지 않더라도 후학이 스승을 높이는 도리에 있어 줄어듦이 생기는 것도 아닙니다. 스승을 높이고 도를 보위하는 데에는 본래 명실(名實)・본말(本末)의 차이가 있으

**186** 이채(李采) : 1745~1820. 자는 계량(季亮), 호는 화천, 시호는 문경(文敬), 본관은 우봉(牛峯)이며, 도암(陶菴) 이재(李縡)의 손자이다. 본집 32권에 애사가 실려 있다.

**187** 문정(文正) 노선생(老先生) : 도암 이재(李縡, 1680~1746)를 가리킨다. 문정은 그의 시호이다.

**188** 사실을 기록한 명칭 : 《이정전서》는 정자(程子)의 모든 글을 모아서 묶은 책으로, 전서라는 말은 ‘전체의 글’이라는 뜻인바, 여기에 다른 의미가 없기 때문에 이렇게 말한 것이다.

니, 스승의 도를 체행하고 그 마음을 아는 것은 실(實)이자 본(本)이요, 그 사람을 높이고 그 명성을 흠모하는 것은 명(名)이자 말(末)입니다. 만약 선후(先後)·경중(輕重)의 구분을 강구하지 않는다면 점차 말이 본을 이기고 명이 실을 없애는 데에 이르지 않을 자가 드물 것입니다.

더구나 지금은 현인의 은택이 점차 멀어져 습속(習俗)이 한쪽으로 휩쓸려서 바탕은 사라지고 거짓은 불어나니, 돌아보건대 사라지지 않을 율옹(栗翁)의 도가 거의 없습니다. 그러니 이 일에 뜻을 둔 자는 함께 덕업을 닦고 서로 가르쳐서 본을 돈독하게 하고 실에 힘쓰는 데에 정신을 모아서 오직 하나의 학맥을 견지하는 것이 옳으니, 어찌 문식하기를 앞세우고 중시하기를 지나치게 하여, 치우친 것을 교정하고 폐단을 바로잡을 것을 생각하지 않을 수 있겠습니까."

라고 하였다.

이도중이 그 편지를 읽고 크게 화를 내고서 변론하는 긴 글을 지었는데 그 글에서 선생을 몰아붙이고 잘못을 잡아내서 멋대로 비방하였고, 또 스스로 오조설(五條說)을 창작하고는 이것이 선생에게서 나왔다고 하면서 없는 말을 지어내고 날조하여 못하는 소리가 없었는데, 그가 말한 제1조목은 바로 허봉(許篈)·송응개(宋應漑)·류직(柳稷)·채진후(蔡振後)의 흉론[189]을 전습한 것이었다. 그런데 선생은 태연하게

189 허봉(許篈)·송응개(宋應漑)·류직(柳稷)·채진후(蔡振後)의 흉론 : 이 네 인물은 이이를 탄핵했거나 이이의 문묘 종사를 반대했던 인물들이다. 1583년(선조16) 대사간 송응개와 홍문관 전한 허봉 등이 '임금을 무시하고 권력을 마음대로 휘둘렀다.'는 이유로 이이를 탄핵하고 파직하기를 청하였다. 《宣祖修正實錄 16年 8月 1日》 1635년(인조13)에는 성균관 유생 송시형(宋時瑩) 등 270여 명이 이이와 성혼을 문묘에 종사하

"비방을 그치게 하는 방법은 변론하지 않는 것이 가장 좋다. 유언비어는 지자(知者)에게서 그치는 법이니, 내가 어리석을지라도 이리저리 논쟁하여 변론하는 데에는 이르지 않을 것이다."라고 하였다.

이때 노성한 자들의 여러 의견은 모두 신중할 것을 주장하였는데, 선생은 신중할 뿐 아니라 아울러 성현의 위계가 엄격하지 않을까 염려한 것이었다. 이에 이도중이 스스로 자기 말의 궁둔(窮遁)함[190]을 알아서 선생의 흠 잡기를 더욱 심하게 하여 사람들에게 사주하여 투서하게 해서 기필코 선생을 모함하고자 하였다. 그런데 선생은 그저 '변론하지 않는다.'는 경계를 지켜서, 간혹 일의 전말을 대략 들어서 묻는 자가 있어도 마음을 가라앉히고 기운을 다스려서 분노가 낯빛과 말에 드러나지 않았으며, 자제들에게 나쁜 말을 하지 말라고 경계하였다. 그러다 이도중의 술수가 절로 드러나서 당류(黨類)가 그에게 절교를 고하는 데에 이르러서는 선생이 무함을 받은 것이 변론하지 않아도 절로 변론되었다.

선생은 일찍이 "농암은 은미하고 심오한 것을 드러내어 계왕개래(繼往開來)[191]한 공이 있으니, 마땅히 율곡 선생과 함께 부자(夫子)의 사당

자는 내용의 상소를 올리자, 채진후가 소두(疏頭)가 되어 불가하다는 상소를 올렸다. 《仁祖實錄 13年 5月 11日》 1650년(효종1)에는 경상도 진사 유직이 소두가 되어 이이와 성혼의 문묘 종사를 반대하는 상소를 올렸다. 《孝宗實錄 1年 2月 22日》

**190** 궁둔(窮遁)함 : 논리가 궁하여 피하는 말을 하는 것을 말한다. 이 말은 맹자가 '지언(知言)'의 의미를 설명하면서 "피사(詖辭)에서 그 가려진 바를 알며, 음사(淫辭)에서 빠져 있는 바를 알며, 사사(邪辭)에서 괴리된 바를 알며, 둔사(遁辭)에서 논리가 궁함을 알 수 있다.〔詖辭, 知其所蔽; 淫辭, 知其所陷; 邪辭, 知其所離; 遁辭, 知其所窮.〕"라고 한 데서 온 말이다. 《孟子 公孫丑上》

에 배향해야 한다."고 하였는데, 사림에서 농암을 문묘에 종사해야한다는 논의가 일어날 때 선생에게 소장을 지어주기를 청하자, 선생이 처음에는 사양하다가 끝내 청을 받아들였다. 농암의 전체(全體)와 대용(大用)이 이에 이르러 비로소 드러났으니, 이는 사문(斯文)의 공안(公案)이다.

선생은 효성과 우애를 타고나서 부모를 섬김에 공경하고 삼가서 오직 부모의 뜻을 봉양하는 데[192] 힘쓰니, 문정공(文靖公)이 매번 일이 있을 때마다 함께 논의하였다. 본생 모부인(本生母夫人)이 장자(長子)를 잃고부터는 자주 병석에 누우니, 선생은 계씨(季氏)와 옆에서 함께 모시며 시서(詩書)를 읊거나 혹 지금이나 옛날 일을 재미있게 이야기하여서, 모부인의 근심을 씻고 슬픔을 떨치도록 하는 것이 매우 지극하였다. 선비(先妣) 이 부인(李夫人)이 항상 병상에서 위태로우니, 선생은 몹시 춥거나 더운 날에도 잠을 자지 않고 띠도 풀지 않은 채 도규(刀圭)[193]로 약을 재서 잡숫게 하여 행여나 남에게 시키지 않았으며, 잠잘

**191** 계왕개래(繼往開來) : 이는 주희(朱熹)가 〈중용장구서(中庸章句序)〉에서 공자의 덕을 찬양하면서 "옛 성인을 잇고 내세의 학자를 열어 준은 그 공이 요순(堯舜)보다도 낫다.〔繼往聖開來學, 其功反有賢於堯舜者.〕"라고 한데서 온 말로, 선대의 성인을 계승하고 후학들을 열어줌을 이른다.

**192** 부모의……데 : 어버이의 뜻을 헤아려 잘 모셨다는 말로, 증자(曾子)가 아버지 증석(曾晳)을 봉양할 적에 반드시 술과 고기를 밥상에 올렸으며, 상을 치울 때 증석이 "남은 것이 있느냐?"고 물으면 반드시 "있습니다." 하고, 계속해서 "누구에게 주시겠습니까?"라고 여쭈었는데, 맹자가 이러한 증자의 효에 대해 '뜻을 봉양한 것〔養志〕'이라고 하였다. 《孟子 離婁上》

**193** 도규(刀圭) : 약재의 양을 헤아리는 기구로, 모양이 규(圭)와 비슷하여 이러한 이름이 붙었다.

때나 밥 먹을 때에도 이 부인의 수고로움을 모두 대신하였다. 이 부인이 일찍이 탄식하기를 "우리 아이가 아니었다면 내가 어찌 지금까지 연명할 수 있었겠느냐."라고 하였다.

부모님 두 분이 모두 돌아가신 후에는 날마다 반드시 일찍 일어나 가묘에 알현하였다. 상여(喪餘)[194]가 되면, 옷을 세탁하여 새 옷으로 바꿔 입고 손님을 마다한 채 재개하며 지내서 서글픈 그리움에 잠긴 듯이 하였으며, 제사를 받들 때는 울부짖으며 사모하는 것이 마치 초상 때와 같았다. 매해 성묘하면서 곡할 때마다 애통함을 다하였는데 70세가 되어서도 성묘를 빠트리지 않았다. 손수 소나무와 오동나무를 심고 정성과 힘을 모두 다하니, 울창한 숲이 되어 몇 리에 이어졌다. 생일날에는 축수하는 술자리를 열지 못하게 했고, 환갑날에는 문정공 묘소의 재실에서 묵으면서 비통함을 스스로 이기지 못하였다. 매번 부형이 살아계실 때의 일을 이야기할 때면 반드시 목소리를 낮추어 공경함을 다하였고 이따금씩 오열하기도 하였다. 계씨와 한 몸처럼 서로 도와서 항상 선대의 덕을 높이고 선대의 아름다움을 잇는 것을 가지고 권면하였다. 계씨가 앞을 보지 못하게 되자 분적(分炙)[195]의 근심을 견디지 못하여 제대로 먹고 자지 못하기까지 하였으며, 계씨의 상에 곡할 때는 몸이 수척해졌고, 계씨에 대한 그리움이 일 때면 번번이 눈물을 흘렸다.

여러 자제를 교육하고 산업(產業)을 제정하여 유무(有無)를 함께

**194** 상여(喪餘) : 거상(居喪)을 마치고 난 뒤라는 뜻으로, 기제(忌祭)를 이르는 말이다.

**195** 분적(分炙) : 형제의 병을 말한다.《宋子大全隨箚 卷11 卷之一百五十二祭文》

함에 지극한 사랑으로 감동시키고 믿음을 얻어서 내외척들이 화목하게 지내게 되었고, 은의(恩義)를 두루 넓게 베풀고 완급을 헤아려서 곡진히 구휼해주니 상사와 병고가 있는 자들이 모두 선생을 귀의처로 삼았으며 선생에게 의지하여 밥을 먹는 자들이 십 수 가구였다. 기사년(1809)에 크게 가뭄이 들었을 적에는 빈궁한 일족이 굶어 죽을까 염려하여 영읍(營邑)에 사는 종당(宗黨)에게 봉급을 내기를 권하고 식구를 계산하여 나누어주니, 빈궁한 일족이 이에 힘입어 전부 살 수 있었다. 충정공(忠貞公)의 후손은 숫자가 적은 데다 중간에 쇠퇴하여 진작되지 못하였고 종자(宗子)들이 또 외롭고 가난하니, 그들을 위해 의장(義莊)[196]을 경영하여 재물을 모으고 토지를 사서 구획을 세세하게 정하여서, 이로써 대대손손 종친을 높이고 일족을 수합하는 모범으로 삼으려 하였다.

집안을 다스림에 법도가 있어서 안팎의 예법을 엄하게 하여 편한 복장으로 안채에 들어가지 않았으며, 아들과 딸이 조금 성장하면 자리를 붙이고 어깨를 나란히 하지 못하게 하고서 말하기를, "혐의를 구별하고 은미함을 밝히는 것[197]이 바로 집안의 급선무이다."라고 하면서

**196** 의장(義莊) : 친족을 구제하기 위해 설치한 전장(田莊)을 말한다. 송(宋)나라의 재상 범중엄(范仲淹)이 강소성(江蘇省) 소주(蘇州) 고소(姑蘇)에 전지(田地) 수천 묘(畝)를 사들여 의장을 만들고 조(租)를 거두어 족인 중에 나이와 덕이 높은 사람을 뽑아 이를 관리하게 해서 일가 중의 가난한 집의 관혼상제에 공급해주었다.《宋史 卷314 范仲淹列傳》

**197** 혐의를……것 : 예(禮)로써 혐의스러운 일을 분별하고 예로써 은미한 일을 밝히는 것이다. 이 말은《예기(禮記)》〈예운(禮運)〉에, "예라는 것은 인군의 큰 자루이니, 혐의를 구별하고 은미함을 밝히며 귀신을 대접하며 제도를 상고하며 인의를 구별하는 것이다.〔禮者, 君之大柄也, 所以別嫌明微, 儐鬼神, 考制度, 別仁義.〕"라고 한 데서 원

자제들을 가르치고 훈계하여 행실단속을 먼저하고 문예를 뒤로하며 절검(節儉)을 숭상하고 영예를 가볍게 여기도록 하였다. 자제들에게 허물이 있으면 곧 낯빛을 엄숙하게 하고 임하여 스스로 고칠 줄을 알도록 하였으며, 만일 놀고 장난하면서 단정하지 못하면 비록 어린아이라도 반드시 꾸짖었다. 자신의 몸의 봉양은 매우 검약하게 하여 베옷은 다만 몸을 가릴 정도만 취하였고 아침저녁밥은 반찬 몇 그릇을 넘김이 없었으며, 방 안에는 장자(障子)[198]를 설치하지 않았고 해진 휘장을 써서 겨울 추위를 막았으며, 궤안과 상자는 모두 질박함을 숭상하였다. 자제들이 수의를 마련하려 하자 선생은 삼베와 명주베를 가져다가 직접 살펴 재단하되 가선을 두르는 작은 것이라도 연경(燕京) 시장의 물건은 하나도 들이지 않게 하였으며 이를 인하여 후손들을 경계해서 길이 가법으로 삼게 하였다.

교유를 간략하게 하여 문을 나가는 경우가 매우 드물었으나, 사우에 대해서는 열정과 의욕이 있어서 지암(止庵 김양행(金亮行))·제헌(霽軒 심정진(沈定鎭))·근재(近齋 박윤원(朴胤源))·중주(中洲 이직보(李直輔)) 네 현자를 존경하여 섬겼으며, 확재(擴齋) 민치복(閔致福)[199] 공과는 교분이 더욱 돈독하여 말하기를 "백씨[200]를 잃은 후로 오직 민원리에게 자뢰하고 도움받기를 가장 많이 하였다. 내가 아는 바로, 이 이(理)의

용한 것이다.

198 장자(障子) : 병풍의 일종으로 가리개라고도 하는데, 여기에 좋은 글을 쓰거나 그림을 그리기도 하였다.

199 확재(擴齋) 민치복(閔致福) : 1766~1814. 자는 원리(元履), 호는 확재, 본관은 여흥(驪興)이다. 김양행(金亮行)·이직보(李直輔)의 문인이다.

200 백씨 : 영재(寗齋) 오윤상(吳允常, 1746~1783)이다.

본체에 대해 실제로 견득함이 있는 자는 오직 민원리 한 사람인데 수명이 길지 못해서 논저를 남기지 못했다."라고 하며, 슬퍼하고 애석해하기를 마지않았다. 항상 말하기를 "붕우가 오륜(五倫)에 나열되어 있으니 오륜이 이를 통해 확립된다. 그런데 성인이 멀어지고 가르침이 해이해져서 붕우의 도가 점점 쇠미해져 시대를 내려와 오늘날에 이르러서는 거의 없어져 버렸다."라 하고, 왕심보(王深父)가 '사람에게 사지가 있음은 그것으로 몸을 이루는 것이니, 전체가 갖추어지지 않으면 이를 폐질(廢疾)이라 이른다. 인륜이 없다면 어찌 세상이라 하겠는가.'라고 한 것[201]을 원용하여 경계하였다.

다른 사람들과 교유함에 오래될수록 더욱 공경하였으며 구차히 교제를 승낙하지 않았고 한 가지 선행이라도 있다는 것을 들으면 비록 소원하고 미천한 사람이라도 몸을 굽혀 자신을 낮추려고 하였다. 고구(故舊)가 현달하게 되면 그에게 찾아가지 않았고 곤액을 당하거나 근심스런 일이 생기면 또한 반드시 그에게 마음을 다하였다. 때때로 동지들을 이끌고 한적한 절이나 숲속 정자로 가서 마음속의 회포를 펴고 명리(名理)를 실컷 담론하여 표연히 저 하늘의 노을 위로 올라가려는 감상이 있었다. 평소 산수를 좋아하여 인자(仁者)와 지자(智者)의 지취[202]를 깊이 터득하여 팔도의 여러 승경을 힘써 찾아서 마음에 맞는

**201** 왕심보(王深父)가……것 : 왕심보는 왕회(王回, 1023~1065)로, 송(宋)나라 복주(福州) 후관(侯官) 사람이며, 심보는 그의 자이다. 이 말은 그가 벗에게 '오륜 중의 붕우유신의 중요성'을 논하며 했던 말이다. 《宋文鑑 卷127 告友》

**202** 인자(仁者)와 지자(智者)의 지취 : 산을 좋아하고 물을 좋아하는 취향을 말하는 바, 《논어》 〈옹야(雍也)〉의 "지혜로운 자는 물을 좋아하고, 인한 자는 산을 좋아한다. 〔智者樂水, 仁者樂山.〕"라는 공자의 말에서 유래한 것이다.

곳을 만나면 문득 눈도 깜빡이지 않고 바라보는 감상을 두었으니, 이것이 이른바 '묘용(妙用)이 현행(顯行)하여 곳에 따라 충만하다.'[203]는 것이었다.

본디 교목(喬木)의 세신(世臣)[204]으로서 기쁨과 슬픔을 국가와 함께하여 국가를 근심하고 임금을 사랑하는 한결같은 생각이 단사(丹砂)처럼 빛났다. 매번 임금의 직무에 부족하거나 빠진 부분이 있음을 듣게 되면 번번이 여러 날을 화평하지 못하였고, 기근이 들고 역병이 돌아 국가의 운명이 철류(綴旒)[205]처럼 위태로워지면 혹 방안을 빙빙 맴돌며 날을 지새우기도 하였으며, 항상 자질(子姪)들을 경계하기를 "선비가 쇠미한 세상에 태어나서는 마땅히 절개에 죽고 의리에 죽으려는 마음

**203** 묘용(妙用)이……충만하다 : 천도가 유행하여, 솔개가 하늘에 이르고 물고기가 연못에서 뛰노는 것처럼, 자연의 모든 것에서 천도의 발현을 발견한다는 의미이다. 동숙중(董叔重)이 주희(朱熹)에게 보낸 편지에, "도의 체용이 유행하여 발현됨은 간단(間斷)이 없지만 사람에 있어서는 일상에서 보는 것이 애초에 이 마음을 벗어나지 않기 때문에 반드시 이 마음을 보존한 뒤에야 비로소 전체가 드러나서 묘용이 현행하여 활발발한 것이 응체되거나 장애됨이 전혀 없을 것이다.〔蓋以道之體用流行發見雖無間息, 然在人而見諸日用者, 初不外乎此心, 故必此心之存然後方見得其全體呈露, 妙用顯行, 活潑潑地, 略無滯礙耳.〕"라고 하였는데, 주희가 이 설을 매우 좋다고 평하였으며 《대학혹문(大學或問)》에도 채록하였다. 《朱子大全 卷51 答董叔重》

**204** 교목(喬木)의 세신(世臣) : 교목은 키가 큰 나무로, 여러 대에 걸쳐 중요한 지위를 차지한 신하를 배출하여 국가와 화복을 함께하는 유서 깊은 명문 세가(名門世家)를 비유하는 말이다. 《맹자》 〈양혜왕 하(梁惠王下)〉에 "이른바 고국(故國)이란 것은 교목이 있음을 말함이 아니요 세신(世臣)이 있음을 말한 것입니다.〔所謂故國者, 非謂有喬木之謂也, 有世臣之謂也.〕"라고 한 데에서 유래하였다.

**205** 철류(綴旒) : 면류관에 구슬을 꿰어 드리운 술을 말하는데, 이리저리 흔들리는 모양으로 인하여 국가의 형세가 위태로운 것을 비유하게 되었다.

을 잊지 않아야 한다."라고 하였다.

습속이 날로 낮아져서 화이(華夷)의 예방(禮防)이 엄격하지 못하게 되고 의리가 점점 어두워져서 선악의 구분이 밝지 못하게 됨에 있어서는, 빨리 분변하고 확고하게 지켜서 세상을 깨우치고 미혹됨을 열어주고자 하였다. 밝은 지혜를 미루어 세상일을 살펴서 모든 일을 할 적에 시작과 끝을 연구하여 엄밀하고 견고하게 해서 어긋나거나 틈새는 부분이 없게 하였고, 득실과 이해에 대해서는 형세를 살펴 기미를 알지 않음이 없어서 거북점의 선견지명이 있었다.

항상 골육의 정에 이끌려 교외를 서성이면서 울적해하며 자기 뜻대로 하지 못하였었는데, 만년에 상류에 터를 잡고 살려고 하였으나 끝내 결행하지 못하였다. 매번 서유자(徐孺子)가 몸소 농사지어서 자신의 힘으로 일군 것이 아니면 먹지 않았던 일[206]을 칭찬하였고, 천하의 일을 가지고 물으면 대답하지 않고서 말하기를 "내 진실로 고인에게 부끄러운 점이 있다."고 하였다. 일찍이 삼연(三淵)의 말 중에 '봄날 야전(野戰) 가운데서 소를 치면서 몸소 밭을 간다.'라고 한 것[207]을 외면서 이것

**206** 서유자(徐孺子)가……일 : 서유자는 동한(東漢) 시대의 현인(賢人) 서치(徐穉)로, 유자는 그의 자이다. 집안이 빈궁하여 직접 농사지어 먹고 살면서도 소명(召命)에 응하지 않아 '남주 고사(南州高士)'라고 칭해졌다. 《後漢書 卷66 陳蕃列傳》

**207** 삼연(三淵)의……것 : 삼연은 김창흡(金昌翕, 1653~1722)의 호이다. 이 말은 《삼연집 습유(三淵集拾遺)》 권31 〈어록(語錄)〉에 나오는 김창흡의 말로, 거기에 "지금 세상의 일은 위로 조정에서부터 아래로 사대부와 소민(小民)에 이르기까지 모두 허위를 숭상하지 아니함이 없다. 모든 일신상 일상의 처사에 허위 아님이 없는데, 오직 봄날 야전 가운데서 소를 치면서 몸소 밭을 가는 것이 그나마 마음에 든다.〔今世事, 上自朝廷下至士夫小民, 無非皆尙虛僞. 凡人身日用處事無非虛僞, 惟春日野田中, 叱牛躬耕者, 差强人意.〕"라고 하였다.

이야말로 실제에 힘쓰는 것이라고 하며 찬탄해 마지않았으니, 선생의 평소 성품을 알 수가 있다.

평소 겸양을 숭상하여 사도(師道)로 자처하려 하지 않았다. 그리하여 비록 수학하기를 청하는 자가 있더라도 스승이라고 표방하는 것을 싫어하여 거절하였다. 그런데 만년에는 책임이 더욱 무거워져서 사양할 수 없는 점이 있으므로 원근을 따지지 않고 이끌어주기를 게을리하지 않았으나, 또한 폐백을 가지고 만나보는 것을 허락하지 않고서 말하기를 "귀함은 진실한 마음으로 서로 대하는 데 있으니, 어찌 굳이 허례허식을 앞세울 필요가 있겠는가."라고 하였으며, 재주의 고하에 따라 권면하여 나아가게 하고 이끌고 인도해주었다. 항상 배우는 자에게 먼저 명(名)과 실(實)을 분변할 것을 가르치면서 말하기를 "모름지기 위기(爲己)와 위인(爲人)의 구분에 대하여 못을 끊고 쇠를 자르듯이 하여야 도에 들어가는 데에 헤매지 않을 것이니, 그렇지 않으면 다만 말류를 따르고 그림자를 좇는 것일 뿐이다."라고 하였다.

작은 집을 사서 거처하면서 그 재(齋)를 '관선(觀善)'이라 이름하고 그 안에서 수업하였으며, 또한 집안사람을 이끌고서 함께 오는 자가 있으면 그들을 위하여 살길을 도모해주어 학업을 쌓는 데에 전심할 수 있게 해주었다. 관할하는 서원에 학규(學規)를 세워 모두 월강(月講)을 하게 하였으며, 간혹 직접 스승의 자리에 임하기도 하고 향음주례(鄕飮酒禮)를 행하여 풍속을 권면하기도 하였다.

약관의 나이에 문장 짓는 것을 좋아하여 작가의 규범을 터득했는데, 곧 그것이 심신에 무익하다는 것을 깨달아 절대 한만한 저술을 일삼지 않았다. 그러나 체재(體裁)가 간결하고 문리가 간곡하였으니, 유고가 17권이 있고, 《독서수기(讀書隨記)》 1권과 《잡지(雜識)》 2권이 집에

보관되어 있다.[208]

선생은 평소 호를 짓지 않았는데, 만년에 초당을 지어 거주하고서 편액을 '돈간(敦艮)'이라 하였으니, 이는 '그치는 도의 지극히 선함'으로,[209] 선생이 안신입명(安身立命)하는 바였다. 양명(陽明)이 우세하면 덕성이 사용된다.[210] 그러므로 선생은 일상의 말과 행실에 나타나는 것이 가는 곳마다 명통공부(明通公溥)[211]에 인접하지 않음이 없었으니,

**208** 유고가……있다 : 한국문집총간에 수록된 《노주집》의 저본은 1892년에 목활자로 인쇄된 초간본인데, 《독서수기》는 권22에, 《잡지》는 권23에서 권26까지에 실려 있다.

**209** 편액을……선함으로 : '돈간'은 《주역(周易)》 〈간괘(艮卦) 상구(上九)〉에, "멈춤에 독실함이니, 길하다.〔敦艮, 吉.〕"라고 보이는데, 정이(程頤)의 전(傳)에, "사람의 멈춤은 오래하고 끝마침을 어렵게 여긴다. 그러므로 절개가 혹 만년에 바뀌기도 하고 지킴을 혹 종말에 잃기도 하며 일은 혹 오래됨에 폐해지기도 하니, 이는 사람이 똑같이 걱정하는 바이다. 그런데 상구는 능히 종(終)에 돈후(敦厚)하니, 이는 그치는 도(道)의 지극히 선(善)한 것이니, 이 때문에 길(吉)한 것이다."라고 하였다. 간괘의 덕은 그침〔止〕인데 특히 자신이 있어야 할 제자리에 머문다는 의미가 있다. 상구가 가장 위에 있어서 그치고 머문 지가 오래되었는데도 여전히 그치고 있으므로 '돈간'이라고 한 것이고, 이는 자신의 절개를 만년에도 끝까지 지킨다는 의미가 있기 때문에 길하다고 한 것이다.

**210** 양명(陽明)이……사용된다 : 이 말은 장재(張載)의 말로, 거기에 "천리 아님이 없으나 양명이 이기면 덕성이 사용되고 음탁(陰濁)이 이기면 물욕이 행해지니, 악을 다스리고 선을 온전히 함은 반드시 학문을 말미암아야 한다.〔莫非天也, 陽明勝則德性用, 陰濁勝則物欲行, 領惡而全好者, 其必由學乎!〕"라고 하였는바, 이는 '기질은 모두 하늘에서 받은 것이지만 양명한 기질을 받은 사람은 덕성을 사용하고 음탁한 기질을 받은 사람은 물욕에 구애되므로 물욕을 다스리고 덕성을 온전히 사용하기 위해서는 학문을 통해 기질을 바로잡아야 한다.'는 의미이다. 《張子全書 卷2 正蒙一》

**211** 명통공부(明通公溥) : 정(靜)할 때 마음이 비어서 밝아지고 통하며, 동(動)할 때 마음이 곧아서 공정하고 넓어짐을 말한다. 이 말은 주돈이(周敦頤)의 《통서(通書)》

이것을 가지고 구해본다면 선생이 선생이 된 이유를 거의 알 수 있을 것이다.

배위(配位) 숙부인(淑夫人) 안동 권씨(安東權氏)는 판서에 추증된 목사 권제응(權濟應)의 따님으로, 문순공(文純公) 권상하(權尙夏)의 현손이다. 자애롭고 정숙하여 남편과 손님처럼 서로 공경하였으며 집안일을 잘 다스리니 일가친척들이 모두 그의 어짊에 감복하였다. 향년 72세에 선생보다 1년 먼저 세상을 떠나서 선생의 묘소 왼편에 부묘하였다. 3남 2녀를 낳았는데, 장남 치성은 전 목사(牧使)로 영재공(寧齋公)의 양자로 갔고, 차남은 요절하였고, 삼남 치익(致翼)은 지금 경모궁 영(景慕宮令)이다. 두 여서(女婿)는 현령 민치록(閔致祿)과 정언 김보근(金輔根)이다. 장남 치성의 아들 홍선(弘善)은 생원이고, 딸은 이종우(李鍾愚)에게 출가하였다. 삼남 치익의 아들은 경선(敬善)이다.

아! 선생은 세상에 드문 빼어난 자품으로 여러 대에 걸친 문헌(文獻 전적과 현자)의 성함을 계승하여 가정에서 전습(傳習 전수받은 것을 익힘)하였으며, 독실하게 믿고 배우기를 좋아하여 도체(道體)를 깊이 찾아 마음을 씀에 분산하지 않았다. 그리하여 마침내 책임을 등에 져서 젊어서부터 노년에 이르기까지 임중도원(任重道遠)의 자세를 지켜 급박하고 어려운 상황에서도 한순간의 끊어짐도 없었고 반드시 인을 구하는

에, "욕심이 없으면 정(靜)할 때는 마음이 비고 동(動)할 때는 곧을 것이다. 정할 때 마음이 비면 밝아지고, 밝으면 통하며, 동할 때 곧으면 공정해지고 공정하면 넓어진다. 밝고 통달하고 공정하고 넓어지면 거의 성인(聖人)이 될 것이다.〔無欲則靜虛動直, 靜虛則明, 明則通, 動直則公, 公則溥, 明通公溥, 庶矣乎!〕"라고 한 것을 원용한 것이다.

것을 근본으로 삼아서 인의 본체를 견득함이 철저하고 확실하였다. 이 때문에 곧바로 깊은 진리에 나아가 거함이 편안하고 자뢰함이 깊어서[212] 함양하고 발용하는 아름다움이 있었고 내외와 은현의 차별이 없었다. 천지가 만물을 내는 마음을 체득하여 지양(持養)하고 확충한 것[213]이 한결같이 성(誠)에서 나왔다. 자상하고 온화한 기운이 사체에 퍼져 있었으며 신실하고 온순한 덕이 여러 사람을 감동시켰다. 이렇게 겉과 속에 간격이 없고 체와 용이 모두 갖추어져서, 충후하고 인자한 가운데 자연히 강건하고 과감하며 정직하고 방정한 기운이 있어서 위엄으로 두렵게 하고 이익으로 유혹해도 지조를 빼앗을 수 없었으며 생사가 교차된다고 해도 마음을 변화시킬 수 없었다.

집안을 다스림에 윤리가 매우 올바르고 은혜와 의리가 지극히 돈독하여 육순(六順)[214]을 미루어 한 나라를 교화시킬 만하였고, 천명을

**212** 거함이……깊어서 : 자득을 통해 학문의 경지가 높아진 효과를 말한 것이다. 《맹자》 〈이루 하(離婁下)〉에 "군자가 깊이 나아가기를 도(道)로써 함은 그 자득(自得)하고자 해서이니, 자득(自得)하면 처하는 것이 편안하고, 처하는 것이 편안하면 자뢰함이 깊고, 자뢰함이 깊으면 좌우에서 취함에 그 근원을 만나게 된다.〔君子深造之以道, 欲其自得之也. 自得之則居之安, 居之安則資之深, 資之深則取之左右, 逢其原.〕"라고 하였다.

**213** 천지가……것 : 천지가 만물을 내는 마음은 곧 인(仁)으로, 주희(朱熹)가 이를 "천지는 만물을 낳는 것을 마음으로 삼고, 사람과 물건이 태어남에 또 각각 천지의 마음을 얻어서 이를 자신의 마음으로 삼는다. 그러므로 마음의 덕을 말하면 비록 총괄하고 관통해서 모두 갖추고 있지만 한 마디로 단정하면 인이라고 할 뿐이다."라고 정리한 바 있다. 《朱子大全 卷67 仁說》 지양은 경(敬)을 지켜서 본성을 함양하는 것이고, 확충은 선한 마음의 단서인 사단(四端)을 넓혀 채우는 것인바, 지양은 미발을 위주로 말한 것이고 확충은 이발을 위주로 말한 것이다. 《二程遺書 卷11》 《孟子 公孫丑上》

**214** 육순(六順) : 사람이 좇아야 할 여섯 가지 바른 도리로, 곧 인군의 의(義), 신하의

즐기고 운명을 안다고 해서 남들과 근심을 함께함을 잊지 않았다. 그러나 때는 나아가기 어려운 바가 있고 도는 행해지기 어려운 점이 있어서 가슴속에 감춰두고 산택에서 일생을 마쳐서 끝내 밝은 세상의 유일(遺逸)이 되어 황왕(皇王)의 정치를 펴려는 뜻을 조금도 드러내지 못하게 되었으니, 마땅히 천고의 지사(志士)들과 가슴속의 한을 함께할 것이다.

그러나 도가 행해지지 않음은 이를 밝히지 못해서이니, 요순의 유정유일(惟精惟一)의 전함[215]이 공맹(孔孟)을 기다려서 밝아졌고, 추로(鄒魯 공맹)의 계왕개래(繼往開來)의 공[216]이 정주(程朱 정자와 주자)를 기다려서 밝아졌다. 낙건(洛建 정주(程朱))의 훈석천발(訓釋闡發 의미를 해석하고 천명함)의 뜻 또한 깊게 온축해두고서 백 세 뒤의 사람을 기다리고 있었는데, 의리는 무궁하고 견문은 국한되어 새는 틈을 땜질하는 데서 다소의 틈이 생겨나서[217] 심하면 자기 당으로 들어오는 자는 붙좇

행(行), 부모의 자(慈), 자식의 효(孝), 형의 애(愛), 아우의 경(敬)이다.《春秋左氏傳 隱公 3年》

**215** 요순의 유정유일(惟精惟一)의 전함 : 요 임금과 순 임금이 전한 심법을 말하는 바, 요 임금이 순 임금에게 선위(禪位)할 적에 "진실로 그 중을 잡으라.〔允執其中.〕"라고 하였는데, 순 임금이 우 임금에게 선위할 적에는 "인심은 위태롭고 도심은 은미하니, 유정유일하여야 진실로 그 중을 잡으리라.〔人心惟危, 道心惟微, 惟精惟一, 允執厥中.〕"라고 하여 12자를 보충하였다. 유정은 현재의 마음이 인심인지 도심인지를 정밀히 살피는 것이고 유일은 한결같이 도심을 따라 행하는 것이다.《論語 堯曰》《書經 虞書 大禹謨》

**216** 계왕개래(繼往開來)의 공 : 208쪽 주191 참조.

**217** 새는……생겨나서 : 정주의 깊은 뜻을 자신의 좁은 견해로 해석하다가 흠결이 생긴다는 의미로, 정주의 뜻을 해석하다가 오히려 곡해함을 '새는 틈을 땜질하다가 오히

고 자기 당을 나가는 자는 더럽게 여겨서 손 가는 대로 제멋대로 써내서 성철의 가르침을 몰아다가 속박하여 자기 뜻을 따르게 하였다. 이리하여 위아래가 도치되고 붉은색과 흑색이 뒤섞어서 심지어는 주자를 가지고 주자를 공격하는 자도 있으니, 도술이 천하에 의해 분열되어 사문의 비색함이 극에 달하였다.

이에 우주간의 도리를 한번 정돈하지 않을 수 없었는데, 선생께서 마침 이 기회를 맞아 하늘이 맡긴 책무가 자신에게 돌아옴을 스스로 알고서 전일하고 정미하게 연구하였으며 마음을 비우고 뜻을 너그럽게 하여 자신의 견해를 고집하지 않고 글을 따라 뜻을 순히 이해하여 견고한 곳과 하자있는 곳이 절로 다스려지도록 하였다. 처음에는 오랫동안 분비(憤悱)[218]하던 곳이 끝내는 환하게 풀려서 형기신리(形氣神理)의 뜻을 밝히고 동정체용의 묘함을 다하여 '천지조화가 생성함에 두 근본이 없고, 도(道)와 기(器)가 나뉘고 합함에 두 가지 일이 없음'을 밝혔다.

또 세상 학자들의 주기론(主氣論)이 진망(眞妄)의 분별이 없어서[219]

려 그로부터 틈이 생긴다'는 것으로 비유한 것이다. 이 말은 한유(韓愈)의 〈진학해(進學解)〉에, "이단을 배척하여 노불(老佛)을 물리치며 새는 틈을 땜질하고 그윽함을 펼쳐서 아득히 실추된 전통을 찾아서 홀로 사방으로 수집하고 멀리 계승한다.〔觝排異端, 攘斥佛老, 補苴罅漏, 張皇幽眇, 尋墜緖之茫茫, 獨旁搜而遠紹.〕"라고 한 것을 뒤집어 말한 것이다.

**218** 분비(憤悱) : '분(憤)'은 마음으로 통달하려고 해도 되지 않는다는 뜻이고, '비(悱)'는 입으로 표현하려 해도 되지 않는다는 뜻이다. 《논어(論語)》 〈술이(述而)〉에, "마음으로 통달하려고 노력하지 않으면 열어주지 않으며, 입으로 표현하려고 애태워하지 않으면 말해주지 않는다.〔不憤, 不啓; 不悱, 不發.〕"라고 하였다.

**219** 진망(眞妄)의 분별이 없어서 : 진실무망하여 전혀 차별이 없는 이(理)와 가선가

잘못 전해져 이단의 자부(資斧)[220]가 되어 이(理)가 기의 주인이 된다는 뜻이 어두워졌는데, 선생께서 '이(理)' 자를 드러내 밝혀 심장을 쪼개고 골수를 뚫어서, 정주(程朱) 이래로 이 이(理)를 밝히며 고혈을 짜내서 고취한 참된 말씀과 올바른 가르침을 여기에서 다시 밝아지게 하였으니, 그 공이 성대하다고 이를 만하다.

독서할 적에 기술한 것과 사우들과 토론한 것을 보면 모두가 오묘한 도리와 정미한 뜻을 밝힌 것인데, 그 아름답고 훌륭한 말씀에 절로 천기(天機)가 드러나서 옥으로 만든 자와 금 저울이 조금의 착오도 없었으니, 온갖 이치를 종합하고 여러 학설을 분석한 것을 보면 선현을 계승하고 후학을 계도하여 하나로 정하게 할 만하였다. 그런데 만년에는 더욱 수렴하고 요약하여 감추기를 더욱 엄밀하게 하여 '묵묵히 이룸이 덕행에 달려있음'[221]의 풍도가 있었다. 그래서 박문(博文)과 약례(約禮)[222]가 어우러져 공부가 원하는 대로 이루어져서 조예가 지극하여

악하여 본말의 차이가 있는 기(氣)를 구분하지 못한다는 말이다. 오희상이 보기에 태극과 오상을 구분하여 인성과 물성의 다름을 주장하는 임성주(任聖周)나 한원진(韓元震)은 모두 이(理)와 기(氣)의 불잡(不雜) 관계에 소략하여 기를 위주로 하여 이를 설명해서 이의 전체성을 간과한 잘못이 있다.

**220** 이단의 자부(資斧) : 자부는 물자와 도끼로, 물자와 기용의 이로움을 상징하는 말인바, 이단의 자부가 됨은 이단의 학설을 지지하는 논거로 이용된다는 의미이다. 《周易 旅卦 九四》

**221** 묵묵히……있음 : 이 말은 《주역(周易)》 〈계사전 상(繫辭傳上)〉에, "묵묵히 이루고 말하지 않아도 믿음은 덕행에 달려있다.〔黙而成之, 不言而信, 存乎德行.〕"라고 보인다.

**222** 박문(博文)과 약례(約禮) : 박문은 문(文)을 널리 배움으로 지공부를 말하고, 약례는 예(禮)로써 요약함으로 행공부이다. 이 말은 《논어》 〈옹야(雍也)〉 "문(文)을

우뚝이 사백 년 우리 도의 결실이 되었으니, 이 같은 분이야말로 참으로 당대의 저명한 진유(眞儒)이다. 하늘이 오늘날 선생을 내려주신 것은 장차 기수(氣數)의 국한을 통하게 하려는 것이니, 어찌 이유 없이 그런 것이겠는가. 만약 후세의 요부(堯夫)를 만난다면[223] 이 말이 과장된 것이 아님을 믿을 것이다.

나 또한 일찍이 선생께 가르침을 받았었는데, 말씀하기를 "근세에는 문식이 더욱 심하여 선대의 학자를 찬미하는 말에 적당히 헤아림이 전혀 없고 한결같이 과하게 높이는 것을 위주로 해서 이렇게 하지 않으면 '이것으로는 스승을 높일 수 없다.'고 하면서 돌려가며 서로 인습해서 마침내 하나의 허례허식이 이루어졌으니, 이 일은 실로 사문의 성쇠와 관련된다."라고 하였다. 내가 이 말씀을 늘 마음속에 간직하고 감히 잊지 않는다. 선생의 맏아들이 내가 선생께 지우(知遇)를 입었다고 하여 행장을 써줄 것을 부탁하니, 스스로 생각하건대 나는 식견이 얕고 필력이 졸렬하여 잘 관찰하고 잘 형용하지 못한다. 그러니 어찌 은미하고 그윽한 것을 드러내고 밝혀서 영원히 전해지기를 도모할 수 있겠는가. 삼가 내 견문이 미친 바와 평소 열복(悅服)했던 것에 나아가 이상과 같이 차례로 엮었는데, 글을 엮고 일을 나열함에 조심하고 조심해서 세교(世敎)를 근심하시던 선생의 고충을 우러러 받들어 지언(知言)의 군자를 기다리는 바이다.

널리 배우고 예(禮)로써 요약한다.〔博學於文, 約之以禮.〕"라고 한 데에서 온 말이다.

**223** 세의 요부(堯夫)를 만난다면 : 후세에 자신의 뜻을 이해하고 알아봐 줄 사람을 만남을 말한다. 요부는 송나라의 학자 소옹(邵雍)으로, 요부는 그의 자이다. 소옹은 《황극경세서(皇極經世書)》를 짓고서 책 겉면에 "이 글을 요부에게 올린다.〔文字上呈堯夫.〕"라고 썼다고 한다. 《朱子語類 卷53 孟子三 公孫丑中》

매산집

제46권

행장 行狀

## 사헌부 장령 증 이조 참판 임공 행장 경자년(1840, 헌종6)
司憲府掌令贈吏曹參判任公行狀 庚子

공은 휘가 징하(徵夏), 자가 성능(聖能), 성이 임씨(任氏), 호가 서재(西齋)이다. 세계(世系)가 풍천(豐川)에서 나왔으니, 고려 어사대부 주(澍)가 그 시조이다. 본조(本朝)에 들어와 관작이 계속 이어지다가 휘 내신(鼐臣)에 이르러 강원도 관찰사가 되고 을사년(1545, 명종 즉위년)의 명현(名賢)[1]이 되었다. 이분이 휘 기(琦)를 낳았는데, 용사(龍蛇)의 전란[2]에 의병을 창도해서 왜적(倭賊)을 토벌하여 특별히 대흥 현감(大興縣監)에 제수되었다. 이분이 휘 희지(羲之)를 낳았는데, 혼조(昏朝 광해군조)를 만나 관직이 사예에 그쳤고 이조 참판에 추증되었으니 이분이 공의 고조이다. 증조 휘 환(瑍)은 생원으로 좌참찬에 추증되었으며 지행(至行)이 있었으니 우암(尤菴) 송 문정공(宋文正公 송시열(宋時烈))이 묘표(墓表)를 지었다. 조고 휘 홍망(弘望)은 문과에 급제하고 지중추부사가 되었으며, 풍절(風節)과 덕업(德業)으로 명릉(明陵 숙종)의 명신이 되었으니 미호(渼湖) 김 문경공(金文敬公 김원행

**1** 을사년의 명현(名賢) : 1545년(명종 즉위년)에 일어난 을사사화(乙巳士禍)로 화를 입은 신하를 가리킨다. 을사사화는 명종의 외숙이자 소윤(小尹)의 거두인 윤원형(尹元衡)이 인종의 외숙이자 대윤(大尹)의 거두인 윤임(尹任) 일파를 몰아내는 과정에서, 대윤파에 가담했던 사림(士林)이 크게 화를 입은 사건이다.

**2** 용사(龍蛇)의 전란 : 임진왜란을 가리킨다. '용사'는 용의 해인 임진년(壬辰年)과 뱀의 해인 계사년(癸巳年)을 합칭한 것으로, 간지(干支)에 있어서 진(辰)은 용(龍), 사(巳)는 사(蛇)에 해당된다.

(金元行))이 묘갈명(墓碣銘)을 지었다. 선고 휘 형(泂)은 집의로, 거리낌 없이 할 말을 다하여 명의(名義)를 붙들어 세워서 사류(士類)에게 추중(推重)을 받았다. 선비(先妣) 연안 이씨(延安李氏)는 의저(義著)의 딸로, 충정공(忠定公) 귀(貴)가 그 고조이다. 숙종 13년 정묘년(1687) 5월 14일에 공을 낳았다.

공은 골격이 청수(淸秀)하고 자질과 식견이 명민하였으니 조고 지중추부사 공이 기뻐하며 말하기를,

"아이에게 봉황이 천 길을 날아오르는 기상이 있다."

라고 하고 '봉(鳳)' 자를 가지고 소자(小字)를 지어주었다. 말을 배우자마자 곧바로 글자를 깨우쳤다. 지중추부사 공이 성현들의 사적을 그림으로 그려서 자손들에게 명하여 각자 뽑아 취하도록 하였는데 공은 홀로 설교(雪窖)[3]의 그림을 흠모하였다. 장자(長者)가 그 까닭을 묻자 대답하여 말하기를,

"20년 동안 설교에서 그 지조를 바꾸지 않음을 취한 것입니다."

라고 하였다. 그 지절(志節)이 우뚝한 것이 이미 어릴 때부터 이와 같았다. 10여 세에 춘관(春官 예조)에서 동몽강(童蒙講)에 응시하였는데 문의(文義)를 묻는 것에 답함이 명쾌하여 온 좌중이 기특하다고 칭찬하였으니 이로부터 명성이 매우 자자해졌다. 조금 장성한 뒤에 교상(膠庠)[4]에서 시험을 치르면 늘 상위의 등수를 차지하였다.

**3** 설교(雪窖) : '눈 쌓인 움막'의 뜻이다. 한 무제(漢武帝) 때의 충신 소무(蘇武)가 흉노(匈奴)에 사신으로 갔다가 억류를 당하여 눈 쌓인 움막에 갇힌 채 온갖 고초를 겪으면서도 굴복하지 않다가 소제(昭帝) 때 흉노와의 화친으로 19년 만에 풀려 돌아온 일이 있다.《前漢書 卷54 蘇武傳》

**4** 교상(膠庠) : 주대(周代)에 태학(太學)을 교(膠)라고 하고 소학(小學)을 상(庠)이

계사년(1713, 숙종39)에 사마양시(司馬兩試 생원시와 진사시)에 합격하였다. 갑오년(1714)에 문과에 급제하였는데 연달아 삼장(三場)을 통과하고 혹은 장원을 차지하기도 하니 세상 사람들이 율곡(栗谷 이이(李珥)) 이후로 처음 있는 일이라고 하였다. 을미년(1715)에 괴원(槐院 승문원)에 분관되었다. 정유년(1717)에 가주서가 되어 온천에 거둥하는 어가를 호위하였는데 영소정(靈沼亭)에서 어제시에 화운한 것이 신료들에게 추장(推奬)을 받았다.

무술년(1718)에 봉양의 편의를 위하여 금정도 찰방(金井道察訪)에 제수되었다. 이때 마침 큰 흉년이 들자 도백(道伯)이 공명첩(空名帖)을 보내어 구휼할 물자를 마련하도록 하였는데, 공은 우관(郵官)은 수재(守宰)와 다르다고 하여 이를 받지 않고 희름(餼廩 봉급)을 덜어서 나누어 주어 속역(屬驛)을 진휼하니 한 사람도 굶어죽은 이가 없었다. 김공 유경(金公有慶)이 역마(驛馬)를 제멋대로 탄 일로 인하여 서로 맞서며 체직될 것을 도모하였는데, 김공이 뉘우치고 사죄하였으나 공은 해명하려고 하지 않았다. 이 충민공(李忠愍公) 건명(健命)이 강요할 수 없음을 알고는 공을 천거하여 사록이 되게 하니 여론이 억울하게 여겼다. 그러나 공은

> "군주를 섬김에 조습(燥濕)을 꺼리지 않아야 하니 벼슬을 함에 어찌 좋고 나쁨을 구분하겠는가. 청현(淸顯)은 또한 평소에 원하던 바가 아니다."

라고 하고는 곧장 출사하여 직무에 종사하였다.

경자년(1720)에 숙묘(肅廟 숙종)가 승하하자 국장도감 낭청(國葬都

라고 하였는데, 뒤에는 학교의 뜻으로 쓰이게 되었다.

監郎廳)에 차임되었는데 〈자상(自傷)〉 시[5]를 지어서 슬퍼하고 사모하는 마음을 서술하였다. 이후로 벼슬에 나아가려는 뜻이 없어서 예조 좌랑으로 승진하였으나 일부러 전강(殿講)에 나아가지 않아 이로 인해 파직되었다. 신축년(1721, 경종1)에 서용되어 사헌부 지평에 제수되고 춘추관 기사관을 겸하였으며 찬수청 낭청에 차임되었다. 이윽고 부친상을 당하였고, 계묘년(1723)에 또 모친상을 당하였다.

을사년(1725, 영조1)에 시강원 사서에 제수되었다가 사간원 정언으로 옮겼는데 상소하여 조고 지중추부사 공이 무함을 받은 것에 대해 변론하였다. 이에 앞서 기사년(1689, 숙종15)에 인현성모(仁顯聖母 인현왕후)가 폐위되자 지중추부사 공의 종자(從子) 증 지평 창(敞)[6]이 궐문을 지키며 호곡(號哭)하였고, 신사년(1701)에 성모가 승하하고 무고(巫蠱)의 옥사가 일어나자 또 상소하여 토복(討復)하고 고묘(告廟)할 것을 청하였는데, 흉당이 죄를 날조하여 무함한 까닭에 찬배되었으나 곧바로 사면을 입었으며 숙묘로부터 '강개(慷慨)'라는 말로 장

5 자상(自傷) 시 : 이 시는 임징하(任徵夏)의 문집인 《서재집(西齋集)》 권1 초년록(初年錄)에 짧은 서문과 함께 실려 있다. 총 5수로 되어 있다.

6 창(敞) : 임창(任敞, 1652~1723)으로, 자는 회이(晦而), 호는 강개옹(慷慨翁), 본관은 풍천(豐川)이다. 1702년(숙종28) 유학(幼學)으로서 상소하여, 인현왕후(仁顯王后)의 죽음은 희빈(禧嬪) 장씨(張氏) 일파의 저주 때문이므로 역적을 단죄하여 왕후의 원수를 갚아야 한다고 아뢰었다가 숙종의 노여움을 사서 나주(羅州)에 유배되었다. 경종이 즉위한 뒤에 희빈 장씨를 옹호하는 소론(少論) 세력이 정권을 잡아서 신임사화(辛壬士禍)를 일으켰는데, 그 여파로 임창 역시 다시 서울로 압송되어 73세의 나이로 참형되었다. 1725년(영조1)에 영조가 왕위에 오름에 따라 신원되었다가 1727년에 정미환국(丁未換局)으로 다시 관작이 추탈되었고 1801년(순조1)에 다시 신원되었다. 시호는 충정(忠定)이다.

려를 받았다. 처음에 배소(配所)로 떠날 적에 지중추부사 공이 사직하는 상소를 통해 인책하여 아뢰기를,

“가질(家姪) 창(敞)이 함부로 말을 하여 편배(編配)되었으니 신은 바로 마원(馬援)[7]의 죄인입니다.”

라고 하였다. 경자년(1720, 경종 즉위년)에 흉당이 ‘어머니는 아들로 인해 귀해진다.’[8]라는 주장을 제창하여 의리를 뒤바꾸니 선고 집의 공이 몸을 떨쳐 일으켜 힘껏 배척하여 사설(邪說)을 막았다. 이에 흉당이 기어코 앙갚음하고자 하더니 이진검(李眞儉)이 지중추부사 공이 임오년(1702, 숙종28)에 상소한 일을 언급하여 숙부의 말을 가지고 조카의 죄를 증명하여 위협하고 모함하였다. 집의 공이 맞서는 상소를 올려 변론하니 성상이 후한 비답을 내려 혐의를 풀어주었다. 뒤에 정계장(鄭啓章)이 지평 공을 잡아다가 국문할 것을 맨 먼저 청하면서 이진검의 말을 그대로 답습하니 지평 공이 끝내 형을 면치 못하게 되었다. 영종(英宗 영조) 원년에 억울한 죄안을 깨끗이 신설해주어 지평

**7** 마원(馬援) : 후한(後漢) 광무제(光武帝) 때의 명장(名將)이다. 마원의 조카인 마엄(馬嚴)·마돈(馬敦)이 비판하고 논평하기를 좋아하며 경박하고 호협한 사람과 사귀었는데, 마원이 이들에게 글을 보내어 경계시킨 일이 있다. 《後漢書 卷54 馬援列傳》《小學 嘉言》

**8** 어머니는……귀해진다 : 서자가 아버지의 지위를 계승한 경우 그 생모 또한 아들로 인하여 지위가 높아지는 것으로, 《춘추(春秋)》의 의리에서 나온 것이다. 《춘추공양전(春秋公羊傳)》 은공(隱公) 원년에 “환공은 어찌하여 귀한가? 어머니의 신분이 귀하기 때문이다. 어머니의 신분이 귀하면 아들은 어찌하여 귀해지는가? 아들은 어머니로 인해 귀해지고 어머니는 아들로 인해 귀해지는 것이다.〔桓何以貴? 母貴也. 母貴則子何以貴? 子以母貴, 母以子貴.〕”라고 하였다. 즉 후궁의 아들이라도 왕위에 오르면 그 생모의 지위가 높아져 사후에 존호를 추상할 수 있는 명분이 되었다.

공 역시 신원(伸寃)을 입게 되었고 정계장이 지중추부사 공을 핍박한 것이 이때에 이르러 전말이 모두 드러나게 되었다. 성상이 후한 비답을 내려 재촉하여 불렀으나 패초를 어기니 이 때문에 파직되었다. 뒤에 병조 정랑에 제수되고 곧바로 시강원 사서로 옮겼는데 상소하여 이전에 간곡히 청한 것을 다시 아뢰니 특별히 명하여 정계장을 원배(遠配)하게 하였다.

이때에 성상이 장차 의릉(懿陵 경종의 능)을 전알하고 이어서 명릉(明陵 숙종의 능)에 들러 성묘하고자 하였는데 의론하는 자가 '삼년상 중에는 예(禮)에 있어 사당에 들어가거나 능침을 전알해서는 안 되고 또 전례가 없다'고 하였다. 공은 상소하여 명릉을 전알할 것을 청하여 다음과 같이 아뢰었다.[9]

"오늘날의 일은 갑인년(1674, 숙종 즉위년)에 영릉(寧陵 효종의 능)을 전알하는 것, 경자년(1720, 경종 즉위년)에 숭릉(崇陵 현종의 능)을 전알하는 것과는 다소 차이가 있습니다. 대신이 감히 성상의 뜻을 받들지 못하는 것은 다만 삼년상 중에는 제사하지 않는다는 경례(經禮)에 근거한 것이나, 예(禮)가 인정에 근원한다는 것은 알지 못한 것입니다."

또 갑자년(1684)에 숭릉에 제사를 행하려고 할 때에 우옹(尤翁 송시열(宋時烈))이 헌의(獻議)한 내용을 들어 다음과 같이 아뢰었다.

"'「허묘(墟墓)의 사이에서는 백성들에게 슬픔을 강요하지 않아도 백

9 공은……아뢰었다 : 이때 임징하(任徵夏)가 올린 상소는 《서재집(西齋集)》 권3에 〈청명릉행행소(請明陵行幸疏)〉라는 제목으로 실려 있으며, 《승정원일기(承政院日記)》 영조 2년 1월 25일 기사에도 보인다.

성들이 슬퍼한다.」라고 하였으니 백성들도 오히려 그러한데 하물며 성인(聖人)의 효심은 어떠하겠습니까. 허묘는 본래 종묘와는 차이가 있기 때문에 비록 상기(喪期)가 끝난 지 오래되었더라도 흉례(凶禮)로 대합니다.'[10]라고 하였습니다. 이 의리를 미루어보건대, 오늘날 전하께서는 몸에 흉복(凶服)을 입고 있다는 이유로 구애하는 바가 있어서는 안 될 것입니다. 능침은 슬픔을 위주로 하고 종묘는 공경을 위주로 하니, 삼년상 중에 종묘는 결단코 행차할 수 없지만 능침은 혹 행차할 수 있습니다. 더구나 전하께서는 종묘에 옮겨 봉안할 때에 이미 망묘례(望廟禮)를 행하셨으니 이때 여러 의론을 물리치고 단행한 것은 중하게 여기는 바가 있으셨기 때문이 아닙니까. 순전히 길복(吉服)을 입는 것도 오히려 행하셨으니, 능침은 흉례로 대해야 하는 것인데 어찌 유독 할 수 없겠습니까."

이때 주청한 것은 끝내 대료(大僚)에 의하여 관철되지 못하였다.

사헌부 장령으로 승진하였다. 이때 성상이 사류(士類)가 주장을 견지함이 너무 첨예한 것을 걱정하여 탕평(蕩平)의 다스림을 행하고자 하였는데, 영합하는 자들이 좌우로 돌아보고서 토복(討復)의 대의(大

10 허묘(墟墓)의……대합니다 : 이 내용은 송시열(宋時烈)의 문집인 《송자대전(宋子大全)》 권26 〈숭릉전알급행제당부의(崇陵展謁及行祭當否議)〉에 보이는 것으로, 1684년(숙종10) 숙종이 현종의 비인 명성왕후(明聖王后)의 상기(喪期) 중에 신릉(新陵)인 명성왕후의 능을 전알하면서 바로 옆에 있는 구릉(舊陵)인 현종의 능을 함께 전알할 것인지를 두고 헌의한 것이다. '허묘의……슬퍼한다'라는 말은 본래 《예기(禮記)》 〈단궁 하(檀弓下)〉에 보이는 말로, "허묘의 사이에서는 백성들에게 슬픔을 강요하지 않아도 백성들이 슬퍼하고, 사직이나 종묘의 사이에서는 백성들에게 공경을 강요하지 않아도 백성들이 공경한다.〔墟墓之間, 未施哀於民而民哀; 社稷宗廟之中, 未施敬於民而民敬.〕"라고 하였다.

義)와 관계된 것이면 번번이 여기에 뒤섞어 결부시키려고 하였다. 공은 의리가 회색(晦塞)되어 조정이 머뭇거리는 것을 보고는 탄식하여 다음과 같이 말하였다.

"탕평의 화는 기어이 나라를 망치고야 말 것이다. 무릇 토복은 공정한 의리에서 나온 것이고 탕평은 사사로운 이해(利害)에서 나온 것이다. 이익이 있는 곳은 모두 다투어 달려간다면 국가를 위하여 계획하는 자가 오직 이익만을 좇게 되어 점점 분수를 범하고 절차를 능멸하게 될 것이다. 또 김일경(金一鏡)[11]과 목호룡(睦虎龍)[12]의 무리가 화를 일으키려는 마음을 품어서 그 수각(手脚)이 이미 조태구(趙泰耉)의 '혐의를 무릅쓰다〔冒嫌〕'라는 두 글자[13]에서 드러나더니, 두

**11** 김일경(金一鏡) : 1662~1724. 자는 인감(人鑑), 호는 아계(丫溪), 본관은 광산(光山)이다. 1702년(숙종28) 식년문과에 장원급제하여 출사하였으며 벼슬이 이조 판서에 이르렀다. 1721년(경종1) 노론(老論) 측이 세제의 대리청정을 도모하자, 조태구(趙泰耉) 등과 함께 극력 반대하여 대리청정을 취소시켰으며, 1722년에는 목호룡(睦虎龍)에게 고변을 사주하여 신임사화(辛壬士禍)를 일으켜 소론(少論) 정권을 확립하였으나, 영조가 즉위한 뒤에 신임사화를 조작한 당사자로 탄핵되어 참형에 처해졌다.

**12** 목호룡(睦虎龍) : 1684~1724. 본관은 사천(泗川)이며, 남인(南人)의 서얼(庶孼) 출신이다. 일찍이 종실인 청릉군(靑陵君)의 가동(家僮)으로 있으면서 풍수지리술을 배워 지관(地官)이 되었다. 처음에는 노론(老論)의 자제들과 어울렸으나 1721년(경종1) 김일경(金一鏡) 등의 소(疏)로 김창집(金昌集) 등 노론 사대신이 유배되고 소론(少論) 정권이 들어서자, 다음 해인 1722년 소론에 가담하여 경종을 시해하려는 모의가 있었다는 이른바 삼급수설(三急手說)을 고변(告變)하였다. 이 고변으로 인하여 역모로 지목된 60여 명이 처벌되고 노론 사대신이 사형되는 신임사화(辛壬士禍)가 있게 되었다. 고변의 공으로 부사 공신(扶社功臣) 3등으로 동성군(東城君)에 봉해지고 동지중추부사에 올랐으나, 1724년 영조가 즉위하면서 신임사화가 무고임이 밝혀지자, 김일경과 함께 붙잡혀 국문을 받던 중 옥중에서 급사하였다.

번째로 변하여 유봉휘(柳鳳輝)[14]가 되었고, 세 번째로 변하여 한세량(韓世良)[15]이 되었고, 네 번째로 변하여 김일경이 되었고, 다섯 번째로 변하여 박상검(朴尙儉)[16]이 되었고, 여섯 번째로 변하여 목

**13** 조태구(趙泰耉)의……글자 : 조태구(1660~1723)의 자는 덕수(德叟), 호는 소헌(素軒), 본관은 양주(楊州)이다. 경종 즉위 후에 우의정·영의정 등을 역임하며 신임사화(辛壬士禍)로 노론(老論) 사대신을 사사하게 한 뒤 소론(少論) 정권을 수립하고, 최석항(崔錫恒)·김일경(金一鏡) 등과 국론을 주도하였다. 1725년(영조1) 신임사화의 원흉으로 탄핵을 받고 관작이 추탈되었다가 1908년(순종2)에 복관되었다. 1720년(경종 즉위년) 11월에 청나라 칙사가 우리나라에 조문 와서 세제와 종실의 자질(子姪)을 만나 보기를 청하자, 조태구가 이를 받아들여서는 안 된다는 내용의 차자를 올렸는데, 이 차자에 "상국(上國)에서 열국(列國)의 임금을 조문함에 있어서 그 배신(陪臣)이 된 아우와 조카에까지 미치는 경우는 옛날에 이런 사례가 없었습니다. 상국에서 이를 시행하는 것은 실례(失禮)가 되고, 배신이 이를 받아들이는 것은 혐의를 무릅쓰는 것이 됩니다."라고 하였다. 《景宗實錄 卽位年 11月 26日》

**14** 유봉휘(柳鳳輝) : 1659~1727. 자는 계창(季昌), 호는 만암(晩菴), 본관은 문화(文化)이며, 복관된 시호는 충정(忠靖)이다. 조태구(趙泰耉)와 함께 당시 연잉군(延礽君)이던 영조의 세제 책봉과 대리청정을 반대한 대표적인 소론(少論) 측 대신이다. 1725년(영조1) 영조가 탕평책으로 노론(老論)·소론의 연립 정권을 수립할 때에 우의정이 되고 이어 소론 사대신의 한 사람으로 좌의정에 올랐으나 신임사화(辛壬士禍)를 일으킨 주동자라는 노론의 집요한 공격을 받고 이듬해 면직되었고, 이해 다시 이봉익(李鳳翼)·민진원(閔鎭遠) 등의 논척으로 경흥(慶興)에 안치되어 유배지에서 죽었다.

**15** 한세량(韓世良) : 1653~1723. 자는 상오(相五), 본관은 청주(淸州)이다. 1721년(경종1) 10월 12일에 세제의 참정을 건의한 조성복(趙成復)을 처벌하라고 청하여 탄핵을 받아 유배되었다가 풀려났다. 1723년 10월 27일 함경 감사로 재임 시에 죽었다. 《承政院日記 景宗 1年 10月 12日, 12月 7日》《景宗實錄 3年 10月 27日》

**16** 박상검(朴尙儉) : 1702~1722. 경종 때의 환관으로, 김일경(金一鏡)으로부터 은화 수천 냥을 받아 이를 이용하여 환관과 궁녀들을 매수하고, 1722년(경종2) 1월 궁안에 돌아다니는 여우를 잡는다는 구실로 청휘문(淸暉門)에 여우덫을 놓고 함정을 파놓음으로써 왕세제가 경종에게 문안을 드리거나 시선(視膳)하러 가는 길을 가로막으려

호룡이 되었고, 일곱 번째로 변하여 교문(敎文)[17]이 되었고, 여덟 번째로 변하여 이천해(李天海)[18]가 되었고, 아홉 번째로 변하여 함우신(咸遇臣)[19]이 되었다. 건저(建儲)한 이후로 이 무리들이 모의하는 것이 더욱 다급해져서 못하는 짓이 없더니, 김일경과 박상검이 법에 따라 복주된 이후에는 망극한 흉언을 지어내어 원근의 사람들을 선동해서 기어이 그 계책을 이루려고 하였다. 그러니 어찌 탕평으로써 그 심보를 고칠 수 있겠는가. 백성들은 미혹되기가 쉽고 깨닫기가 어렵다. 만일 우리 군주가 이와 같이 하는 것을 본다면 장차 '저들은 참으로 죄가 없기 때문에 조정에서 징벌하고 토죄하는 조처가

하였다. 또 대전(大殿)의 궁녀들로 하여금 왕세제를 헐뜯는 말을 하게 함으로써 경종과 왕세제 사이의 불화를 조성하고 왕세제를 제거하려 하였다. 이에 왕세제가 입직 궁관(入直宮官)과 익위사의 관리를 불러 모아 놓고는 '환관 한두 명이 나를 제거하려 하니 그들의 독수(毒手)를 피하기 위하여 사위(辭位)하려 한다'는 뜻을 밝히자 주모자를 국문하라는 명이 내려졌는데, 이때 주모자로 지목받아 문유도(文有道) 등과 함께 주륙(誅戮)되었다. 《景宗修正實錄 2年 3月 27日》

**17** 교문(敎文) : 1722년(경종2) 9월 21일에 임인옥사(壬寅獄事)를 마무리하면서 반포한 토역반교문(討逆頒敎文)을 가리키는 것으로, 당시 홍문관 제학이었던 김일경(金一鏡)이 지은 것이다.

**18** 이천해(李天海) : ?~1725. 1725년(영조1) 1월, 영조가 의릉(懿陵)에 행차할 적에 어가(御駕) 앞에 나와 흉악한 말을 하면서 대왕대비까지 지적하고 '인산(因山) 후에는 환국(換局)을 해야 한다'고 말한 사람이다. 영조는 그를 잡아다 국문하면서 사관(史官)에게 죄인의 흉악한 말을 공초에 쓰지 말라고 명하고 처형하였다. 《英祖實錄 1年 1月 16日, 17日》

**19** 함우신(咸遇臣) : ?~1726. 1726년(영조2) 5월에 나인이 독약을 이용하여 대전과 중궁, 후궁을 해치려 한다는 내용의 언문 서찰을 소지하였던 자로, 포도청에서 체포하여 영조에게 아뢰자 영조는 곧장 효수하도록 명하고 서간은 불사르게 하였다. 《英祖實錄 2年 5月 8日》

없는 것이다.'라고 여겨서 입으로 말하고 마음으로 의심할 것이니, 화란의 조짐이 여기에서 기틀을 다지게 될 것이다."

그러다가 이 직임에 제수되자 말하기를,

"이는 내가 목숨을 바칠 자리이다."

라고 하고는 장차 근원을 혁파하여 의리를 환하게 밝혀서 성상의 마음을 감동시켜 깨닫게 해서 세도(世道)를 만회할 계책을 세우고, 먼저 상소하여 성상이 받아들일 길을 터놓아 다음과 같이 말하였다.[20]

"오늘날에 말할 만한 것으로는 토복(討復)보다 중대한 것이 있겠습니까. 신에게 오늘 한마디 말을 하라고 한다면 또한 오직 토복을 말할 것이며, 내일 한마디 말을 하라고 한다면 또한 오직 토복을 말할 것입니다. 오직 이 토복 한 가지 일이 오랫동안 가로놓인 채 쉽게 마무리되지 못하고 있으니, 천심(天心)이 기뻐하지 못하는 것이 여기에서 연유하며 민심이 안정되지 못하는 것이 여기에서 연유하며 상하와 사방의 천 가지, 만 가지 일이 무너지고 혼란하여 수습되지 못하는 것이 모두 여기에서 연유합니다. 그러니 오늘날에 말할 만한 것이 이것을 제외하고 어떤 다른 것이 있겠습니까. 신은 전하께서 반드시 탕평을 말씀하신다는 것을 들은 이후로 진실로 이미 근심하고 의아해 하였는데, 대신의 사직(辭職)을 면부(勉副)하심을 본 이후로 천하의 일이 이로부터 잘못되었음을 더욱 잘 알게 되었습니다."

**20** 먼저……말하였다 : 이때 임징하(任徵夏)가 올린 상소는 《서재집(西齋集)》 권3에 〈사사헌부장령소(辭司憲府掌令疏)〉라는 제목으로 실려 있으며, 《승정원일기(承政院日記)》 영조 2년 2월 13일 기사에도 보인다.

이에 대한 비답을 받은 후에 마침내 여섯 조목의 상소를 올렸는데, 그 내용은 다음과 같다.

"그 첫 번째는 성상의 뜻을 넓혀서 큰 근본을 세우는 것입니다. 신이 듣건대, 뜻이란 만사에 있어 과녁이 되니 과녁이 세워지지 않는다면 적중하고 적중하지 않음을 어떻게 논하겠습니까. 무릇 사람이 뜻을 가짐에 또한 강대(剛大)함을 귀하게 여기고 비하(卑下)함을 천하게 여기지 않음이 없습니다. 더구나 인군은 하늘을 대신하여 만물을 다스리므로 그 책임이 더욱 막중하니, 더욱더 함부로 스스로 하찮게 여겨서는 안 됩니다. 더구나 일란(一亂)의 뒤에 일치(一治)의 책임을 맡은 자[21]가 어찌 평범함을 따르고 구습을 좇아서 동도서말(東塗西抹)하는 데에 그쳐서야 되겠습니까.

아, 하늘이 우리 동방에 불운을 내려 예악과 정벌이 천자로부터 나오지 못한 지가 또한 이미 오래되었습니다. 그러나 하늘이 우리 조종(祖宗)을 잊지 않아서 마침내 우리 전하를 내시고 장차 큰 임무를 내리고자 하여 먼저 그 심지를 좌절시키고 어지럽게 함으로써 그 잘하지 못한 바를 더욱 잘할 수 있게 해주어 능히 오늘날에 이르도록 하였습니다. 전하께서는 불세출의 자질을 가지고 큰일을 이룰 수 있는 때를 만나셨으니, 그 마음이 부지런히 힘쓰며 다스려지기를 원하지 않는 것이 아니나 즉위하신 지 2년이 되도록 우뚝하게 수립한 바를 보이지 못하여 규모와 기상이 전과 비교하여 다름이

21 일란(一亂)의……자 : '일란(一亂)'과 '일치(一治)'는 본래 《맹자(孟子)》 〈등문공하(滕文公下)〉에 보이는 맹자의 말로, "천하에 인간이 살아 온 지 오래되었는데, 한 번 다스려지고 한 번 혼란하였다.〔天下之生久矣, 一治一亂.〕"라고 하였다.

없습니다. 《서경(書經)》에 이르기를, '그 끝을 삼가려면 그 시작을 잘해야 한다.〔愼厥終 惟其始〕'라고 하였는데, 그 시작이 이와 같으니 그 끝을 알 수 있습니다. 신이 삼가 함부로 헤아리건대, 오늘날에 이와 같은 데에 그치게 된 것은 실로 성상의 뜻이 넓지 못한 데에서 연유한 것이고, 성상의 뜻이 넓지 못한 까닭도 또한 연유한 바가 있습니다.

신축년(1721, 경종1) 이후로 군흉들이 우리 전하를 속박함이 여지가 없었습니다. 그 흉언(凶言)과 패설(悖說)이 차마 들을 수 없는 지경이더니, 종말에는 마침내 흉적 목호룡을 원훈(元勳)으로 삼고 전하를 핍박하여 그 회맹에 참석하게 하였습니다. 철권(鐵券)이 휘황하고 동반(銅盤)이 선명하며 신료들이 에워싸 서있고 귀신들이 빽빽이 늘어서 있었습니다. 이때에 전하께서 위축된 채 자리에 계셨으니, 어떻게 마음을 가누실 수 있었겠습니까. 이때에는 전하께서 진실로 마음대로 하실 수가 없었습니다. 그러나 오늘날에 이르러서는 그 누가 금하기에 떨쳐 일어나지 못하시는 것입니까. 여전히 위축되는 바가 있어서 그러시는 것이 아닙니까. 신은 전하께서 위축되는 바가 없어야 마땅하다고 여기니, 그 이유는 다음과 같습니다.

우리 선왕께서는 병환이 있으신 데에다 또 후사가 없으셨으니, 종사(宗社)와 신인(神人)을 부탁하는 것을 전하를 제외하고 누구에게 할 수 있었겠습니까. 이때에 전하께서 비록 태백(泰伯)과 중옹(仲雍)[22]처럼 하고자 하셨던들 할 수 있으셨겠습니까. 우리 자성(慈聖)

**22** 태백(泰伯)과 중옹(仲雍) : 주(周)나라 태왕(太王)의 장남과 차남으로, 태백은 아버지 태왕이 자신들의 아우인 왕계(王季)에게 제후의 자리를 물려주려 하는 것을

과 우리 선왕께서 성고(聖考 숙종)의 유지를 체득하여 일찍 대계(大計)를 정한 까닭은 또한 오직 종사를 위한 것이었습니다. 또 당시에 사대신(四大臣)[23]이 대계에 힘써 협조하여 목숨을 희생하여도 후회하지 않았던 까닭도 또한 오직 종사를 위한 것이었습니다. 또 전하께서 끝까지 자신의 뜻을 고수하시지 못한 까닭도 또한 종사를 위한 것이었습니다. 자고이래로 차자(次子)로서 대통(大統)을 이은 경우가 전하처럼 광명정대한 적은 없었습니다. 이는 백세토록 의혹하지 않을 수 있으니 또 무슨 위축될 것이 있겠습니까.

신은 전하께서 일찍이 '고죽청풍(孤竹淸風)'[24]이라는 네 글자로 은

알고 아우인 중옹과 함께 형만(荊蠻)으로 달아나 문신을 하고 단발을 하여 자취를 감추었다. 형만의 사람들이 이들을 의롭게 여기고 추종하여 춘추 시대 오(吳)나라의 시조가 되었다. 공자(孔子)는 태백의 이러한 덕을 두고 "태백은 지극한 덕이라고 말할 만하다. 세 번 천하를 사양하였으나 백성들이 그 덕을 칭송할 수 없게 하였구나.〔泰伯其可謂至德也已矣. 三以天下讓, 民無得而稱焉.〕"라고 하였다.

**23** 사대신(四大臣) : 신임옥사(辛壬獄事) 때에 죽음을 당하였던 노론(老論) 사대신인 김창집(金昌集), 이이명(李頤命), 이건명(李健命), 조태채(趙泰采)를 이른다. 이들은 연잉군(延礽君)을 세제로 책봉할 것을 주장하고 세제 대리청정의 명을 받들겠다고 연명(聯名)으로 차자를 올렸다가 김일경(金一鏡) 등의 소론(少論) 인사들에게 탄핵을 받아 절도(絶島)에 찬배되어 죽음을 당하였다.

**24** 고죽청풍(孤竹淸風) : 고죽은 옛 국명이다. 백이(伯夷)와 숙제(叔齊)는 고죽군(孤竹君)의 두 아들이었는데, 고죽군이 생전에 숙제를 후사로 삼으려 하였으나, 고죽군의 임종에 미쳐서는 숙제가 형인 백이에게 왕위를 사양하였다. 백이가 아버지의 명령이라 하고 마침내 도망가 버리므로, 숙제 또한 왕위에 오르기를 싫어하여 도망가 버렸다. 마침내 고죽국 사람들이 가운데 아들을 왕으로 옹립하였다. 또 한편 백이와 숙제는 은(殷)나라가 망한 뒤로는 의리상 주(周)나라 곡식을 먹을 수 없다 하여 수양산(首陽山)에 은거하며 고사리만 캐 먹고 살다가 결국 굶어 죽었다.《史記 卷61 伯夷列傳》 당시 세제의 지위에 있던 영조가 스스로를 백이, 숙제에게 견주어 왕위를 사양하고

미한 뜻을 보이셨다고 들었습니다. 아, '고죽청풍'이 어찌 전하께서 말씀할 만한 것이겠습니까. 이로써 보자면 전하의 기운이 이미 주려 있는 것이니 그 뜻을 어떻게 넓힐 수 있겠습니까. 그 뜻이 넓지 못하기 때문에 처분이 엄정하지 못한 것이고, 처분이 엄정하지 못하기 때문에 의리가 밝지 못한 것이고, 의리가 밝지 못하기 때문에 민심이 안정되지 못하는 것이고, 민심이 안정되지 못하기 때문에 천심이 기뻐하지 못하는 것입니다. 이에 하늘이 우리 전하에게 맡기고 우리 전하에게 기대하는 것을 장차 부응할 수 없게 되었으니, 어찌 크게 애석해 하지 않을 수 있겠습니까.

지금 전하께서는 오랫동안 잠저(潛邸)에 계셔서 서로 왕래하는 사대부가 한 명도 없고 익숙하게 어울리는 자들은 환관과 희첩 아니면 액례(掖隷)와 궁속(宮屬)들입니다. 그러니 그 뜻이 어떻게 절로 넓어질 수 있겠습니까. 이 때문에 그 명민함은 자잘한 일들을 살피기만 하고 그 인(仁)함은 부인(婦人)에 가까워서 모호하게 미봉(彌縫)하기만 하여 끝내 우뚝하게 이룩해나가는 것이 없습니다. 만일 큰 뜻을 분발하여 묵은 습성을 뽑아버리지 못하신다면, 신은 전하의 국사가 끝내 어찌해볼 만한 가망이 없게 될까 염려됩니다.

그 두 번째는 궁금(宮禁)을 엄히 하여 간사함의 싹을 끊어버리는 것입니다. 신이 듣건대, 집안의 말은 밖으로 나가지 못하게 하고 집 밖의 말은 안으로 들어오지 못하게 한다고 하였으니, 이는 옛 성인이 집안을 다스리는 대법(大法)입니다. 불행히도 경자년(1720, 숙종46) 이후로 대방(大防)이 점점 해이해져서 사경(私徑)이 이를

백이, 숙제의 청절(淸節)과 고풍(古風)을 본받겠다는 의미로 쓴 말이다.

따라 열리게 되었습니다. 처음에는 뇌물을 서로 통하는 것이라 그 폐해가 그래도 적었는데, 종국에는 마침내 위복(威福)을 천행(擅行)하여 그 세력을 막기가 어렵게 되어서 역적 박상검이 용사(用事)하는 지경에 이르렀으니, 전하의 일신이 거의 보전되지 못할 뻔하였습니다. 이는 전하께서 직접 겪으시며 크게 경계로 삼으신 것입니다. 오직 그 경계로 삼으신 것이 이미 깊다면 환관의 폐해는 오늘날에 걱정해야 할 바가 아닙니다. 그러나 신은 구구하게 사사로이 걱정하는 바가 두 가지 있습니다.

박상검의 옥사가 끝까지 파헤쳐지지 못하여 그 당여가 토벌되지 못한 이상 전하의 좌우에 박상검의 무리 몇 사람이 없다고 어찌 장담하겠습니까. 지난번에 정우관(鄭宇寬)의 공초 가운데 낱낱이 거론한 바가 있었으나, 그 당시에 흉당이 정우관을 때려 죽여서 그 입을 막아버리고 사후의 공초를 위조하여 무고의 옥안을 꾸몄으니, 중외에 비록 의혹이 많았으나 정확히 알 수 있는 단서가 없었습니다. 그러다가 심정옥(沈廷玉)이 바른대로 공초한 뒤에야 원휘(元徽)와 윤취상(尹就商)이 결탁하여 역모를 꾸민 죄상이 남김없이 드러나서 정우관이 고한 것 이외의 일이 이미 이와 같이 분명하게 드러났으니, 그 안의 여러 환관의 일도 또한 전혀 실상이 없다고 말할 수 없을 것입니다. 그러나 이는 외부의 사람이 알 수 있는 바가 아니고 오직 전하께서 혼자 알고 계시는 바입니다. 지금 신이 또한 어찌 정우관이 고한 여러 환관이 모두 하나하나 박상검과 똑같다고 말하는 것이겠습니까. 혹은 그러하고 혹은 그러하지 않은 가운데, 한번 조사를 거친 뒤에야 죄가 없는 자는 안심할 수 있고 죄가 있는 자는 법대로 처결될 수 있는 것입니다. 김몽상(金夢祥)과 같은 자는 실로 박상검의 당여가 아니라는 것이 과연 성상의 말씀과 같다면, 한번 조사를 거치면 절로 혐의를 깨끗하게 벗을 수 있으니, 이 자에게 있어서도 또한 다행이 아니겠습니까. 그 밖의 여러 환관들이 모두 김몽상과 같은 부류라면 전하께서는 또 어찌 함께 거론하지 않으시고 오직 김몽상 한 사람만을 집어내시는 것입니까. 이는 그 가운데 틀림없이 의심할 만한 점이 있는 것인데, 전하께서는 한결같이 덮어두고서 조사하는 것을 허락하지 않으십니다. 원악(元惡)은 비록 복주되었더라도 여얼(餘孼)이 아직 남아 있으니, 화(禍)의 뿌리가 아직 제거되지 못하여 그 불어나고 뻗어나가는 것이 염려할 만합니다. 이것이 신이 첫 번째로 걱정하는 바입니다.

그리고 신이 듣건대, 소인은 가까이하면 불손해지고 멀리하면 원망하여 대우하는 것이 어렵다고 하였습니다.[25] 신의 생각으로 헤아려보건대, 전하께서는 오랫동안 잠저에 계셨으므로 혹 이 무리들과 친밀한 바가 있으실 수밖에 없습니다. 더구나 화변(禍變)을 당한 즈음에 전하께 충성한 자가 틀림없이 없지는 않았을 것이니, 이는 이치와 형세가 본래 그러한 것입니다. 과연 이와 같은 자가 있다면 전하께서는 별도로 하사품을 내려 그 늠식(廩食)을 후하게 하시면 됩니다. 만약 해오던 대로 용서하여 사사로운 호의를 보이신다면 그 말류의 폐해는 이루 말할 수 없을 것입니다. 이것이 신이 두 번째

**25** 소인은……하였습니다 : 《논어(論語)》 〈양화(陽貨)〉에 보이는 말로, "여자와 소인은 다루기가 어려우니, 가까이하면 불손해지고 멀리하면 원망한다.〔唯女子與小人爲難養也. 近之則不孫, 遠之則怨.〕"라고 하였다. 이에 대한 주희(朱熹)의 집주(集註)에 "여기에서 말한 '소인'은 또한 복례와 하인을 말한다.〔此小人亦謂僕隷下人也〕"라고 하였다.

로 걱정하는 바입니다.

그 세 번째는 천토(天討)를 행하여 국시(國是)를 정하는 것입니다. 신이 듣건대, 오직 하늘은 살려주기를 좋아하지만 추살(秋殺)[26]을 버리지 못한다고 하였으니, 왕자(王者)는 하늘을 본받아 도(道)를 행하여 또한 한 점의 사사로움도 없이 할 뿐입니다. '노여움의 원인이 저들에게 있었으니 자신과 무슨 상관이 있었겠는가.'라는 것은 순(舜)임금이 사흉(四凶)을 주벌한 일입니다.[27] 이 사흉은 요(堯)임금의 시대에 이미 죄를 지었으나 요임금은 토벌하지 못하다가 순임금에 이르러 토벌하였는데, 순임금이 어찌 요임금이 토벌하지 못했다고 하여 꺼리고 구애한 바가 있었겠습니까. 지금 전하께서 만약 조태구(趙泰耉)와 유봉휘(柳鳳輝)를 역적이 아니라고 여기신다면 그만이겠지만, 역적이 됨을 아시고도 오직 선왕이 토벌하지 않았던 이들을 자신이 토벌하는 것을 꺼려서 감히 토벌하지 못하시는 것이라면, 대순(大舜)이 행했던 바와 얼마나 크게 다릅니까. 어쩌면 성상께서는 아직도 참으로 알지 못하기 때문에 의혹하는 바가 있어서

**26** 추살(秋殺) : 가을의 매서운 서리 기운이 만물을 말려 죽임을 이르는 말로, 추형(秋刑)이라고도 한다.

**27** 노여움의……일입니다 : 《논어집주(論語集註)》 〈옹야(雍也)〉의 안회(顔回)의 불천노(不遷怒)에 대한 정자(程子)의 말에 "순임금이 사흉을 주벌하였을 적에 노여움의 원인이 저들에게 있었으니 자신과 무슨 상관이 있었겠는가.〔若舜之誅四凶也, 可怒在彼, 己何與焉?〕"라고 하였다. 사흉은 요(堯)임금 때의 네 명의 악인(惡人)인 공공(共工), 환도(驩兜), 삼묘(三苗), 곤(鯀)을 가리킨다. 이 네 사람은 요임금 말년에 나라의 중임을 맡았으나 직임을 잘 수행하지 못하였는데, 순임금이 정사를 맡게 되고서 이들을 처단하여 공공을 유주(幽州)에 유배하고, 환도를 숭산(崇山)에 안치하고, 삼묘를 삼위(三危)로 몰아내고, 곤을 우산(羽山)에 가두었다. 《書經 舜典》

결단하시지 못하는 것입니까? 신이 청컨대 근원까지 거슬러 올라가 낱낱이 말씀드리겠습니다.

전하께서는 흉당의 화심(禍心)이 어느 때에 기인하였다고 여기십니까? 실로 정유년(1717, 숙종43)에 독대(獨對)한 일[28]에서 기인한 것입니다. 저 흉당은 명의(名義)에 죄를 얻어 성고(聖考)께 용납되지 못하여 하늘을 가리키고 땅에 금을 그어 모략을 꾸미면서 한 날만을 기다렸습니다. 그러다가 이 일이 있게 되자 의혹과 분노를 크게 표출하여 협박하는 말을 좌우에서 번갈아 내니, 윤지완(尹趾完)에 이르러 극에 달하였습니다.[29] 그 뒤에 이진검(李眞儉)이 '은화를 어디에 쓸 것인가'라는 말을 가지고 우리 선왕을 공동(恐動)하였고[30]

**28** 정유년에 독대(獨對)한 일 : 1717년(숙종43) 숙종이 노론(老論) 측 대신인 좌의정 이이명(李頤命)을 불러 독대한 것을 말하는데, 사관이 동석하지 않았기 때문에 그 자세한 내용은 알 수 없다. 다만 그 직후 세자의 대리청정을 명하였고 또 뜻밖에 노론이 이를 적극 찬성하였는데, 당시 소론(少論) 측에서는 이를 세자를 폐하기 위한 수순으로 보았다. 이런 정황으로 인해 그 독대가 노론 측에 연잉군(延礽君)을 부탁하는 내용이었을 것으로 추정된다. 《肅宗實錄 43年 7月 19日》

**29** 윤지완(尹趾完)에……달하였습니다 : 1717년(숙종43) 숙종이 좌의정 이이명(李頤命)을 불러 독대한 일이 있은 후에, 당시 영중추부사로 있던 윤지완이 시골에 있다가 도성으로 들어와 상소하여 이 일을 두고 임금이 한 나라의 상국(相國)을 사인(私人)으로 삼았다는 등의 말을 하며 온당치 못한 거조임을 논핵하고 분명한 명을 내려 세자와 신하들의 의혹을 풀어줄 것을 청하였다. 《肅宗實錄 43年 7月 28日》

**30** 이진검(李眞儉)이……공동(恐動)하였고 : 1720년(경종 즉위년) 7월에 당시 판중추부사로 있던 이이명(李頤命)이 고부청시사(告訃請諡使)로서 연경으로 사행을 떠나게 되면서 은화 6만 냥을 사행에 필요한 경비로 청한 일이 있었다. 12월에 당시 동부승지로 있던 이진검(李眞儉)이 상소하여 이이명의 정유년(1717, 숙종43) 독대(獨對)의 일을 논핵하였는데, 이 일까지 함께 언급하여 "더구나 청나라에 청하는 일은 응당 시행하

조태구가 '혐의를 무릅쓰고 나가서 만나서는 안 된다'라는 등의 말로 우리 선왕에게 해를 끼쳤습니다.[31] 이는 실로 흉당의 오래된 계책이고 전하의 화근입니다. 명위(名位)가 이미 정해져서 종사(宗社)를 맡길 곳이 있게 됨에 이르러서는 이 무리들이 그 형세가 양립할 수 없음을 알게 되었으니, 그 계책이 어찌 급하지 않을 수 있었겠으며 무슨 말인들 하지 못할 것이 있었겠습니까. 선왕께서 만약 병환이 없으셨고 또 후사가 있기를 기대할 수 있었는데 저 사신(四臣)[32]이 전하에게 사사로운 마음을 갖고서 세제로 정하여 책봉하는 데에 급급하였던 것이라면, 이는 과연 흉당이 말한 바와 같이 사신에게 이심(二心)이 있었던 것입니다. 그렇다면 전하께서는 오직 역적으로 다스려야 마땅할 뿐이니, 원한을 신설할 것이 무엇이 있으며 충심을 포창할 것이 무엇이 있겠습니까. 그러나 지금 그렇지가 않아서 사신은 참으로 충신이 되니, 사신을 무함하여 죽인 자들은 참으로 역신이 됩니다. 전하께서 이미 이와 같음을 아신다면 또한 오직 역적으로 다스려야 마땅할 뿐입니다. 다시 무슨 곡절이 그리 많기에 허다한 사설(辭說)을 허비한단 말입니까.

는 상전(常典)으로서, 한 푼의 돈을 쓰지 않더라도 저절로 순조롭게 성사될 것인데, 6만여 냥의 은화를 장차 어디에 쓰려는 것입니까.〔況其所請於彼者, 自是應行常典, 雖不費一錢, 自可順成, 而六萬餘銀貨, 其將用之於何處耶?〕"라고 말하며, 이이명이 청나라에서 경종의 즉위를 문제 삼을 것이라고 지레 억측하여 경종을 공동한 것이라고 논핵하였다.《景宗實錄 卽位年 7月 8日, 12月 28日》

**31** 조태구가……끼쳤습니다 : 233쪽 주13 참조.

**32** 사신(四臣) : 노론(老論) 사대신(四大臣)인 김창집(金昌集), 이이명(李頤命), 이건명(李健命), 조태채(趙泰采)를 이른다. 238쪽 주23 참조.

무릇 역적을 토벌하는 대경대법(大經大法)은 '그 괴수만 죽이고 위협에 따른 자들은 치죄하지 않는다.'[33]라는 것에 지나지 않습니다. 지금 전하께서 살려주기를 좋아하는 덕으로 지난 일들을 경계로 삼아 살육을 자행하는 것을 원치 않으신다면 또한 그 괴수만 주벌하시면 됩니다. 여러 신하들이 반드시 엄중하게 토복하고자 하는 것이 또한 어찌 관련자 모두를 주벌하고자 하는 것이겠습니까. 그런데 전하께서는 신들이 보복하는 데에 급급하여 살육을 자행하는 데에 이르게 될까 먼저 의심하여 마침내 별도의 의리를 억지로 만들어내어, 혹은 '반측(反側)하는 자들을 스스로 안심하게 한다.'[34]라고 하고 혹은 '내가 남을 저버려서는 안 된다.'[35]라고 하고 혹은 '관대함으로 준엄함을 보완한다.'[36]라고 하고 혹은 '왕도(王道)는 탕평(蕩平)하

**33** 그……않는다 : 이 말은 《서경(書經)》 〈윤정(胤征)〉에 보인다.

**34** 반측(反側)하는……한다 : '반측'은 배반할 마음을 품고 있어 불안해하는 것을 뜻한다. 이는 본래 후한(後漢)의 광무제(光武帝)가 한 말로, 광무제(光武帝)가 왕랑(王郎)을 토벌한 뒤에 왕랑과 밀통하였던 자들을 기록한 문서 수천 장을 입수하였는데, 이를 보지도 않은 채 불태우면서 "반측하는 이들로 하여금 스스로 안심하게 한다.〔令反側子自安〕"라고 하며 죄를 묻지 않고 용서하였다. 《後漢書 卷1 光武帝本紀上》 영조는 대간(臺諫)이 소론(少論)의 인사들을 단죄하기를 청하는 것을 물리치면서 "왕랑의 변고에 광무제가 반측하는 자들을 스스로 안심하게 하였기 때문에 능히 중흥의 업적을 이룰 수 있었다."라고 전교한 일이 있다. 《英祖實錄 1年 1月 18日》

**35** 내가……된다 : 영조는 사간 이봉익(李鳳翼)이 소론(少論) 대신 조태억(趙泰億)을 파직할 것을 청하는 것에 대하여 "지난날 참독(慘毒)했던 칼날을 어찌 차마 말할 수 있겠는가마는, 옛사람이 말하기를, '차라리 남이 나를 저버리게 할지언정 내가 남을 저버려서는 안 된다.〔寧人負我, 毋我負人.〕'라고 하였으니, 지금 어찌 참혹한 일을 하겠는가."라고 전교한 일이 있다. 《英祖實錄 1年 1月 13日》

**36** 관대함으로 준엄함을 보완한다 : 이는 본래 《춘추좌씨전(春秋左氏傳)》 소공(昭

다.'[37]라고 하여 여러 이유로 덮어둔 채 시일을 허비하며 오랫동안 버티고 계십니다. 이 때문에 의리가 밝지 못하고 민심이 안정되지 못하고 있으니, 전하께서 한번 살펴보시건대, 자고로 의리가 밝지 못하고 민심이 안정되지 못하면서 오랫동안 국가를 유지하였던 경우가 있습니까? 신은 천토가 행해진 뒤에야 국시가 정해질 수 있고 국시가 정해진 뒤에야 천하 만세에 떳떳하게 할 말이 있을 수 있다고 생각합니다.

신이 삼가 보건대, 근래에 풍색(風色)이 크게 달라져서 군주는 구차히 편안하게 지내는 것에 안주하고 신하는 미루고 지체하는 것에 익숙해졌습니다. 오직 한 대신이 애타는 마음과 혈성(血誠)으로 군부(君父)를 위해 난적(亂賊)을 토죄하고자 하여 힘과 정성을 다해서 결국 기어이 그 지위를 떠나게 된 뒤에야 그만두었으니, 저 대신은 옛 대신의 풍모가 넘쳐납니다. 애석한 점은 전하께서 한때의 사사로운 뜻으로 천고(千古)의 대의(大義)를 엄폐하여 반드시 이긴 뒤에야 그만두기를 힘쓰시는 것입니다. 무릇 인군은 우뚝이 높은 지위에

公) 20년 조에 보이는 공자(孔子)의 말로, "정사가 관대하면 백성들이 방자해지니 방자하면 준엄함으로 바로잡아야 하고, 정사가 준엄하면 백성들이 잔혹해지니 잔혹하면 관대하게 베풀어야 한다. 관대함으로 준엄함을 보완하고 준엄함으로 관대함을 보완해야 하니, 정사는 이렇게 하여 조화를 이루는 것이다.〔政寬則民慢, 慢則糾之以猛; 猛則民殘, 殘則施之以寬. 寬以濟猛, 猛以濟寬, 政是以和.〕"라고 하였다.

**37** 왕도(王道)는 탕평(蕩平)하다 : 이는 본래 《서경(書經)》 〈홍범(洪範)〉에 보이는 말로, "편벽됨이 없고 편당을 짓지 않으면 왕도가 탕탕(蕩蕩)해지며, 편당을 짓지 않고 편벽됨이 없으면 왕도가 평평(平平)해지며, 상도(常道)에 어긋남이 없고 치우침이 없으면 왕도가 정직해질 것이다.〔無偏無黨, 王道蕩蕩; 無黨無偏, 王道平平; 無反無側, 王道正直.〕"라고 하였다.

있으면서 혁혁한 위엄을 가지고 있으니, 어찌 이기지 못할 것을 근심하겠습니까.

오늘날에 대간(臺諫)이 예전에 올린 글을 그대로 베낀 것이 쌓여서 권축을 이루었으니 이를 쓰자면 이루 다 쓸 수 없고 듣기에도 싫증이 나실 것입니다. 전하께서 만약 번다하고 오래됨을 싫어하시어 기어코 속히 정지시키고자 하신다면, 어찌 대신(大臣), 재신(宰臣), 삼사(三司)의 신하들과 한번 모여 논의하여 그 수종(首從)을 나누고 각각 그 죄에 따라 처벌하기를 지난날 대신(臺臣)이 청한 바와 같이 하지 않으십니까. 이 일은 본래 크게 어려운 일이 아니니 그저 즉위하신 초기 며칠 사이에 할 수 있는 일이었습니다. 당초에 만약 신속하게 이 일을 끝내어 지금까지 끌고 오지 않으셨다면, 오늘날에 이미 큰 강령이 바루어져 만 가지 항목이 시행됨을 볼 수 있어서 국사가 틀림없이 이처럼 피폐해지지는 않았을 것이고 민심이 틀림없이 이처럼 분열되지는 않았을 것임을 신은 압니다. 이러하다면 전하께서는 또 어찌 백성들의 근심과 국가를 위한 계책을 도외시하는 것을 근심할 것이 있겠습니까.

지난해는 바로 전하께서 즉위한 원년이었습니다. 자고로 훌륭한 업적을 세웠던 군주들은 초년에 먼저 그 큰 규모를 정하지 않은 이가 없었습니다. 그런데 지금 전하께서는 좋은 기회를 헛되이 흘려보내시고 지금까지 태만하고 두려워하며 변동하는 바가 없으십니다. 전하께서는 한번 생각해보십시오. 이와 같이 하면서 어떻게 국가를 다스릴 수 있겠습니까.

그 네 번째는 속론(俗論)을 타파하여 실질적인 정사를 행하는 것입니다. 신이 삼가 사책(史冊)을 보건대, 자고로 국가가 장차 쇠퇴하려고 할 때에는 틀림없이 그 국사를 무너뜨리는 일종의 담론이 있었으니, 예컨대 진(晉)나라의 청담(淸談), 당(唐)나라의 당론(黨論), 송(宋)나라의 화의(和議)가 여기에 해당합니다. 신이 일찍이 지금의 시대를 살펴보고서 깊이 근심한 바가 있으니, 지금 국가를 병들게 하는 것은 바로 속론일 것입니다.

이 속론은 형색(形色)이 정해진 것이 없고 명실(名實)이 대체로 모호하여 간파하여 설명하기가 쉽지 않습니다. 대체로 정사를 할 적에는 사리를 돌아보지 않은 채 한갓 규례만을 따르고, 사람을 등용할 적에는 현부(賢否)를 따지지 않은 채 그저 자격만을 고수하며, 사람을 평가하게 하면 위아래로 딱 잘라 나누어 왜곡하여 말하고 시비를 다투게 하면 그런 듯하기도 하고 그렇지 않은 듯하기도 하여 일정한 바가 없으니, 이것이 이른바 속론이라는 것입니다.

이 속론은 일신에 있어서는 유익한 바가 있고 해로운 바가 없지만, 세도(世道)에 있어서는 그 해로운 바가 진(晉)나라의 청담, 당(唐)나라의 당론, 송(宋)나라의 화의보다도 심합니다. 유익한 바가 있고 해로운 바가 없기 때문에 사람들이 이를 많이 본받으니, 속상(俗尙)이 이미 이루어지면 비록 세도에 해가 됨을 아는 자가 있어서 배척하고자 하더라도 실로 배척할 방법을 찾을 수가 없습니다. 이 때문에 한 때의 권의(權宜)가 자연히 모두 이것으로 쏠려서 뿌리를 세운 것이 이미 굳건하여 쉽게 도려낼 수 없으니, 만약 먼저 타파하지 않으면 비록 요(堯)와 순(舜) 같은 군주가 위에 있고 고요(皐陶)와 기(夔) 같은 신하가 아래에 있더라도 또한 어찌할 수가 없습니다.

이를 타파하는 방법은 다른 것이 없습니다. 오직 군주가 먼저 대성인(大聖人)이 되기를 스스로 기약하여 유속(流俗)에 물들지 않고 호령과 거조를 평범한 생각에서 벗어나 행하여 크게 경동(驚動)하고 크게 진작할 수 있게 해야 합니다. 또 진정으로 학식이 있는 자를 찾아 백관의 위에 두어서 이장(弛張)하고 출척(黜陟)하는 일을 자잘한 절목에 구애받지 않아서 다시는 고사(古事)의 말엽에 얽매이거나 양 갈래의 사이에서 머뭇거리지 않게 해야 합니다. 이렇게 한 뒤에야 뜻이 있는 자가 비로소 그 뜻을 행할 수 있고 재주 있는 자가 비로소 그 재주를 펼칠 수 있어서, 규모가 이로써 확립되고 실질적인 정사가 이로써 행해질 수 있습니다.

그 다섯 번째는 사치와 쓸데없는 소비를 억제하여 국용(國用)을 넉넉하게 하는 것입니다. 속담에 '열 손이 힘써 일하는 것이 한 입을 줄이는 것만 못하다.'라고 하였으니 이 말이 비록 속되나 또한 본디 일리가 있습니다. 재화를 풍족하게 하는 도리는 많이 모으는 것에 있지 않고 오직 쓰는 것을 절약하는 데에 있으니, 이는 실로 천고에 변하지 않는 이치입니다. 현재 국가의 재정이 바닥나서 경용(經用)을 지속하지 못하니 유사(有司)의 신하가 이를 근심하여 재물을 모으고 이익을 취할 방도를 죄다 시행하지 않음이 없어서, 자잘한 이익도 반드시 다투고 한 푼의 돈도 버려두지 않고 있습니다. 그런데도 끝내 국용이 조금이나마 넉넉해지는 것을 볼 수가 없으니, 이는 어째서입니까. 많이 얻는 것이[38] 절약하여 쓰는 것만 못하기 때문입니다.

오늘날 쓰기를 절약하지 못하는 까닭은 '사치〔侈〕'와 '쓸데없는 소

**38** 많이 얻는 것이 : 이 구절의 원문은 '得之之方'인데, 《서재집(西齋集)》〈진육조소(陳六條疏)〉 및 《승정원일기(承政院日記)》 영조 2년 2월 15일 기사에는 '方' 자가 '多' 자로 되어 있다. 문맥상 '方'은 '多'의 오자(誤字)로 보이는바, '多' 자를 따라 번역하였다.

비〔冗〕' 두 가지를 벗어나지 않습니다. 이른바 '사치〔侈〕'라는 것은, 신이 삼가 들은 것과 본 것을 참고하여 이와 같이 된 까닭을 찾아보건대, 우리나라에 예로부터 또한 사치가 지극하기로 이름 높았던 자가 어찌 한두 사람도 없었겠습니까. 그러나 당시에 사치가 풍조를 이루어 국용이 넉넉하지 못한 데에까지 이르렀다는 말은 듣지 못하였습니다. 근래에는 위로 경재(卿宰)에서부터 아래로 사서인(士庶人)에 이르기까지 사치가 지극하기가 옛날에 이로써 이름이 높았던 자와 같은 이가 있다고 듣지 못하였는데, 그런데도 이와 같은 것은 어째서입니까? 옛날에는 한두 사람이 비록 지극하게 사치를 부려도 일국의 재정을 거덜 내지는 못하였는데 지금은 사람마다 모두 그 분수를 넘고 있기 때문에 족히 일국의 재정을 거덜 낼 수가 있는 것입니다. 신이 스스로 자신을 돌아보아도 또한 그러한 점이 많으니 다른 사람이 어떠한지를 또 알 수 있습니다.

이른바 '쓸데없는 소비〔冗〕'라는 것은, 신이 낱낱이 거론하고 일일이 셀 수는 없으나 청컨대 먼저 제일 폐해의 근본이 되는 한 가지 일을 말씀드리겠습니다. 재화라는 것은 땅에서 나오는 것이니, 땅에서 나오는 것은 그대로인데 오늘날에 부족함을 항상 근심하는 까닭은 무엇입니까? 응당 들어와야 하는 수량이 모두 공가(公家)로 들어오지 못하기 때문입니다. 신이 우연히 각 도(道)의 수조안(收租案)을 열람하였는데, 금년의 실결(實結)이 전에 비하여 크게 축소되었고 실결 가운데에서 또 궁방(宮房)과 서원의 면제되는 조세를 제하게 되니, 이와 같은 것을 이루 다 셀 수 없습니다. 총괄하여 말하면 실제 들어오는 것은 십분의 일·이에 불과하니, 이와 같은데 나라를 다스릴 수 있겠습니까.

그 여섯 번째는 수령을 잘 택하여 곤궁한 백성을 돌보는 것입니다. 백성들이 곤궁했던 것이 이때보다 심했던 적이 없습니다. 논의하는 자들이 백성들이 곤궁한 것은 진실로 법의 폐단에서 연유한다고 여겨서, 이에 경장(更張)에 대한 논의가 있게 되었습니다. 그러나 신은 법이 좋지 못한 데에서 연유하는 것이 아니라 진실로 법이 시행되지 못하는 데에서 연유한다고 여깁니다. 법이 시행되지 못하는 까닭은 무엇입니까? 수령을 그 적임자를 얻지 못했기 때문입니다. 신은 오랫동안 향리에 있으면서 인근 수령이 정사를 하는 것을 살펴보았습니다. 수령 중에 조금이나마 일을 할 줄 아는 자는 교묘하게 명목을 만들어 자신의 사익을 채우는 데에만 힘을 쓰니, 어느 겨를에 백성들을 다스릴 생각을 하겠습니까. 우매하고 아둔한 자는 또 멍하니 앉아 졸면서 무슨 일인지도 까맣게 몰라서 정사를 하리에게 위임하여 그가 부정한 이익을 취하도록 내맡겨 둡니다. 이 두 경우가 똑같이 백성을 병들게 하는 것입니다. 매번 조정의 명이 내리면 우둔한 자는 비록 받들어 행하고자 하더라도 그 두서를 알지 못하고, 일을 할 줄 아는 자는 일부러 지체하여 백성들의 비방을 면합니다. 이와 같다면 비록 좋은 법과 훌륭한 정사가 있다고 하더라도 장차 어디에 시행할 수 있겠습니까."

상소를 올리자 보는 자마다 혀를 내둘렀다. 성상의 비답에

"'일치(一治)·일란(一亂)', '예악·정벌' 등의 말은 온당치 못하다."

라고 하였고 또 내린 비망기에

"이기기를 힘쓰고 별나고 기이하다."

라는 하교가 있었다. 공이 즉시 대각(臺閣)에 나아가 인피하였는데, 대략 다음과 같이 아뢰었다.

"신이 새로 언관의 자리에 들어와서는 선고가 다하지 못한 뜻을 뒤따르고 성상께서 버리지 아니하신 은혜에 감동하여 한마디 말씀을 올려 그 책임을 조금이나마 다하고자 하였습니다. 오늘날은 바로 군주와 신하가 함께 어울리는 초기입니다. 삼가 스스로 '밝으신 성상께서 위에 계시니 어떤 일이든 말하지 못하겠으며 어떤 말이든 다하지 못하겠는가.'라고 생각하였습니다.

첫 번째 조목 가운데 '일치(一治)·일란(一亂)'이라는 말은 단지 시운을 범범하게 논한 것일 뿐인데 어찌하여 전하께서는 너무 심각하게 보십니까. 천지가 존재한 이후로 치세(治世)를 논하는 것은 응당 제요(帝堯)의 시대보다 뛰어난 것이 없는데, 다만 홍수의 폐해가 있었기 때문에 맹자(孟子)가 마침내 '일란'에 견준 것입니다. 이것이 어찌 요(堯)임금의 성덕(盛德)에 누가 되겠습니까. 선왕께서는 본래의 성덕이 진실로 논란할 것이 없으나, 당시에 군흉들이 속임수를 쓰고 어지럽혀서 멋대로 살육을 자행하였으니, 그 폐해로 말하면 홍수보다도 심하였고 그 시대로 말하면 또한 백륙(百六)[39]의 시운이었습니다. 선왕께서 미처 난세를 평정하여 태평한 시대를 회복하지 못하시고 크나큰 책임을 우리 전하에게 남겨주셨으니, 신이 '일치'라는 말로 성상을 권면한 것이 또한 온당하지 않겠습니까. 무릇 '난(亂)'이라는 한 글자는 고금의 신하들이 그 군주를 경계하게 하는 경우에 모두 사용하였으니, 만약 신이 선왕께 진언한다면 또한 어찌

**39** 백륙(百六) : 106년의 뜻으로, 큰 재앙을 이른다. 4500년이 1원(元)이 되고 1원(元) 중에 5번의 양액(陽厄)과 4번의 음액(陰厄)이 있어 106년마다 액운이 있으므로 '백륙'이라고 한 것이다. 《漢書 卷21 律歷志上》

이 글자를 꺼릴 수 있겠습니까. 이는 실로 종전의 흉당이 구실로 삼는 것인데, 전하께서 이를 도와주신단 말입니까.

또 '예악·정벌' 운운하신 것은 신이 또한 할 말이 있습니다. 전하께서는 신축년(1721, 경종1) 이후의 일이 모두 선왕의 본의에서 나온 것이라고 여기십니까? 혹은 윤허하지 않았는데 윤허하였다고 하고 혹은 처결함이 없었는데 처결함이 있었다고 하여, 다만 저들의 입에서 나온 말을 슬그머니 성상의 하교 속 '유(唯)' 자와 '의(依)' 자로 둔갑시키는 것에 도무지 어려움이 없었으니, 이에 사람을 처벌하고 사람을 죽이는 것이 인주(人主)의 일과 전혀 상관이 없게 되었습니다. 이는 국구(國舅 어유귀(魚有龜))가 누차 말한 것이고 당시의 사관이 또한 추후에 논한 것이니, 신이 억측하여 말을 지어낸 것이 아닙니다. 더구나 최초의 비망기가 박상검의 손에서 나온 것은 중외가 모두 알고 있는 바이니, 박상검이 비록 즉시 복주되었으나 그 후에 또 다른 박상검이 없으리라고 어찌 알겠습니까.

아, 당시의 일을 이루 다 말할 수 있겠습니까. 성고(聖考)의 성헌(成憲)을 전복하고 성고의 유신(遺臣)을 도륙하며 전하를 모해한 흉적을 높이 등용하고 전하를 무함하고 모욕하는 글을 반포하였습니다. 만약 이러한 일이 모두 선왕의 본의에서 나왔다고 여기신다면 선왕께 누를 끼침이 어떠하겠습니까. 그러나 전하께서는 흉당의 여론(餘論)에 흔들림을 면치 못하시어 선왕의 병환을 숨기는 것을 제일의 의리로 삼으셔서 사람들의 입을 틀어막으려고 하십니다. 한때의 사람들의 입은 틀어막을 수 있다고 하더라도 백세의 사책(史冊)은 장차 어찌하시겠습니까.

또 전하께서는 매번 자신의 마음이 태연하다는 것을 주장하시는데, 이는 신이 감히 알지 못하겠는 점입니다. 당시에 전하께서 자신의 화복(禍福)에 대해서는 비록 태연하실 수 있다고 하더라도, 종묘사직의 존망에 있어서는 또한 태연하여 생각이 동요되는 바가 없으실 수 있겠습니까. 일이 종묘사직에 관계된 이상 전하께서는 응당 그 책임을 피하실 수 없습니다. 종묘사직을 위하여 난적(亂賊)을 토벌하는 것은 전하만의 사사로운 일이 아니니, 또 어찌 태연함과 태연하지 못함을 논할 수 있겠습니까.

지금 전하께서는 처분이 이미 정해진 이상 시비가 정해지지 않았다고 할 수 없다고 하십니다. 그러나 신이 보건대, 전하께서 즉위하신 이래로 일찍이 흉당을 크게 징계하고 두렵게 하며 인심을 크게 복종시킨 큰 처분이 한둘이라도 있었습니까? 전하께서는 매번 김일경과 목호룡 두 역적을 맨 먼저 주살한 것을 가지고 천토(天討)가 이미 행해졌다고 하십니다. 그러나 조태구가 '혐(嫌)' 자를 말하여 전하의 화근을 만든 것과 유봉휘가 이미 정해진 저위(儲位)를 위태롭게 동요시키고 아울러 우리 자성(慈聖)을 무함한 것과 그 밖에 역적 박상검과 결탁하여 음모를 주도했던 것과 좌우에서 관망하며 앉아서 성패를 지켜보던 것으로 말하면, 아직도 각각 그 죄에 따라 처벌하지 못하였습니다. 이와 같은데도 처분이 이미 정해졌다고 말할 수 있겠습니까. 처분이 이처럼 모호하다면 시비가 또 어찌 크게 밝을 수 있겠습니까.

그리고 전하께서는 또 하필 시비를 말씀하십니까. 사대신(四大臣)이 역신이면 조태구와 유봉휘는 충신이고 사대신이 충신이면 조태구와 유봉휘는 역신이니, 한쪽이 충신이면 한쪽은 역신인 것은 절로 정해진 형세가 있어서 바뀔 수가 없습니다. 전하께서는 이미 사대신을 충신으로 여겨서 포장하기를 미치지 못할 듯이 하셨으니, 이는 조태구와 유봉휘가 참으로 역신이 됨을 잘 아시는 것입니다. 이미 이들이 역신이 됨을 아시면서도 역률로 다스리지 아니하고 구구한 말로 분변하여 그 사안을 정해서 당론 중의 심상한 시비로 간주하시니, 이 어찌 후세의 의혹을 끊어버릴 수 있겠습니까."

이에 대한 비답에

"'일치 · 일란'에 대한 말은 끝내 제대로 헤아리지 못한 바가 있는 것인데도 허황된 말로 둘러대니 구차하지 않은가."

라고 하였다. 정언 홍봉조(洪鳳祚)가 출사하게 할 것을 청하였는데 성상이 엄한 비답을 내려 특별히 공을 체직시켰다. 이에 승지 이의천(李倚天)이 복역(覆逆)[40]하자 성상이 이르기를,

"어긋나고 과격한 사람을 용납하고 비호하는 것이 마침내 이 지경에 이르렀단 말인가. 마음대로 하라."

라고 하였다. 이공이 힘껏 아뢰기를,

"임징하가 상소하고 인피한 것은 깨끗한 조정의 간쟁하는 체모에 매우 들어맞습니다."

라고 하니 명하여 '마음대로 하라'라는 하교를 고치도록 하였다. 이에 흉당이 개두환면(改頭換面)하며 번갈아 나와 상소하여 죄를 얽어서, 혹은 선왕을 핍박하는 말을 하였다고 무함하고 혹은 태후(太后) 때의 일을 언급함을 금하였던 경우[41]와 같이 할 것을 청하니, 그 의도가

40 복역(覆逆) : 임금이 내린 명령이 잘못되었다고 여겨질 경우, 승정원에서 임금의 뜻을 거스르며 다시 아뢰어 재고(再考)를 요청하는 것을 이른다.

41 태후(太后)……경우 : 송(宋)나라 인종(仁宗)이 모후(母后)인 명숙 유황후(明肅

음흉하였다. 성상이 이르기를,

"임징하의 본의는 오로지 숨김이 없는 데에서 나온 것이다. 임징하가 무함한 것이 아니라 실로 저들이 무함한 것이다."

라고 하고 말을 꺼낸 자를 엄중하게 배척하여 모두 극변에 찬배하도록 하였다. 그러나 끝내 또한 명하여 공을 순안(順安)에 찬배하게 하였다. 상신(相臣) 정공 호(鄭公澔)와 이공 관명(李公觀命) 및 승정원과 삼사의 관원들이 서로 잇달아 논하여 공을 구원하였고, 민공 진원(閔公鎭遠)은 특히 힘써 신구(伸救)하고 이어서 자신이 수차(袖箚)를 올렸던 때와 똑같은 의리라고 하여 인구(引咎)하며 청죄(請罪)하였는데, 모두 받아들여지지 않았다.

정미년(1727, 영조3) 7월에 사류(士類)를 일제히 물리치고 흉당을 다시 등용하였다.[42] 장령 이정응(李挺膺)이 맨 먼저 계청하여 우선 공을 절도에 위리안치하게 하니 마침내 대정현(大靜縣)에 이배되었는데,

劉皇后)의 지난 허물을 말하지 못하게 한 일을 가리킨다. 인종은 신비(信妃) 이씨(李氏)의 소생이나 명숙 황후를 생모로 알고 일생 동안 조금도 틈이 없었는데, 태후(太后)가 죽은 뒤에 생전의 일을 헐뜯는 자가 많으므로 인종이 "이것은 내가 차마 들을 것이 못 된다." 하고, 조야(朝野)에 경계하여 함부로 말을 하지 못하도록 조칙을 내렸다.

**42** 정미년……등용하였다 : 1727년(영조3) 7월에 정미환국(丁未換局)이 일어나 노론(老論) 인사들이 실권하고 소론(少論) 인사들이 다시 정권을 장악한 일을 말한다. 1725년 영조가 즉위하면서 을사처분(乙巳處分)을 단행하여 노론 사대신(四大臣) 및 노론 측 주요 인사들을 복관시켰다. 이에 따라 노론이 정권을 잡아 정국을 주도하였는데, 1727년에 소론 대신 유봉휘(柳鳳輝)가 적소에서 사망하자 노론이 이를 계기로 또다시 소론을 일망타진하려 하였다. 그러나 영조는 오히려 소론의 편을 들어주어 을사처분을 백지화하고 유봉휘, 조태구(趙泰耉), 최석항(崔錫恒) 등의 소론 대신들을 복관시키며 소론 인사들을 대대적으로 등용하였다.

양사에서 이어서 일률(一律 사형)의 논의를 꺼냈다. 당시에 흉당이 기어코 선왕을 구실로 삼아 일망타진하려는 계획을 실현하려고 하면서 공을 고주(孤注)[43]로 삼았으며, 정공, 민공 등의 제공과 이공 의천이 모두 유배되었으나 공을 더욱 급박하게 공격하였다.

무신년(1728, 영조4) 1월에 이광좌(李光佐)가 육경(六卿)과 삼사의 관원을 이끌고 청대해서 공동(恐動)하고 협박하여 이르지 못하는 바가 없었는데, 밤이 깊어서야 비로소 대각(臺閣)의 청을 윤허하였다. 흉당이 또 곧장 감형관(監刑官)을 보낼 것을 청하니, 바로 임인년(1722, 경종2)에 이 충민공(李忠愍公 이건명(李健命))에게 처음 시행했던 바였다. 성상은 이를 윤허하지 않았다.

2월에 체포되었는데, 지사(志事 뜻과 사업)의 본말을 입으로 말하여 받아쓰게 해서 아들 시구(時九)에게 주니, 그 내용은 다음과 같다.

"경자년(1720) 겨울 즈음에 선군자께서 다시 대각(臺閣)에 들어가셔서 돌아보는 바가 없이 이삼(李森)을 논하고 제전(祭奠)을 논하시니, 사람들이 모두 위태롭게 여겼다. 그러나 선군자께서는 더욱 숙고(肅考 숙종)께 보답할 것을 생각하며 나라를 위해 한번 죽기를 맹세하여 불초가 간하여도 듣지 않으셨으니, 불초가 어찌할 방도가 없었다.

당시에 불초가 새로 대망(臺望)에 오르면 늘 조용히 아뢰기를, '대인께서는 연로하십니다. 아들이 비록 불초하나 또한 이미 시종(侍從)의 관직에 올랐으니, 원컨대 제 자신이 대신하겠습니다.'라고

**43** 고주(孤注) : 노름꾼이 남은 돈을 한 번에 다 걸고 마지막 승패를 겨루는 것을 이른다.

하였다. 대인은 웃으며 말씀하기를, '의리가 저마다 똑같지 않다. 내가 이미 대각(臺閣)에 출각(出脚)하였는데 이미 출각하고서 다시 스스로 물러난다면 사람들이 장차 뭐라고 하겠느냐. 또 이는 나의 평소 뜻이 아니다. 만약 종전의 시인(時人)들이 박대한다고 하여 스스로 태도를 바꾼다면, 나는 소장부(小丈夫)가 되는 것이다. 나는 스스로 나의 마음을 다할 뿐이니 너는 자정(自靖)[44]하여 스스로 경솔히 행하는 바가 없게 하라. 부자가 함께 그 속에 들어가는 것은 의리가 아니다.'라고 하셨다. 불초가 누차 간하였으나 허락하지 않으셨다. 이에 불초가 동료들에게 선언하여 말하기를, '부자가 번갈아 대각에 출입하는 것은 매우 온당치 못하다.'라고 하고 마침내 스스로 고향으로 물러났다.

당시에 내 자신이 대신하기를 청한 것은 내가 그 화를 감당하고자 하여 나의 아버지가 위태로운 지경에 빠지지 않게 하려는 것이었다. 비록 정성이 부족하여 따라주시지는 않았으나 친상(親喪)을 당한 후로 매번 '선군자께서 만약 그 해에 고종(考終)하지 않으셨다면 세상의 화란을 면하실 수 있었겠는가.'하고 생각한다. 만약 그렇게 되었다면 자신이 대신하기를 청하였으나 그리하지 못하여 홀로 아버지로 하여금 세상의 화란을 당하게 만든 것이니, 그 마음이 응당

44 자정(自靖) : 은(殷)나라 태사(太師)인 기자(箕子)가 주왕(紂王)의 서형(庶兄)인 미자(微子)에게 "스스로 의리에 편안하여 사람마다 스스로 선왕에게 뜻을 바칠 것이니, 나는 떠나가 은둔함을 돌아보지 않겠다.〔自靖, 人自獻于先王, 我不顧行遯.〕"라고 한 데서 온 말로, 본래는 스스로 의리에 맞게 처신하여 그 처지를 편안하게 여긴다는 뜻인데, 후세에는 벼슬을 하지 않고 은둔하여 지조를 지킴을 가리키는 말로 많이 사용하였다. 《書經 微子》

어떠하겠는가.

아아, 선군자께서 반드시 영고(寧考 숙종)께 보답하고자 하여 자신의 몸을 아끼지 않으셨으니, 불초가 이미 자신이 대신할 것을 누차 청하여 마지않은 것이 어찌 그저 자취를 이어 벼슬을 하기 위하여 그런 것이겠는가. 장차 나의 아버지의 뜻을 나의 뜻으로 삼아서 국가가 있는 것만 알고 내 몸이 있는 것은 알지 못하여 죽음도 사양하지 말아야만 할 것이다. 어찌 차마 선군자께서 천수를 누리고 고종하셨다고 하여 마음을 놓아서 자신이 대신하겠다고 한 말을 실천할 것을 생각하지 않을 수 있겠는가. 이것이 내가 여기까지 이르고도 후회함이 없는 까닭이다."

그리고 마침내 태연하게 길에 올랐다.

3월에 심문을 받았는데, 혹자가 뜻을 굽혀 화(禍)를 덜 것을 권유하였으나 공은 웃으며 응하지 않았다. 흉악한 무리가 안옥(按獄)하면서 소리치며 다그쳤으나 공은 안색이 조금도 저상되지 않은 채 구두로 공초(供招)하니, 그 내용은 다음과 같다.

"스스로 마음에 맹세하여 군주를 섬김에 도리를 다해서 일신의 화복은 돌아보지 않는 것이 실로 평생 동안 쌓아온 바입니다. 그러므로 대간이 되자 마침내 맨 먼저 한 상소를 아뢰어서 선왕을 위해서는 오랫동안 쌓여 있던 억울함을 씻어드리고 당저(當宁)를 위해서는 토복(討復)의 의리를 엄중히 하고자 하였습니다. 그 첫 번째 일로 말하면, 치란(治亂)을 개괄하여 논해서 주상이 책임을 맡은 엄중함을 밝힌 것에 불과할 뿐입니다. 예로부터 흥망을 말하고 치란을 논한 자를 어찌 이루 다 셀 수 있겠습니까. '치란'이라는 두 글자가 끝내 성세(聖世)에 간신(諫臣)을 죽이는 구실이 될 줄 누가 알았겠습니까.

무릇 문자에는 주(主)와 객(客), 경(輕)과 중(重)의 구분이 있습니다. 제 상소 가운데 '일란(一亂)의 뒤에 일치(一治)의 책임을 맡은 자는 더욱 어찌 운운(云云)'이라고 하였는데, 지금 이 구절의 말에는 그 주(主)와 중(重)이 상단에 있겠습니까, 하단에 있겠습니까? 일치의 책임을 우리 전하에게 기대하였기 때문에 우연히 그 대구로 나란히 거론한 것에 불과하니, 이는 《맹자(孟子)》를 입에 익숙하게 읽었기 때문입니다. 이것이 어찌 그 사이에 깊은 뜻이 있어서 그런 것이겠습니까. 성상께서 이 한 구절을 집어내어 '제대로 헤아리지 못하였다.'라고 하교하신 뒤에는 저의 인피하는 글에서 그 당시 당인들이 속임수를 쓰고 어지럽힌 상황을 대략 논하여 일란의 증거로 삼을 수밖에 없었으니, 이는 바로 맹자가 홍수 때문에 대요(大堯)의 시대를 일란에 견준 것과 같습니다. 저의 이 말이 또한 대요와 같은 선왕의 덕에 어찌 누가 되겠습니까.

무릇 기수(氣數)가 관계된 바는 무상하게 변화하니, 한 세대 중에서도 또한 일치와 일란을 논할 수가 있습니다. 우리 선왕께서는 새로 즉위하시어 맨 먼저 조중우(趙重遇)를 주벌하여 기사년(1689, 숙종 15)의 여당(餘黨)[45]이 감히 간계를 부리지 못하도록 하셨으니, 이 시기는 응당 일치에 해당시켜야 할 것입니다. 선왕의 병환이 점점

**45** 기사년의 여당(餘黨) : 기사환국(己巳換局)으로 정권으로 잡았던 남인(南人) 세력을 가리킨다. 기사환국은 기사년(1689, 숙종15)에 당시 집권세력인 서인(西人)들이 숙원(淑媛) 장씨(張氏)의 소생인 왕자 윤(昀)의 원자(元子) 책봉을 반대하자, 이에 분노한 숙종이 서인의 영수인 송시열(宋時烈)과 김수항(金壽恒) 등을 사사(賜死)하고 경신대출척(庚申大黜陟)으로 실각하였던 남인들을 다시 등용한 사건이다.

악화됨에 이르러서는 요망한 궁인과 흉악한 환관이 안에서 권세를 부리고 역적 김일경과 목호룡이 밖에서 함께 모의하여 성고(聖考)의 처분을 전부 뒤집고 성고의 유신(遺臣)을 대대적으로 살육하였으며, 심지어는 우리 전하께서 위태로운 처지 속에서 거의 보전되시지 못할 뻔하게 만들었으니, 이는 일란에 해당시킬 수밖에 없을 것입니다. 만약 선왕의 체후가 강녕함을 회복하여 보령(寶齡)이 길게 이어지셨다면 일란을 바로잡아 일치로 만드는 것이 단지 마음을 한번 돌리는 데에 달려있었을 것입니다. 이와 같이 되었다면 누가 감히 일치로 인정하지 않겠습니까.

아아, 하늘이 불인(不仁)하여 선왕의 춘추를 더 빌려주지 않아서 선왕께서 직접 하지 못하고 마침내 일치의 책임을 우리 전하께 남겨주게 하였습니다. 우리 전하께서 만약 크게 분발하고 크게 씻어내어 세도(世道)를 만회하신다면 훗날 의론하는 자들이 응당 일치로 인정할 것입니다. 그러나 만약 구차하게 편안히 지내며 쇠약한 채로 떨치지 못하여 그때와 똑같이 하실 뿐이라면 또한 일란의 시대로 귀속됨에 불과할 것입니다. 지금의 때는 일란과 일치의 기로에 놓인 시기이니, 제가 어찌 일치로써 우리 전하께 권면하지 않을 수 있겠습니까. 이것이 제가 일치라는 말을 하면서도 이것이 죽을죄에 빠지는 것임을 스스로 깨닫지 못한 까닭입니다.

똑같은 '난(亂)' 자이지만 귀속되는 곳은 저마다 다릅니다. 지금 어떤 사람이 '혼란(昏亂)', '음란(淫亂)'이라고 말하였다면 이는 군주의 덕을 가지고 말한 것이니, 이는 과연 군주를 핍박하는 것입니다. 그러나 만약 어떤 사람이 지난 일을 논하여 말하면서 '소인배가 조정을 혼탁하고 어지럽게 하였다.〔小人濁亂朝廷〕', '참소하는 말이 군주의 귀를 현혹시키고 어지럽혔다.〔譖言眩亂君聽〕'라고 하였다면, 이와 같은 경우도 '혼탁하고 어지럽게 되고 현혹되고 어지럽혀졌다면 도대체 어떠한 군주이겠는가.'라고 할 수 있겠습니까. 또한 군주를 무함하였다고 단정할 수 있겠습니까. 저의 상소의 말은 단지 신하가 혼탁하고 어지럽게 한 정상을 논한 것일 뿐이지, 본래 군주의 덕을 가지고 말한 것이 아니니, '선왕을 무함하고 모욕하였다.〔誣辱先王〕'라는 네 글자는 어찌 천부당만부당한 것이 아니겠습니까. 그런데 지금 말하는 자들이 마침내 '곧장 혼란한 군주로 귀속시켰다.'라고 하니 성상께서 '임징하가 무함한 것이 아니라 실로 저들이 무함한 것이다.'라고 말씀하신 것이 바꿀 수 없는 공론이라고 할 수 있을 것입니다.

또 '일란' 한 구절의 말이 매우 사소하여 사죄(死罪)를 증명해내기에 부족할까 염려되자 마침내 다시 '난세를 평정하다〔撥亂〕'라고 한 두 글자를 집어내어 이를 보조하였습니다. 기어코 죽이고자 한다면 한 개의 '난(亂)' 자만으로도 충분하니, 어찌 굳이 두 개의 '난(亂)' 자가 필요하겠습니까. '난세를 평정하여 태평한 시대를 회복하다〔撥亂反正〕'라는 한 구절의 말은 세상에 사용하는 자가 많으니, 무릇 좋지 못한 일이 좋은 것으로 바뀐 경우에 모두 이 글자를 사용합니다. 이거원(李巨源)이 이를 신축년(1721, 경종1)과 임인년(1722)의 변개 후에 사용했을 때에는[46] 세상에 이를 비난하는 자가 없었는데,

**46** 이거원(李巨源)이……때에는 : 1722년(경종2) 6월에 당시 사헌부 지평으로 있던 이거원이 계사(啓辭)를 올려 "신축년의 일은 오히려 차마 말할 수 있겠습니까. 권흉이 국권을 잡아 군부를 협박하여 국가의 존망이 몹시 위급하였는데, 다행히 성상께서 과감

제가 이를 우리 전하를 권면하는 말에 사용했을 때에는 기어코 극형에 처하려고 하고 있습니다. 아아, 똑같이 선왕의 본의가 아니지만 이를 숙묘(肅廟 숙종)에게 사용하면 죄를 주지 않고 총애하며, 이를 선왕에게 사용하면 그 죄가 사형에 이르니, 식자들이 진실로 이미 성세(聖世)의 형정(刑政)을 의심할 것입니다. 지금 이 '난세를 평정하다〔撥亂〕'라는 한 구절의 말은 또한 같은데, 피차가 죄를 논하는 것은 어찌 이렇게 현격하게 차이가 난단 말입니까.

최초의 비망기가 박상검의 손에서 나왔고 중간의 위복(威福)이 때로 군주에게서 나오지 않은 것은 바로 중외가 모두 알고 있는 것인데, 저의 상소가 나온 뒤에 성상이 비로소 연중(筵中)에서 분명하게 하교하셨습니다. 이에 저 무리들의 머리뼈가 부서지고 백대의 공안(公案)이 정해질 수 있게 되었으니, 당인(黨人)이 어찌 저를 원수처럼 미워하지 않을 수 있겠습니까. 그런데도 오히려 이 한 가지 일을 가지고 저를 국문할 것을 감히 청하지 못한 까닭은 저의 세 치 혀가 아직도 남아 있음을 염려하기 때문입니다. 이에 그저 하나의 '난(亂)' 자를 가지고 모호한 이유로 죽여서 한때의 입을 틀어막으려고 한 것입니다. 더구나 저를 죽인 뒤에야 양 대신을 차례대로 죽일 수 있기 때문에 먼저 쉬운 곳부터 착수한 것일 뿐입니다.

이렇게 계획한 것은 길 가는 사람도 아는 바이니, 어찌 명철하신

하게 결단을 내려 천망(天網)을 빠져나가지 못하도록 하시어 역모의 일이 모두 드러나 흉도들이 법에 따라 복주되었으니 이는 바로 난세를 평정하여 태평한 시대를 회복한 때이고 정세가 바뀌어 새로이 시작하는 때입니다.〔辛丑之事, 尙忍言哉? 權兇柄國, 脅逐君父, 國家存亡, 迫在呼吸. 幸而乾斷快揮, 天網不漏, 逆節畢露, 兇徒伏法, 此正撥亂反正之機, 改紀更始之會.〕"라고 아뢴 일이 있다. 《承政院日記 景宗 2年 6月 19日》

성상께서 제대로 헤아리지 못하신 바가 있겠습니까. 당인이 전후로 위협한 말이 족히 전하를 그르쳤기 때문일 뿐입니다. 이들이 말하기를, '이렇게 하고 이렇게 하면 후세에 장차 전하께서 선왕을 위하는 도리에 소홀하였다고 의심할 것입니다.'라고 하고 '이렇게 하고 이렇게 한 뒤에야 전하께서 선왕을 위하는 도리가 지극해질 것입니다.'라고 합니다. 이 때문에 밝으신 성상께서 어쩔 수 없이 흔들리는 바가 있으시어, 차라리 마침내 무고한 한 사람을 죽여서 뭇 사람들의 입을 잠재우려고 하시는 것입니다. 제가 죽어서 전하께서 선왕을 위하시는 도리가 이 덕분에 더욱 빛난다면, 이는 저의 죽음이 국가에 보탬이 되어 천지에 유감이 없는 것입니다. 그러나 제가 삼가 생각건대, 전하께서 선왕을 위하시는 도리는 선왕을 속였던 당시의 군흉들을 토죄하는 데에 달려있고 선왕을 위하여 변무(辨誣)하는 저를 억지로 죽이는 데에 달려있지 않은 듯합니다.

저의 죄는 있습니다. 대간의 몸이 되어서, 명목장담(明目張膽)하여 속히 선왕을 속인 군흉들을 토죄해서 우리 선왕의 오르내리시는 영령을 위로하지 못하였으니, 이것이 저의 죄입니다. 이를 가지고 죄를 주신다면 제가 감히 웃음을 머금은 채 형벌을 받지 않을 수 있겠습니까. 그러나 만약 선왕을 무함하고 욕보였다고 하여 죄를 주신다면, 비록 혀를 자르고 배를 가르며 뼈를 갈아서 바람에 흩뿌린다고 하더라도 저는 절대로 이 죄를 승복할 수 없습니다. 저의 죽음은 결정되었으니 칼날이나 몽둥이는 감히 선택할 수 있는 바가 아니나, 다만 승복할 수 없는 점은 선왕을 무함하였다는 죄목일 뿐입니다. 신은 모르겠습니다. 오로지 신하에게 죄를 돌려서 선왕을 잘못이 없는 데로 돌리려고 한 것이 선왕을 무함하는 것입니까? 아니면 자신의 죄를 회피하고자 선왕에게 누를 끼치는 것도 돌아보지 않는 것이 선왕을 무함하는 것입니까? 저처럼 소루하고 비천한 자는 비록 말할 것이 못 되나 저 국구(國舅)는 도대체 어떤 마음으로 선왕을 무함하고자 하기에 전후로 올린 상소가 이처럼 분명하단 말입니까. 이로써 미루어보면 저의 말은 선왕을 위하여 변무했다고 할 수 있지, 선왕을 무함하였다고는 할 수 없습니다.

죽은 자는 다시 살아날 수 없으니 사람을 죽이는 일은 본래 가볍지 않습니다. 더구나 간신(諫臣)을 죽이는 것은 더욱 잠깐 사이에 쉽게 할 수 있는 일이 아니니, 고금과 천하에 어찌 한 번의 심문도 거치지 않은 채 곧장 죄안을 처결하는 경우가 있었겠습니까. 제가 어쩔 수 없이 이렇게 거역하는 까닭은 감히 죽음 속에서 살 길을 찾는 계책을 도모하는 것이 아니라, 또한 성조(聖朝)에서 형벌을 신중히 하는 도리가 흠이 없기를 바라고 제가 충성하기를 원하는 뜻을 다할 수 있기를 바라기 때문입니다. 옛사람 중에 시간(尸諫)[47]한 자가 있으니 신은 바로 아직 싸늘해지지 않은 시신입니다. '사람이 죽으려고 할 때에는 그 말이 선하다.'[48]라고 하였습니다. 우리 성상께서 죄인의

**47** 시간(尸諫) : 죽어서도 간언을 올리는 것을 가리킨다. 《한시외전(韓詩外傳)》에 "위(衛)나라의 대부 사어(史魚)가 병이 들어 죽게 되자 그 아들에게 말하기를 '나는 남의 신하가 되어 살아서는 능히 어진 이를 등용하지 못하였고 불초한 자를 물리치지 못했으니, 죽으면 정당(正堂)에서 치상(治喪)하지 말고 실(室)에서 빈(殯)해 주면 족하다.'라고 하였다. 위군(衛君)이 이 말을 듣고서 거백옥(蘧伯玉)을 부르고, 미자하(彌子瑕)를 물리쳤다. 그는 살아서는 몸으로써 간하고 죽어서는 시(尸)로써 간하였으니, 곧다 할 만하다."라고 하였다.

**48** 사람이……선하다 : 이는 본래 《논어(論語)》 〈태백(泰伯)〉에 보이는 말로, 증자(曾子)가 병이 위독해졌을 때에 맹경자(孟敬子)가 문병을 오자 그에게 이와 같이 말하

말이라고 하여 소홀히 여기지 않으신다면 저는 비록 죽더라도 유감이 없을 것입니다."

이에 흉악한 무리들이 또한 서로 돌아보며 말하기를,

"과연 어렵다. 과연 어렵다."

라고 하였다.

이때 흉당이 기사년(1689, 숙종15)의 여당(餘黨)과 안팎에서 화응하여 김일경과 목호룡의 흉언을 계승해서 거병하여 반란하였는데[49] 사직의 신령함에 힘입어 절로 궤멸되었으나 나라가 위태롭기가 한 올의 터럭처럼 아슬아슬하였다. 성상의 뜻은 오로지 시론(時論)을 관대하게 포용하는 데에 있었고 또한 침묵하는 데에 힘써서, 선왕에게 병환이 있어서 속임을 당한 것을 언급하는 자가 있으면 번번이 죄로 다스렸다. 이 때문에 흉악한 무리들이 경계하고 두려워하는 바가 없어서 온양(醞釀)함이 이 지경에 이른 것이니, 공이 반드시 근원을 통렬히 물리치고

며 당부하는 선언(善言)을 남겼다.

**49** 이때……반란하였는데 : 1728년(영조4) 이인좌(李麟佐)의 난이 일어난 것을 이른다. '이인좌의 난'은 소론(少論)과 남인(南人)의 일부 세력이 영조와 노론(老論)을 제거하고 밀풍군(密豐君) 이탄(李坦)을 추대하고자 일으켰던 반란으로, 무신년에 일어났으므로 '무신란(戊申亂)'이라고도 한다. 1724년에 경종의 승하로 영조가 즉위하여 김일경(金一鏡) 등이 제거되고 노론 정권이 들어서자, 일부 소론들이 남인들을 포섭하여 반정을 도모하기 위해 비밀 조직을 결성하였는데, 영조가 1727년에 정미환국(丁未換局)으로 탕평책을 실시함에 따라 서울의 많은 소론들이 이탈하였다. 이에 초조해진 지방의 세력들이 이인좌를 대원수로 삼고 거병하였는데, 한때 청주성을 점령하는 등 기세를 떨치고 도성을 향해 진격하였으나 안성(安城)과 죽산(竹山)에서 관군에게 대파당하고 이인좌 등 수뇌부가 체포되어 평정되었다. '기사년의 여당(餘黨)'은 기사환국(己巳換局)으로 정권으로 잡았던 남인(南人) 세력을 가리킨다. 자세한 내용은 260쪽 주45 참조.

시비를 명쾌하게 정하여 이로써 그 간사한 싹을 잘라버리려고 했던 것이 이를 통하여 크게 증명되었다. 이에 사람들이 모두 앞을 내다보았던 공의 정성에 탄복하였고 군흉도 왕왕 사석에서 스스로 굽히며 말하기를,

"대계(臺啓)의 내용은 전혀 두서가 없다. 다만 범범하게 '난(亂)' 자를 말한 것을 가지고 선왕을 무함하고 모욕했다는 죄로 억지로 단정하니 어찌 인심을 복종시킬 수 있겠는가. 이의연(李義淵)[50]이 죄가 없었는데도 오히려 김일경의 호대(互對)[51]로 삼았으니 임모(任某)를 매섭게 공격하는 것은 바로 소하인(疏下人)[52]의 상대가 되게 하고자 해서이다."

라고 하였다. 유엄(柳儼)은 바로 일률(一律)을 청하는 계(啓)를 제창한 자인데 또한 말하기를,

**50** 이의연(李義淵) : 1692～1724. 본관은 전주(全州), 자는 방숙(方叔), 호는 유시재(有是齋)이다. 1724년(영조 즉위년) 영조 즉위 후 겨울에 천둥과 벼락의 변이 있자 구언(求言)이 있었는데, 포의(布衣)로서 이에 응하여 신임사화(辛壬士禍)를 일으킨 소론(少論) 주동자의 축출을 주장하다가 유봉휘(柳鳳輝)·이광좌(李光佐)·이거원(李巨源)·이명언(李明彦) 등에 의하여 유배된 뒤 참형으로 옥사하였다.

**51** 호대(互對) : 쌍거호대(雙擧互對)의 준말로, 인재 등용에 있어 한쪽 당파의 사람을 천거하면 똑같이 다른 쪽 당파의 인물도 천거하여 수적으로 균형을 맞추도록 하는 것을 말한다. 여기에서는 소론(少論) 측 사람인 김일경(金一鏡)을 역적죄로 다스린 것에 상대하여 노론(老論) 측 사람 중에는 이의연(李義淵)을 역적죄로 다스렸다는 의미로 말한 것이다.

**52** 소하인(疏下人) : 1721년(경종1) 12월에 김일경(金一鏡)이 소두(疏頭)로서 상소해서 노론(老論) 사대신(四大臣)의 처벌을 청하였을 때에 이 상소에 연명(聯名)하여 함께 참여하였던 박필몽(朴弼夢), 이진유(李眞儒), 이명의(李明誼), 윤성시(尹聖時), 서종하(徐宗廈), 정해(鄭楷) 등을 가리킨다.

“나는 선대의 조정에서 자주 가관(假官 가주서)으로서 군주를 가까이에서 모시면서, 군하(群下)들이 행사를 엄폐하고 환관들이 교지(矯旨)를 어지럽힌 것을 이미 익숙히 알았다. 임모(任某)의 뜻은 단지 무함을 밝히려는 것에서 나온 것이니 어찌 일찍이 죄가 있었겠는가. 다만 피차의 입장이 있을 수밖에 없기 때문에 내가 일찍이 토죄를 청하기에 급급했던 것이다. 그러나 지금 이처럼 역변이 일어나 임모(任某)의 말이 적중하였으니 논죄하였던 것을 뒤늦게 후회한다.”

라고 하였다. 이로써 또한 인심이 공정한 것을 볼 수 있으니 공정함은 똑같은 것이다.

이때 이진유(李眞儒), 박필몽(朴弼夢) 등의 역적이 모두 법에 따라 복주되자 흉악한 무리가 기어이 상대를 들어 보복하고자 하였다. 이광좌(李光佐)가 당인을 이끌어서 혹은 일차(日次)에 구애됨 없이 국청을 열 것을 청하고 혹은 국청에서 곧장 결안(結案)을 올릴 것을 청하고 혹은 자리를 피한 의금부의 당상을 논핵하고 혹은 정계(停啓)한 대신(臺臣)을 탄핵하여 파직시켜서 다투어 흉계를 부려 마음에 흡족한 뒤에야 그만두었다. 민 문충공(閔文忠公 민진원(閔鎭遠))이 사면되어 돌아와 입대해서는 또 수차(袖箚)의 일로 인구(引咎)하고 이어서 공을 극구 신구(伸救)하였으나 성상이 받아들이지 않았다.

경술년(1730, 영조6) 6월에 신공 사철(申公思喆), 박공 사익(朴公師益)이 금오(金吾 의금부)의 당상으로서 인책(引責)하고 들어가서 의금부의 국문에 참여하지 않으니 성상이 격노하여

“사당(私黨)을 비호하느라 군주의 명을 무시하였다.”

라고 하여 특별히 파직시키고는 즉시 대계(臺啓)에 따라 국청을 옮기고 또 친국(親鞫)할 것을 명하였다. 이 문간공(李文簡公) 의현(宜顯)

이 나아가, 사체가 온당치 못하고 처분이 전도되었다고 간언하자 성상이 격노하여 꾸짖으며 물러나게 하여 진노가 그치지 않았다. 그러나 공은 차분하고 여유로워 말씨가 평소와 같았으니 시위(侍衛)하는 제신(諸臣)들이 찬탄하지 않는 이가 없었다. 그러다가 마침내 7월 24일에 옥중에서 졸하였다. 옥에 갇힌 3년 동안 전후로 삼십여 차례나 형신을 받았으나 임종할 때에 정신과 기운이 평온하여서 초종(初終)에 관련된 여러 절차에 관하여 공을 돌봐주던 병졸에게 부탁을 남겨 예(禮)를 잘못하지 않을 수 있게 하였다. 무신년(1728, 영조4)의 역적[53]의 공초에

"성상이 임모(任某)를 치죄하는 것을 보고 경묘(景廟 경종)에 대한 정성의 여부를 알았다."

라는 말이 있었으므로 성상이 이 말을 매우 싫어하여 옥사하는 데에 이르도록 만든 것이다. 또

"선견지명은 용서를 받을 만하다."

라고 말하는 자가 있었는데 공이 웃으며 말하기를,

"이는 내가 화를 면치 못하는 이유이다."

라고 하였다. 9월에 아산(牙山) 남면(南面) 독정리(獨亭里)에 있는 선영 곁의 임좌(壬坐)의 언덕에 부장(祔葬)하니, 유명(遺命)을 따른 것이다.

병신년(1776, 정조 즉위년)에 정종(正宗 정조)이 즉위하였는데 공의 윤자(胤子) 시팔(時八)이 억울함을 호소한 일을 계기로 복계(覆啓)를

**53** 무신년의 역적 : 1728년(영조4) 일어난 이인좌(李麟佐)의 난에 참여한 역적을 이른다. 이인좌의 난에 대한 자세한 내용은 266쪽 주49 참조.

기다리지 않고 특별히 명하여 복관하게 하였다. 순묘(純廟 순조) 기사년(1809, 순조9)에 공의 사손(嗣孫) 충백(忠白)이 수직(壽職)을 받아 규례에 따라 추증을 행하게 되었는데, 대신이 건의하여 공의 충절이 뛰어남을 들어서 특명으로 공에게 이조 참판을 더 추증하고 겸대(兼帶)도 규례에 따라 하였다.

이상이 공이 시종 겪은 굴신(屈伸)의 전말이다.

배위(配位) 광산 김씨(光山金氏)는 호조 판서 진귀(鎭龜)의 딸이니, 사계(沙溪) 문원공(文元公 김장생(金長生))이 그 오대조이다. 법도가 있는 집안에서 생장하여 규문의 범절을 두루 갖추었다. 공이 체포된 후로 매일 밤 목욕재계하고서 밖에서 이슬을 맞으며 기도하였고 그대로 죽을 때까지 소식(蔬食)을 하다가 몸을 상하여 병이 생기니, 계유년(1753, 영조29) 3월 28일에 별세하여 공의 묘에 부장(祔葬)하였다. 3남2녀를 두었으니, 장남은 시구(時九)로, 출계(出系)하여 공의 조고 지중추부사 공의 제사를 받들고, 다음은 시팔(時八)로, 증 참판이고, 다음은 시오(時五)이며, 딸들은 서준일(徐俊一), 홍상봉(洪相鳳)에게 출가하였다. 시구의 6남은 효백(孝白), 제백(悌白), 음직으로 동지중추부사가 된 충백(忠白), 신백(信白), 형백(珩白), 후백(後白)이고, 딸은 이희경(李義敬)에게 출가하였다. 시팔의 계자(繼子)는 충백이고, 딸들은 좌의정 김이소(金履素), 김이우(金履㝢), 이희춘(李義春)에게 출가하였으며, 서자는 증백(增白), 연백(衍白)이고, 서녀는 신륜(申綸)에게 출가하였다. 시오의 계자는 형백이고, 딸은 조국현(趙國鉉)에게 출가하였다. 사위 서준일의 아들은 행순(行順), 행민(行敏), 행직(行直)이고, 홍상봉의 계자는 주섭(疇燮)이다.

공은 효성을 타고나서 오직 어버이의 뜻을 따랐고 좌우에서 힘써 모시며 남에게 수고로운 일을 대신하게 하지 않았다. 집이 가난하였으나 맛있는 음식을 힘써 마련하여 혹시라도 부족함이 없게 하였으며 거상(居喪)할 적에는 몸을 훼상하여 거의 목숨을 보전하지 못할 뻔하였다. 후상(後喪 모친상)이 전상(前喪 부친상)을 치르는 중에 있었는데 공은 경례(經禮 강령이 되는 예(禮))에 근거하고 정문(情文 예(禮)의 내용과 형식)을 참작하여 특수한 상황에 대처하면서 정도(正道)를 잃지 않았다.

우애가 돈독하여, 비록 환난이 몹시 심하였어도 백씨(伯氏)를 위해 살 길을 도모해주어서 반드시 자신보다 우선하였다. 백씨가 일찍이 전장(田莊)을 나누어주고자 하였는데 공은 이를 고사하여 모두 제전(祭田)으로 귀속시켰다. 종숙(從叔)의 온 식구가 역병에 걸려 상사(喪事)가 다섯 차례나 이어졌는데 공은 위험을 무릅쓰고 몸소 장례를 치러주면서 온 힘을 다해 자판(自辦)하였으며 본가에서 전민(田民)으로 보상해주려고 하였으나 공은 이를 받지 않았다.

충애(忠愛)는 하늘에 뿌리를 두었으니, 일찍이 여묘(廬墓)하는 중에 김일경, 박상검 등의 역적들이 흉악한 모의를 하는 것이 위태롭고 다급하다는 것을 듣고는 근심으로 애태우며 침식(寢食)을 폐하였다. 그러자 곁에 있는 사람이 말하기를,

"공은 정무를 맡은 자가 아니니 화복(禍福)이 국외(局外)에 무슨 상관이 있기에 이처럼 혼자 애태우십니까."

라고 하였는데, 공이 눈물을 흘리며 다음과 같이 말하였다.

"우리 집안은 대대로 나라의 은혜를 입었으니 칠실(漆室)의 근심[54]이

**54** 칠실(漆室)의 근심 : 춘추 시대 노(魯)나라의 칠실이란 고을에 과년한 처녀가 자

진실로 다른 사람의 만 배가 된다. 더구나 나의 선군께서 흉당의 극심한 질시를 받아 앞날을 예측할 수가 없었는데 우리 왕께서 시종 곡진히 보호해주셨으니, 나의 터럭 하나하나에 성은이 미치지 않은 곳이 없다. 내가 어찌 감히 잠시라도 잊을 수 있겠는가. 불행히도 우리 왕께서 병환이 있으시자 군흉들이 환관, 궁첩과 결탁하여 속임수를 쓰고 어지럽히며 못하는 짓이 없어서 사문(斯文)의 의리를 번복하고 숙묘(肅廟 숙종)의 옛 신하를 도륙하였다. 또 끝내는 이극(貳極 세자)을 위태롭게 할 것을 도모하여 문안을 올리는 문을 폐쇄하고 자전(慈殿)의 하교를 봉환(封還)하여 역적을 토벌하라는 명을 받들지 않는 지경에 이르렀다. 저위(儲位)가 불안하면 종묘사직이 장차 폐허가 될 것이니 우리들이 어디로 돌아갈 수 있겠는가. 내가 비록 피발하고 산에 들어갈 수는 없으나 이 흉적들과 같은 하늘을 이지 않을 것을 맹세하였다. 또 우리 왕께서는 인자하고 성스러우며 효성과 우애가 마음에서 우러나서 성고(聖考)의 흔들림 없이 굳게 지키라는 말씀[55]을 따르고 신경제(申慶濟)의 사문(斯文)에 대한 참소[56]를

신이 시집가지 못하는 것은 걱정하지 않고 임금이 늙고 태자가 어린 것을 걱정하여 기둥에 기대어 울자, 이웃집 부인이 비웃으며 "이는 노나라 대부가 할 근심이니 그대가 무슨 상관인가?" 하였다 한다. 《列女傳 卷3 漆室女》 이후로 분수에 지나친 근심을 뜻하게 되었는데, 벼슬하지 않는 선비가 국사를 걱정하는 마음을 나타내는 겸사로 쓰인다.

**55** 성고(聖考)의……말씀 : 1716년(숙종42) 숙종이 송시열(宋時烈)과 윤선거(尹宣擧)·윤증(尹拯) 부자 사이의 오랜 시비에 대해 윤증을 배사(背師)로 규정하고 노론(老論)을 지지하는 처분을 내리면서 "나의 자손들은 모름지기 이 뜻을 준수하여 굳게 지켜 흔들리지 말라.〔爲我子孫者, 須遵此意, 堅持勿撓可也.〕"라고 한 말을 가리킨다. 《肅宗實錄 附錄 行狀》

**56** 신경제(申慶濟)의……참소 : 1722년(경종2) 7월에 당시 사직(司直)으로 있던 신

미워하셨으며 《춘추(春秋)》의 이심(貳心)을 갖지 않는 의리를 밝히고 사친(私親)을 존숭하는 설을 물리치셨다. 이로써 미루어나가면 희호(熙皞)[57]의 다스림이 어찌 불가한 것이겠느냐마는, 근래의 일이 모두 흉악한 무리가 엄폐하고 속이는 데에서 나오고 있다. 그러나 이는 뜬구름이 하늘을 가리는 것과 같은 것이니 진실로 어찌 하늘에 누가 되겠는가. 오늘날의 신하가 된 자는 더욱 통한하고 절박한 마음을 이길 수 없을 것이다."

을사년(1725, 영조1) 초원(初元)에 성상이 군흉을 몰아내고 옛 신하들을 등용하여 국시(國是)가 비로소 정해지고 대의(大義)가 대략 펴졌으나 흉악한 무리가 대부분 요행히 주벌을 면하여 인심이 점차 함닉되어 갔다. 공이 일찍이 크게 탄식하며 말하기를,

"인군(人君)의 초정(初政)에는 진실로 형살(刑殺)로 이끌어서는 안 된다. 그러나 선왕을 무함한 것은 성상이 토벌하지 않을 수 없고 당저(當宁)를 모해한 것은 신하들이 토벌하지 않을 수 없는데, 지금 선왕의 병환을 숨기는 한 가지 일이 현재의 대금(大禁)이 되었다. 무릇 천하의 만사는 진실로 근원으로 거슬러 올라가 분명하게

경제(申慶濟)가 상소하여 역옥(逆獄)을 더욱 엄중하게 집행할 것을 청하면서 노론(老論)의 중심 인물인 송시열(宋時烈)을 화란의 제창자로 지목하여 관직을 추탈할 것을 청한 일을 말한다. 《承政院日記 景宗 2年 7月 10日》

**57** 희호(熙皞) : 화락(和樂)하고 자득(自得)한 모양을 뜻하는 '희희호호(熙熙皞皞)'의 줄임말로, 바로 태평성대를 의미한다. 《노자(老子)》 제21장에 "세속의 중인들은 마치 푸짐한 잔칫상을 받은 듯, 봄날 누대에 오른 듯 희희하다.〔衆人熙熙, 如享太牢, 如登春臺.〕"라고 보이고, 《맹자(孟子)》 〈진심 상(盡心上)〉에 "성왕의 백성은 호호하다.〔王者之民, 皞皞如也.〕"라고 보인다.

밝히지 못하면 암담하고 구차한 지경으로 귀결되지 않는 경우가 드무니, 흉악한 무리들이 구실로 삼고 후세에서 의혹하는 것을 어찌 하겠는가."

라고 하였다.

공이 평소에 마음에 쌓아서 늘 말한 것이 이와 같아서, 항상 국가를 위하여 한번 죽기를 원하였다. 그러므로 병오년(1726, 영조2)에 이르러 할 말을 다하며 시휘(時諱)를 돌아보지 않아서 끝내 죽어도 후회하지 않는 데에 이르렀다. 화(禍)가 급박해지자 자식들에게 편지를 써서 부탁하여 말하기를,

"내가 스스로 기약한 바가 그리 허술하지 않았으나 여기에 이르러서 나라를 위한 정성을 그 만분의 일도 바치지 못하게 되었다. 너희들은 훗날에 마음을 다해 나라의 은혜에 보답하여 나의 뜻을 이어라."

라고 하였다. 공의 단충(丹衷)이 환하게 빛나서 백번 죽어도 변함이 없었던 것을 여기에서 볼 수 있다.

공은 자품이 빼어나서 인자하면서도 굳세고 엄준하면서도 온화하였다. 그 용모를 보면 단정하고 수려하여 좋아할 만하였고 그 말을 들어보면 겸손함으로 자처하였다. 방정한 것을 좋아하고 원만한 것을 싫어하여 홀로 우뚝하게 서서 기대지 않는 점으로 말하면, 언의가 엄정하고 주장하는 바가 명확해서, 피부가 찔려도 꿈쩍하지 않고 눈이 찔려도 피하지 않을 정도로 의연하여 만부(萬夫)도 빼앗을 수 없는 지절이 있었다.

이를 문장으로 드러냄에 풍부하면서도 정밀하며 통창하면서도 치밀하여, 장편의 시를 붓을 잡자마자 즉시 완성하여도 사리(辭理 글의 내용과 형식)가 모두 지극해서 사정에 절실하면서도 규범을 잃지 않고 풍자

에 뛰어나면서도 또한 화려함이 지극하였다. 과체(科體 과문(科文))의 부(賦)와 책(策)으로 말하면, 거의 근세의 절조(絶調)여서 원수로 여기는 이들도 본보기로 삼는 경우가 많았다. 공의 부형(婦兄 아내의 오빠)인 북헌(北軒) 김공(金公 김춘택(金春澤))은 다른 사람의 문장에 대해서 인정하는 경우가 드물었는데 유독 공에게는 두려워할 만하다고 인정하였고 반룡연(盤龍硯)을 주면서 서문(序文)을 지어 추양(推讓)하였다.[58] 그러나 공은 문인(文人)으로 자처하는 것을 부끄러워하고 쓸데없는 글을 짓는 것을 좋아하지 않았으니, 지은 시문(詩文) 약간 권이 집에 보관되어 있다.

아아, 공은 충신(忠信)에 근본을 두고 기절(氣節)을 겸비하여서, 문장은 황유(皇猷)를 보좌할 만하고 재주는 백성을 윤택하게 할 만하고 학식과 언의는 또한 왕체(王體 조정의 정책)를 도모하고 국론을 결단할 만하였으며, 명철한 성상이 위에서 다스리는 시대를 만났다. 그러나 끝내는 군흉에게 무함을 받아 옥중에서 숨을 다하였으니 어찌 명운이

**58** 반룡연(盤龍硯)을……추양(推讓)하였다 : 김춘택(金春澤)의 문집인 《북헌거사집(北軒居士集)》 권2 〈임성능에게 주는 반룡연가〔盤龍硯歌贈任聖能〕〉의 서문에 다음과 같이 말하였다. "옛날에 선군자께서 반룡연을 얻어서 나에게 주시므로 마침내 공인에게 명하여 상자를 만들게 하고 황색으로 칠하여 책상 위에 두었다. 작은 누이의 남편인 임성능이 이를 보고 좋아하기에 내가 이를 그에게 주고자 하였는데 선군자께서 웃으며 말씀하기를, '지금 주지 말고 그의 시학이 장진한 뒤에 상으로 주는 것이 좋을 것이다.'라고 하셨다. 지금 내가 외롭게 해국에서 지냄에 지난 일에 대해 감회가 있지 않은 것이 없는데 임성능이 마침 시를 보내오니 그 시의 수준이 과연 장진하였다. 곧장 어찌 감히 선군자의 말씀을 실천하지 않을 수 있겠는가. 이에 마침내 집안사람에게 연락하여 보관해두었던 반룡연을 내어주게 하고 아울러 시를 지어 그에게 준다." 성능(聖能)은 임징하(任徵夏)의 자(字)이다.

아니겠는가.

을사년(1725, 영조1) 이후에 성상의 교화가 일신되자 흉당이 뜻을 잃고서 곁에서 엿보며 짖어대어 근심거리가 끝이 없었다. 벼슬을 얻고 잃는 것을 근심하는 자가 또 그 사이에서 탕평의 논의를 제창해서 온 세상을 선동해 따르게 하였다. 이에 시비를 뒤섞고 충역을 혼동하여, 우씨(牛氏)와 이씨(李氏)를 태화(太和) 연간에 함께 등용하고[59] 소성(紹聖)과 원우(元祐)의 인물을 건중(建中) 연간에 조정하였던 것[60]처럼 해서, 짝을 이루어 함께 등용하게 하고 억지로 국시(國是)를 정하여 위에서는 천청(天聽)을 현혹하고 아래로는 인심을 의혹케 하니 장차 세교(世敎)의 무궁한 화(禍)가 될 것이었다. 그러나 사대부들은 서로 돌아보며 숨죽이고 있으면서 감히 한마디 말도 꺼내지 못하였다. 공이 이 때문에 가슴 속에 가득한 뜨거운 피를 다 쏟아내어 이로써 환난을 막고자 하여 국가의 안위만을 알고 일신의 화복은 알지 못하였으니,

**59** 우씨(牛氏)와……등용하고 : 우씨(牛氏)와 이씨(李氏)는 당 문종(唐文宗) 때에 극심하게 대립하였던 우승유(牛僧孺)·이종민(李宗閔)의 당파와 이길보(李吉甫)·이덕유(李德裕) 부자의 당파를 가리킨다. 태화(太和)는 당 문종 때의 연호로, 827년부터 835년까지 사용되었다.

**60** 소성(紹聖)과……것 : 소성(紹聖, 1094~1097)과 원우(元祐, 1086~1093)는 모두 송 철종(宋哲宗) 때의 연호이다. 원우는 철종이 즉위하여 선인태후(宣仁太后)가 수렴청정을 하던 때에 사용하던 연호로, 이 시기에는 사마광(司馬光), 여공저(呂公著) 등 구법당(舊法黨)의 인물들이 정권을 장악하였고, 소성은 선인태후가 죽고 철종이 직접 정무를 보면서 사용한 연호로, 이 시기에는 장돈(章惇), 채경(蔡京), 여혜경(呂惠卿) 등 신법당(新法黨)의 인물들이 정권을 장악하였다. 건중(建中)은 송 휘종(宋徽宗) 때의 연호인 건중정국(建中靖國, 1101)으로, 이때에 당쟁을 조정한다는 명목으로 현사(賢邪)와 시비(是非)를 엄격하게 구분하지 않고 등용하여, 간신(奸臣)인 채경 등이 권력을 휘두르게 되었다.

이는 이른바 '자신을 죽여서 군주에게 유익이 있다면 그렇게 한다.'[61]라는 것이다. 이 뜻을 미루어보면 천지와 귀신도 감동시킬 수 있는데, 마침내 도리어 자구(字句)를 트집 잡아서 모호하게 죄안을 이루어, 성주(聖主)가 무죄임을 알고도 능히 사면하지 못하고 사류(士類)가 높은 충절에 감복하면서도 감히 구제하지 못하여 그저 흉악한 무리들의 마음만 흡족하게 해주고 말았다. 저 상방검(尙方劍)을 청하고[62] 당로자 때문에 수레바퀴를 묻었으면서도[63] 죽음을 면한 자들은 또한 다행

61 자신을……한다 : 이는《예기(禮記)》〈문왕세자(文王世子)〉에 보이는 공자(孔子)의 말로, "옛날에 주공이 섭정하여 조계(阼階)를 밟아 다스리실 적에 세자를 가르치는 법을 백금에게 들어 보인 것은 성왕을 선하게 하려고 해서였다. 내가 듣건대 '남의 신하가 된 자는 자신을 죽여서 군주에게 유익함이 있다면 그렇게 한다.'라고 하였으니, 하물며 자신을 우회하고 굽혀서 그 군주를 선하게 함은 더 말해 무엇 하겠는가. 주공은 훌륭하게 이를 해낸 것이다.〔昔者, 周公攝政, 踐阼而治, 抗世子法於伯禽, 所以善成王也. 聞之曰: 爲人臣者, 殺其身, 有益於君, 則爲之. 況于其身以善其君乎? 周公優爲之.〕"라고 하였다.

62 상방검(尙方劍)을 청하고 : 한(漢)나라 성제(成帝) 때의 직신 주운(朱雲)의 고사이다. 성제의 신임을 받던 장우(張禹)가 전횡을 일삼던 외척인 왕씨(王氏)를 비호하자, 주운이 괴리(槐里)의 수령으로 있으면서 성제에게 상서하고 입궐하여 공경(公卿)이 있는 자리에서 아뢰기를 "지금 조정의 대신은 위로 임금을 바로잡지 못하고 아래로 백성을 돕지 못하니, 다들 무능하게 녹만 먹고 있습니다. 신에게 상방참마검(尙方斬馬劍)을 내리시면 영신(佞臣) 한 사람을 베어 그 나머지 사람들을 힘쓰게 하겠습니다."라고 하였다. 성제가 "누구냐?"라고 묻자, 주운이 바로 성제의 사부인 안창후(安昌侯) 장우라고 하였다. 이에 성제가 크게 노하여 어사(御史)에게 주운을 끌어내라고 하였는데, 주운이 난간을 부여잡고 계속 간하다가 그만 난간이 부러졌다. 뒤에 성제가 주운의 말이 옳았다는 것을 깨닫고 난간을 그대로 두어 직간하는 신하의 본보기로 삼게 하였다고 한다.《漢書 卷67 朱雲傳》

63 당로자……묻었으면서도 : 후한(後漢) 순제(順帝) 때의 인물인 장강(張綱)의 고

인 것이니, 어찌 옛날과 지금 사람의 다행과 불행이 이처럼 다르단 말인가. 곧장 하늘에 호소하고 싶으나 그리할 길이 없다.

공이 별세한 지 26년 뒤에 다시 을해년(1755, 영조31)의 변고[64]가 일어나서 신임사화(辛壬士禍) 잔당의 흉악한 모의가 다 드러나 천토(天討)가 마침내 크게 행해졌다. 공의 말이 이때에 이르러 더욱 증명되었고 공을 무함하여 죽인 자들도 대부분은 국적(國賊)으로 복주되었으니 이를 통해 '하늘의 뜻이 정해지면 능히 사람을 이김'[65]을 볼 수 있다. 그리고 두 조정에서 밝게 포창한 은전이 해와 별처럼 분명하게 게시되어 당시에 억울하게 신구하지 못했던 것들이 장차 명백하게 후세에

사이다. 당시 대장군 양기(梁冀)가 권력을 독점하여 조정이 매우 부패하였는데, 마침 조정에서 장강 등 8인을 선발하여 전국을 순시하면서 관리들의 치적을 규찰하게 하자, 다른 사람들은 모두 명을 받고 떠났으나 유독 장강은 자기의 수레바퀴를 낙양(洛陽)의 도정(都亭)에 묻으면서 말하기를, "승냥이와 이리가 당로하고 있는데, 어찌 여우와 살쾡이 따위를 물을 것이 있겠는가.〔豺狼當路, 安問狐狸?〕"라고 하며 가지 않았다.《後漢書 卷56 張綱列傳》

**64** 을해년의 변고 : 소론(少論) 일파의 역모사건으로, 사건의 주동자는 윤지(尹志)이다. 윤지는 김일경(金一鏡)의 옥사에 연좌되어 나주(羅州)에 귀양 가서는 노론(老論)을 제거할 목적으로 무리를 모아 1755년(영조31) 1월에 나라를 비방하는 글을 나주 객사에 붙였다가 발각되어 처형당하였다. 일명 '을해옥사(乙亥獄事)'·'윤지의 난' 혹은 '나주 괘서(掛書)의 변'이라고도 한다. 이 일로 김일경 일파 가운데 연루된 자가 매우 많아 소론이 큰 타격을 입었다.

**65** 하늘의……이김 : 《사기(史記)》 권66 〈오자서열전(伍子胥列傳)〉에 "사람이 많으면 하늘을 이기기도 하지만, 하늘의 뜻이 정해지면 역시 사람을 능히 이기는 법이다.〔人衆者勝天, 天定亦能破人.〕"라는 말이 나오는데, 소식(蘇軾)이 이를 인용하여 "사람이 많으면 하늘을 이기기도 하나, 하늘의 뜻이 정해지면 또한 능히 사람을 이기네.〔人衆者勝天, 天定亦勝人.〕"라는 시구로 표현하면서 더욱 유명한 격언이 되었다.《蘇東坡詩集 卷45 用前韻再和孫志擧》

길이 드러나게 되었으니 공의 화벽(化碧)[66]의 억울함도 또한 유감이 없을 수 있을 것이다.

처음에 공이 화를 당했을 적에 여호(黎湖) 박 문경공(朴文敬公) 필주(弼周)가 말하기를,

"흉악한 무리가 임모(任某)를 무함하여 죽이고자 하면서 '임모가 자신의 이해(利害)에 따라 선왕을 찬양하기도 하고 박대하기도 하였다.'[67]라고 하였으니, 신하 된 자가 감히 이런 말을 한단 말인가. 사실이 전부 드러나면 비록 사람들의 이목을 가리고자 한들 할 수 있겠는가."

라고 하였다.

훌륭한 사대부들이 다투어 만사(挽詞)를 보내오니, 숙야재(夙夜齋) 민 문충공(閔文忠公) 익수(翼洙)의 글에는 다음과 같이 말하였다.

"우리들이 장차 역적 무리의 손에 나란히 죽게 되었는데 부자(夫子)가 마침내 홀로 우리 군주의 앞에서 먼저 죽었으니, 이는 영화롭다고 할 수 있네. 그러나 주인인 사람이 도적에게 죽임을 당하는 것[68]은

**66** 화벽(化碧) : 선혈이 푸른 옥으로 변했다는 뜻으로, 충신지사(忠臣之士)를 칭송하는 말로 쓰인다. 주(周)나라 장홍(萇弘)이 충간(忠諫)을 하다가 왕이 듣지 않자 자살하였는데, 그 피를 보관하였더니 3년 만에 푸른 옥으로 변하여 오랫동안 없어지지 않은 데에서 나온 말이다. 《莊子 外物》

**67** 임모가……하였다 : 1726년(영조2) 2월에 당시 용강 현령(龍岡縣令)으로 있던 조현명(趙顯命)이 상소하여 임징하(任徵夏)를 논핵하였는데, 이 상소에 "심지어 온 나라가 함께 떠받드는 군부에 대해서도 자신의 이해에 따라 사람마다 말을 달리함을 면치 못하여 공덕을 말할 때에는 혹은 찬양하여 성주로 만들고 혹은 박대하여 난세로 만들었다.〔甚至於一國所共戴之君父, 亦不免因其利害而人異其說, 談功德, 則或贊之爲聖主, 或薄之爲亂世.〕"라는 말이 보인다. 《承政院日記 英祖 2年 2月 22日》

진실로 당연한 형세이나, 굳세고 바른 선비로서 인군(仁君)이 다스리는 시대에 죽은 것은 옛날에 들어보지 못한 일이네. 몇 구의 글을 지어 보냄에 천 줄기 눈물이 흐르네. 그저 이십 년 교우한 정 때문만이 아니니, 이 삼백 년 종묘사직을 어찌 하리오."

우산(盂山) 홍공 봉조(洪公鳳祚)의 글에는 다음과 같이 말하였다.

"살아서는 할 말을 다 하고 죽어서는 후회가 없으니, 군자는 애석해하고 소인은 흡족해 하네. 그대가 능히 이와 같이 하였으니, 내가 다시 무엇을 슬퍼하리오. 내가 슬퍼하는 것은 진실로 세도(世道) 때문이라네."

김공 조택(金公祖澤)의 글에는 다음과 같이 말하였다.

"사람이 누군들 죽지 않겠냐마는, 죽음이 혹 세도(世道)의 성쇠와 관계되기도 하네. 죽음이 누군들 슬프지 않겠냐마는, 슬픔이 혹 어떠한 죽음을 맞이하였는가와 관계되기도 하네. 공의 죽음은 모르겠다만 슬퍼해야 하는 것인가, 그렇지 않은 것인가? 슬퍼하지 않는 것은 인정(人情)을 벗어난 것이며, 슬퍼하는 것은 그저 공 일신 때문만이 아니네."

이것이 어찌 모두 공과의 친분 때문에 이렇게 말한 것이겠는가.

광은군(光恩君) 김공(金公 김진귀(金鎭龜))이 일찍이 공을 평가하여

68 주인인……것 : 주인이 도적에게 죄를 지은 것이 없어도 도적은 주인을 미워하여 죽임을 말한 것이다. 《춘추좌씨전(春秋左氏傳)》 성공(成公) 15년 조에 "백종(伯宗)이 조회하러 갈 때마다 그의 아내가 반드시 경계하기를 '도둑은 주인을 미워하고 백성은 윗사람을 미워합니다. 그대가 바른말 하기를 좋아하므로 반드시 어려운 일을 당할 것입니다.'라고 하였다.〔初伯宗每朝, 其妻必戒之曰: 盜憎主人, 民惡其上. 子好直言, 必及於難.〕"라는 내용이 보인다.

말하기를,

"내 사위는 사장(詞章)이 뛰어날 뿐만 아니라 충성스럽고 신실하며 굳세고 정직하여 항상 절개에 죽고 의리에 죽으려는 뜻을 지니고 있는 것이 마치 저울의 추나 나무줄기의 심과 같다."

라고 하였으니, 세상 사람들이 모두 뒤늦게 그 감식에 탄복하였다.

나는 어렸을 때부터 공의 상소를 읽었는데, 격앙하고 열렬하여 늠름하게 생기가 있어서 절로 사람을 오열하며 눈물을 흘리게 만들었다. 공의 현손인 헌회(憲晦)가 공의 윤자(胤子) 시팔(時八)이 지은 가전(家傳)을 가지고 와서 나에게 행장을 지어줄 것을 요청하였다. 그 적임자가 아니라고 사양하였으나 간곡하게 청하므로 끝내 차마 굳게 사양하지 못하고 이상과 같이 서술하는 바이다. 화를 당한 본말을 간추리지 않고 번다하게 기록한 것으로 말하면, 이로써 신임의리(辛壬義理)[69]의 결국(結局)을 삼으려는 것이니, 비단 공의 억울함을 안타깝게 여겨 한 시대에만 전하려는 것이 아니다. 훗날 독론(篤論)하는 군자가 있다면 나의 말이 지나친 것이 아님을 응당 알 것이다.

**69** 신임의리(辛壬義理) : 신축년(1721, 경종1)과 임인년(1722) 두 해에 걸쳐 노론(老論)과 소론(少論) 간에 뒷날 영조가 되는 연잉군(延礽君)의 세제 책봉과 대리청정 문제를 둘러싸고 대립하다 신임옥사(辛壬獄事)가 일어났는데, 이때 노론이 내세운 명분을 말한다. 남인(南人) 역관의 딸인 희빈(禧嬪) 장씨(張氏) 소생인 경종은 남인에 동정적이던 소론의 보호를 받아 왔는데, 경종이 즉위하자 과거 그의 세자 책봉을 반대했던 노론은 위기를 느껴 그의 병약함과 후사(後嗣)가 없음을 빌미로 연잉군을 세제로 책봉하고 나아가 대리청정까지 추진하다가, 소론의 김일경(金一鏡) 등이 목호룡(睦虎龍)을 사주하여 노론 사대신인 김창집(金昌集), 이이명(李頤命), 이건명(李健命), 조태채(趙泰采)를 역모로 무고케 함으로써 사대신 이하 노론 일파를 극형에 처하게 하였다.

## 증 지평 강개옹 임공 행장 계묘년(1843, 헌종9)
贈持平慷慨翁任公行狀 癸卯

공은 휘가 창(敞)이고 자가 회이(晦而)이다. 임씨(任氏)는 세계(世系)가 풍천(豐川)에서 나왔으니, 고려 어사대부 휘 주(澍)를 초조(初祖)로 삼는다. 본조에 들어와 대대로 고관을 이어오다가 휘 내신(鼐臣)에 이르니, 강원도 관찰사로, 을사명현(乙巳名賢)[70]이 되었다. 이분이 휘 기(琦)를 낳았는데, 용사(龍蛇)의 난리[71]에 의병을 일으켜서 왜적을 토벌하여 특별히 대흥 현감(大興縣監)에 제수되고 좌승지에 추증되니, 이분이 바로 공의 고조이다. 증조 휘 희지(羲之)는 사예로, 혼조(昏朝 광해군조)를 만나 관직이 현달하지 못하였다. 조고 휘 환(暵)은 생원으로 좌참찬에 추증되었으며, 우암(尤菴) 송 선생(宋先生 송시열(宋時烈))이 묘표를 지었다. 선고 휘 홍정(弘挺)은 지행(至行)이 있어서 어버이가 병환이 들자 살을 베어서 피를 내어 올렸으니, 또한 송 선생이 칭찬하여 기술하였다. 선비(先妣) 밀양 박씨(密陽朴氏)는 승겸(承謙)의 딸이다.

**70** 을사명현(乙巳名賢) : 1545년(명종1) 일어난 을사사화(乙巳士禍)로 화를 입은 신하를 가리킨다. 을사사화는 인종이 죽자 명종의 외숙이자 소윤(小尹)의 거두인 윤원형(尹元衡)이 인종의 외숙이자 대윤(大尹)의 거두인 윤임(尹任) 일파를 몰아내는 과정에서, 대윤파에 가담했던 사림(士林)이 크게 화를 입은 사건이다.

**71** 용사(龍蛇)의 난리 : 임진왜란(壬辰倭亂)을 가리킨다. 용사는 용의 해인 임진년(壬辰年)과 뱀의 해인 계사년(癸巳年)을 합하여 칭한 것으로, 간지(干支) 중 진(辰)은 용(龍), 사(巳)는 사(蛇)에 해당된다.

공은 효종 3년 임진년(1652) 10월 6일에 태어났으니, 어려서부터 지기(志氣)가 굳세어 기절(奇節)을 좋아하였다. 기사년(1689, 숙종 15)에 인현왕후(仁顯王后)가 폐위되었다는 소식을 듣고는 비분강개하여 죽고자 해서 걸어서 한양에 들어가 대궐 문 앞을 지키며 호곡하니, 이를 보는 자들이 모두 의롭게 여겼다. 신사년(1701)에 성모(聖母 인현왕후)가 승하하고서 무고(巫蠱) 사건[72]이 발각되어 성상이 희빈(禧嬪) 장씨(張氏)를 사사(賜死)하였는데, 정권을 잡고 있던 자가 후일에 스스로를 보전할 계책을 위하여 있는 힘껏 신구(伸救)하였다. 이듬해에 공이 상소하여 할 말을 다해 논하려고 하였는데, 온 집안사람들이 만류하여도 그만두게 할 수 없었다. 이에 계부(季父) 지중추부사 공[73]이 술을 마련하여 절에서 자질들을 모이게 하고 술잔을 기울이며 공에게 말하기를,

"오늘의 이별이 천고의 작별이 될 줄을 어찌 알겠느냐."

**72** 무고(巫蠱) 사건 : 1701년(숙종27) 8월에 인현왕후(仁顯王后)가 원인 모를 병으로 죽었는데, 바로 뒤에 희빈(禧嬪) 장씨(張氏)가 취선당(就善堂) 서쪽에 신당(神堂)을 설치하고 인현왕후가 죽기를 기도한 일이 발각되어 이 일에 관련된 희빈 장씨와 그의 오라비인 장희재(張希載)가 사사(賜死)된 사건을 말한다. 이 사건으로 인해 희빈 장씨에 대하여 관대한 태도를 취한 남구만(南九萬), 최석정(崔錫鼎), 유상운(柳尙運) 등 소론(少論)과 남인(南人)이 축출되고 다시 노론(老論)이 집권하게 되었다.

**73** 지중추부사 공 : 임홍망(任弘望, 1635~1715)으로, 자는 덕장(德章), 호는 죽실거사(竹室居士), 본관은 풍천(豐川)이다. 1666년(현종7) 별시문과에 을과로 급제하여 울산 부사(蔚山府使), 경주 부윤(慶州府尹), 형조 참의, 도승지 등을 지냈으며 지중추부사가 되어 기로소(耆老所)에 들어갔다. 문장과 글씨에 뛰어나고 경사(經史)에 정통하여 이름이 높았으며, 성품이 강직하여 불의에 굴하는 일이 없었다. 저서로는 《죽실집》이 있으며, 시호는 효정(孝貞)이다.

라고 하고는 눈물을 흘렸다. 이는 가정하여 말해서 사생 간의 먼 이별을 보여줌으로써 공의 마음을 돌리기를 바란 것이었다. 그러나 공은 조금도 주저함 없이 돌아보지 않고 용감하게 나아가 상소하여 토복(討復)의 의리를 아뢰었다. 이 상소[74]의 대략은 다음과 같다.

"불행하게도 오늘날에 저주의 변고가 밝혀지고 흉측한 물건들이 낭자하게 드러나 극악무도한 무리들이 서로 자복하였으니, 아아, 참혹한 일입니다. 우리 성모께서 오늘날에 승하하신 것은 하늘이 그리한 것이 아니라 바로 사람이 그리한 것입니다. 그렇다면 오늘날에 성모를 섬기던 신하들은 마땅히 절치부심하여 반드시 토복하고야 말겠다고 다짐해야 합니다. 그런데 지금 말을 하는 자가 도리어 '이는 왕세자의 생모이니, 국모를 위하여 복수해서는 안 된다.'라고 하고 있습니다. 《추서(鄒書 맹자)》에 말하지 않았습니까. 순(舜)임금이 천자가 되고서 고수(瞽瞍)가 사람을 죽였으면 고요(皐陶)는 법대로 집행했을 것이라고 하였습니다. 고수는 천자의 아버지이고 죽은 사람은 필부일 뿐인데도 고요는 오히려 법대로 집행한다고 한 것입니다. 지금 희빈으로서 중궁을 시해하였으니, 그 죄과가 고수가 사람을 죽인 것과 비교하면 어떠합니까.

신이 삼가 《노론(魯論 논어)》을 살펴보건대, '진항(陳恒)이 그 군주를 시해하였는데 공자(孔子)가 목욕재계하고 토벌할 것을 청하였다'고 하였습니다. 진항은 제(齊)나라의 대부이고 군주 또한 제(齊)나라의 군주인데, 공자가 이웃 나라의 치사(致仕)한 사람으로서 기

**74** 이 상소 : 이때 임창(任敞)이 올린 상소의 내용은 《숙종실록(肅宗實錄)》 28년 3월 17일 기사에도 보인다.

어이 이 때문에 목욕재계하고 토벌을 청하였으니, 이는 신하로서 군주를 시해한 것이 인륜의 큰 변고이기 때문이 아니겠습니까. 오늘날 신하가 된 자들이 국모가 시해됨을 보았다면, 목욕재계하고 토벌을 청해야 하는 완급(緩急)이 공자와 비교하여 어떻겠습니까.

아, 중궁은 정모(正母)가 되고 희빈은 사친(私親)이 되는바, 이러한 망극한 변고를 만나서 더욱더 망극한 점이 있으니, 유독 우리 세자의 심정이 참혹합니다. 오늘날 전하의 도리는 죄에 따라 죄를 주고 법에 따라 법을 집행하되, 십분 위유(慰諭)하여 왕세자의 망극한 심정을 편안하게 해주시는 것입니다. 또 오늘날 신하들의 도리는 또한 응당 성상의 하교를 받들어 토복의 대의를 펴고, 이어서 세자를 위안하는 말을 지성으로 진계(陳戒)하는 것입니다. 이렇게 하면 군신과 상하가 각각 마땅한 도리에 맞게 할 수 있습니다. 그런데 지금은 그렇게 하지 않고 반드시 '희빈을 치죄하지 않아야만 세자의 마음을 위안할 수 있다'고 말하여, 마치 세자의 마음이 정모가 시해된 것에는 무관심하고 사친만 비호하려는 것인 듯 여기고 있습니다. 그 행적은 세자에게 충성을 바치는 것 같으나, 그 실제는 세자를 옳지 못한 처지로 몰아감을 면치 못하니, 통분하지 않을 수 있겠습니까. 오직 다행히 성상께서 의리를 분명하게 아시고 처분을 시원스레 단행하여 끝내 죄에 따라 죄를 주고 할 일을 하시는 데에 이르셨으니, 신은 이에 감격하여 눈물이 흐르는 것을 가누지 못하겠습니다.

그리고 신은 국모가 시해된 원통함을 전하에게 돌리지 않을 수 없으니, 전하께서도 그렇다고 생각하시는지요? 아, 기사년(1689, 숙종15)[75]부터 병자년(1696)[76]에 이르기까지와 병자년부터 금일에 이르기까지 전후의 화근이 일맥상통하지 않는 것이 없으니, 한 때의 정국을 장악하고자 하여 국가의 불행을 바라는 자들이었습니다. 이와 같은 무리는 결코 사군자의 심사를 지닌 이들이 아닌데, 어찌하여 전하께서는 이들을 깊이 신뢰하여 전적으로 등용하셨습니까. 이는 기사년의 화가 일어난 이유입니다. 병자년의 변고에 이르러서도 심장한 염려를 핑계 대며 기어이 엄호하려고 했던 자는 대신이지만, 대신의 말을 받아들으신 자는 누구십니까. 기사년에 이들의 모의에 부응하고 또 병자년에 이들의 죄를 엄호해주셨으므로 그 간악한 모의와 흉측한 계책이 조금도 징계되지 못하여 끝내 지극히 성스러운 원비(元妃)께서 천수를 누리지 못하게 되신 것입니다. 옛사람이 '내

**75** 기사년 : 기사환국(己巳換局)이 일어난 해로, 이해에 송시열(宋時烈)이 경종의 원자정호(元子定號)를 반대하여 숙종의 노여움을 사게 되자, 남인(南人)이 이를 기회로 다시 정권을 잡아 송시열과 그를 지지하던 서인(西人) 일파를 모두 축출하였다. 이로 인해 송시열은 제주도에 위리안치되었다가 사사되었고 수많은 서인 인사들이 일제히 처벌되었으며 인현왕후(仁顯王后)가 폐출되고 희빈(禧嬪) 장씨(張氏)가 중전의 자리에 올랐다.

**76** 병자년 : 이해에 희빈(禧嬪) 장씨(張氏)의 선조의 무덤에 누군가 저주를 행한 일이 발생하자 생원 강오장(姜五章)이 이러한 사실을 상소해서 아뢰어 조사가 착수되었는데, 희빈 장씨의 오라비인 장희재(張希載) 집안의 종 업동(業同)이 무덤에서 신여철(申汝哲) 집안의 종 응선(應先)의 호패를 발견하게 되어 응선이 용의자로 지목되었다. 이에 숙종이 응선을 친국하기까지 하였으나 사건의 실상을 밝히지 못하였고 또 응선은 고문을 이기지 못하고 죽고 말았다. 이후 이만웅(李萬雄) 등의 고변을 계기로 저주사건이 조작된 것일지도 모른다는 의심이 일게 되어 업동이 도리어 국문을 받게 되었는데, 소론(少論)의 영수였던 영의정 남구만(南九萬)이 희빈 장씨의 소생인 세자에게 후환이 미칠 것을 염려하여, 세자를 위한 '심장한 염려〔深長慮〕'라고 하며 국문(鞫問)을 중지할 것을 청하니 마침내 국문이 중지되어 업동을 고성(固城)에 정배하는 것으로 일이 마무리 되었다. 《肅宗實錄 22年 4月 29日, 5月 1日・4日・28日, 6月 2日・9日, 7月 29日》

가 죽이지 않았으나 나로 말미암아 죽은 것이다.'[77]라고 하였는데 전하께서 오늘날의 일에 있어 어찌 이러한 마음이 없으시겠습니까.

신은 전하께서 빈전(殯殿)에 고하신 글에서 지성으로 뉘우치시는 성심(聖心)을 볼 수 있었는데, 지금 인산이 이미 지나고 해가 또 바뀌었으나 고묘(告廟)하고 반시(頒示)하는 거조가 있음을 듣지 못하였습니다. 아, 희빈이 중궁을 시해한 것이 얼마나 큰 변고인데 조종(祖宗)에 고하고 신민(臣民)에게 반시하는 일을 행하지 않는단 말입니까. 이는 의리상 고묘하지 않을 수 없는 이유로서, 고묘해야 하는 첫 번째 이유입니다.

비록 여항(閭巷)에서라도 서로 해치는 변고가 있으면 무릇 옥사를 맡은 신하가 감히 독단하지 못하고 반드시 이를 상부에 보고하는 것은, 사람을 죽인 죄가 중하고 죽음으로 대신하는 법이 엄하기 때문입니다. 그런데 어찌하여 오늘날에는 국모가 시해를 당한 것을 처결함이 도리어 필부가 살해를 당한 것을 처결함만 못하여, 그 일을 중대하게 여기지 않고 그 법을 엄중히 적용하지 못해서 하늘에 계신 원비의 영령이 끝내 구천에서 원통함을 풀지 못하게 하십니까. 이것

**77** 내가……것이다 : 동진(東晉) 원제(元帝) 때 외척(外戚) 왕돈(王敦)이 반역을 꾀하자, 왕돈의 종제인 왕도(王導)가 종족(宗族)을 인솔하고 대각(臺閣)에 나와서 대죄(待罪)하였는데, 주의(周顗)가 왕도의 충성을 들어 극력 구원하였고, 또 상소하여 왕도의 무죄를 밝혔으나, 왕도는 그 사실을 모르고 있었다. 마침내 왕돈이 석두성(石頭城)에 웅거하고서 주의의 인망(人望)에 대해 물었을 적에 왕도가 아무런 대답을 하지 않자, 드디어 주의를 죽였다. 후에 왕도가 자신의 목숨을 구해 준 주의의 상소를 보고는 "내가 백인을 죽이지 않았지만 백인이 나로 말미암아 죽었다.〔我雖不殺伯仁, 伯仁由我而死.〕"라고 하였다. 백인은 주의의 자이다. 《晉書 卷69 周顗列傳》

이 어찌 전하의 도리상 차마 하실 수 있는 일이겠으며, 지성으로 뉘우치신 뜻이 어디에 있겠습니까. 이것 역시 의리상 고묘하지 않을 수 없는 이유로서, 고묘해야 하는 두 번째 이유입니다.

기사년(1689, 숙종15)의 출척(黜陟)[78]에 이르러서도 전하께서 또한 이미 고하셨는데, 오늘날의 큰 변고를 고하지 않으신다면 사리가 전도된 것이 어떠하겠습니까. 갑술년(1694)의 승강(陞降)[79]도 전하께서 또한 이미 고하셨는데, 오늘날의 대의를 고하지 않으신다면 의리의 경중에 있어서 어떠하겠습니까. 이것 역시 의리상 고묘하지 않을 수 없는 이유로서, 고묘해야 하는 세 번째 이유입니다.

더구나 인심이 함닉된 것이 오늘날과 같은 적이 없었으니, 무고하여 시해한 큰 변고를 밝히지 않을 수 없습니다. 또 의리가 회색된 것이 이때와 같은 적이 없었으니, 토복의 대의를 밝히지 않을 수 없습니다. 이는 이해상 고묘하지 않을 수 없는 이유로서, 고묘해야 하는 네 번째 이유입니다.

또 저주의 변고는 변고 중에도 은미한 것입니다. 그러므로 지역이 멀수록 듣는 자들이 더욱 진실을 알지 못하게 되고, 세월이 오래될수

**78** 기사년의 출척(黜陟) : 기사환국(己巳換局)을 이른다. 286쪽 주75 참조.

**79** 갑술년의 승강(陞降) : 갑술환국(甲戌換局)을 이른다. 1694년(숙종20) 김춘택(金春澤), 한중혁(韓重爀) 등의 서인(西人)이 폐위되었던 인현왕후(仁顯王后)의 복위 운동을 일으켰는데, 당시 집권 세력이었던 민암(閔黯), 이의징(李義徵) 등의 남인(南人)이 이를 빌미로 서인을 완전히 제거하려다가 오히려 자신들이 화를 당하였다. 이 당시 숙종은 희빈(禧嬪) 장씨(張氏)에 대한 감정이 점차 악화되어 폐비 사건을 후회하고 있었는데, 남인이 무모한 옥사를 벌이려 하자 분노하여 민암과 이의징 등을 유배 보내고 송시열(宋時烈), 민정중(閔鼎重), 김익훈(金益勳) 등 기사환국(己巳換局) 때 축출된 서인의 관작을 회복시키고 다시 서인을 등용하여 정국 전환을 꾀하였다.

록 의심하는 자들이 더욱 거짓을 믿게 됩니다. 지금 영남(嶺南)의 유생 유항(柳沆)이라는 자가 잘못 전해 듣고서 의심하는 데에까지 이르고 또 의심이 심하여 상소하는 데에까지 이르렀으니, 신은 팔도 안에 유항처럼 잘못 전해 들은 자가 모두 몇 사람이며, 의심이 심한 자가 또한 몇 사람일지 알지 못하겠습니다. 수개월 내에도 오히려 이와 같은데 하물며 수년 뒤에는 어떻겠습니까. 오늘날에는 신이 대의(大義)의 당당함을 말하여 그만두지 못하지만, 해가 오래된 뒤에 여항(閭巷)의 무리들이 자취를 이어 일어나 말하기를 '무고하여 시해한 변고가 과연 뚜렷이 드러났다면 어찌하여 당시에 이 변고를 밝히고 고묘하지 않았는가. 토복의 의리가 과연 정대하다면 어찌하여 당시에 이 의리를 밝히고 백성들에게 반시하지 않았는가.'라고 한다면 전하께서는 장차 무슨 말로 이 말을 꺾으시겠습니까. 신은 훗날의 무궁한 화가 매양 여기에 기반을 두게 될까 염려됩니다. 이것 역시 이해상 고묘하지 않을 수 없는 이유로서, 고묘해야 하는 다섯 번째 이유입니다.

무릇 인군이 나라를 다스리는 도리는, 사람 때문에 그 말을 버리지 않고 시기(時機) 때문에 그 일을 폐하지 않는 것입니다. 지금 전하께서 만약 부유(腐儒)의 말은 받아들일 것이 못 되고 시기가 늦은 일은 행할 수가 없다고 하신다면 그만일 것입니다. 그러나 만약 사람은 비록 미천하나 그 말은 받아들이지 않을 수 없다고 하여 반드시 받아들이시고, 시기는 비록 늦었으나 그 일은 행하지 않을 수 없다고 하여 반드시 행하신다면, 오늘날 국정을 살펴보는 때에 사방의 보고 듣는 자들이 누군들 시비를 가리는 마음이 없어서 석연하게 이해하지 못하겠습니까. 이러하다면 또한 어찌 국시(國是)를 바르게 하고 인심을 밝히는 데에 큰 도움이 되지 않겠습니까. 이것 역시 이해상 고묘하지 않을 수 없는 이유로서, 고묘해야 하는 여섯 번째 이유입니다.

그렇다면 오늘날에 고묘하는 것은, 의리로써 헤아려 볼 때 어찌 고하지 못할 의리가 있겠습니까. 또 이해로써 헤아려 볼 때 어찌 고하지 못할 이해가 있겠습니까. 전하께서는 이렇게 허다한 의리와 허다한 이로움을 버려두고 어찌 달리 훌륭하게 처분할 수 있는 길이 있으시겠습니까.

다만 고묘한 뒤에는 규례상 진하(陳賀)하고 반사(頒赦)하는 일을 거행하는데, 이 경우에는 그렇게 해서는 안 됩니다. 무고하여 시해한 변고로 국모를 잃고 토복의 의리에 따라 희빈을 주벌한 것은 모두 국가의 불행에서 나온 것이니, 이것이 어찌 군신과 상하가 경사로 여길 일이겠습니까. 더구나 진하하는 한 가지 절차는 세자에게 있어 또한 난처한 점이 있으니, 어찌 사소한 절차 때문에 저군(儲君)을 난처하게 만들 수 있겠습니까. 진하의 절차가 없으면 반사의 절차도 없는 것은 이치상 당연한 것이니, 어찌 일에 따라 변통하여 합당하게 처치하는 길이 아니겠습니까. 엎드려 바라건대 명철하신 성상께서 헤아려 처리하십시오.

신은 세록(世祿)을 받는 집안의 후손으로서 국모가 당하신 전후의 변고를 보고는 지극한 마음으로 감개하여, 박태보(朴泰輔)[80]와

**80** 박태보(朴泰輔) : 1654~1689. 자는 사원(士元), 호는 정재(定齋), 본관은 반남(潘南)이다. 서계(西溪) 박세당(朴世堂)의 아들로, 출계(出系)하여 당숙인 박세후(朴世垕)의 후사가 되었다. 1689년 기사환국 때 인현왕후(仁顯王后)의 폐위를 강력히 반

함께 당일에 죽지 못하고 침묵한 채 물러나서 오늘날에 이른 것이 부끄러웠습니다. 지난번 인산(因山)하는 날에 부르튼 발을 싸매 가며 도성에 들어와 하지 못했던 말을 하고자 하여 혼자 마음속으로 생각하기를, '기사년부터 오늘날에 이르도록 끝내 한 마디 말도 하지 않고 죽는다면, 이는 평생 동안 이 한 마음을 속이고 지하에서 국모를 저버림을 면치 못하는 것이다.'라고 하였습니다. 미욱한 충심이 격발하여 끝내 스스로 억누를 수가 없어서 며칠이 지나지 않아 이윽고 또 발섭(跋涉)하였으니, 당시는 전하와 동궁께서 새 능침에 행차하시던 날이었습니다. 상소를 올리려고 하던 즈음에 일가에 난처한 일이 있게 되어 끝내 생각을 아뢰지 못하고 통곡하며 돌아갔습니다. 그러나 스스로 위로하며 구구하게 기대한 바가 있었으니, '오늘날의 국시(國是)는 밝히지 않을 수 없고 오늘날의 인심은 깨우치지 않을 수 없으니, 그 관계된 바가 이처럼 가볍지 않다면 위로는 공경(公卿)에서부터 아래로는 포의(布衣)의 선비에 이르기까지 어찌 한 사람이라도 말하는 사람이 없겠는가.' 하는 것이었습니다. 아, 자고로 국가에 큰일이 있으면 반드시 인물이 있기 마련입니다. 지난 기사년에는 박태보가 있었는데, 오늘에 이르러서는 아무도 있지 않으니, 신이 한 번, 두 번, 세 번에 이르도록 스스로 그만두지 못하는 이유는 바로 이 때문입니다. 비록 만 번 주륙을 당한들 감히 한 마디 말씀을 올리지 않을 수 있겠습니까.

대해 주동적으로 소를 올렸는데, 이로 인해 심한 고문을 받고 진도로 유배 도중 옥독(獄毒)으로 노량진에서 죽었다. 사후 영의정에 추증되고 풍계사(豐溪祠)에 제향되었으며, 시호는 문열(文烈)이다. 저서로는 《정재집(定齋集)》이 있다.

그러나 오늘의 이 말은 온 세상 사람들은 말하지 않고 신만 홀로 말하고 있으니, 신을 아끼는 자는 어리석다고 하고 신을 배척하는 자는 미쳤다고 합니다. 신은 모르겠습니다만, 전하께서는 구중궁궐의 깊숙한 곳에 머물고 계시니, 어찌 오늘날의 인심을 아시겠습니까. 오늘날의 인심은 마치 예측할 수 없는 화(禍)가 조석 간에 닥친 것처럼 두려워 벌벌 떨어서 온 세상 사람들이 그저 일신만을 보전할 계책을 품고 있으니, 국모를 위하여 올곧게 말하고 바르게 논하는 자가 한 사람도 없습니다. 이것이 신이 어리석은 듯하기도 하고 미친 듯하기도 하여, 이 그만둘 수 없는 일을 한 뒤에야 자신의 책임이 다하게 되는 까닭입니다. 말을 받아들이고 받아들이지 않는 것으로 말하면 전하께 달려있는 것이니, 신이 또한 어찌 바라겠습니까."

승정원에서 봉납하지 않다가 두 달 뒤에 성상에게 올렸는데 명하여 도로 내주도록 하였다. 교리 이탄(李坦)이 해괴한 상소라고 일컬으며 죄를 줄 것을 청하여 남쪽의 변방에 찬배되었다.

계미년(1703, 숙종29)에 공의 아들 두하(斗夏)가 격쟁하여 억울함을 하소연해서 추조(秋曹 형조)의 회계(回啓)를 통해 방면하라는 명이 내렸는데, 승정원에서 복역(覆逆)[81]하니 성상이 번거롭게 하지 말라는 비답을 내렸다. 정언 홍경렴(洪景濂)이 상소하여 방면하라는 명을 환수할 것을 청하였는데 말이 매우 험악하였다. 이에 성상이 비답을 내리기를,

"사흘 전 임창을 방석(放釋)한 뒤에 승정원에서 재차 아뢰어 번거롭

**81** 복역(覆逆) : 임금이 내린 명령이 잘못되었다고 여겨질 경우, 승정원에서 임금의 뜻을 거스르며 다시 아뢰어 재고(再考)를 요청하는 것을 이른다.

게 하였으니, 이것이 이미 불쾌하였다. 그런데 지금 너의 상소에서 흉인으로 지목하여, 찬배하는 것으로도 부족해 반드시 주륙하고자 하니, 이것이 무슨 심사이며 도대체 무슨 도리인가. 사제(私第)로 나가던 날에는 임창이 맨발로 모시고 따랐고 흉역(兇逆)이 법에 따라 복주(伏誅)된 뒤에는 상소하여 고묘할 것을 청하였으니, 이는 강개한 선비인 것이다. 비록 광망(狂妄)한 말이 많아 한때 견책을 받긴 하였으나 그 본뜻을 따져보면 깊이 미워할 만한 일이 아니다. 아, 유항(柳沆)처럼 흉패하고 권중경(權重經)처럼 무장(無將)[82]을 품은 자는 제멋대로 품질(稟秩)[83]에 두었는데도 후사(喉司 승정원)의 신하들이 괴상하게 여기지 않더니, 오직 임창에 대해서는 그 본심이 어떠한지 따져보지도 않고 서로 잇달아 분분하게 말을 한다. 의리가 밝지 못한 것이 오늘날보다 심한 적이 없으니, 참으로 통탄할 만하다."

**82** 무장(無將) : 본래 신하는 임금에 대하여 장차 시해하겠다는 생각조차도 해서는 안 된다는 뜻인데, 전하여 시역하려는 불충한 마음을 가리키기도 한다. 춘추(春秋)시대 노 장공(魯莊公)의 아우인 숙아(叔牙)가 장공을 시해할 생각을 굳히자, 숙아의 아우인 계우(季友)가 숙아에게 독약을 먹고 자살하게 하였다. 이에 대하여 《춘추공양전(春秋公羊傳)》 장공(莊公) 32년 조에, "공자 아가 지금 시해하려는 생각만을 가졌을 뿐인데, 말이 어찌하여 직접 시해한 자와 동일하게 다루었는가? 군친에게는 시해할 생각조차도 가져서는 안 된다. 가지기만 하여도 베어 죽이는 것이다.〔公子牙今將爾, 辭曷爲與親弒者同? 君親無將, 將而誅焉.〕"라고 하였다.

**83** 품질(稟秩) : 나라에 경사가 있어 대사령(大赦令)이 내리거나 천재지변 등이 있어 죄수를 소결(疏決)할 때에 악역(惡逆)과 강상(綱常)의 중죄인을 제외한 시수(時囚)를 지방관이 방질(放秩)·미방질(未放秩)·품질로 나누어 보고하는데, 방질은 방면할 죄수의 명단, 미방질은 방면하지 않는 죄수의 명단, 품질은 사면령의 적용을 받기에는 죄가 조금 무거울 경우 임금에게 직접 묻기 위해 올리는 죄수 명단이다.

라고 하였다. 5월에 또 비망기를 내려 엄중하게 책망하니, 이후로 흉악한 무리들이 마치 개인의 원수처럼 보아 호시탐탐 기회를 노려서 기어이 앙갚음을 하고자 하였다.

경묘(景廟 경종) 임인년(1722, 경종2) 7월에 사헌부의 계사(啓辭)에서 공을 절도(絶島)에 정배할 것을 청하니, 아뢴 대로 하도록 윤허하였다. 계묘년(1723) 2월에 장령 정계장(鄭啓章)이 단독으로 계사를 올려 속히 방형(邦刑)을 바로잡을 것을 청하면서, 성상에게 전달되지 못한 이전에 바친 공의 상소에도 또 다른 흉언이 있다고 아뢰었다. 공이 재차 상소를 바친 날에 봉납하였던 승선(承宣 승지)이 '앞서 바쳤을 때에 도로 내어준 사람'이라고 말을 표현하여 계품한 것이 명백할 뿐만이 아니어서 원래 한 글자도 더하거나 삭제한 말이 없는 것인데, 흉악한 무리들이 무함하는 데에 급급하여 허물을 찾아보았으나 찾지 못하였으므로 이와 같이 날조한 것이었다. 21일에 아뢴 대로 하도록 윤허하였다.

이때 공이 금오(金吾 의금부)에서 처벌을 기다리고 있었는데 종질(從姪)인 장령공 징하(徵夏)[84]가 찾아와 문후하니, 공은 마치 아무 일도 없는 것처럼 태연자약하여 말하기를,

**84** 장령공 징하(徵夏) : 임징하(任徵夏, 1687~1730)로, 자는 성능(聖能), 호는 서재, 본관은 풍천(豐川)이다. 1726년(영조2) 2월에 사헌부 장령으로 있으면서 탕평책에 반대하고 소론(少論)을 제거할 것을 주장하는 상소문을 올렸다가 소론 측 인사들의 탄핵을 받아 유배되었는데, 1730년(영조6) 6월에 사헌부의 요청에 의해 다시 의금부에서 국문(鞫問)을 받다가 수차례의 형문(刑問) 끝에 옥사(獄死)하였다. 1776년(정조 즉위년)에 아들의 상언으로 인하여 복관되었고 이조 참판에 추증되었다. 저서로는 《서재집(西齋集)》이 있으며, 시호는 충헌(忠憲)이다.

"나는 기사년에 죽지 못한 것이 한스러웠는데 이제야 죽게 되었으니 처음에 다짐한 마음을 거의 저버리지 않게 되었다."

라고 하였다. 또 말하기를,

"사람이 한질(寒疾)을 얻어서 닷새 동안 땀을 흘리지 못하면 죽는다.[85] 나의 죽음은 그래도 이보다는 낫지 않겠는가."

라고 하였다.

심단(沈檀)이 판의금부사로서 청대(請對)하여 아뢰기를,

"모적(某賊)의 죄는 실로 삼수(三手)[86]의 효시이자 사차(四箚)[87]의

**85** 사람이……죽는다 : 송 철종(宋哲宗) 때에 간관(諫官) 추호(鄒浩)가 황후 폐립(廢立)의 잘못된 처사에 대하여 극간(極諫)하였다가 탄핵을 받아 관직이 삭탈되고 신주(新州)로 유배를 가게 되었는데, 유배 도중에 막역한 지인인 전주(田晝)를 길에서 만나 눈물을 흘리자, 전주가 정색(正色)하고 추호를 책망하기를, "만약 그대가 간관으로서 아무 말도 하지 않고 그대로 경사에서 벼슬을 하고 있다고 할지라도 한질을 얻어서 땀을 흘리지 못하면 닷새 만에 죽을 것이니, 어찌 유독 영해 밖의 지역만이 사람을 죽게 할 수 있겠소. 바라건대 그대는 이 일 정도로 자만하지 말 것이니 선비가 당연히 해야 할 일은 여기에 그치지 않는 것이오.〔使志完隱默官京師, 遇寒疾不汗, 五日死矣. 豈獨嶺海之外能死人哉? 願君毋以此擧自滿. 士所當爲者, 未止此也.〕"라고 하니, 추호가 망연자실하여 감탄하며 사과하기를 "그대가 나에게 아주 큰 선물을 주었소.〔君之贈我厚矣〕"라고 했던 고사가 있다. 《宋史 卷345 鄒浩列傳》

**86** 삼수(三手) : 목호룡(睦虎龍)의 고변으로 일어난 임인옥사(壬寅獄事) 중 노론(老論)이 경종을 시해하려고 했다는 세 가지 수법, 이른바 '삼급수(三急手)'를 말한다. 첫 번째 수법인 대급수(大急手)는 숙종 승하 시 김용택(金龍澤)이 백망(白望)에게 칼을 주면 백망이 그 칼로 경종을 죽이려 하였다는 것이고, 두 번째 수법인 소급수(小急手)는 중국에서 구한 환약을 백망과 그의 처 이영(二英)을 통해 상궁 지열(池烈) 등에게 주어 경종을 살해하려 하였다는 것이며, 세 번째 수법인 평지수(平地手)는 이희지(李喜之)가 당시 세자였던 경종을 무함하는 내용의 언문 가사를 지어 궁중에 유입시키고, 숙종의 거짓 조서를 작성하여 상궁 지열과 환관 장세상(張世相)으로 하여금 국상

근저입니다. 이건명(李健命)[88]과 비교함에 경중을 따질 것이 없는데 이건명은 결안(結案)을 기다리지 않고 바로 복주되었으니 어찌하여 유독 임창에게는 지난(持難)하는 바가 있는 것입니까. 나이가 이미 72세여서 형신을 가하면 틀림없이 경폐(徑斃)하게 될 것이니 조사기(趙嗣基)의 전례[89]에 따라 곧장 정형(正刑)을 집행해야 합니다."

라고 하였다. 이에 아뢴 대로 하도록 윤허하니, 바로 6월 4일이었다. 이전에 이미 두 차례의 형신을 받았으나 안색이 변하지 않고 끝내 다른 말을 하지 않았으므로 마침내 이러한 법률을 벗어난 형률을 집행하여

때 내리게 하여 세자를 폐하려 하였다는 것이다. 《承政院日記 景宗 2年 4月 13日・17日, 5月 8日》

**87** 사차(四箚) : 1721년(경종1) 10월 10일 세제에게 대리청정을 명하는 경종의 비망기가 내려지자 그 명을 거두도록 정청(庭請)하였는데, 17일에 정청을 정지하고서 노론(老論) 사대신(四大臣)인 김창집(金昌集), 이이명(李頤命), 이건명(李健命), 조태채(趙泰采)가 대리청정의 명을 받들겠다는 내용으로 올린 연명(聯名) 차자(箚子)를 가리킨다. 《景宗實錄 1年 10月 17日》

**88** 이건명(李健命) : 1663~1722. 자는 중강(仲剛), 호는 한포재(寒圃齋), 본관은 전주(全州)이다. 노론(老論) 사대신(四大臣)의 한 사람으로, 김창집(金昌集), 이이명(李頤命), 조태채(趙泰采) 등과 함께 연잉군(延礽君)이 세제에 책봉되도록 힘썼다. 이로 인해 신임사화(辛壬士禍)가 일어났을 때에 소론(少論)의 맹렬한 탄핵을 받아 전라도 홍양(興陽)의 나로도(羅老島)에 위리안치되고 참수형에 처해졌다. 연잉군, 즉 영조가 즉위하고 노론이 정권을 잡게 되면서 신원되었다. 시호는 충민(忠愍)이며, 저서로는 《한포재집(寒圃齋集)》이 있다.

**89** 조사기(趙嗣基)의 전례 : 조사기(1617~1694)의 자는 경지(敬止), 본관은 한양(漢陽)이다. 1648년(인조26) 식년문과에 을과로 급제하여 경기 도사(京畿都事), 사헌부 장령, 승정원 부승지 등을 역임하였다. 1694년(숙종20)에 문정왕후(文定王后)를 무욕(誣辱)한 죄를 지어 12차례나 엄한 형신을 받고도 승복하지 않자, 결안을 작성하기를 기다리지 않고 처형하고 가산을 적몰하였다. 《承政院日記 肅宗 20年 5月 5日》

마음대로 도륙하기를 윤공 지술(尹公志述)[90]의 경우와 같이 하였다. 이에 도성의 사녀(士女)들이 오열하지 않는 이가 없어서 마치 친척이 죽은 것처럼 슬퍼하였다.

영묘(英廟 영조) 을사년(1725, 영조1)에 사류(士類)들이 다함께 등용되어 의리가 다소 실현되었다. 이에 지평 이공 의천(李公倚天)이 상소하여 공의 억울함을 하소연하며 아뢰기를,

> "지금은 성고(聖考 숙종)의 시대와 멀지 않으나 인심이 이처럼 함닉하고 사설(邪說)이 이처럼 충색(充塞)하니, 임창이 반드시 고묘하고 반시하게 하고자 했던 이유는 바로 오늘날의 일이 있게 될까 염려해서였습니다. 당시에 만약 그 말대로 따랐더라면 오늘날의 세도(世道)가 반드시 이처럼 어두워지지는 않았을 것이니, 신이 이 때문에 더욱 임창의 불행을 슬퍼하고 거듭 세도를 위하여 한탄하는 것입니다."

라고 하였다. 이에 특명으로 신설하게 하고 사헌부 지평을 추증하였으며, 이어서 사제(賜祭)의 은전을 내리니 그 제문의 말이 몹시 간측(懇惻)하였다.

**90** 윤공 지술(尹公志述) : 윤지술(尹志述, 1697~1721)로, 자는 노팽(老彭), 호는 북정(北汀), 본관은 칠원(漆原)이다. 1720년(경종 즉위년)에 성균관 장의(掌議)로서 숙종의 지문(誌文)에 장희재(張希載)를 처형하고 희빈(禧嬪) 장씨(張氏)를 사사(賜死)한 일이 기록되지 않은 것과 노론(老論)의 손을 들어 준 병신처분(丙申處分)의 시비가 불분명하게 기록된 것을 상소하고 유생들을 선동하여 권당(捲堂)하였는데, 1721년 12월 신축환국(辛丑換局)으로 인한 소론(少論) 정국하에서 결국 처형되었다. 1725년(영조1)에 노론의 주청으로 신원되어 사현사(四賢祠)에 배향되었다. 시호는 정민(正愍)이다.

처음에 공이 찬배되었을 적에 계부(季父) 지중추부사 공이 사직하는 상소를 통해 스스로 편안히 있지 못하는 뜻을 나타내어 아뢰기를,

"신의 조카 임창이 죄를 얻어 편배되었으니 신은 바로 마원(馬援)[91]의 죄인입니다."

라고 하였다. 정계장이 일률(一律 사형)을 집행할 것을 청하는 계사를 맨 먼저 올리면서 지중추부사 공이 올린 상소의 말을 끌어다가 공을 죽이는 무기로 삼았는데, 공이 비록 이미 신설이 되었더라도 이러한 무함을 받은 한 가지 일만은 여전히 감추어져 드러나지 못하고 있었다. 그러다가 공의 종질(從姪) 장령 공이 상소하여 그 실상을 아뢰니, 명하여 정계장을 찬배하게 하였다. 정묘(正廟 정조)가 일찍이 공의 억울한 죽음을 안타깝게 여겨서 연석(筵席)에 임하여 그 후손을 물어보았는데 연신(筵臣)이 후손이 없다고 대답하였다.

이상이 공이 시종 겪은 굴신(屈伸)의 대략이다.

배위 안동 권씨(安東權氏)는 경(憬)의 딸이다. 2남1녀를 낳았으니 아들은 두하(斗夏), 익하(翼夏)이고, 딸은 안서종(安瑞宗)에게 출가하였다. 서자는 기하(箕夏), 성하(星夏), 규하(奎夏)이다. 묘는 아산(牙山) 심방곡(心方谷) 손향(巽向)의 언덕에 있다. '강개옹'이라고 자호를 지은 것은 숙묘가 포장(褒奬)한 말을 우러러 따른 것이었다.

"아, 구익 부인(鉤弋夫人)[92]은 죄가 없이 죽었으나 한 무제(漢武帝)

**91** 마원(馬援) : 후한(後漢) 광무제(光武帝) 때의 명장(名將)이다. 마원의 조카인 마엄(馬嚴)·마돈(馬敦)이 모두 비판하고 논평하기를 좋아하며 경박하고 호협한 사람과 사귀었는데, 마원이 이들에게 글을 보내어 경계시킨 일이 있다. 《後漢書 卷54 馬援列傳》《小學 嘉言》

**92** 구익 부인(鉤弋夫人) : 한 무제(漢武帝)의 궁녀 조첩여(趙婕妤)로, 소제(昭帝)의

가 행한 이 일에 대하여 고인(古人)은 오히려 그 결단을 훌륭하게 여겼다. 더구나 우리 성조(聖祖 숙종)께서는 국가의 큰 변고를 만남에 사은(私恩)을 이유로 공법(公法)을 폐하지 않아서 벼락이 치고 바람이 몰아치는 것처럼 과감하게 결단을 내려 궁위(宮闈)가 깨끗해지고 신인(神人)이 통쾌히 여기도록 하셨다. 그러고도 끝내 지자(止慈)[93]의 덕에 훼손됨이 없었으니 대성인이 하신 일이 진실로 백왕(百王)보다 뛰어나다."

라고 하였으니, 이는 도암(陶菴) 선생이 숙묘의 처분을 찬송한 것이다.[94] 도암이 또 말하기를,

"만일 북계(北溪) 이공(李公)[95]이 흔들림 없이 우뚝하게 서서 성상의 훌륭한 거조를 받들어 행하지 않았다면 누가 천토(天討)를 받들어 행하여 후세에 윤기(倫紀)를 세울 수 있었겠는가."

라고 하였다. 이공은 국가를 제 몸처럼 생각해야 하는 대신(大臣)이니, 화복(禍福)과 이해를 떠나 처신하는 것이 당연하다. 반면 공의

생모이다. 무제는 자기가 죽은 뒤에 조첩여가 어린 소제를 끼고 권력을 휘두를까 염려하여 조첩여에게 아무런 죄가 없는데도 죽음을 내렸다.《史記 卷49 外戚世家 衛皇后》

**93** 지자(止慈) : 자식에 대한 사랑을 극진히 하였다는 뜻으로, 《대학장구(大學章句)》 전(傳) 3장에 문왕(文王)의 덕을 칭송하여 "아들이 되어서는 효도에 머무셨으며 아버지가 되어서는 자애에 머무셨다.〔爲人子, 止於孝; 爲人父, 止於慈.〕"라고 하였다.

**94** 이는……것이다 : 도암(陶菴)은 이재(李縡, 1680~1746)의 호이다. 앞의 말은 《도암집》 권28 〈좌의정북계이공신도비(左議政北溪李公神道碑)〉에 보인다.

**95** 북계(北溪) 이공(李公) : 이세백(李世白, 1635~1703)으로, 자는 중경(仲庚), 호는 북계・우사(雩沙)이다. 1700년(숙종26) 좌의정이 되었으며, 1701년 희빈(禧嬪) 장씨(張氏)가 무고(巫蠱)한 일이 발각되었을 때에 옥사(獄事)를 담당하여 다스렸다. 저서로는 《우사집(雩沙集)》이 있으며, 시호는 충정(忠正)이다.

경우에는 포의(布衣)의 미천한 선비이자 초야의 신하이니, 자신과 세상을 둘 다 잊고서 종적을 숨기는 것이 당연하다. 그러나 의기(義氣)가 격발함에 마음에 따라 곧바로 실행하여 한 시대의 정세는 돌아보지 않고 온 집안사람들의 목숨은 걱정하지 않고서 오직 모후(母后)가 있음만 알아서 백번 죽어도 후회하지 않았다.

사적(史籍)의 인물을 낱낱이 꼽아보자면, 모후를 위하여 죽은 자로는 오직 양곡(陽谷)[96]과 정재(定齋 박태보) 두 현인이 있다. 두 현인은 모후가 폐위되던 즈음에 힘써 간쟁하였고, 공은 모후가 승하한 후에 항언하였는데, 그 시세가 위태롭고 화(禍)의 기미가 자라나는 것이 모후가 폐위되던 기사년에 비하여 몇 배나 더할 뿐만이 아니었으니, 공이 성취한 바가 또 더욱 어려웠던 것이다. 혹시라도 공이 지위를 벗어나 죽게 된 것을 의리에 맞지 않은 것이라고 여긴다면, 예전에 주 부자(朱夫子 주희(朱熹))는 위염지(魏掞之)를 칭찬하며 말씀하기를,

> "치란과 안위의 기미와 관계되는데도 재상이 능히 바로잡지 못하고 대간과 시종신이 감히 말하지 못하는 바가 있으면 또한 상소하여 간언하지 않는 바가 없었다."

라고 하였으니, 어찌 의리에 맞지 않는데 주자가 이를 말씀하였겠는가.

또 진동(陳東)과 구양철(歐陽澈)[97]의 죽음은 천하 사람들이 슬퍼하

**96** 양곡(陽谷) : 오두인(吳斗寅, 1624~1689)으로, 자는 원징(元徵), 호는 양곡, 본관은 해주(海州), 시호는 충정(忠貞)이다. 1689년(숙종15) 사직(司直)으로 있으면서, 인현왕후가 폐위되자 이세화(李世華), 박태보(朴泰輔)와 함께 반대하는 소를 올렸다가 국문을 받고 의주(義州)로 유배되는 도중에 별세하였다.

**97** 진동(陳東)과 구양철(歐陽澈) : 모두 간신을 탄핵하다가 참형을 당한 송(宋)나라 때 사람들이다. 진동은 북송(北宋) 흠종(欽宗) 때 태학생으로 상소하여 당시 권력을

고 가슴 아파 하는 것인데, 이들이 논열한 바는 호오(好惡)를 바르게 하는 것에 불과하였을 뿐이니, 어찌 공이 국모를 위하여 복수하고 설욕하려던 것과 같겠는가. 포의의 선비로서 죽게 된 점은 같으나 공의 죽음이 더욱 위대하다. 공과 같은 자는 '물을 지나치게 건너서 이마까지 빠졌으니 흉하나 허물이 없다'[98]는 것에 해당하는 자일 것이며, '우뚝하게 서서 홀로 가서 의(義)에 맞게 할 뿐이다'[99]라는 것에 해당하는 자일 것이다. 공이 죽은 뒤에 어떤 고사(高士)가 가죽 주머니에 피가 묻은 흔적을 지니고 있었는데, 다른 사람이 그 연고를 묻자 대답하기를,

"이것은 의사(義士) 임창의 피이다."

라고 하였으니, 공이 사람들을 열복(悅服)하게 한 것이 이와 같았다.

황파(黃巴)[100]의 변고가 일어났을 적에 공의 계부(季父) 지중추부사 공이 동경(東京 경주)의 부윤으로 있었는데, 눈물을 흘리고 음식을 먹지 않으며 말하기를,

"몸이 외관(外官)에 매여 있어서 비록 대궐의 섬돌에 머리를 부수며 간쟁하여 곤극(坤極 중전)의 위난을 구제할 수는 없으나, 또한 어찌

잡고 있던 채경(蔡京), 동관(童貫), 왕보(王黼), 이언(李彦), 양사성(梁師成), 주면(朱勔) 등 6인을 육적(六賊)으로 지목하여 이들을 주살(誅殺)할 것을 청하다가 유배되어 죽었으며, 구양철(歐陽澈)은 남송(南宋) 고종(高宗) 때 포의(布衣)로 시폐(時弊)를 논하는 글을 올렸다가 죽임을 당하였다. 《宋史 卷455 忠義十列傳 陳東, 歐陽澈》

**98** 물을……없다 : 이 말은 《주역(周易)》 〈대과괘(大過卦) 상육(上六)〉에 보이는 말로, 분수를 지나쳐 깊이 관계해서 화를 당하지만 잘못이 없다는 의미이다.

**99** 우뚝하게……뿐이다 : 이 말은 한유(韓愈)의 〈백이송(伯夷頌)〉에 보이는 말이다.

**100** 황파(黃巴) : 황사(黃蛇)란 뜻으로, 기사년(己巳年)을 가리키는바, 인현왕후(仁顯王后)가 폐위되어 궁 밖으로 쫓겨난 1689년(숙종15)을 말한다.

편안하게 관직에 있을 수 있겠는가. 또 희빈(禧嬪) 장씨(張氏)가 곤위(坤位)를 범하는 일이 일어났으니, 또한 어찌 차마 전문(箋文)을 올려 경하할 수 있겠는가."

라고 하였다. 그리고 그날로 벼슬을 내던지고 돌아왔다가 성모(聖母)가 복위되자 비로소 나와 벼슬하였다. 이분의 맏아들 집의 공 형(泂)도 대궐 문에서 울며 부르짖었으며, 경자년(1720, 경종 즉위년)에 이르러서는 흉악한 무리의 '어머니는 아들로 인해 귀해진다.'[101]라는 설을 힘껏 배척하였다. 장령 공은 집의 공의 아들로, 상소하여 신임의리(辛壬義理)[102]를 아뢰어 남김없이 할 말을 다하였다가 끝내 충심(忠心)을 지켜 순절하였다. 이분들은 공의 숙부와 조카, 형제가 되기에 손색이 없으니, 명의(名義)와 풍절(風節)이 천고에 송동(竦動)하게 한다. 진실로 정직하고 강대한 기운이 한 집안에 모두 모인 것이 아니라면 또한 어찌 이와 같이 이룰 수 있었겠는가. 공의 높은 충심(忠心)과 지극한 원통으로 볼 때 신우(神佑)를 입는 것이 마땅한데 후사가 끊기고 말았

**101** 어머니는……귀해진다 : 서자가 부친의 지위를 계승한 경우 그 생모 또한 아들로 인하여 지위가 높아지는 것으로, 이는 《춘추(春秋)》의 의리에서 나온 것이다. 《춘추공양전(春秋公羊傳)》 은공(隱公) 원년에 "환공은 어찌하여 귀한가? 어머니의 신분이 귀하기 때문이다. 어머니의 신분이 귀하면 아들은 어찌하여 귀해지는가? 아들은 어머니로 인해 귀해지고 어머니는 아들로 인해 귀해지는 것이다.〔桓何以貴? 母貴也. 母貴則子何以貴? 子以母貴, 母以子貴.〕"라고 하였다. 즉 후궁의 아들이라도 아버지의 뒤를 이어 즉위하면 그 생모의 지위가 높아져 사후에 존호를 추상할 수 있는 명분이 되었다.

**102** 신임의리(辛壬義理) : 신축년(1721, 경종1)과 임인년(1722) 두 해에 걸쳐 노론(老論)과 소론(少論) 간에 뒷날 영조가 되는 연잉군(延礽君)의 세제 책봉과 대리청정 문제를 둘러싸고 대립하다 신임옥사(辛壬獄事)가 일어났는데, 이때 노론이 내세운 명분을 말한다. 자세한 내용은 281쪽 주69 참조.

으니, 이른바 천도라는 것이 옳은 것인가, 그른 것인가.[103]

장령 공의 후손 헌회(憲晦)가 일찍이 나와 종유하였는데, 알려지지 못한 사실들을 밝게 드러내어 기술해 줄 것을 부탁하여 영원한 후세에까지 불후하게 되기를 도모하였다. 나는 그 적임자가 아니라고 하여 사양하였으나, 평소에 공의 풍범(風範)을 사모해온지라 또한 이름을 의탁하게 된 것을 영화롭게 여기니, 차례대로 서술하여 행장을 지어서 이로써 지언(知言)의 군자[104]를 기다리는 바이다.

**103** 이른바……것인가 : 이 말은 본래 《사기(史記)》 권61 〈백이열전(伯夷列傳)〉에 보인다. 사마천(司馬遷)은 이 글에서 '백이(伯夷)·숙제(叔齊)와 안연(顔淵) 같은 선인은 비참하게 살다가 죽고, 도척(盜跖) 같은 악인은 천하를 횡행하며 오래 살다가 죽었으니, 그러고 보면 하늘이 선인에게 보답해 준 것이 어떻다고 하겠는가.'라고 의혹을 제기하면서, "과연 천도라는 것이 있다면 그것이 옳은 것인가, 그른 것인가.〔儻所謂天道, 是耶非耶?〕"라고 하며 회의를 드러내었다.

**104** 지언(知言)의 군자 : 말의 이치를 잘 알아서 그 진의를 잘 파악하는 사람을 이른다. '지언'은 공손추(公孫丑)가 부동심(不動心)할 수 있는 방법에 대해 물었을 때, 맹자(孟子)가 "나는 말을 알고 나의 호연지기를 잘 기른다.〔我知言, 我善養吾浩然之氣.〕"라고 대답한 데서 온 말로, '지언'에 대해 주희(朱熹)는 "마음을 다하고 성(性)을 알아서 천하의 모든 말에 대하여 이치를 궁구하여 그 시비득실의 소이연을 아는 것이다.〔盡心知性, 於凡天下之言, 無不有以究極其理而識其是非得失之所以然也.〕"라고 설명하였다. 《孟子 公孫丑上》

## 황고 신공 행장 을사년(1845, 헌종11)
黃皐愼公行狀 乙巳

공은 휘가 수이(守彝), 자가 군서(君敍)로, 배우는 자들이 황고(黃皐)선생이라고 일컬었다. 신씨(愼氏)는 거창(居昌)에 관적을 두니 고려(高麗) 좌복야(左僕射) 수(修)를 초조(初祖)로 삼는다. 몇 대를 전하여 휘 인도(仁道)에 이르렀는데 본조(本朝)에 들어와 호조 판서가 되었다. 이분이 휘 이충(以衷)을 낳았으니, 우찬성이다. 또 이분이 휘 기(幾)를 낳았으니, 호조 참판이다. 다시 5대를 전하여 휘 권(權)에 이르렀는데 깊은 학식과 은덕(隱德)이 있었으니, 이분이 공의 오대조이다. 고조는 휘 복형(復亨)이고 증조는 휘 당(讜)이니 모두 참봉이다. 조고는 휘 경호(景旷)이고 선고는 휘 부(桴)이다. 선비(先妣)는 남평 문씨(南平文氏)로, 통정대부(通政大夫) 송(頌)이 그 선고이다. 효성스럽고 우애가 있으며 어질고 후덕하여 모두 여사(女士)라고 칭송하였다. 숙종 무진년(1688, 숙종14) 7월 15일에 안의(安義)의 상천촌(上川村)에서 공을 낳았다.

이때 마을 사람이 흰 용이 뜰에 서려 있는 상서로운 꿈을 꾸었는데, 태어나면서부터 청수(淸秀)하여 영특함이 남들보다 빼어났다. 한번은 두창(痘瘡)을 앓아 죽을 지경에 이르렀는데 무당이 기도를 행한다는 것을 듣고는 꾸짖으며 말하기를,

> "죽고 사는 데에는 명(命)이 있는 것이니 어찌 요망하고 허탄한 일을 하겠는가."

라고 하니 무당이 마침내 부끄러워하며 물러갔다.

바깥의 스승에게 나아가 배우면서는 일상의 언행을 반드시 《소학(小學)》을 따르고자 하니, 모두 '소학동자'라고 불렀다. 두 개의 나무로 된 패물을 만들어 '환성자(喚醒子)', '동위경(動違鏡)'이라고 새기고 옷과 띠에 달아서 서로 부딪혀 소리가 나도록 하여 항상 스스로 경계하고 살폈다. 장인인 이공 광익(李公光益)이 학문을 좋아하여 온 고을에 명망이 높았는데, 평소에 공을 중히 여겨 사우(師友)로서 대우하였다. 또 영남(嶺南)과 호남(湖南)의 유자들이 모두 자신의 나이를 굽혀 동년배로 대하며 교유하니, 명성이 몹시 자자하였다. 광망(狂妄)하여 남을 모욕하기를 좋아하는 자가 있었는데 오직 공만은 공경하며 '대덕군자(大德君子)'라고 하였다.

도암(陶菴) 이 선생(李先生 이재(李縡))을 한천(寒泉)에서 배알하였을 적에는 수개월 만에야 비로소 스승으로 섬기는 예를 갖추어 배우기를 청하며 말하기를,

"저는 선생의 매우 성대한 명성을 듣고는 처지가 좋기 때문에 그러한 것이리라 생각했었습니다. 그런데 지금 선생의 말씀과 행실을 익숙히 살펴보고는 마침내 명성이 실제만 못하다는 것을 알게 되었습니다. 선생은 공자(孔子) 이상을 바라는 분이시니 신수이가 뒤에서 따른다는 것을 잊지 마시고 자주 돌아봐주십시오."

라고 하였다. 선생은 기대하기를 몹시 중하게 하고 마음의 벗으로 의탁하였다. 이에 공이 사양하여 감히 감당하지 못하고 다음과 같은 시를 올렸다.

천리길을 찾아와 세상 밖 하늘에서 종유하니　　千里相從世外天
맑게 갠 하늘 달이 한천을 비추는 것 보기 좋네　喜看晴月照寒泉
한천은 끊임없이 솟아나고 달은 길이 떠 있으니　寒泉混混月長在

수월의 마음을 먼저 깨달았다네 水月襟懷覺得先

도옹(陶翁 이재)이 이에 화답하여 다음과 같은 시를 지었다.

한 해가 저무는 때에 백발로 소리 높여 노래하니 白首高歌歲暮天
빈산에서 아침저녁으로 맑은 샘물 마시네 空山朝夕食淸泉
벗이 천리길을 찾아옴에 옛 친구처럼 반가우니 朋來千里歡如舊
같이 선을 행함에 어찌 깨달음의 선후를 논하랴 同善何論覺後先

이때 도옹이 항음주례를 행하자 모인 사람이 수백 명이었는데, 도옹은 유독 공을 추천하여 빈(賓)이 되게 하였다. 한번은 도옹을 스승으로 모시고 강독할 적에 학문을 하는 것이 매우 어렵다고 말하는 자가 있었는데 공이 말하기를,

"학문이 어찌 어려운 일이겠는가. 뜻이 있으면 모두 잘할 수 있다."

라고 하였다. 강독을 마치고 또 어떤 자가 말하기를,

"학문을 하는 것이 과연 쉬운가?"

라고 하였는데 공이 말하기를,

"어찌 쉽겠는가."

라고 하였다. 이에 도옹이 묻기를,

"앞서 쉽다고 말하고 뒤에 어렵다고 말한 것은 어째서인가?"

라고 하니 공이 말하기를,

"처음 배우는 자는 대체로 학문을 고원하여 행하기 어려운 것이라고 여기니, 선진(先進)이 된 자가 만약 어려운 것이라고 말한다면 이는 그가 선(善)으로 향하는 마음을 막아버리는 것입니다. 이 때문에 쉽다고 한 것입니다. 그러나 공부를 하는 것으로 말하면 반드시 이 마음을 항상 보존하여 한 순간도 간단(間斷)함이 없게 한 뒤에야 도(道)를 이룰 수 있으니, 한 걸음에 나아갈 수 있는 것이 아닙니다.

이 때문에 어렵다고 한 것입니다. 나이가 많은 이와 적은 이에게 답함은 본래 다르지 않을 수 없습니다."

라고 하였다. 도옹이 말하기를,

"나는 말에 의미가 있음을 이미 알고 있었다."

라고 하였다.

매번 편지를 왕복하며 변론하면서 사문(師門)의 격려와 칭찬을 받았다. 도옹의 상(喪)을 당하고 심상(心喪)의 복(服)을 입었으며, 또 어록을 찬수하였는데 동문(同門)인 안공 종무(安公宗茂)가 찬탄하며 말하기를,

"우리 스승님에 대한 글이 적절하게 살피고 분명하게 설명하여 마치 훌륭한 덕과 찬란한 모습을 다시 뵙는 듯하다고 할 수 있으니, 스승님을 위해 기뻐하여 잠이 오지 않는다."

라고 하였다.

공은 효성을 타고나서, 새벽에 일어나 세수하고 부모가 계신 곳으로 가서 방의 온도를 살피고 자리를 정돈한 뒤에야 물러나 학업에 힘썼다. 어버이가 병환이 들자 매일 저녁 하늘에 기도하여 자신의 몸으로 대신하기를 청하였으며, 병세를 살피고자 대변의 맛을 보고 손가락을 잘라 피를 내어 올렸다. 상(喪)을 당했을 적에는 죽을 먹으며 상기를 마쳤으며 어버이를 뵙는 일 외에는 궤연(几筵)을 떠나지 않았다. 연이어 모친상을 당하였는데 부친상 때와 같이 예(禮)를 행하였고 영역(塋域)에서 여막을 짓고 지냈다.

도백(道伯)이 공의 독실한 학문과 지극한 효성을 조정에 아뢰니, 특별히 명하여 쌀을 하사하였다. 공은 누차 현관(縣官)에게 글을 올리고 도로 바쳤으나 현관이 이를 허락하지 않았다. 공은 시종 힘껏 사양

하고는 임천(林泉)에 은거하며 조용히 수양하였다. 방백과 수령 중에 문을 찾아오지 않는 이가 없었고, 도신(道臣)과 수의(繡衣)가 연이어 천거하여 그 횟수가 십수 번이 넘었다. 기사년(1749, 영조25)에 동몽교관에 제수되었으나 나아가지 않았다. 뒤에 또 궁료(宮僚)에 의망된 것이 여러 번이었다. 정해년(1767)에 막내아들 인명(認明)이 한원(翰苑)에 들어가니, 시종신이 된 것에 대해 추은(推恩)하여 공을 통정대부(通政大夫)의 품계로 올리고 첨지중추부사에 제수하였다.

무자년(1768)에 인명이 자인 현감(慈仁縣監)으로 나가니, 공이 따라가 봉양을 받다가 이질을 앓아서 위독해졌는데, 오히려 의관을 정제하고 의원을 만나보았으며 평소와 같이 예를 차렸다. 임종할 적에는 〈충신독경곡(忠信篤敬曲)〉 한 곡조를 불렀으니, 이는 공이 지은 것이었다. 노래를 마치고 탄식하며 말하기를,

"이는 바로 사람이 자중자애하게 하는 것인데 사람들이 하려고 하지 않으니, 어찌 애석해 하지 않을 수 있겠는가."

라고 하였다. 집안의 사사로운 일에 관해서는 한 마디도 언급하지 않고 인명에게 군주를 섬기고 백성을 다스리는 도리에 관해 타일렀으며, 말을 마치고서 자리를 정돈하고 편안하게 서거하니, 바로 10월 8일이었다. 향년은 81세이다. 이때에 사림이 서로 조문하며 말하기를,

"사문(斯文)이 망하게 되었다."

라고 하였고, 부로(父老)들이 모여서 곡하며 말하기를,

"대로(大老)가 돌아가셨다."

라고 하였다. 도내의 수령과 진신(縉紳)들 중에 술잔을 올려 애도한 자를 이루 다 셀 수 없었다. 황산동(黃山洞) 북쪽 기슭의 갑좌(甲坐)의 언덕에 장례하였다. 사림이 일제히 논의하여 공을 구연서원(龜淵書

院)에 배향하였다. 삼남도(三南道)에서 연달아 발론하여 장차 도암, 역천(櫟泉 송명흠(宋明欽))과 공을 성천서원(星川書院)에 나란히 배향하려고 하였는데, 조정의 금령으로 인하여 결행되지 못하였다.

공은 기질이 순수하고 자품이 후덕하며 의용이 단정하고 기량이 빼어나서 안색에 기쁘거나 화난 마음을 드러내지 않았고 몸에 나태한 태도를 갖지 않았으며 온순하고 화평한 가운데에 절로 엄숙하고 정직한 기운이 있었다. 이치에 있어서는 반드시 그 근원을 궁구하였고 일에 있어서는 반드시 그 당위를 추구하였다. 계구(戒懼)의 마음을 항상 은미한 가운데에 보존하였고 성경(誠敬)의 공부를 잠깐 사이에도 그치지 않았다. 날마다 반드시 새벽에 가묘(家廟)를 배알하고 물러나 서실(書室)에 있으면서 날이 저물도록 정좌하여 여러 책을 돌아가며 읽으며 마치 자기 말처럼 외웠는데, 특히 《중용(中庸)》과 《대학(大學)》에 공력을 기울였으며, '숨이 붙어 있는 동안에는 이 뜻이 조금이라도 해이해지는 것을 용납하지 않는다.'[105]라는 구절을 늘 외웠다. 그 잡아 지키는 바는, 전전긍긍하여 마치 옥기를 손에 쥐고 물이 가득 찬 그릇을 받들고 가듯이 하였으나, 또한 일찍이 구애된 적이 없어서 처한

**105** 숨이……않는다 : 이는 《논어(論語)》 〈태백(泰伯)〉의 "선비는 도량이 넓고 뜻이 굳세지 않으면 안 된다. 책임이 무겁고 길이 멀기 때문이다. 군자는 인(仁)으로써 자기의 책임을 삼으니 무겁지 않은가. 죽은 뒤에야 끝나는 것이니 멀지 않은가.〔士不可以不弘毅, 任重而道遠. 仁以爲己任, 不亦重乎? 死而後已, 不亦遠乎?〕"라는 증자(曾子)의 말에 대한 주희(朱熹)의 《집주(集註)》에 보이는 말로, "인(仁)이란 사람 마음의 온전한 덕이니, 반드시 몸으로써 인(仁)을 체행하여 힘써 행하고자 한다면 책임이 무겁다고 할 만하다. 숨이 붙어 있는 동안에는 이 뜻이 조금이라도 해이해지는 것을 용납하지 않는다면 길이 멀다고 할 만하다.〔仁者, 人心之全德, 而必欲以身體而力行之, 可謂重矣. 一息尙存, 此志不容少懈, 可謂遠矣.〕"라고 하였다.

상황에 따라 편안하게 행하여 화락하고 한가로웠으니, 《맹자(孟子)》에서 '남과 그리 다를 것이 없다'고 한 것[106]에 거의 가까웠다.

매번 배우는 자들이 무릎을 꿇어 절하고 몸을 굽혀 겉치레만 꾸미는 것을 보고는 탄식하며 말하기를,

"이는 이포새(伊蒲塞)[107]의 양태이다."

라고 하였다. 그 학문을 하는 규모는 질박하고 실제적인 곳에 공력을 들였으나 또한 평이하고 단순하여 고원한 데로 치달리지 않고 자잘한 것에 구속되지 않았다. 그러나 일상생활에서는 스스로 보잘것없다고 여겨서 매번 부족함을 걱정하였다. 집안에서나 침소에서나 참되고 독실하게 경계하였으니, 집안이 정숙해서 마치 치세(治世)의 조정과 같았다.

우애가 매우 돈독하여, 부모가 가산을 나누어 주면서 공에게 좀 더 많이 주려고 하자 공이 두 누이에게도 똑같이 나눠줄 것을 청하니 부모가 그 뜻을 가상히 여겨 허락하였다. 뒤에 두 누이의 집안이 가난해지자 공이 집으로 맞아들여 보살펴서 풍족하든 궁핍하든 함께하였다. 자손을 가르칠 적에는 조금이라도 잘못이 있으면 엄준하게 꾸짖되,

**106** 맹자(孟子)에서……것 : 이는 《맹자》 〈이루 하(離婁下)〉에 보이는 것으로, 저자(儲子)가 맹자에게 "왕이 사람을 시켜 부자를 엿보게 하셨는데 과연 다른 사람과 다른 점이 있으십니까?〔王使人瞯夫子, 果有以異於人乎?〕"라고 물었는데 맹자가 답하기를, "어찌 다른 사람과 다르겠는가. 요(堯)와 순(舜)도 일반 사람과 똑같으시다.〔何以異於人哉? 堯舜與人同耳.〕"라고 하였다. 즉 요(堯)와 순(舜) 같은 훌륭한 성인도 일반 사람과 다를 바 없음을 말한 것이다.

**107** 이포새(伊蒲塞) : 범어 우파사카(upāsaka)의 음역으로, 오계(五戒)를 받은 재가(在家) 남자 불교 신도를 말하는데, 여기서는 불교를 뜻한다.

차근차근 잘 인도하여 스스로 뉘우칠 수 있게 하였다. 노복을 부릴 적에는 은혜를 우선하고 위세를 뒤에 하며 그 굶주리고 추위에 떠는 것을 불쌍히 여겨서 교화에 무젖게 하였다.

사람들을 대할 적에는 온화하고 후덕하며 충직하고 신의가 있었으며, 노인과 젊은이, 가난하거나 천한 자와 말을 할 적에는 각각 그 도리에 맞게 하고자 힘썼다. 종족에게는 은의를 베푸는 것이 더욱 돈독하여 경조사와 환난에 힘을 다해 도와주고 구제하였으며, 범 문정공(范文正公)[108]의 가훈을 들어 자손과 종족에게 가르쳤다. 이를 마을의 이웃에게 미루어 나가 주휼하고 문유(問遺)함에 부족한 바가 없이 하였다. 이 때문에 대대로 전해 온 가산이 점점 궁핍해져서 종종 나물밥으로도 끼니를 잇지 못하였으나 편안하게 대처하였다. 항상 공손히 삼가며 겸손히 물러나는 것을 법도로 삼아서 공문(公門)에 들어가지 않고 향회(鄕會)에 참여하지 않았으며, 담박하게 스스로를 지키고 구차하게 뇌동하지 않았다. 그러나 또한 공손하게 사람들 속에서 처신하여 규각을 드러내지 않았다. 이 때문에 온 고을의 윗사람과 아랫사람 모두에게 환심을 얻었다. 특히 도(道)에 뜻을 둔 사람을 좋아하여 마음을 터놓고 평소의 생각을 말하였는데, 계속하여도 싫증남이 없었다.

가르침을 베풀 적에는 잘하는 바를 개발시켜 주고 치우친 바를 바로잡아 주었다. 한결같이 독서하는 차례를 따라 엄격하게 과정을 세우고 성심껏 가르쳐서 반드시 몸과 마음에 체험하게 하며 말하기를,

"경서를 연구하면서 기억하고 외우는 데에만 그친다면 독서한들 또

**108** 범 문정공(范文正公) : 송(宋)나라 때 명신 범중엄(范仲淹, 989~1052)으로, 자는 희문(希文), 시호는 문정이다.

한 무슨 유익이 있겠는가. 또 독서를 잘하는 것이 어려우니, 사색하지 않는 자는 범홀(泛忽)한 잘못을 하게 되고 사색에만 전력하는 자는 천착하는 잘못을 하게 된다. 반드시 마음을 비우고 기운을 가다듬어 사사로운 뜻이 섞이지 않게 한 뒤에야 바른 뜻을 터득할 수 있다."

라고 하였다. 또 말하기를,

"옛날의 배우는 자들은 위기지학(爲己之學)[109]에 전력했기 때문에 참으로 내적인 것에 마음을 썼다. 그런데 지금의 배우는 자들은 성명(性命)의 고원한 담론을 하느라 자신에게는 얻는 바가 없으니, 말만 잘하는 앵무새와 무엇이 다르겠는가."

라고 하였다. 또 말하기를,

"옛날의 현인들은 사람을 가르칠 적에 활시위를 당기기만 하고 쏘지 않아서[110] 배우는 자로 하여금 돌이켜 구하여 스스로 터득하도록 하였다. 그러나 나는 그렇게 하지 않으니, 활시위를 당기기만 하고 쏘지 않으면 초솔한 자는 애초에 돌이켜 구하려는 마음이 생기지 않고, 깨우쳐 주지 않고 말해 주지 않으면 어리석은 자는 애초에

**109** 위기지학(爲己之學) : 오직 자신의 덕성을 함양하기 위해 공부하는 것을 말하는 것으로, 남이 알아주기를 바라서 공부하는 '위인지학(爲人之學)'과 상대되는 말이다. 《논어(論語)》 〈헌문(憲問)〉에 "옛날의 학자들은 자신을 위한 학문을 하였는데, 지금의 학자들은 남에게 보여 주기 위한 학문을 한다.〔古之學者爲己, 今之學者爲人.〕" 하였다.

**110** 활시위를……않아서 : 이 말은 본래 《맹자(孟子)》 〈진심 상(盡心上)〉에 나오는 것으로, "군자는 활시위를 당기기만 하고 쏘지 않으나 이치가 뚜렷이 나타나서, 중도를 지키고 서 있으면 능력 있는 자는 따라오는 것이다.〔君子引而不發, 躍如也, 中道而立, 能者從之.〕"라고 하였다. 곧 사람을 가르칠 적에 그것을 배우는 원칙만 전수해 주고 그것을 터득하는 묘리는 말해 주지 않음을 비유하여 말한 것이다.

분발하고 애태우는 생각을 내지 않게 될까[111] 염려해서이다. 혹시라도 그 마음과 안목을 열어주고 선한 단서를 불어 넣기를 바라서 온갖 방법으로 간절하고 자세하게 말해준다. 그러나 물러난 뒤에 그 사생활을 살펴보면 그 효과를 보는 경우가 드무니 옛사람이 말한 '학문은 받을 수는 있으나 전할 수는 없다'[112]라는 것이 허황된 말이 아니다." 라고 하였다. 이는 모두 도에 나아가고 덕을 이룬 실제에서 터득한 것이다.

무신란(戊申亂)[113]에 교남(嶠南 영남)의 인사들이 흉적 심유현(沈維賢)[114]에 의해 그르쳐져서 정희량(鄭希亮)[115]이 거병하여 반란하자 온 도가 휩쓸려 흉적을 따랐다. 공은 이 일이 동향(同鄕)에서 일어났다고

**111** 깨우쳐……될까 : 《논어(論語)》 〈술이(述而)〉에 보이는 공자(孔子)의 말에 "분발하지 않으면 깨우쳐 주지 않고 애태우지 않으면 말해 주지 않는다.〔不憤不啓, 不悱不發.〕"라고 하였는데, 이를 원용하여 말한 것이다.

**112** 학문은……없다 : 이는 본래 《초사(楚辭)》 〈원유(遠游)〉에 보이는 말로, "도(道)는 받을 수는 있으나 전할 수는 없으니, 그 작음은 안이 없고 그 큼은 끝이 없다.〔道可受兮而不可傳, 其小無內兮其大無垠.〕"라고 하였다.

**113** 무신란(戊申亂) : 무신년인 1728년(영조4) 3월에 소론(少論)과 남인(南人)의 일부 세력이 영조와 노론(老論)을 제거하고 밀풍군(密豊君) 이탄(李坦)을 추대하고자 일으켰던 반란으로, 이인좌(李麟佐)가 거병했으므로 '이인좌의 난'이라고도 한다.

**114** 심유현(沈維賢) : ?~1728. 본관은 청송(靑松)이다. 경종의 첫 번째 비(妃)인 단의왕후(端懿王后) 심씨(沈氏)의 동생인데, 경종의 사인(死因)에 의문을 품고 흉언을 지어내고 이인좌(李麟佐)의 난에 동참하였다가 역적으로 물고(物故)되었다. 《英祖實錄 4年 3月 29日, 4月 22日》

**115** 정희량(鄭希亮) : ?~1728. 본관은 초계(草溪), 본명은 준유(遵儒)이다. 이인좌(李麟佐)의 난에 공모하여 역모를 일으켰다가 거창(居昌)에서 선산 부사(善山府使) 박필건(朴弼建)과 곤양 군수(昆陽郡守) 우하형(禹夏亨) 등에게 체포되어 참수되었다.

하여 격분하며 살고 싶은 생각이 없어질 정도였는데, 역순(逆順)의 분변을 깨우쳐 주어 흉적 편의 사람이 되는 것을 면하게 하여 사람들이 지금까지도 그 덕을 보고 있으니, 이는 공의 공업 중에 성대한 것이다. 도암은 허심하게 공을 대유(大儒)라고 칭송하였고 역천은 몸소 찾아와 도의(道義)로써 가탁하였으며, 동시대의 명경(名卿)과 석유(碩儒)가 모두 공의 풍도를 듣고 경개(傾蓋)[116]하여 공경을 표하고 예를 다하였다. 공이 어떠한 사람이었는가는 이를 통해 대략 살펴볼 수 있다.

공은 평생 저술을 좋아하지 않아서 쓸데없는 글을 짓지 않았으니, 약간의 문고(文藁)가 집에 보관되어 있다.

공의 배위는 경주 이씨(慶州李氏)로, 광익(光益)의 딸인데, 공보다 2년 먼저 태어나서 24세의 나이로 별세하였으니, 묘는 사라산(沙蘿山)에 있다. 계배(繼配)는 창녕 조씨(昌寧曺氏)로, 한명(漢鳴)의 딸인데, 공보다 6년 늦게 태어나고 82세의 나이로 별세하였으니, 묘는 직장산(直長山) 아래에 있다.

공은 4남2녀를 두었다. 아들 덕명(德明)은 원배(元配)의 소생이고, 도명(道明), 지평 인명(認明), 의명(義明)이 있으며, 딸들은 이광윤(李光胤), 전응엽(全應燁)에게 출가하였다. 첫째 아들의 계자(系子)는 성항(性恒)이다. 둘째 아들의 아들은 성천(性天), 성중(性中)이다. 지평의 아들은 성순(性純), 성전(性全), 승지 성진(性眞), 성존(性存)이

**116** 경개(傾蓋) : 처음 만나보자마자 서로 뜻이 부합하여 지기(知己)로 받아들임을 뜻한다. 《사기(史記)》 권83 〈추양열전(鄒陽列傳)〉에 "속담에 '백발이 되도록 오래 사귀어도 처음 사귄 듯이 생소하고, 일산을 기울여 잠깐 이야기를 나누어도 오래 사귄 듯이 친숙하다.'라고 하였으니 그 까닭은 무엇인가. 서로를 잘 아느냐, 모르냐에 달려 있다.〔諺曰: 有白頭如新, 傾蓋如故. 何則? 知與不知也.〕"라는 말이 나온다.

다. 막내아들의 아들은 성항, 성충(性忠), 성굉(性宏)이다. 성항의 계자는 필우(必祐)이다. 성천의 아들은 필관(必觀), 필리(必履), 집의 필복(必復), 필정(必鼎), 필승(必升)이다. 성중의 아들은 필환(必煥), 필희(必禧)이다. 성순의 계자는 필의(必懿)이다. 성전의 아들은 필형(必亨), 필우이다. 승지의 아들은 필의(必懿)이고 계자는 필녕(必寧)이다. 성존의 아들은 필성(必聖), 필녕, 필병(必炳), 필목(必穆), 필기(必琦)이다. 성충의 아들은 필철(必喆)이다. 성굉의 아들은 필영(必永)이다.

아, 공은 여러 초(楚)나라 사람들[117] 가운데 생장하면서 풍기의 구애를 받지 않고 능히 스스로 스승을 택하여 의귀할 바를 찾아내서 수립한 바가 탁월하였으니, 어찌 진실로 호걸의 선비가 아니겠는가. 또 그 질박한 행실과 순후한 덕이 모범이 되고 신뢰를 줄 만하여 남에게 말하지 못할 것이 거의 없었으니, 어찌 명예만 추구하고 실제를 잊는 세유(世儒)와 같겠는가. 사백사병(四百四病)[118] 중에 유독 속됨의 병은 고치기가 어렵다. 세간의 병통이 모두 속된 마음과 속된 견해 때문이니, 이를 깨끗이 제거해야만 비로소 큰일을 담당할 수 있다. 그러므로 '염우(廉隅)와 장벽(墻壁)이 있어야만 한다.'[119]라고 한 것이니, 공이 실로

**117** 여러 초(楚)나라 사람들 : 자신과 이질적인 무리를 비유해서 한 말로, 《맹자(孟子)》 〈등문공 하(滕文公下)〉에 "한 명의 제나라 사람이 가르치고 여러 초나라 사람들이 떠들어 대면 매일 매를 때리면서 제나라 말을 배우게 하더라도 그렇게 할 수 없을 것이다.〔一齊人傅之, 衆楚人咻之, 雖日撻而求其齊也, 不可得矣.〕"라고 한 데서 온 말이다.
**118** 사백사병(四百四病) : 사지(四肢) 백체(百體)가 사시(四時)에 걸리는 질병이라는 해석과 지수화풍(地水火風) 사대(四大)에 각각 101가지의 질병이 있기 때문이라는 해석이 있는데, 일반적으로 각종 질병을 말할 때 쓰는 표현이다.

이를 가지고 있었다. 이 때문에 한천 문하의 고제(高弟)가 되고 남쪽 지역의 고사(高士)가 되었던 것이다.

공의 손자 필우와 증손 재정(在正)과 재성(在誠)이 공의 유사(遺事)를 가지고 와서 공의 행장을 지어 줄 것을 청하였다. 나는 생각건대 만약 공을 공자(孔子) 문하의 사교(四教)[120]에 해당시킨다면 응당 충신(忠信)에 해당될 것이니, 충신을 근본으로 삼는 것은 먼저 그 큰 것을 확립하는 것이다.[121] 이 때문에 그 훌륭한 덕을 표장하여 이로써 선배를 따르는 의리[122]를 부치는 바이다.

**119** 염우(廉隅)와……한다 : 이 말은《주자어류(朱子語類)》권13〈학(學)7 역행(力行)〉에 보이는 것으로, "배우는 자는 모름지기 염우와 장벽이 있어야 비로소 큰일을 담당할 수 있다.〔學者須要有廉隅牆壁, 便可擔負得大事去.〕"라고 하였다. 염우(廉隅)는 행실이 단정하고 의지가 견고한 것을 이른다.

**120** 공자(孔子) 문하의 사교(四教) : 문(文)·행(行)·충(忠)·신(信)을 가리킨다.《논어(論語)》〈술이(述而)〉에 "공자가 네 가지로써 가르쳤으니, 문(文)·행(行)·충(忠)·신(信)이다.〔子以四教, 文、行、忠、信.〕"라고 하였다.

**121** 충신을……것이다 : 정호(程顥)가 말하기를, "성선(性善)을 알고 충신(忠信)을 근본으로 삼으면 이것이 먼저 그 큰 것을 확립하는 것이다.〔知性善, 以忠信爲本, 此先立其大者.〕"라고 하였는데, 이를 원용하여 말한 것이다.《近思錄集解 卷2 爲學》

**122** 선배를 따르는 의리 : 세련됨 보다는 차라리 질박함을 추구하는 의리로,《논어(論語)》〈선진(先進)〉에 "선배들이 예악에 대하여 한 것을 지금 사람들이 촌스러운 사람이라 하고, 후배들이 예악에 대하여 하는 것을 군자라고 하는데, 내가 만일 예악을 쓴다면 나는 선배를 따르겠다.〔先進於禮樂野人也, 後進於禮樂君子也, 如用之, 則吾從先進.〕"라고 한 공자(孔子)의 말에서 나온 것이다.

## 한성부 좌윤 홍공 행장 기유년(1849, 헌종15)

漢城府左尹洪公行狀 己酉

공은 휘가 광일(光一), 자가 백승(伯承), 호가 화서(華西)이다. 우리 홍씨(洪氏)는 중국 당조(唐朝)에서 나와서 남양(南陽)에 관적(貫籍)을 두었으며, 고려 태사(太師) 휘 은열(殷悅)을 시조로 삼는다. 누대를 거쳐서 충평공(忠平公) 휘 관(灌), 충정공(忠正公) 휘 자번(子藩)에 이르러 충절로 연달아 이름을 드러내었다. 본조에 들어와 휘 심(深)이 한성부 윤(漢城府尹)으로 영의정에 추증되었다. 대대로 관작이 이어지다가 고조 휘 순일(純一)에 이르렀다. 증조는 증 사복시정 휘 이행(頤行)이다. 조고는 생원 증 좌승지 휘 석태(錫泰)로, 사적이 《존주록(尊周錄)》에 실려 있으며 재종형(再從兄)인 만주(晩洲) 공 석기(錫箕)와 함께 나란히 이름이 드러났다. 선고는 증 참판 휘 명원(命元)으로, 세상 사람들에게 문행(文行 문장과 덕행)과 기절(氣節)로 칭송받았다. 선조 3대의 추증은 공의 관직이 존귀해진 데에 따른 것이었다. 선비(先妣)는 증 정부인(貞夫人) 경주 김씨(慶州金氏)로, 휘 서(瑞)의 딸이다. 곤범(壼範 규중의 법도)이 매우 훌륭하였으며 여사(女士)의 풍모가 있었다. 영종(英宗 영조) 14년 무오년(1738) 10월 24일에 보은(報恩)의 동쪽 한리(閑里)의 집에서 공을 낳았다. 공은 영특한 기질을 타고나서 말을 배우자마자 경서와 사서를 읽어서 그 대의를 밝게 알았다.

8세에는 이락(伊洛 정호(程顥)·정이(程頤))의 여러 책을 일과로 정하여 읽었다. 19세에 동몽(童蒙)으로서 생원시에 합격하여 여러 차례

강연(講筵)에 올라 〈거공(車攻)〉 시와 〈태극도설(太極圖說)〉을 강론하였는데, 성상이 공의 강론이 절실(切實)하다고 칭찬하였다. 병신년(1776, 영조52)에 전강(殿講)에서 급제하여 괴원(槐院 승문원)에 분관되고 당후(堂後 승정원 주서)에 들어갔다. 성균관 전적, 형조 좌랑, 사직서 영, 종부시 주부, 병조 정랑, 사헌부 감찰·지평·장령, 이조 좌랑, 사복시·봉상시 정, 통례원 우통례, 사간원 정언, 흡곡 현령(歙谷縣令), 강원 도사(江原都事), 삼례 찰방(參禮察訪), 경성 판관(鏡城判官)이 공이 역임한 내외의 관직이다.

병자년(1816, 순조16)에 생원 회방(生員回榜)[123]으로 통정대부(通政大夫)의 품계에 오르고 돈령부 도정에 제수되었다. 정축년(1817)에 80세가 되었다고 하여 가선대부(嘉善大夫)에 오르고 동지중추부사, 한성부 좌윤에 제수되었다. 신사년(1821)에는 동지돈령부사에 제수되었다. 임오년(1822) 정월 19일에 향년 85세로 정침(正寢)에서 고종(考終)하였다. 부고가 알려지자 규례에 따라 부의와 제사를 내렸다. 윤3월 20일에 황간(黃澗) 도곡(桃谷)에 있는 경좌(庚坐)의 묘에 장례하였다.

배위 정부인(貞夫人) 영산 김씨(永山金氏)는 내화(來華)의 딸로, 찬성 종경(宗敬)이 그 선조이다. 공보다 3년 먼저 태어나고 공보다 33년 먼저 별세하였으며 공의 묘에 부장(祔葬)하였다. 3남을 낳았으나 모두 요절하여 족자(族子) 재정(在靖)을 데려다가 후사로 삼았다. 재정의 3남은 생원 직서(直瑞), 국서(國瑞), 기서(箕瑞)이고, 3녀는 각각 송수인(宋壽仁), 강노동(姜魯東), 성의진(成義眞)에게 출가하였다. 직서의 아들은 종건(宗建), 종우(宗遇), 종근(宗近), 종운(宗運), 종각(宗

123 생원 회방(生員回榜) : 생원시에 합격한 뒤로 예순 번째 돌을 맞는 것을 이른다.

珏), 종철(宗喆)이다. 나머지는 어리다.

공은 천성이 염정(恬靜)하여 몸가짐을 마치 처자(處子)와 같이 하였고 종남첩경(終南捷逕)[124]이 있는 것을 알지 못하여, 묻는 사람이 있으면 웃으며 말하기를,

"얻고 잃는 것은 명(命)에 달려있다."

라고 하였다. 흡곡에 부임하였을 적에 고을이 작아 일이 간소하였는데, 날마다 《근사록(近思錄)》을 외고 매달 온 고을의 준수한 선비들을 모아 《소학(小學)》과 《대학(大學)》을 강독하였으며, 흉년이 들자 구휼하기를 마치 미치지 못할 듯이 하였다. 수계(繡啓)로 인해 파직되어 돌아오게 되자 고을의 백성들이 공을 위해 길을 막아섰다. 사헌부의 직임에 제수되자 어떤 이가 전조(銓曹)의 관원을 만나볼 것을 권유하였는데, 공이 말하기를,

"대간(臺諫)에 천거된 것은 공의(公議)일 뿐이니, 내가 또 어찌 사례할 것이 있겠는가."

라고 하였다. 전주(全州)에 유배되었을 적에는 매달 초하루 아침에 포의(布衣)와 마혜(麻鞋) 차림으로 본부(本府)의 아문 밖으로 들어갔

**124** 종남첩경(終南捷逕) : 벼슬이나 명리(名利)를 구하는 지름길을 뜻한다. '종남'은 중국 장안(長安) 가까이에 있는 산 이름으로, 당(唐)나라 때 노장용(盧藏用)이 진사에 급제하고 이 산에 은거하였는데, 뒤에 고사(高士)로 알려져 측천무후(則天武后)의 부름을 받고 크게 등용되었다. 사마승정(司馬承禎)이 황제의 부름을 받아 장안에 왔다가 원래 은거하던 천태산(天臺山)으로 돌아가려 하자, 노장용이 종남산을 가리키며 "이 산 중에 은거할 만한 좋은 곳이 많습니다."라고 하였는데, 사마승정이 "제가 보니, 이 산은 벼슬하는 첩경일 뿐입니다."라고 답한 고사가 있다. 《古今事文類聚 前集 卷33 隱逸》

으니, 이는 진 충숙(陳忠肅)의 옛 의리[125]를 따른 것이었다.

경성(鏡城)에 있을 적에는 학풍을 일으키기를 흡곡에 있을 때와 같이 하였고 또 향약을 시행하였으며 네 고을의 가르치고 기르는 임무를 겸하여 과시(課試)와 조례(條例)를 대략 명도(明道)가 상원(上元)에서 행했던 것[126]과 같이 하였다. 농무(農務)의 경륜(經綸)에 관한 21개의 조목을 올리고 전야(田野)를 검시하여 근면하고 태만함에 따라 상벌을 시행하고 도랑과 길을 정비하는 데에 치력하였으며 지나친 선세(船稅)를 없애고 아전이 포흠(逋欠)을 일으키는 폐단을 혁파하였다. 이에 고을의 백성과 포구의 민호가 편하게 여기지 않음이 없어서 모두 촉군(蜀郡)의 교화[127]와 회양(淮陽)의 깨끗한 정사[128]라고 칭송하였다.

**125** 진 충숙(陳忠肅)의 옛 의리 : 진 충숙은 송(宋)나라 때의 학자 진관(陳瓘, 1057~1124)으로, 자는 형중(瑩中), 호는 요옹(了翁), 시호는 충숙이다. 처음에 장돈(章惇)의 천거로 태학박사가 되었으나 나중에는 장돈과 어긋나 쓰이지 못하였다. 주희(朱熹)가 임정경(林正卿)에게 답한 편지에, "진요옹이 일찍이 간관이 되었다가 유배된 뒤에도 오히려 흰 포의(布衣)를 입고 마혜(麻鞋)를 신고서 관청의 점호에 나아갔다."라고 하며 관청의 점호에 나아가는 일을 매우 지당한 것으로 여기는 내용이 보인다.《晦菴集 卷59 答林正卿》

**126** 명도(明道)가 상원(上元)에서 행했던 것 : 명도는 송(宋)나라 학자 정호(程顥, 1032~1085)로, 일찍이 상원현 주부(上元縣主簿)를 지냈다.

**127** 촉군(蜀郡)의 교화 : 한 경제(漢景帝) 때에 문옹(文翁)이 촉군 태수(蜀郡太守)가 되어 성도(成都)의 저잣거리에 학교를 세우고 부역을 면제시키는가 하면 성적이 우수한 자를 관리로 임용하는 등 획기적인 문교 정책을 실시하여, 문풍(文風)이 크게 진작되고 교화가 크게 일어난 결과 제(齊)·노(魯)처럼 변화시켰던 것을 두고 말한 것이다.《漢書 卷89 循吏傳 文翁》

**128** 회양(淮陽)의 깨끗한 정사 : 한 무제(漢武帝) 때 급암(汲黯)이 회양 태수(淮陽太守)가 되어 깨끗한 정사를 폈던 것을 두고 말한 것이다. 급암은 동해 태수(東海太守)가

장령으로서 입대(入對)하여 또 북읍(北邑)과 해민(海民)이 각종으로 진상(進上)하는 폐단을 아뢰니, 성상이 특별히 명하여 탕감하게 하고 이어서 하교하기를,

"그대가 몹시 늙어서 거의 얼굴을 알아보지 못하겠다."

라고 하였다. 또 하교하기를,

"이 대간은 글씨가 뛰어나다."

라고 하자 대신이 말하기를,

"문장도 뛰어납니다."

라고 하였다. 그러자 성상이 말씀하기를,

"문장이 뛰어날 뿐만 아니라 또한 경학(經學)에도 뛰어나다."

라고 하였다.

순묘(純廟 순조) 신유년(1801, 순조1)에 또 대헌(臺憲 사헌부)의 직임에 제수되었는데, 상소하여 정자(程子)와 주자(朱子)가 논한 입지(立志)와 독서의 방법과 양학(洋學)이 횡행하는 화(禍)에 대하여 아뢰고, 이어서 여러 도(道)로 하여금 경학(經學)을 하는 선비를 널리 구해서 후진을 교육하여 풍속을 바로잡게 할 것을 청하였다. 정언에 제수되자 상소하여 동궁(東宮)을 보양(輔養)하는 방도를 아뢰어,

"사부의 관원은 신중하게 간택하지 않을 수 없고 산림(山林)의 현인은 초빙하지 않을 수 없고 신료 집안의 자제는 선발하여 들이지 않을

되었을 때에 몸에 병이 있어서 밖으로 나가지 않고 누워서 다스렸는데 동해가 아주 잘 다스려졌다. 그 뒤에 회양(淮陽)이 잘 다스려지지 않자 무제가 "나는 단지 그대의 중망(重望)에 의거해 그대가 누워서 다스리게 되길 바란다.〔吾徒得君之重, 臥而治之.〕"라고 하고 급암을 태수에 임명하였는데, 회양 역시 잘 다스려졌다.《漢書 卷50 汲黯傳》

수 없습니다."

라고 하였다. 이것이 공이 입조(立朝)하여 펼친 언의(言議)의 대략이다.

공은 효성을 타고났다. 5세에 능히 편찮으신 어버이를 구완하였고 장성한 뒤에는 살아계실 때 섬기고 돌아가신 뒤에 장례하고 제사하는 것을 한결같이 《주문공가례(朱文公家禮 주자가례(朱子家禮))》를 따랐으며, 위로 《의례(儀禮)》를 거슬러 올라가 고금을 참작하여 가범(家範)을 만들었다. 대질(大耋 80세)의 나이에도 상여(喪餘 기제(忌祭))와 속절(俗節)에 몸소 제사를 지내고 남을 시켜 대신하게 하지 않았으며, 문을 단속하고 뜰을 소제하였다. 자손들을 가르치고 경계하였고 비복들에게 은혜로이 대우하였으며, 이를 이웃과 향당에게까지 미루어 나가니 감복하지 않는 이가 없었다. 한번은 길 위에서 구걸하는 아이를 보고는 불러서 함께 자게 하며 말하기를,

"이 아이 또한 사람의 자식이니 잘 대우하지 않아서야 되겠는가."

라고 하였다. 어린 아이들이 참새를 잡는 것을 못하게 하며 말하기를,

"군자는 친한 이를 친하게 대하고 나서 다른 사람들을 인자하게 대하고, 사람들을 인자하게 대하고 나서 만물을 아껴준다."[129]

라고 하였다. 이는 비록 작은 일들이지만 또한 인한 마음을 볼 수 있다.

견식이 뛰어나서 어려서부터 배우기를 좋아하여 원대한 뜻을 이룰 것을 스스로 기약하였다. 새벽마다 가묘(家廟)를 배알하고 방안에 무릎 꿇고 앉아서 여러 서적을 연찬하였고, 마음에 드는 부분이 있으면 바로 벽에 걸어두어서 항상 볼 수 있게 하였다. 날마다 《논어(論語)》와

**129** 군자는……아껴준다 : 이 말은 본래 《맹자(孟子)》 〈진심 상(盡心上)〉에 보인다.

《근사록(近思錄)》 두 책을 읽었는데 모두 정해진 분량이 있었다. 만년에는 《대역(大易 주역)》을 전문적으로 연구하여 《관상편(觀象篇)》을 지었다. 학문을 논함에 낙건(洛建 정주학(程朱學))을 독실히 믿되 우리나라 제현들의 책을 참고하여 이동(異同)을 분석해서 견문을 넓혔으며 제자백가를 두루 섭렵하여 해박함을 지극히 하였다. 그러나 또 일찍이 '경(敬)이란 성인(聖人)의 학문에서 시작을 이루고 끝을 이루는 것이다.'라고 여겼으므로 공력을 들이는 바가 특히 《소학(小學)》에 있었다. 예(禮)로써 몸가짐을 닦아서 어깨와 등을 세워 자세를 곧게 하였으나 자만하는 모습은 보이지 않았다. 한가로이 혼자 있을 때에도 흐트러진 모습을 하지 않았고 갑작스럽고 급박한 상황에서도 말씨가 흐트러지지 않았다. 뜻이 권태롭고 몸이 피곤하면 눈을 감고 고요히 앉아서 밝고 드넓은 근원의 경지[130]를 보아서 미발(未發)의 상(象)을 증험하였다. 규모는 넓으면서도 치밀하였고 기상은 온화하면서도 엄숙하였으며, 충신독경(忠信篤敬)하고 겸손함으로 자처하며 화락하고 이해심이 많았다. 이에 덕스러운 모습을 본 자들이 모두 마음으로 빠져들었다.

일찍이 말하기를,

"학문을 함에는 활법(活法)과 사법(死法)이 있으니 그저 구속하는 것만 잘할 뿐이면 의미가 박절하다."

라고 하였다. 또 말하기를,

**130** 밝고……경지 : 주희(朱熹)가 제자 석홍경(石洪慶)에게 한 말에 보이는 것으로, "지금 공부를 해보고자 한다면 우선 모름지기 단정하고 장엄한 자세로 존양을 하여 밝고 드넓은 근원의 경지를 홀로 보도록 하여야 할 것이요, 공부를 허비하여 종이 위의 말만 뚫어지게 쳐다보아서는 안 될 것이다.〔如今要下工夫, 且須端莊存養, 獨觀昭曠之原, 不須枉費工夫, 鑽紙上語.〕"라고 하였다. 《朱子語類 卷115 朱子12 訓門人3》

"천지의 사이에는 한 개의 '시(是)'가 있을 뿐이다. 위에서는 해와 달, 별, 비와 바람, 서리와 이슬이 그 궤도를 따라 '시(是)'가 되고, 아래에서는 크고 작은 만물, 산과 강, 새와 물고기, 동물과 식물이 그 본성을 이루어 '시(是)'가 되고, 가운데에서는 아버지와 아들, 임금과 신하, 남편과 아내, 어른과 아이가 그 윤상(倫常)을 바로하여 '시(是)'가 된다. 천지 사이에는 오직 '시(是)' 자가 있을 뿐이니, '비(非)' 자가 있는 것을 용납하지 않는다."

라고 하였다. 또 말하기를,

"사람이 존귀한 까닭은 오랜 시대를 보고 오랜 시대를 들을 수 있기 때문이다. 만약 내가 홍몽(鴻濛)의 시대에 태어났다면 본 바가 그저 나무에 둥지를 틀고 불을 때며 새끼줄을 묶는 일에 불과했을 것이다. 지금 다행히 개벽한 지 육만여 년이 지난 시대에 태어나서 위로 복희(伏羲), 신농(神農), 황제(黃帝)에서부터 아래로 한(漢), 당(唐), 송(宋), 명(明)의 일에 이르기까지 내가 두루 보지 않은 바가 없으며, 멀리 요(堯), 순(舜), 공자(孔子), 맹자(孟子)에서부터 가까이 주자(周子), 정자(程子), 장자(張子), 주자(朱子)의 가르침에 이르기까지 내가 친자(親炙)하여 들은 것과 다름이 없다. 홍몽의 시대 이후로 본 일을 통산해보면 육만여 년 동안의 일을 본 것이고, 들은 일을 통산해보면 육만여 년 동안의 말을 들은 것이니, 육만여 년의 수명을 누렸다고 해도 될 것이다. 그러나 그 일을 보고 그 말을 들어서 그 마음을 안 뒤에야 비로소 참된 수명이라고 할 수 있을 것이다. 만약 능히 성인이 전수한 심법(心法)을 알 수 있다면 오늘 이후의 만세(萬歲)라도 미루어 알 수 있을 것이니, 성인의 마음은 바로 천지의 마음이다."

라고 하였다. 이 몇 마디의 말을 통하여, 깊은 경지로 나아가 자득한 것임을 또한 볼 수 있으니 도습(蹈襲)한 데에서 나온 것이 아니다.

원근의 배우는 자들이 공에게 많이 귀의하였는데, 공은 자상하게 잘 인도하여 길을 열어 보여주되 반드시 주 부자(朱夫子)가 위응중(魏應仲)과 장자 수지(受之)에게 답한 편지[131]를 근본으로 삼으며 말하기를,

"사람이 되는 기반이 모두 여기에 있다."

라고 하였다. 부로(父老)를 만나면 상마(桑麻)를 이야기하고 자제를 보면 효제(孝悌)를 말하였으며, 정원의 노인, 시냇가의 노인, 승려, 도사에 이르기까지 모두 그 환심을 얻지 못하는 바가 없었다. 복건과 짚신 차림으로 높은 곳에 올라 굽어보며 소요하면서 때로 생각이 일면 〈이소(離騷)〉와 〈출사표(出師表)〉를 낭송하였는데 음운(音韻)이 맑고 시원하며 기격(氣格)이 비장하였다.

문장은 노년에 이르러 더욱 순후해져서 비록 한만(汗漫)한 대편(大篇)이라도 붓을 잡자마자 즉시 완성하였다. 시는 한(漢), 위(魏), 성당(盛唐)에 뿌리를 두었는데, 만년에는 《염락풍아(濂洛風雅)》를 좋아하여 충담(沖淡)하고 소산(蕭散)해서 천박하고 화려한 뜻이 없었다. 유고(遺稿) 30권이 집에 보관되어 있다. 또 글씨에 뛰어났으나 일찍이 이를 가지고 자랑한 적이 없었으며 비록 아랫사람이나 어린 사람에게

**131** 주 부자(朱夫子)가……편지 : '주 부자'는 주희(朱熹)를 이른다. 위응중(魏應仲)은 주희와 교유하였던 간재(艮齋) 위섬지(魏掞之)의 아들 위효백(魏孝伯)으로, 자는 응중이며 주희에게 수학하였다. 수지(受之)는 주희의 장남 주숙(朱塾)의 자이다. 이 편지들은 《회암집(晦菴集)》 권39에 〈여위응중(與魏應仲)〉, 속집(續集) 권4에 〈여장자수지(與長子受之)〉라는 제목으로 각각 실려 있다.

보내는 짧은 편지라고 하더라도 혹 휘갈겨 쓰는 법이 없었으니, 또한 심획(心畫)이 바른 것을 살펴볼 수 있다.

아, 호서(湖西) 한 도(道)는 여러 노선생(老先生)이 창도함에 힘입어 빈빈(彬彬)하게 서하(西河)[132]의 유속(遺俗)이 있었는데 풍기(風氣)가 쇠락하고 선현의 은택이 민멸되어 미언대의(微言大義)가 혹 거의 끊어지게 되었다. 공은 사승(師承)을 통하지 않고도 깊이 계합하고 홀로 나아가서 침잠하고 연구하여 나이가 들수록 더욱 독실해져서 성대하게 호좌(湖左)의 명유가 되었으니 물러날 줄만 알고 나아갈 줄은 모르는 어진 대부가 될 뿐이겠는가. 구질(九耋 90세)의 수명을 누리고 삼달존(三達尊)[133]을 이루었으니, 하늘이 보답해준 것이 어찌 공연한 것이겠는가.

나는 일찍부터 공의 행실에 감복하여 우리 집안의 경광(耿光)이라고 칭송하였는데, 덕스러운 모습을 직접 뵙고 싶은 소원을 이루지 못한 것을 평생의 한으로 여겼다. 공의 손자 직서가 공의 유사(遺事)를 가지고 와서 나에게 행장을 지어줄 것을 부탁하였다. 병들고 노쇠하여 죽음을 앞두어서 연참(鉛槧 붓과 종이)을 버려둔 지가 오래되었는데, 직서가

**132** 서하(西河) : 공자(孔子)의 제자인 자하(子夏)가 공자 사후에 제자들을 모아 강학하였던 지역이다. 곧 자하를 일컫는 말로도 쓰인다.

**133** 삼달존(三達尊) : 천하에서 공통적으로 존중하는 세 가지로, 관작(官爵), 연치(年齒), 덕(德)을 가리킨다. 《맹자(孟子)》 〈공손추 하(公孫丑下)〉에 "천하에는 세 가지의 달존이 있으니, 관작이 그 하나요, 연치가 그 하나며, 덕이 그 하나이다. 조정에서는 관작만 한 것이 없고, 향당에서는 연치만 한 것이 없고, 세상을 돕고 백성을 기르는 데는 덕만 한 것이 없다.〔天下有達尊三, 爵一, 齒一, 德一. 朝廷莫如爵, 鄕黨莫如齒, 輔世長民莫如德.〕"라고 한 데에서 나온 것이다.

누차 간청하기를 마지않으니 정성이 말에 흘러넘쳤다. 그 지극한 뜻에 감동하여 병을 무릅쓰고 이상과 같이 서술하여 백세(百世)의 고증할 자료로 갖추어둔다.

## 진사 소공 행장 기유년(1849, 헌종15)

進士蘇公行狀 己酉

공은 휘가 수구(洙榘), 자가 백연(伯淵), 자호(自號)가 담락헌(湛樂軒)이니, 진주(晉州) 사람이다. 세계(世系)가 고려 상호군(上護軍) 휘 희철(希哲)에게서 나와서 관직이 대대로 이어졌다. 소윤(少尹) 휘 천(遷)에 이르러 포은(圃隱) 정 선생(鄭先生 정몽주(鄭夢周))에게 수학하였는데, 선생이 절개를 세워 목숨을 버린 뒤로 다시는 벼슬하지 않았다. 몇 대를 전하여 월주(月洲) 휘 두산(斗山)에 이르러 두 송 선생(宋先生 송준길(宋浚吉)·송시열(宋時烈))을 종유하여 문무의 재주를 겸비하였고 괴과(魁科 갑과(甲科))로 급제해서 내외의 관직을 두루 거치고 천거되어 감사(監司), 병사(兵使)에 제수되었으며 문장과 풍절(風節)로 당세에 이름을 떨치니, 이분이 공의 오대조이다. 고조는 휘 상열(相說)이고, 증조는 휘 대려(大呂)이고, 조고는 휘 성집(成集)이니, 대대로 순일한 덕이 있었다. 선고 휘 시운(始運)은 목산(木山) 이공 기경(李公基敬)에게 수학하였고 예(禮)로써 몸을 닦아 한 고을의 모범이 되었다. 선비(先妣) 파평 윤씨(坡平尹氏)는 심득(心得)의 딸이니, 영묘(英廟 영조) 갑오년(1774, 영조50) 3월 18일에 공을 낳았다.

공은 타고난 자질이 영특하여 여덟 살에 글을 지을 줄 알았고 말을 하면 반드시 사람을 놀라게 하였다. 조금 성장하여서는 널리 배우고 잘 기억하였으며 사장(詞章)을 짓는 것에 진력하여 명성이 매우 자자하였으나 이를 가지고 자만하지 않았다. 관례(冠禮)를 치른 후에 중주(中洲) 이 문경공(李文敬公 이직보(李直輔))을 사사(師事)하고 또 심재

(心齋) 송 문경공(宋文敬公 송환기(宋煥箕))을 배알하니, 이후로 주자서(朱子書)에 전심치지하여 일상의 이륜(彝倫)에 이를 미루어 행하였다. 또한 집안을 위한 계책으로 아울러 공령(功令 과문(科文)) 공부를 하여 일곱 차례나 크고 작은 시험에서 발해(發解)하였다. 연천(淵泉) 홍공 석주(洪公奭周)가 공의 재주를 알아보고 전조(銓曹)를 맡았을 적에 재랑(齋郎)으로 의망하였는데 관리가 천거를 받지 못했다고 하여 이를 저지하였다. 도백(道伯)의 천거에 오른 뒤로 누차 재랑, 장작(將作)에 의망되었는데 모두 낙점 받지 못하였다. 경자년(1840, 헌종6)에 생원시에 합격하였다.

신축년(1841) 윤3월 21일에 졸하니, 향년이 68세였다. 경사(京師)의 사대부들이 모두 애도하며 말하기를,

"호남(湖南)의 제일가는 사람이 죽었다."

라고 하였다. 5월에 익산군(益山郡) 동쪽 탄곡(炭谷) 임좌(壬坐)의 무덤에 장례하였다.

공은 효성을 타고나서 어버이를 섬길 적에 뜻을 받들고 물건으로 봉양하기를 지극히 하였으며, 평소에 그 곁을 떠나지 않고 안색을 살펴 한껏 즐겁게 해드려서 화목한 기운이 넘쳐흘렀다. 양친의 상(喪)을 치를 적에는 정문(情文 예(禮)의 내용과 형식)을 제대로 갖추어서 최질(衰絰)과 음식이 혹시라도 법도를 벗어나지 않게 하였고, 특히 내외의 방금(防禁)에 엄격하였다. 새벽에는 가묘(家廟)를 배알하고 초하루와 보름에는 참례(參禮)를 행하였으며, 제전(祭田)을 더 늘려서 조상을 추모하는 것에 정성을 다하였다. 공의 선고는 매번 어버이의 기일(忌日)이 다가오면 정송강(鄭松江 정철(鄭澈))의 옛 의리를 본받아 초하루부터 술을 마시지 않았다. 공은 가법을 그대로 지켜서 휘일(諱日)이

비록 그믐 즈음에 있더라도 일찍이 그냥 넘어간 적이 없었다. 상례와 제례는 한결같이 동춘(同春 송준길)의 가례(家禮)를 따르되 집안에 전하는 옛 의식을 참고하였다. 항상 방조(傍祖)인 양곡(陽谷 소세양(蘇世讓)) 공이 후사가 끊어지고 유고(遺稿)가 전하지 못하는 것을 근심하여 오대조 월주의 문집과 함께 간행할 것을 도모하여 힘을 써서 거의 이루었으니, 공이 선조를 위해 애쓴 마음을 살펴볼 수 있다.

두 아우와 도의(道義)로써 함께 권면하여 비록 지정(至情)은 화락하였으나 조금이라도 잘못이 있으면 경계하고 꾸짖으며 용서하지 않아서 반드시 잘못을 고친 뒤에야 그만두었다. 또 아우들이 공의 잘못을 고해주면 바로 잘못을 고치는 데에 조금도 인색하지 않았다. 분가하여 살게 된 뒤로 아우들의 형편이 넉넉하지 못한 것을 염려하여 먼저 베풀어 구휼해주었다. 부부가 상대할 적에는 마치 손님처럼 예우하고 공경하여 규문(閨門) 안이 엄숙하였다. 윤자(胤子)를 곡한 뒤로는 해가 저물면 안채로 들어간 적이 없었으니, 혼자 된 며느리가 집에 있기 때문이었다. 집안의 일을 정돈하여 뜰에 물을 뿌리고 비질하였으며 크고 작은 일들을 처리함에 모두 조리가 있었다. 성격이 또 순후하여 노복들에게 매질하는 법이 없었고 개나 말에게 큰소리로 꾸짖는 일이 없었다. 고아가 된 손자를 사랑으로 기르되 가르치는 것을 느슨히 하지 않아서 책상자를 짊어지고 나에게 수학하러 오게 하였으니, 정성이 지극하여 사람을 감동시켰다.

자봉(自奉)함은 검약하여서 겨울에는 비단옷을 입지 않았고 여름에는 모시옷을 입지 않았으며 질그릇에 푸성귀로 하루에 두 번 식사를 하였다. 그러나 손님과 친구들에게 음식을 대접할 적에는 푸짐하게 차리도록 애썼으며 의리상 마땅히 해야 하는 바에는 혹시라도 인색하게 군 일이 없었다. 외가가 가난하여 제사를 주관하는 자가 재력이 없었는데, 공이 이를 위해 전택(田宅)을 마련해주고 기일(忌日)마다 제수 장만하는 것을 도왔다. 부형(婦兄 아내의 오빠)인 구공 한풍(具公漢豐)이 공의 거처와 가까운 곳에 작은 전장(田莊)을 마련하였는데, 구공이 별세하자 매년 이자를 거두어 구공의 두 딸이 시집갈 밑천을 마련해 주고 그 나머지로 구공의 제전(祭田)을 마련하였다. 족자(族姊 일족인 손윗누이)를 집에서 봉양하였는데, 그 출가한 딸이 매달 돈과 양식을 보내오면 공이 이를 받아서 보관하여 족자가 돌아갈 때를 대비하였다가 가진 것을 모두 내어 주었다.

평소에 지낼 적에는 고요히 앉아서 정신을 집중하여 마치 사색하는 듯 엄숙하였고 사람들에게 말할 적에는 기개가 당당하였다. 다른 사람의 선한 일을 들으면 반드시 성명을 기록해두어 종신토록 잊지 않았고 다른 사람의 악한 일을 들으면 두려워하며 편치 않게 여겼다. 인물의 선악과 시정(時政)의 득실은 절대로 입에 올리지 않았다. 노년이 되어 더욱 학문을 좋아하여 대문을 닫아걸고 손님을 사절한 채 책상에 앉아 독서하였으며 경전과 성리서를 탐독하고 음양(陰陽), 백가(百家), 의약(醫藥), 성력(星曆 천문과 역법)까지 두루 통달하였다. 향당의 인사들과 전후의 수령들이 의심나는 것이 있으면 반드시 공에게 가져가 해결을 보았는데, 공은 옛 일을 들어 지금의 일을 증명하여 마치 물 흐르듯이 명쾌하게 분석하였다. 고을에 오래되고 명망 있는 집안이 많아서 저마다 문호(門戶)를 세워 동류(同流)를 좋아하고 이류(異流)를 싫어하였는데, 공에게 있어서는 진실한 마음으로 기뻐하고 복종하였다. 공경(公卿) 중에서도 공의 풍도를 들은 자들이 모두 자신을 낮추어 예우하여서 공이 승상(升庠 생원시에 합격함)하던 날에 혹 몸소 왕림하여 공을 만나러 온 자가 있었고 편지를 보낼 때에도 매우 존경의 뜻을 표하였다. 소인(騷人), 묵객(墨客), 산승(山僧), 야로(野老)에 이르기까지 모두 공의 이름을 칭송하며 그 얼굴을 알고자 하였다.

공은 너그럽게 포용하는 아량이 있었으나 호오(好惡)가 바른 것은 마치 흑백을 구분하는 것처럼 명확하여 승려와 무당을 집안에 가까이 하지 않았다. 평소에는 마치 말을 못하는 듯이 과묵하였으나 병자년과 정축년의 일을 언급하게 되면 왕왕 목소리와 안색이 모두 과격해지고 팔을 걷어붙이며 분을 내었다. 옹방강(翁方綱)[134]의 학술을 칭송하며 그 필법을 장황히 늘어놓는 자가 있으면 반드시 엄준하게 배척하며 말하기를,

> "비록 다소 볼만한 점이 있다고 하더라도 그 몸은 이적(夷狄)으로 귀화하고 그 족속은 견양(犬羊)의 족속이니, 공자(孔子)와 주자(朱子)를 칭송하고 본받는 자가 도리어 이를 버리고 그 학문을 높인단 말인가."

라고 하였다. 공의 딸 송씨(宋氏) 부인(婦人)이 한번은 액엄(額掩 아얌)을 썼는데 공이 크게 노하며 말하기를,

> "이 물건은 홍두(紅兜)의 제도와 비슷하니 네가 명문가에서 제사를 주관하는 부인으로서 어찌 이것을 쓸 수 있느냐."

라고 하였다. 집안사람들에게 서양의 옷감으로 옷을 해 입지 못하게 하며 말하기를,

**134** 옹방강(翁方綱) : 1733~1818. 자는 정삼(正三), 호는 담계(覃溪)·소재(蘇齋)로, 청대(淸代)의 유명한 서예가이자 고증학자이다. 금석의 고증에 정통하였고 비첩(碑帖)의 감정에 뛰어났다. 저서에 《복초재집(復初齋集)》이 있다.

"윤상(倫常)을 멸하고 어지럽히는 것으로는 양적(洋賊)만한 것이 없다. 차라리 얼어 죽을지언정 양적의 손에서 나온 물건을 몸에 가까이 해서는 안 된다."

라고 하였다. 공이 배양하고 고수한 바를 보건대, 어찌 법가(法家)의 필사(拂士)[135]이자 남복(南服 남쪽 지역)의 위인(偉人)이 아니겠는가.

배위는 능성 구씨(綾城具氏)이니, 도진(度鎭)이 그 선고이다. 서사(書史)를 두루 섭렵하고 곤범(閫範)을 두루 갖추었으며, 공보다 3년 먼저 태어나고 공보다 2년 늦게 별세하여 공의 묘에 부장(祔葬)하였다. 아들은 형술(亨述)이고, 딸은 군수 송석로(宋錫老)에게 출가하였다. 손자는 휘면(輝冕), 휘승(輝昇)이다. 휘면의 아들은 경규(敬逵)이다. 휘승의 딸은 어리다.

휘면이 일찍부터 경전 하나를 전수받아[136] 능히 선대의 훌륭함을 계승하였는데, 나에게 행장을 지어줄 것을 부탁하여 이로써 불후하게 할 것을 도모하였다. 나는 노쇠하고 병들어 죽음을 앞둔 터라 붓을 손에서 놓은 지가 오래되었다. 공은 나를 몹시 아껴서 물가의 누대와

**135** 법가(法家)의 필사(拂士) : 《맹자(孟子)》 〈고자 하(告子下)〉에 보이는 말로, "들어가면 법가와 필사가 없고, 나오면 적국과 외환이 없으면, 그 나라는 항상 망한다.〔入則無法家拂士, 出則無敵國外患者, 國恒亡.〕"라고 하였는데, 이에 대한 주희(朱熹)의 《집주(集註)》의 해설에 "'법가'는 법도를 지키는 세신이고, '필사'는 보필하는 어진 선비이다.〔法家, 法度之世臣也. 拂士, 輔弼之賢士也.〕"라고 하였다.

**136** 경전 하나를 전수받아 : 선대에게 학문의 가르침을 물려받았다는 의미이다. 한(漢)나라 위현(韋賢)은 부친 위맹(韋孟)과 아들 위현성(韋玄成)에 이르기까지 삼대가 경학에 밝아 명망이 높고 모두 현달하였다. 이를 보고 사람들이 말하기를, "자손에게 황금 한 바구니를 물려주는 것보다 경전 하나를 가르치는 것이 낫다.〔遺子黃金滿籝, 不如一經.〕"라고 하였는데, 이 말을 원용하여 말한 것이다. 《漢書 卷73 韋賢傳》

산중의 별장에서 무릎을 맞대고 앉아 마음을 터놓아 이야기하며 겨울밤과 여름해가 긴 것도 알지 못하였다. 나는 공이 《춘추(春秋)》의 존양(尊攘)의 의리[137]와 음양(陰陽)·숙특(淑慝)의 분변에 있어서 엄격한 것이 천성에서 비롯되었고 학문의 공력 또한 속일 수가 없는 것에 감동하였다. 이는 기록하지 않을 수가 없기에 병을 무릅쓰고 이상과 같이 기술하여 이로써 덕을 알아주는 군자를 기다리는 바이다.

**137** 춘추(春秋)의 존양(尊攘)의 의리 : 《춘추》에서 강조한 주(周)나라를 존숭하고 오랑캐를 물리치자는 '존주양이(尊周攘夷)'의 의리를 이른다. 후대에는 주로 명(明)나라를 존숭하고 청(淸)나라를 배척하자는 '존명배청(尊明排淸)'의 의리를 뜻하게 되었다.

# 매산집

## 제47권

## 행장 行狀

# 증 지평 조공 행장 기유년(1849, 헌종15)
## 贈持平趙公行狀 己酉

공은 휘가 완규(完珪)이니, 한양(漢陽) 사람이다. 본조의 좌명공신(佐命功臣) 영의정 한산부원군(漢山府院君) 충무공(忠武公) 휘 영무(英武)의 손자이고, 남원부 절제사(南原府節制使) 휘 전(琠)의 아들이다. 지절(志節)과 재학(才學)으로 당세에 명망이 높았고 일찍 사마시에 합격하여 박취금(朴醉琴 박팽년(朴彭年)), 성매죽(成梅竹 성삼문(成三問)) 두 현인에게 추중(推重)을 받았다.

단묘(端廟 단종)가 어린 나위에 왕위를 선양(禪讓)하여 인심이 위태로웠는데, 이때에 대신 황보 충정공(皇甫忠定公) 인(仁), 김 충익공(金忠翼公) 종서(宗瑞), 정 충장공(鄭忠莊公) 분(苯)이 모두 배항(輩行)을 굽히고 공과 벗이 되어 함께 왕실을 보좌하였다. 공이 하루는 김 충익공을 방문하니 충익공이 여러 공들과 함께 한창 국사를 논의하다가 공과 상의하게 되었다. 이때에 철여의(鐵如意)가 상 위에 놓여 있었는데 공이 한 마디 말을 하다가 철여의의 마디 하나를 부러뜨렸으니 이는 충분(忠憤)이 격발한 것이었다. 계유년(1453, 단종1)에 세 상공(相公)이 모두 화를 입었고 공은 변방의 고을에 안치되었다. 갑술년(1454)에 후명(後命)을 받고 교형(絞刑)에 처해졌으니, 8월 19일이었다. 공의 아우 완수(完珠)와 종제(從弟) 완경(完敬)도 같은 때에 죽었다.

정종(正宗 정조) 신해년(1791, 정조15)에 장릉(莊陵)의 상석(象石) 아래에 단을 쌓아 충신 32인을 제사하고 배식단(配食壇)이라는 이름을

붙였다. 그 제문에 이르기를,

| | |
|---|---|
| 예로는 함께 제향함을 귀하게 여기고 | 禮貴與享 |
| 의로는 묘정에 배식함을 취하니 | 義取配庭 |
| 삼십여 인이 | 餘三十人 |
| 해와 별처럼 밝게 빛나네 | 炳烺日星 |
| 멀리 있는 갈사를 꺼려하여 | 嫌遠葛祠 |
| 가까운 모옥으로 나아가네 | 就近茅屋 |
| 서로 돌아보고 흠향하기를 | 相將顧歆 |
| 매년 한식날에 하네 | 每年寒食 |
| 임금과 신하를 똑같이 제향하여 | 一體君臣 |
| 위의 전각과 아래의 단에서 하니 | 上閣下壇 |
| 만세 천추토록 | 萬歲千秋 |
| 길이 옥란을 수호하소서 | 長護玉欄 |

계유년(1453, 단종1), 병자년(1456, 세조2), 정축년(1457)에 죽음으로 섬긴 평안도 관찰사 조수량(趙遂良) 등 236인의 종사(從祀)하는 신위와 함께 흠향하소서.

라고 하였는데, 공이 바로 236인 가운데 한 사람이다.

기미년(1799, 정조23)에 조고 충무공에게 사제(賜祭)하였는데 어제문(御製文)에 이르기를,

"훌륭한 손자가 충절을 세우니 집안의 명성이 모범이 되네."

라고 하였다. 취금헌(醉琴軒) 박공의 후손 박기정(朴基正)의 기록에 이르기를,

"충무공의 손자 진사 완규는 단묘(端廟) 갑술년에 순절하여 김절재(金節齋 김종서) 등의 제현과 함께 아름다운 명성을 이루었으니 참으

로 훌륭한 조부에 훌륭한 손자이다."

라고 하였다.

익묘(翼廟)[1]가 대리청정할 때에 서울의 유생 김이혁(金履赫) 등이 상언하여 관작을 추증하고 시호를 내릴 것을 청하자 이를 해당 조(曹)에 내려 품처(稟處)하게 하였는데, 예조 판서 서준보(徐俊輔)가 회달(回達)하여 아뢰기를,

"조완규는 변방의 고을에 유배되어 결국 후명을 받았고 그 아우와 아들과 종형제가 모두 찬축(竄逐)되었다가 동시에 목숨이 끊어졌으니, 그 실제의 업적과 우뚝한 절개가 모두 《신속장릉지(新續莊陵誌)》[2]에 실려 있습니다. 조씨(趙氏) 한 집안에 절의가 모두 모였으니, 천년이 지난 뒤에도 흠모하여 감탄하고 분개하여 눈물을 흘리지 않을 수 없을 것입니다. 조완규는 조사단(朝士壇)에 들어가서 함께 제향을 받고 있으나 아직 미처 추증하지 못하였으니, 소대(昭代)의 흠전(欠典)이라고 할 수 있습니다. 많은 선비가 호소하는 것에서 병이(秉彛)의 똑같은 마음을 볼 수 있으니, 조완규에게 먼저 증직하는 은전을 베풀어야 합니다."

1 익묘(翼廟) : 순조와 순원왕후(純元王后)의 소생인 효명세자(孝明世子)로, 아들 헌종이 즉위한 뒤에 익종(翼宗)으로 추존되었다. 1827년(순조27) 순조의 명으로 대리청정을 시작하였으나, 수행한 지 4년 만에 홍서하였다.

2 신속장릉지(新續莊陵誌) : 윤순거(尹舜擧)가 편찬한 《노릉지(魯陵誌)》 2권에 권화(權和)·박경여(朴慶餘) 등이 속지(續誌) 2권을 증보해 만든 《장릉지(莊陵誌)》를 이른다. 이 책은 단종이 세조에게 왕위를 빼앗긴 뒤 강원도 영월로 추방되어 비명으로 죽기까지의 사실과 그 뒤 숙종 때 복위된 데에 따른 제반 문제를 기록한 것으로, 구지(舊誌)인 《노릉지》는 노산군(魯山君)의 능호(陵號)에 따른 것이고, 속지인 《장릉지》는 단종으로 복위된 뒤의 능호인 장릉(莊陵)에 따른 것이다.

라고 하였다. 이에 명하여 사헌부 지평을 추증하니, 바로 무자년(1828, 순조28) 10월 20일이었다.

공의 묘는 전해지지 않으며, 배위 이씨(李氏)의 묘는 광주(廣州) 퇴촌(退村) 수동(水洞)에 있다. 2남 범(範)과 사(篩)를 두었는데, 모두 매죽헌(梅竹軒) 성 선생의 문인으로서 부친과 스승에 연좌되어 화를 당하여 성주(星州)에 유배되었다가 범(範)은 사면 받고 양주(楊州)로 돌아왔고 사(篩)는 첨지중추부사로서 그대로 성주에 거주하였다. 범(範)의 아들은 윤수(允璲)이고, 사(篩)의 아들은 윤장(允璋)·윤전(允玶)이다. 회(澮)·제(濟)·숙(淑)·항(沆)·한(瀚)은 윤수의 소생이다. 색(穡)·가(稼)는 윤장의 소생이고, 사평 준(稕)은 윤전의 소생이다. 회(澮)의 아들은 여림(汝霖)이고, 항(沆)의 아들은 일림(一霖)이고, 한(瀚)의 아들은 천림(天霖)이다. 색(穡)의 아들은 정국(定國)·안국(安國)이고, 가(稼)의 아들은 사직 충국(忠國)·진사 광국(匡國)이다. 준(稕)의 아들은 숙(淑)·참봉 기(淇)이다. 나머지는 다 기록하지 않는다.

공은 명망 높은 공신 집안의 사람으로서 공보(公輔)가 되리라는 큰 기대를 받아 문장과 풍절(風節)이 온 세상 사람을 경도하게 하였다. 그러다가 나라의 형세가 철류(綴旒)[3]처럼 위태로운 것을 보고는 이를 붙들고 수호할 것을 마음에 맹세하여 포의(布衣)의 신분도 잊은 채 동시대의 충현(忠賢)들과 머리를 나란히 하여 죽음으로 나아가 그 아들과 아우가 함께 기화(奇禍)를 입게 되었다. 이는 그 집안의 가르침에

3 철류(綴旒) : 면류관에 구슬을 꿰어 드리운 술을 말하는데, 이리저리 흔들리는 모양으로 인하여 국가의 형세가 위태로운 것을 비유하게 되었다.

충의(忠義)가 천성이 되어 형구(形具)를 보기를 집에 돌아가듯이 편안히 여기고 백번 죽더라도 돌아보지 않아서 한 집안의 여섯 사람이 이와 같이 수립할 수 있었던 것이니, 아아, 훌륭하다.

옛말에 '임금의 난에 달려가는 것은 충(忠)이고 임금의 일에 죽는 것은 의(義)이다. 충(忠)과 의(義)를 위하여 죽었으면 또한 다시 무엇을 구하겠는가.'라고 하였는데, 공이 실로 여기에 해당한다. 나라를 팔고 군주를 팔며 하늘을 속이고 사람을 속이면서 스스로는 득계하였다고 여기는 자들은 공에 견준다면 어떠하겠는가. 공의 곧은 마음과 굳센 절개는 군부(君父)가 있는 것만 알고 자신과 집안이 있음은 알지 못하였으니, 사후에 배향되고 추증되는 것이 공에게 있어 무슨 상관이겠는가.

공의 후손 기원(基元)이 나를 종유하며 누차 덕을 형용하는 글을 지어줄 것을 청하였는데, 내가 말하기를,

"공이 목숨을 바쳐 뜻을 이룬 것은 바로 아무 의도가 없이 행한 것이니, 어찌 순국한 제현들과 죽백(竹帛)에 이름이 기록되는 것을 다투고자 하겠는가. 그렇다면 자취를 남기지 않는 것은 지덕(至德)이 되니[4] 또한 어떻게 그 덕을 형용할 수 있겠는가."

라고 하였다. 그러자 기원이 말하기를,

"그렇지만은 않습니다. 세대가 점점 멀어져서 징험할 만한 문헌이

4 자취를……되니 : 《논어(論語)》 〈태백(泰伯)〉에 공자(孔子)가 태백을 칭송하여 "태백은 지덕이라고 이를 만하다. 세 번 천하를 사양하였으나 백성들이 그 덕을 칭송할 수 없게 하였구나.〔泰伯, 其可謂至德也已矣! 三以天下讓, 民無得而稱焉.〕"라고 말한 것이 보인다.

없어지면 인멸되어 일컬어지지 않게 될까 항상 염려됩니다."

라고 하였다. 나는 이미 노쇠하여 입은 벙어리가 되고 붓은 낡아졌으나 장릉의 일을 언급하게 되면 오히려 죽지 못한 괴로운 마음이 들어 탄식하고 번민함을 스스로 그만둘 수가 없다. 이에 마침내 병을 무릅쓰고 글을 써서 영세토록 고증할 수 있는 자료로 갖추어 두는 바이다.

## 증 좌승지 봉강 정공 행장 기유년(1849, 헌종15)

### 贈左承旨鳳岡鄭公行狀 己酉

공은 휘가 유정(有禎)이고 자가 형백(亨伯)이며 봉강(鳳岡)은 호이다. 해주(海州) 정씨(鄭氏)는 고려 시중 휘 숙(肅)에서 나왔다. 본조에 들어와 휘 역(易)이 좌찬성으로 영의정에 추증되고 정도공(貞度公)의 시호를 받으니, 이후로 대대로 높은 관작을 받아 명망과 덕행이 서로 이어졌다. 계양(桂陽) 공 휘 희검(希儉)에 이르러서는 연산조(燕山朝)를 만나 백씨(伯氏) 허암(虛菴 정희량(鄭希良)) 공과 함께 은둔하여 벼슬하지 않았고 이조 판서에 추증되었으니, 이분이 공의 오대조이다. 증조는 대사간 증 예조 판서 휘 신(愼)이다. 조고는 증 좌찬성 충의공(忠毅公) 휘 문부(文孚)로, 문무의 재주를 겸전하여 임진왜란 때에는 사직을 안정시키는 공을 세웠고 혼조(昏朝 광해군조)에는 윤기(倫紀)를 붙드는 절개를 세웠다. 선고는 성균관 생원 증 집의 휘 대영(大榮)이고, 선비(先妣)는 전주 이씨(全州李氏)로, 익성군(益城君) 향령(享齡)의 딸이다. 만력(萬曆) 신해년(1611, 광해군3)에 한사(漢師 한양) 수진방(壽進坊)의 집에서 공을 낳았다. 공은 말을 배우자마자 영특함이 또래보다 빼어났다. 선고 집의 공이 일찍이 몇 가지 일을 가지고 시험해보았는데, 공이 이를 응대함에 잘못하는 것이 없었으니 집의공이 매우 기특하게 여겼다. 타고난 성품이 인자하고 자상하여 노복이 거듭 매질을 당하는 것을 보면 반드시 곡진하게 구제해주었다. 또 기량(器量)이 뛰어나고 담소하는 것이 망령스럽지 않으니, 보는 자들이 대성할 것이라고 기대하였다.

조금 장성해서는 이내 독서할 줄을 알았는데, 책을 보고 나면 곧바로 외웠다. 일곱 살에 부채에 대해 읊어 말하기를,

"바람을 만들기도 하고 가리기도 하니, 풍백이 그 조화를 잃었네.〔生風蔽風 風伯失其造化〕"

라고 하였다. 조고 찬성 공이 이를 애상(愛賞)하기를 그치지 않으며 말하기를,

"이 아이의 재주는 내가 미칠 바가 아니다."

라고 하였다. 무상(舞象 15세)의 나이가 못 되어 매월당(梅月堂 김시습(金時習))의 화상찬(畵像讚)을 지었는데 이 글에 다음과 같이 말하였다.

| | |
|---|---|
| 아아, 열경(悅卿 김시습의 자(字))이여 | 於乎悅卿 |
| 백이의 부류이네 | 伯夷其流 |
| 형해(形骸)를 버리고 의리를 온전히 하여 | 棄形全義 |
| 세상에 은둔하여도 근심이 없었네 | 遯世无憂 |
| 산에 뜬 달 아래 매화가 향기롭고 | 梅芬山月 |
| 하늘에 부는 바람 속에서 학이 춤을 추네 | 鶴舞天風 |
| 남긴 화상이 청고하니 | 遺像淸高 |
| 완악한 이를 일으킬 수 있으리 | 可起頑童 |

문사(文詞)를 일찍 성취하고 견식이 빼어난 것이 이미 이와 같았다. 여러 종형제들과 함께 배웠는데, 선철이 사람들을 가르쳤던 규범에 따라 몇 조항의 규약을 만들어서 인도하는 대로 따르도록 하였다.

인묘(仁廟 인조) 을축년(1625, 인조3) 조고 찬성 공이 시(詩)로 인한 옥안(獄案)으로 화(禍)를 당하였다.[5] 이에 공은 선고 집의 공을 따라

**5** 조고……당하였다 : 정유정(鄭有禎)의 조부인 정문부(鄭文孚)는 1624년(인조2)

진주(晉州)로 옮겨 우거하였는데, 겨우 약관의 나이에 벼슬에 나아갈 뜻을 버리고 문을 닫아건 채 묵묵히 수양하여 공거(公車 과거)의 학업을 영영 끊고 위기지학(爲己之學)[6]에 전심하였다. 《논어(論語)》의 '들어가서는 효도하고 나와서는 공손히 하며, 행실을 삼가고 말을 미덥게 하며, 널리 사람들을 사랑하되 인(仁)한 이를 가까이 해야 하니, 이를 행하고 여력이 있으면 글을 배워야 한다.〔入則孝 出則弟 謹而信 汎愛衆而親仁 行有餘力 則以學文〕'라는 23자를 취하여 자리의 오른쪽에 써서 걸어 두었다. 사서(四書)와 오경(五經)을 두루 읽어 익혔고 특히 낙민(洛閩)[7]의 여러 책들에 힘을 써서 명리(名理)를 연찬하고 몸과 마음에 체험하여 아침저녁으로 부지런히 노력하여 거의 침식(寢食)을 폐하였다. 자나 깨나 주자(周子 주돈이(周敦頤)), 정자(程子 정호(程顥)·정이(程頤)), 소자(邵子 소옹(邵雍))를 생각하여 때때로 꿈에서 뵙기도 하였으니, 이는 존모하는 정성이 쌓여 묵묵히 감통한 바가 있었기 때문에 그러한 것이었다.

어버이를 섬길 적에는 온화하게 뜻을 받들어서 조금도 거스름이 없

박내장(朴來章)의 역모 사건에 연좌되어 체포되었는데, 결백이 밝혀질 무렵에 창원부사(昌原府使)로 있을 때 지은 영사시(詠史詩) 가운데 초 회왕(楚懷王)의 일을 읊은 것이 문제되어 국문을 당하다가 장살(杖殺)되었다. 《農圃集 卷2 附錄 遺事》

**6** 위기지학(爲己之學) : 오직 자신의 덕성을 함양하기 위해 공부하는 것을 말하는 것으로, 남이 알아주기를 바라서 공부하는 '위인지학(爲人之學)'과 상대되는 말이다. 《논어(論語)》〈헌문(憲問)〉에 "옛날의 학자들은 자신을 위한 학문을 하였는데, 지금의 학자들은 남에게 보여 주기 위한 학문을 한다.〔古之學者爲己, 今之學者爲人.〕" 하였다.

**7** 낙민(洛閩) : 낙양(洛陽) 출신인 정호(程顥)·정이(程頤) 형제와 민(閩) 땅 출신인 주희(朱熹)를 가리키는 말로, 곧 정주학(程朱學)을 이른다.

었고 곁에서 모시면서 일찍이 노복에게 성을 내며 꾸짖은 적이 없었으며 병환이 있으면 반드시 손수 탕약을 달이고 옷과 띠를 벗지 않았다. 모부인이 일찍이 여러 손자들을 불러서 말하기를,

"너희가 부모를 섬기는 것이 너희 아비가 나를 섬기는 것과 같을 수 있겠느냐. 부모를 섬기기를 너희 아비와 같이 한다면 효자라고 이를 수 있을 것이다."

라고 하였다. 상(喪)을 치르고 제사를 받들 적에는 정(情)과 예(禮)를 둘 다 지극히 하였다.

세 아우와 우애가 돈독하여 이불을 같이 덮고 책상을 나란히 하며 화기(和氣)가 넘쳐흘렀다. 선고 집의 공이 별세하였을 적에 모두 노년의 나이였는데도 차마 분가하게 하지 못하여 수백여 명의 식구가 한집에 살며 같이 밥을 해먹었는데, 동서 사이가 화목하여 마찰하는 일이 없었고 자손들이 직무를 나누어 맡아 감히 사사로이 재물을 축적하지 않았다. 논밭과 집, 의복과 곡식에 관한 일을 한결같이 여러 아우들에게 맡겨서 그들에게 관리하도록 하고 자신은 관여하지 않았다. 때로 흉년을 만나서 숙수(菽水)[8]가 자주 떨어지더라도 능히 화락함을 보전하여 죽을 때까지 변하지 않았다.

집안을 다스림에는 윤상(倫常)을 바르게 하고 의리를 돈독히 하여 규도(規度)가 엄준하였다. 항상 말하기를,

**8** 숙수(菽水) : 콩죽과 물이라는 뜻으로, 가난하지만 어버이를 극진하게 봉양하는 효자의 음식을 비유할 때 쓰는 말이다. 공자(孔子)의 제자 자로(子路)가 집안이 가난해서 효도를 제대로 하지 못한다고 탄식을 하자, 공자가 "콩죽을 끓여 먹고 물을 마시더라도 기쁘게 해 드리는 일을 극진히 행한다면, 그것이 바로 효이다.〔啜菽飮水盡其歡, 斯之謂孝.〕"라고 위로했던 고사에서 나온 것이다. 《禮記 檀弓下》

"오직 예(禮)만이 몸과 마음을 검속할 수 있다. 예부터 집안과 나라를 다스리는 자가 대체로 이를 소홀히 하다가 점점 패망함이 이어지게 되었으니 경계하지 않을 수 있겠는가."

라고 하였다. 내외의 구별을 더욱 삼가서 자제들에게 권면하여 위문(闈門)의 옛 의리[9]를 지키도록 하여 비록 어린 나이라고 하더라도 남녀가 같은 자리에 앉지 못하도록 하였다. 별도로 육훈(六訓)을 지어서 아들자식들을 가르치고, 손수 《소학(小學)》을 써서 딸자식들을 가르쳤다. 이 덕분에 규문이 정숙하여 마치 조전(朝典)처럼 엄숙하였으니, 누대에 걸쳐 이를 계승하여 가법(家法)이 칭송받은 것은 공으로부터 시작된 것이다.

자신을 단속함에는 엄숙함과 공경함을 위주로 할 것을 힘썼다. 평상시 방안에 거처할 때에는 의관을 반드시 바르게 하였고 좌우에 도서들을 놓을 적에 위치를 반드시 반듯하게 하였다. 급박한 순간과 먹거나 휴식할 때에도 항상 두려워하고 조심하는 태도를 견지하였고 일상의 행동에서도 게으름을 피우지 않았다. 마음을 깨끗이 하고 곤궁함을 고수하여 외물에 의해 마음이 구속되지 않았고 집안사람들이 혹 재리(財利)에 대해 언급하면 반드시 꾸짖으며 말하기를,

"젊어서 욕심을 막지 못하면 혈기가 쇠한 후에 얻는 것을 탐함에 대한 경계[10]를 지킬 수 있겠는가."

**9** 위문(闈門)의 옛 의리 : '위문'은 남녀가 서로 문턱을 넘지 않고 문을 연 채로 대화하는 것으로, 남녀 간의 분별을 엄정히 함을 말한다. 춘추(春秋) 시대 노(魯)나라 공보문백(公父文伯)의 어머니는 계강자(季康子)의 종조숙모(從祖叔母)로, 계강자가 찾아가면 그녀는 문을 열고서 그와 얘기를 나누고 서로 문턱을 넘지 않았는데, 공자(孔子)가 이를 듣고 남녀를 구별하는 예(禮)라고 하였다. 《國語 魯語》《小學 稽考》

라고 하였다.

종일토록 이야기하는 것은 오직 고금 사람들의 행실과 치적에 관한 것이었고 절대로 쓸데없는 농담을 하지 않았다. 조정의 득실과 국정의 시비에 있어서는 괄낭(括囊)의 경계[11]를 더욱 삼갔으나, 이의(理義)에 관련된 부분은 일찍이 그냥 지나친 적이 없었다. 이 때문에 당론이 상충하게 되면 인척과 우생(友生)들은 혹 거기에 휩쓸리는 일이 많았으나, 공은 의연하게 흔들리지 않고서 오직 올바른 도리만을 추구하여 자손들로 하여금 추향할 바를 미혹하지 않도록 하였다.

타고난 성품이 강직하고 깨끗하여 악인을 보면 마치 자신을 더럽힐 것처럼 여겨 피하였고, 노복 중에 음탕하고 간사한 자가 있으면 배척하여 일을 맡기지 않았으며, 향인 중에 정직하지 못한 자에게는 말과 태도를 좋게 대하지 않았다. 그러나 사람들을 대할 적에는 너그러이 두루 사랑하여 피차의 구별을 두지 않았으니, 현인(賢人)과 우인(愚人)이 모두 그 진실한 마음에 감복하였다.

집에서 거할 적에는 포용하고 참는 것을 미덕으로 여겼다. 일찍이 말하기를,

**10** 얻는……경계 : 늙어서 혈기가 쇠한 후에는 얻는 것을 탐함을 경계하는 것으로, 《논어(論語)》 〈계씨(季氏)〉의 말을 가리킨 것으로, 여기에 이르기를, "군자에게 세 가지 경계함이 있으니, 젊을 때에는 혈기가 정해지지 않았으므로 경계함이 여색에 있고, 장성해서는 혈기가 한창 강하므로 경계함이 싸움에 있고, 늙어서는 혈기가 쇠하므로 경계함이 얻음을 탐하는 데에 있다.〔君子有三戒, 少之時, 血氣未定, 戒之在色; 及其壯也, 血氣方剛, 戒之在鬪; 及其老也, 血氣旣衰, 戒之在得.〕"라고 하였다.

**11** 괄낭(括囊)의 경계 : '괄낭'은 주머니를 끈으로 묶듯이 입을 닫고 말하지 않는다는 뜻으로, 《주역(周易)》 〈곤괘(坤卦) 육사(六四)〉에 "주머니를 끈으로 묶듯이 하면 허물도 없으며 칭찬도 없으리라.〔括囊, 无咎无譽.〕"라고 하였다.

"공자(孔子)께서 말씀하기를, '문밖을 나갔을 때에는 귀한 손님을 뵙듯이 하고 백성을 부릴 때에는 큰 제사를 받들 듯이 하며 자신이 하고 싶지 않은 것을 남에게 베풀지 말아야 한다.'[12]라고 하였다. 내가 비록 여기에 해당할 수는 없으나 원하는 바는 이 말씀에 종사하는 것이다. 그러므로 평생토록 복응하는 바가 '경(敬)'과 '서(恕)'[13] 두 글자에 있다."

라고 하였다.

갑인년(1674, 현종15) 8월 20일에 봉강정사(鳳岡精舍)에서 고종(考終)하니 향년이 64세였다. 임종할 적에 기식(氣息)은 이미 미약하였으나 정신은 더욱 맑았다. 자식들이 울면서 후사(後事 죽은 뒤의 일)에 관하여 묻자 공이 천천히 말하기를,

"나는 말할 만한 후사가 없다."

라고 하며 조금도 죽음을 슬퍼하는 뜻이 없었다. 주(州)의 서쪽 청암리(靑巖里) 전대산(電帶山)의 자좌(子坐)의 언덕에 장사하였으니, 선영을 따른 것이었다. 뒤에 손자 상열(相說)로 인해 추증 받는 전례를 입어 통정대부(通政大夫) 승정원좌승지 겸 경연참찬관에 추증되었다.

**12** 문밖을……한다 : 이 말은 《논어(論語)》 〈안연(顔淵)〉에 보이는 것으로, 공자(孔子)의 제자 중궁(仲弓)이 인(仁)에 대하여 묻자 공자가 이와 같이 답하였는데, 중궁이 말하기를, "제가 비록 불민하오나 청컨대 이 말씀에 종사하겠습니다.〔雍雖不敏, 請事斯語矣.〕"라고 하였다.

**13** 경(敬)과 서(恕) : 앞의 《논어(論語)》 〈안연(顔淵)〉의 구절에 대한 주희(朱熹)의 《집주(集註)》에 "경(敬)으로써 자기의 몸가짐을 닦고 서(恕)로써 남에게 미친다면 사의가 용납될 곳이 없어서 마음의 덕이 온전해질 것이다.〔敬以持己, 恕以及物, 則私意無所容而心德全矣.〕"라고 하였다.

배위 파평 윤씨(坡平尹氏)는 충의위(忠義衛) 응석(應錫)의 딸로, 규중의 법도가 정숙하였다. 출가할 적에 외숙 정동계(鄭桐溪 정온(鄭蘊)) 선생이 경계하여 말하기를,

"너희 시댁은 가법이 엄정하니 존장(尊章 시부모)을 잘 섬기고 지아비를 어기지 말거라."

라고 하였다. 이 때문에 공을 내조한 40여 년 동안에 정성을 다해 힘쓰고 태만히 하지 않아서 여사(女士)의 풍모가 있었다. 모년(某年) 모월(某月) 모일(某日)에 태어나고 모년 모월 모일에 졸하여 공의 묘 왼쪽에 부장(祔葬)하였다.

3남3녀를 생육하였는데, 아들 중에 장남은 증 대사헌 재(梓)이고, 그 아래는 무(楙), 진사 즙(楫)이다. 딸들은 각각 진사 권두양(權斗陽), 최창기(崔昌基), 권이종(權以鍾)에게 출가하였다. 손자 중에 상기(相夔), 상익(相益), 진사 수(壽) 동지중추부사 상열(相說)과 조성기(趙聖期), 유위신(柳渭新), 생원 하세응(河世應)의 처는 장남의 소생이고, 상원(相元), 상옥(相玉)은 이남(二男)의 소생이고, 상길(相吉), 상호(相虎), 생원 상후(相垕)는 삼남(三男)의 소생이다. 교형(敎亨), 효형(斅亨)은 사위 권두양의 소생이고, 사위 최창기는 자식이 없으며, 한징(漢徵), 낙징(洛徵)은 사위 권이종의 소생이다. 내외의 손자와 증손이 무려 수백 인이다.

아아, 어떤 사람의 집안에서의 행실을 볼 적에 반드시 효성과 우애를 먼저 보는데, 사람은 형제간에 있어서 도리를 다하지 못하는 점이 있는 것이 항상 근심거리가 된다. 그러므로 한(漢)나라 때의 설포(薛包)는 겨우 자신이 황폐한 것을 취하는 데에 그쳤고,[14] 당(唐)나라 때의 목융(繆彤)은 오히려 문을 닫고 스스로 종아리를 치는 데에 이르렀으니[15]

우애의 덕이 있는 것이 효성보다 훨씬 어렵다. 공은 능히 효성을 미루어 우애를 행하여 형제 네 사람이 한 집에서 화목하게 살아서 죽을 때까지 단란하게 지내며 끝내 이간하는 말이 없었다. 만약 학문에 근본을 두어서 참으로 알고 힘써 실천한 것이 아니라면 어찌 유독 천현(天顯)[16]의 미덕이 두터울 수 있었겠는가.

**14** 한(漢)나라……그쳤고 : 설포(薛包)는 동한(東漢) 여남(汝南) 사람으로, 자는 맹상(孟嘗)이다. 부모가 돌아가신 뒤에 아우의 아들들이 재산을 나누어 따로 살기를 요구하자 재산을 반씩 나누었는데, 노비에 있어서는 노쇠한 자를 이끌어오면서 말하기를 "나와 함께 일한 지가 오래되었으므로 너희들이 부릴 수 없을 것이다."라고 하였으며 밭과 집에 있어서는 황폐한 것을 취하면서 말하기를, "내가 젊었을 적에 다스리던 것이므로 내 마음에 사랑하는 바이다."라고 하였으며, 그릇과 물건에 있어서는 썩고 부서진 것들을 취하면서 말하기를 "내가 평소 쓰고 먹던 것이므로 몸과 입에 편안한 바이다."라고 하였으며, 아우의 아들들이 자주 재산을 파산하자, 그때마다 다시 구제하여 주었다. 《資治通鑑 卷50 漢紀 孝安皇帝中》《小學 善行》

**15** 당(唐)나라……이르렀으니 : 목융(繆肜)은 후한(後漢) 시대의 사람인바, 원문에 '唐之繆肜'이라고 한 것은 잘못으로 보인다. 자는 예공(豫公)이며, 여남(汝南) 소릉(召陵) 사람이다. 어려서 아버지를 여의어, 형제 네 명이 재산과 가업을 함께하였는데, 각각 아내를 맞이함에 이르러서는 여러 아내들이 마침내 재산을 나누어 따로 살기를 요구하였으며 또 자주 다투는 말이 있었다. 목융은 깊이 분노와 한탄을 품고서 문을 닫고 스스로 종아리를 치며 "목융아! 네가 몸을 닦고 행실을 삼가 성인의 법을 배움은 장차 풍속을 정돈하려 함인데, 어찌하여 그 집안을 바로잡지 못하느냐."라고 하였다. 아우 및 여러 아내들은 이 말을 듣고 모두 머리를 조아려 사죄하고, 마침내 고쳐서 돈독하고 화목한 행실을 하였다. 《後漢書 卷111 獨行列傳 繆肜》《小學 善行》

**16** 천현(天顯) : 형제 사이의 우애를 뜻하는 말이다. 《서경(書經)》 〈강고(康誥)〉에, 무왕(武王)이 동생 강숙(康叔)에게 "아우가 하늘의 드러난 이치를 생각하지 않아 그 형에게 공손하게 대하지 않으면, 형 역시 부모가 자식을 기른 애달픈 마음 생각하지 않아 아우에게 몹시 우애하지 않을 것이다.〔于弟弗念天顯, 乃弗克恭厥兄, 兄亦不念鞠子哀, 大不友于弟.〕"라고 한 데에서 나온 말이다.

우재(尤齋 송시열(宋時烈)) 선생이 이를 듣고 매우 칭찬하여 말하기를,

"이는 옛사람도 어려워했던 바인데 지금 마침내 처음 보게 되었으니 매우 가상히 여길 만하다."

라고 하였다. 이공 여우(李公如愚)는 공의 풍조(風操)를 몹시 사모하여 천리 길을 마다하지 않고 찾아온 것이 여러 번이었다. 당세의 명현들이 칭송한 것이 이와 같았으니, 이는 공의 실제의 덕이 이룬 바이다.

현묘(顯廟 현종) 을사년(1665, 현종6)에 조정에서 조고 찬성 공의 북관(北關)에서의 공적을 기려서 관작을 추증하고 사당에 제향하고는 또 녹용(錄用)하라는 하교를 내렸다. 외재(畏齋) 이 문충공(李文忠公 이단하(李端夏))과 노봉(老峯) 민 문충공(閔文忠公 민정중(閔鼎重))이 공이 찬성 공의 총사(冢嗣)가 됨을 알고 천거할 뜻이 있어서 여러 차례 만나보기를 요청하고 또 편지를 먼저 보내었다. 그러나 공은 끝내 한 번도 나아가지 않고 편지를 보내어 대신 사례해서 벼슬에 나가기 어려운 뜻을 말하였다. 이는 공의 변하지 않는 확고한 지조이다.

과축(薖軸)[17]을 길이 맹세하여, 학문이 쌓이고 행실이 닦여졌으나 남이 알아주기를 바라지 않을 뿐 아니라 오직 남이 알게 될까 염려하였으니, 일찍이 〈무명공전(無名公傳)〉을 지어서 자신의 뜻을 부쳤다. 을축년(1625, 인조3)의 변고에는 집안이 당한 화(禍)가 매우 혹독하였고 병자년(1636)의 난리에는 나라가 당한 치욕이 씻기가 어려웠으며

**17** 과축(薖軸) : 《시경(詩經)》 〈위풍(衛風) 고반(考槃)〉의 "은거하는 집을 산굽이에 지었으니, 석인의 마음이 넉넉하도다.〔考槃在阿, 碩人之薖.〕"의 '과(薖)'와 "은거하는 집을 높고 평평한 곳에 지었으니, 석인이 한가로이 머물고 있도다.〔考槃在陸, 碩人之軸.〕"의 '축(軸)'을 합칭한 말로, 산림에 은둔하며 한가로이 지내는 것을 뜻한다.

군탄(涒灘)의 해에 이르러서는 천하의 일이 차마 말할 수 없는 점이 있게 되었으니[18] 이것이 공이 몸을 감추고 은둔하며 수양한 본의일 것이다. 공이 은둔하였을 적에 산림에서 유유자적하면서 때로 시를 읊조리며 마음을 달랬으나 이를 남에게 보여준 적이 없었다. 뒤에 이것들 중 흩어지고 조각난 것들을 수습하여 엮어서 집안에 보관하였다.

아아, 공은 유서 있는 집안의 시례(詩禮)의 가르침[19]을 받들어 일찍부터 충효(忠孝)의 대절(大節)을 품었으니, 만약 나가서 세상에 쓰였다면 시행하고 주의(注擬)한 것이 틀림없이 볼만한 점이 있었을 것이다. 그러나 자정(自靖)[20]하여 나가지 않고서 암혈(巖穴)에서 자취를

**18** 군탄(涒灘)의……되었으니 : '군탄'은 고갑자(古甲子)의 하나로, 십이지(十二支) 중 신(申)에 해당한다. 여기서 말한 '군탄의 해'는 갑신년(1644, 인조22)으로, 이해에 이자성(李自成)이 북경을 쳐들어와 명(明)나라 의종(毅宗)이 만세산(萬歲山)에서 목숨을 끊고 명(明)나라가 멸망하게 되었다.

**19** 시례(詩禮)의 가르침 : 집안에서 전수하는 가르침을 이른다. 진항(陳亢)이 공자(孔子)의 아들 백어(伯魚)에게 아버지로부터 특별한 가르침을 들은 것이 있는지 물었는데 백어가 "특별한 것은 없고 홀로 서 계실 때에 종종걸음으로 뜰을 지나자 시(詩)를 배웠느냐고 물으시기에 배우지 못했다고 대답했더니 시를 배우지 않으면 말을 할 수가 없다고 하셔서 물러 나와 시를 배웠고, 다른 날 또 혼자 서 계실 때에 종종걸음으로 뜰을 지나자 예(禮)를 배웠느냐고 물으시기에 배우지 못했다고 했더니 예를 배우지 않으면 설 수가 없다고 하셔서 물러 나와 예를 배웠다."라고 대답한 데에서 나온 말이다. 《論語 季氏》

**20** 자정(自靖) : 은(殷)나라 태사(太師)인 기자(箕子)가 주왕(紂王)의 서형(庶兄)인 미자(微子)에게 "스스로 의리에 편안하여 사람마다 스스로 선왕(先王)에게 뜻을 바칠 것이니, 나는 떠나가 은둔함을 돌아보지 않겠다.〔自靖, 人自獻于先王, 我不顧行遯.〕"라고 한 데서 온 말로, 본래는 스스로 의리에 맞게 처신하여 그 처지를 편안하게 여긴다는 뜻인데, 후세에는 은둔하여 지조를 지킴을 가리키는 말로 많이 사용하였다. 《書經 微子》

감추어 종신토록 곤궁하여도 후회하지 않았으니 더욱 슬피 여길 만하다. 그러나 가슴 속에 자득한 것이 이미 두텁게 쌓인 이상 밖으로 드러난 것이 오래될수록 응당 더욱 환하게 드러날 것이니, 공과 같은 자가 어찌 끝내 민멸되고 말겠는가.

공의 후손 봉원(鳳元)이 나에게 행장을 지어줄 것을 부탁해왔다. 나는 일찍부터 공의 풍절(風節)을 들어왔기에 감히 노쇠하고 병들었다고 하여 사양하지 못하고 이상과 같이 기술하여 영세토록 고증할 수 있는 자료로 갖추어두는 바이다.

## 해운정 홍공 행장 기유년(1849, 헌종15)
海雲亭洪公行狀 己酉

해운정은 삼척부(三陟府)의 남쪽에 위치하여 산해의 승경 전체를 독점하는 곳으로, 홍씨(洪氏) 십여 대(代)가 거처하던 곳인데, 정자도 본래 일컬어질 만하지만 또한 사람 덕분에 유명해진 것이다. 정자의 주인은 휘가 계하(啓夏)이고 자가 사옥(士沃)이니, 남양(南陽) 사람이다. 비조(鼻祖)는 휘가 은열(殷悅)이다. 판도 판서(版圖判書) 휘 사례(思禮)에 이르러 고려 말기에 진주군(眞珠郡)에 유배되었다가 그대로 이곳에 거주하게 되었으니, 공에게 12대조가 된다. 휘 순해(淳海), 휘 경업(景業), 휘 상연(尙淵), 휘 중렴(重濂)이 바로 공의 고조, 증조, 조고, 선고이다. 선비(先妣) 강릉 김씨(江陵金氏)는 통덕랑(通德郎) 시돈(始敦)의 딸로, 명릉(明陵 숙종) 갑오년(1714, 숙종40) 9월 1일에 공을 낳았다.

공은 태어나면서부터 지성(至性)이 있어서 장난치고 놀 적에도 어버이의 가르침을 어기지 않았고 행동거지가 마치 성인처럼 의젓하였으니 보는 자들이 모두 기특하게 여겼다. 어머니의 병이 위독하자 장차 손가락을 베어 피를 받아 올리려고 하였으나 조고가 이를 알아채어 결행하지 못하였다. 장례를 치르고 이어서 여묘하다가 조고의 상(喪)을 당하였는데, '아버지가 거상(居喪) 중이면 자식이 밖에 거주해서는 안 된다'고 하여 일찍 집에 돌아가 어버이를 섬겨 한결같이 《소학(小學)》의 가르침을 따랐다. 아버지의 상(喪)을 당하여서는 여묘하며 죽을 먹기를 3년 동안 하였고 아침저녁으로 사당을 배알하기를 생을 마칠 때까지

하였으며 면례(緬禮 이장)를 행할 때에도 3개월 동안 여묘하였다.

조비(祖妣)와 계비(繼妣)를 섬길 적에도 효를 다하였다. 조비의 병이 위독하여 더 이상 시행할 의술이 없게 되자 공이 부르짖으며 밤에 기도를 드리다가 기절하여 들어왔는데 문밖에 소리가 나서 보니 호랑이였다. 호랑이가 머리를 숙이고 다리를 떨며 마치 기쁜 소식을 전하는 것 같더니 조비의 병이 갑자기 나았다. 이에 사람들이 효성에 감동한 소치라고 하였다.

아우 익하(益夏)가 두창(痘瘡)을 앓아 거의 죽을 뻔하였는데 공이 부둥켜안고 기도드리기를 해가 지나도록 게을리 하지 않으니 아우가 이 덕분에 살아났다. 그 후에 아우가 분가할 것을 청하자 공이 탄식하며 말하기를,

"나는 목융(繆肜)[21]과 같은 덕이 없으니 어찌 네가 분가하여 사는 것을 말릴 수 있겠느냐. 풍속을 따르는 것은 옛사람도 피하지 못했던 바이다."

라고 하였다. 그러나 집을 나란히 하여 한 이불을 덮고 자서 같은 집에 사는 것과 다름이 없이 하였다. 아우와 아우의 부인이 모두 역병으로 죽었는데 공이 몸소 그 빈소를 지키고 혹시라도 나가서 피하지 않았다. 고아가 된 조카들을 마치 자기 자식처럼 길렀으며 집을 철거하고 기물을 보관하였다가 조카들이 장성하기를 기다려서 집을 짓고 거주하게 하기를 마치 아우에게 처음 했던 것과 같이 하였다. 또 가르치기를 자기의 자식보다 먼저 하였으니 재주가 뛰어났기 때문이었다. 두 누이

**21** 목융(繆肜) : 후한(後漢) 때의 여남(汝南) 소릉(召陵) 사람으로, 자는 예공(豫公)이다. 자세한 내용은 351쪽 주15 참조.

의 상(喪)을 치를 적에는 모두 공의 집안의 재물을 사용하여 그 남편들의 집안에서 힘을 들이지 않게 하였다. 족인(族人)이 멀리 유배되었는데 돈으로 속죄되는 데에 해당하였으나 가난하여 돈을 마련하지 못하자, 공이 밭을 팔아서 그에게 속전을 내어주니 온 고을 사람들이 그 인(仁)함을 칭송하였다.

집이 예전에는 풍족하였는데 선(善)을 행하느라 가난해졌다. 그러나 끝내 스스로 후회하지 않고 자주 끼니를 거르더라도 편안하게 여겼다. 흉년에 고을 수령이 공이 어짊에도 장차 굶어죽게 된 것을 안타까워하여 쌀로 후하게 주휼해주었는데 매번 며칠의 식량만 남겨놓고 모두 고을의 이웃에게 나누어주었다. 한번은 며칠 동안 굶주리던 터에 먼 곳에서 손님이 찾아왔는데 대접할 것이 없음을 사죄하자 손님이 전대에 있던 쌀 몇 되를 꺼내어 함께 먹기를 청하였다. 그러자 공이 웃으며 말하기를,

"집의 식구들이 며칠 동안 먹지 못하였는데 그대와 나만 배부르게 먹을 수 있겠습니까."

라고 하였다. 그러자 손님이 또한 웃으며 말하기를,

"제가 한번 그대를 시험해본 것입니다."

라고 하고는 전대의 쌀을 다 털어서 주었다. 이에 공이 모두 멀건 죽을 쑤도록 명하여 다함께 아침저녁으로 먹고 이웃에게까지 인정을 베풀면서도 손님에게는 또한 특별히 대접하지 않았으니 개결(介潔)하면서도 융통성이 있는 것이 이와 같았다.

노년에 홀아비가 되어 첩을 얻었는데 오랜 뒤에야 그 전남편 또한 성이 홍씨였음을 알고는 즉시 내보냈다. 이웃 친족 중에 공을 불측하게 무함하는 자가 있었는데 온 마을 사람들이 공정한 마음으로 분노하기

를 자기의 원수보다 심하게 하여 그 집을 부수고 쫓아내니 공이 힘써 말렸으나 소용없었다. 그 사람이 찾아와 인사를 올리자 그를 평소처럼 대우하고 말하기를,

"그는 그저 잘못을 했을 뿐이니 은혜를 끊을 수 있겠는가."

라고 하였다.

정종(正宗 정조) 갑진년(1784, 정조8) 11월 2일에 졸하였으니, 향년이 71세였다. 굴산(屈山)의 신좌(辛坐)에 장례하였다. 배위는 두 분인데, 강릉 최씨(江陵崔氏)는 찬규(燦奎)의 딸로 궁방(宮房) 농갈리(農葛里) 유좌(酉坐)에 장례하였고, 강릉 김씨(江陵金氏)는 동지중추부사 성중(聲重)의 딸로 맹방(孟坊) 임좌(壬坐)에 장례하였으니, 공의 묘와 모두 같은 군(郡)에 있다.

2남을 두었는데, 인박(仁博)은 원배(元配)의 소생이고 인협(仁協)은 계배(繼配)의 소생이다. 인흡(仁洽), 인오(仁悟), 최계목(崔啓穆)의 처는 측실의 소생이다. 구목(九睦), 원목(元睦)은 인박의 2남이다.

공은 타고난 자품이 도(道)에 가까워 돈독한 행실과 순후한 덕이 옛사람과 은연중에 들어맞았다. 피눈물을 흘리며 상(喪)을 마친 것은 고시(高柴)[22]와 유사하고, 하늘에 기도하여 감응을 받은 것은 허자(許孜)[23]와 유사하고, 두려워하지 않고 아우를 구한 것은 유곤(庾袞)[24]과

**22** 고시(高柴) : 공자(孔子)의 제자로, 자(字)가 자고(子羔)인데, 《예기(禮記)》〈단궁 상(檀弓上)〉에 "고자고가 어버이의 상(喪)을 치를 적에 삼 년 동안 피눈물을 흘렸고 일찍이 치아를 드러낸 적이 없었다.〔高子皐之執親之喪也, 泣血三年, 未嘗見齒.〕"라고 보인다.

**23** 허자(許孜) : 진(晉)나라 사람으로, 양친의 묘소 주위에 심어 놓은 소나무 묘목을 사슴이 치받아 망쳐 놓은 것을 보고서 "사슴이 어찌 유독 내 마음을 몰라주는가.〔鹿獨不

유사하다. 문을 닫고 자책하며 분가하는 아우에게 재산을 후하게 나눠 준 것은 목융(繆肜)[25]과 유사하고, 아우의 자식을 가르치고 길러 목숨이 끊어지지 않게 한 것은 등유(鄧攸)[26]와 유사하고, 자신의 재물을 덜어 종족과 교유하는 사람을 구휼한 것은 후화음(侯華陰)[27]과 유사하고, 남의 장단(長短)과 득실(得失)을 말하지 않게 하고 잘못이 있으면 책망하고 고치지 않으면 회초리를 친 것은 육자미(陸子美)[28]와 유사하

念我乎]"라고 탄식하였는데, 그 다음날에 보니 맹수에게 죽은 사슴의 시체가 그 자리에 놓여 있었다는 고사가 전한다.《晉書 卷88 孝友傳 許孜》

**24** 유곤(庾衮) : 진(晉)나라 언릉(鄢陵) 사람이다. 진 무제(晉武帝) 때 큰 전염병이 유행하여 유곤의 두 형이 죽었는데, 이어서 또 다른 형이 목숨이 위태롭게 되자 유곤의 부모와 다른 형제들은 전염될 것을 염려하여 모두 밖에 나가서 생활하였다. 그러나 유곤은 부모의 만류에도 불구하고 홀로 남아서 병든 형을 간호하였는데, 전염병이 수그러든 뒤에 집안사람들이 돌아와서 보니, 유곤의 형은 병이 다 나았고 유곤 역시 전염되지 않고 건강하였다.《晉書 卷88 庾衮列傳》

**25** 목융(繆肜) : 351쪽 주15 참조.

**26** 등유(鄧攸) : 진(晉)나라 때 사람으로, 영가(永嘉) 말년에 석륵(石勒)의 난을 피해 도망가다가 도적을 만나 소와 말을 빼앗기고 그의 아들과 죽은 동생의 아들을 등에 업고 걸어서 도망하였으나 두 아이를 모두 안전하게 지킬 수 없다고 판단되자, 죽은 동생의 후사(後嗣)를 끊을 수 없다고 여겨 마침내 자신의 자식을 버리고 떠났는데, 끝내 그에게 후사가 없었다.《晉書 卷90 鄧攸列傳》

**27** 후화음(侯華陰) : 송(宋)나라 때 사람 후가(侯可)로, 자는 무가(無可)이며, 화음(華陰) 사람이다. 친한 벗인 신안(申顔)이 자식이 없이 죽어서 장례를 치르지 못하자 후가가 간신히 온갖 방법을 동원하여 옷을 팔아 묏자리를 잡아서 장사지내 주었으며, 벗 곽행(郭行)이 찾아와, 자신의 부친이 병들었는데 집을 팔아도 의원이 요구하는 비용을 마련할 수 없다고 하자 후가가 수중의 돈을 다 털어서 그에게 준 일이 있다.《山堂肆考 卷105 爲友救藥》

**28** 육자미(陸子美) : 송(宋)나라 때의 학자 육구소(陸九韶)로, 자는 자미이다. 일찍이 훈계하는 말로 운어(韻語)를 지어서, 새벽에 일어나면 여러 자제를 이끌고 선조의

고, 집에 거할 때의 질박한 행실은 만석군(萬石君) 석분(石奮)[29]과 유사하고, 아끼는 마음을 포기하고 첩을 내보낸 것은 이충(李充)[30]과 유사하다. 공의 한 몸에 여러 현인들의 행실이 모인 것이 이와 같았다. 이 때문에 영남(嶺南)은 추로(鄒魯)[31]의 고을로 불리는데도 모두 스스로 홍공(洪公)에는 미치지 못한다고 여겨서 혹은 관동부자(關東夫子)

사당을 배알한 뒤에 북을 울리며 그 운어를 외우게 하고 나란히 서서 듣도록 하였다. 또 자제들이 잘못을 하면 모두 모이게 해서 책망하여 훈계하고 잘못을 고치지 않으면 회초리를 쳤으며 그래도 끝내 고치지 않아서 도저히 용납할 수 없으면 관부(官府)에 말하여 먼 곳으로 추방하게 하였다. 《宋史 卷434 儒林列傳 陸九韶》

**29** 만석군(萬石君) 석분(石奮) : 한 경제(漢景帝) 때의 사람으로, 자신과 네 아들 석건(石建)·석갑(石甲)·석을(石乙)·석경(石慶)이 받는 녹이 각각 2천 석이어서 모두 합하면 1만 석이 되었으므로 만석군이라 불렸다. 《사기(史記)》 권103 〈만석군열전(萬石君列傳)〉에 "만석군의 집안은 효순(孝順)하고 공근(恭謹)한 것으로 군국에 알려져서 제(齊)·노(魯)의 유자들도 질박한 행실에 있어서는 모두 스스로 미칠 수 없다고 여겼다.〔萬石君家以孝謹聞乎郡國, 雖齊、魯諸儒, 質行皆自以爲不及也.〕"라는 말이 보인다.

**30** 이충(李充) : 후한(後漢) 때의 사람으로, 자는 대손(大遜)이며, 진류(陳留) 사람이다. 집이 가난하여 형제 6인이 함께 밥을 먹고 옷 한 벌을 돌려 입었는데, 그의 아내가 그에게 슬며시 형제들과 분가하여 살 것을 제안하자 거짓으로 이에 응하여, 우선 향리의 사람들을 모이게 하여 내외가 함께 이 일에 관해 논의하자고 하였다. 그의 아내가 이 말을 따라 사람들을 모이게 하여 술상을 대접하였는데 그가 사람들 앞에서 무릎을 꿇고 자신의 어머니에게 말하기를, "이 부인이 형편없어서 저와 어머니·형제들 사이를 이간하였으니 그 죄가 마땅히 쫓아내야 합니다."라고 하고는 아내를 꾸짖고 문밖으로 쫓아내었다. 이에 그의 아내가 눈물을 머금고 떠났으며 자리에 있던 사람들은 놀라고 숙연해져서 마침내 자리를 떠났다. 《後漢書 卷111 獨行列傳 李充》

**31** 추로(鄒魯) : 유학(儒學)이나 문교(文敎)가 홍성한 곳을 뜻하는 말로, 맹자(孟子)가 추(鄒)나라에서 태어나고 공자(孔子)가 노(魯)나라에서 태어난 데에서 유래하였다.

로 추중하기도 하고 혹은 향음례(鄕飮禮)와 향사례(鄕射禮)의 빈(賓)으로 초청하기도 하였다. 공과 같은 이는 효성과 우애의 덕이 모두 온전한 군자가 되기에 손색이 없다.

공이 별세한 지 이미 오래되었으나 고을의 인사(人士)로부터 부엌의 여종, 김매는 농부, 전야의 노인, 나무하는 사내에 이르기까지 모두 공의 훌륭함을 칭송하지 않는 이가 없다. 처음에 사림이 공의 실제 행실을 들어 조정에 아뢰었는데 정묘(正廟 정조) 을사년(1785, 정조9)에 이르러 정려(旌閭)해서 '효자지문(孝子之門)'이라고 하고 또 모현사(慕賢祠)에 제향하였다.

나는 공의 종인(宗人)으로서 평소에 공의 행실에 탄복하였는데 태어남이 늦어 공의 덕행을 직접 보지 못한 것이 늘 한스러웠다. 공의 후손 지섭(志燮)이 나에게 공의 행장을 지어줄 것을 부탁한 지가 이미 여러 해가 되었는데 노쇠하고 병들어 죽음을 앞둔 터라 붓을 들지 못하였다. 그러자 또 종제(從弟) 찬섭(贊燮)을 보내어 거듭 간청하여 마지않으니, 바람 앞의 등불 같은 목숨에 죽음이 갑자기 닥쳐와 끝내 지극한 뜻을 저버리게 될까 이내 염려되었다. 이에 마침내 병을 무릅쓰고 이상과 같이 기술하여 영세토록 고증할 수 있는 자료로 갖추어두는 바이다.

## 삼희재 유공 행장 경술년(1850, 철종1)
三希齋柳公行狀 庚戌

공은 휘가 관(輨)이고 자가 중운(仲運)이다. 유씨(柳氏)는 세계(世系)가 문화(文化)에서 나왔으니, 고려 대승(大丞) 휘 차달(車達)이 비조(鼻祖)가 된다. 이로부터 대대로 명성과 덕행을 드러내어 우리나라의 명문가가 되었다. 본조에 들어와 참판 휘 사원(思瑗)이 선무공신(宣武功臣)에 책훈되어 문흥군(文興君)에 봉해졌다. 이분의 손자 휘 인배(仁培)는 시직(侍直)에 제수되었으나 출사하지 않았으니, 이분이 공의 6대조이다. 증조 휘 천석(天錫)은 진사이고, 조고 휘 태상(泰相)은 통덕랑(通德郞)이다. 선고 휘 덕유(德由)는 현감이니, 수원 김씨(水原金氏) 흥조(興祚)의 딸을 아내로 맞이하여 영종(英宗 영조) 정축년(1757, 영조34) 12월 25일에 서울의 집에서 공을 낳았다. 공은 아름다운 자질을 타고나서 눈빛이 사람을 쏘는 듯하였고 귀가 얼굴보다 하얬으니, 사람들이 모두 범상치 않게 여겼다.

4세에 나아가 배우기 시작하였는데 선고 현감 공이 무릎을 꿇고 앉도록 가르치니, 공이 평생토록 다리를 뻗고 앉지 않았다. 6세에 현감 공의 정읍(井邑) 임소에 따라갔는데 나가서 광대놀이를 보고는 말하기를,

"이는 사람이 볼만한 것이 아니다."

라고 하고는 이후로 다시는 예에 맞지 않는 모습은 보지 않았다. 조금 성장한 뒤에 《상서(尙書 서경)》를 읽다가 '기삼백(朞三百)'의 주(註)[32]에 이르렀는데 깊이 생각하고 묵묵히 추론하며 자고 먹는 것을 잊은

지 이틀 만에 그 수를 모두 깨우쳤다. 평소에 가난하여 자주 끼니를 걸렀는데 글방에서 학업을 익혀 집에서 5리나 떨어진 곳을 매일 배고픔을 참아가며 왕복하다가 한 달여 간 눈이 안 보이고 귀가 안 들리며 코피가 흐르는 데에까지 이르렀다. 그러나 양친이 이를 알지 못하게 하였다. 18세에 아버지의 상(喪)을 당하였는데 정리(情理)와 예문(禮文)을 모두 지극히 하였다.

건릉(健陵 정조) 계묘년(1783, 정조7)에 사마시에 합격하여 태학에 출입하였다. 공은 지기(志氣)가 강직하여, 권세를 잡은 자와는 가까운 사이라고 하더라도 만나보지 않았고 악인과는 오랜 교분이 있더라도 반드시 절교하였다. 이 때문에 시론(時論)과 어긋나서 수차례 과거에 응시하였으나 급제하지 못하였다. 정묘(正廟 정조)가 공의 글재주를 아껴서 매번 응제(應製)에 입대할 때마다 집안사람처럼 대우하여 낮에는 음식을 내려주고 아침저녁으로 밥을 내려주었다. 기미년(1799) 12월에 또 반제(泮製)에서 뽑혔는데 특별히 동정귤(洞庭橘)과 약어(藥魚)를 하사하며 말씀하기를,

"그대의 노모에게 가져다 드려라."

라고 하였다. 또 이어서 하교하기를,

32 기삼백(朞三百)의 주(註) : 《서경집전(書經集傳)》 〈우서(虞書) 요전(堯典)〉에, "제요(帝堯)가 말씀하였다. '아, 너희 희씨(羲氏)와 화씨(和氏)야. 기(朞)는 삼백육십육 일이니, 윤달을 사용하여야 사시를 정하여 해를 이루어서 진실로 백관을 잘 다스려 모든 공적이 다 넓혀질 수 있을 것이다.'〔帝曰: 咨汝羲暨和, 朞, 三百有六旬有六日, 以閏月, 定四時成歲, 允釐百工, 庶績咸熙.〕"라고 한 부분의 주(註)를 이른다. 이 주(註)에서는 해와 달의 운행과 달의 대소(大小)와 윤달에 대하여 자세히 해설하고 있는데, 난해하기로 유명하다.

"그대는 장차 대과에 급제할 것이다."

라고 하였다. 경신년(1800)에 성상이 승하하니 공은 벼슬에 나아갈 뜻을 단념하였으며, 전조(銓曹)에서 재차 재랑(齋郎)에 의망하였으나 낙점 받지 못하였다.

계해년(1803, 순조3)에 모부인(母夫人)의 병이 위독하였는데 공이 손가락을 베어 피를 받아 올려서 하루의 수명이나마 연장하게 하였고, 상(喪)을 당하여서는 몸을 훼상하여 거의 생명을 잃을 뻔하였다. 이도중(李度中)이 율곡(栗谷) 선생을 '이자(李子)'로 칭하자는 논의를 제창하였는데[33] 노주(老洲) 오 문원공(吳文元公 오희상(吳熙常))이 고치지 말고 예전 그대로 둘 것을 주장하면서, 편지를 왕복하는 중에 이윤(尼尹) 부자(父子)[34]의 일을 언급하게 되었다. 해서(海西)의 유생들이 성균관

**33** 이도중(李度中)이……제창하였는데 : 이이(李珥)의 《율곡전서(栗谷全書)》는 처음에 도암(陶菴) 이재(李縡)에 의하여 간행되었는데, 활자로 간행되었던 것을 뒤에 이재의 손자 이채(李采)가 주관하여 해주(海州)에서 다시 목판으로 간행하게 되었다. 이때 이도중이란 자가 《송자대전(宋子大全)》의 전례에 따라 책의 이름을 '이자전서(李子全書)'으로 고칠 것을 주장하므로 이채가 오희상(吳熙常) 등의 제유들에게 편지를 보내어 이에 대해 자문한 일이 있다. 《老洲集 卷27 附錄 年譜》

**34** 이윤(尼尹) 부자(父子) : 윤선거(尹宣擧, 1610~1669)·윤증(尹拯, 1629~1714) 부자를 이른다. '이윤'은 이들이 거주하던 충청도의 노성(魯城)에 이구산(尼丘山)이 있어 노성을 이산이라고도 부르기 때문에 이렇게 칭한 것인데, 주로 아들인 윤증을 일컫는다. 윤증은 본래 송시열(宋時烈)의 고제(高弟)로, 송시열에게 부친 윤선거의 묘갈명(墓碣銘)을 지어줄 것을 부탁하였는데, 송시열이 박세채(朴世采)가 지은 행장(行狀)을 그대로 인용하고 야유하는 뜻을 내비치자 이에 불만을 품고 스승 송시열과의 관계를 끊게 되었다. 이러한 문제로 반목하게 되어 송시열과 오랫동안 다투고 논쟁을 벌였는바, 송시열은 회덕(懷德)에 살았으므로, 이 사건을 '회니(懷尼)의 시비(是非)'라고 부르게 되었다. 이후로 서인(西人)은 송시열을 주축으로 한 노론(老論)과 윤증을

과 사학(四學)에 통문을 보내면서 양윤(兩尹 윤선거·윤증)은 높여서 선정(先正)이라고 칭하고 문원공 등의 여러 공은 몹시 힘써 공격하여 벌을 시행해야 한다는 논의를 꺼내기까지 하였고 이를 따르지 않는 자에게는 진왕(秦王)이 위(魏)를 위협했던 계략[35]을 썼다. 공이 당시에 성균관에 있으면서 이를 배격하는 말을 제창하여 말하기를,

"윤휴(尹鑴)를 두둔한 윤선거(尹宣擧)와 스승을 배신한 윤증(尹拯)을 선정이라고 일컬으며 유현(儒賢)을 비난하고 배척한 자에게는 벌을 시행할 만하다."

라고 하고 한 쪽의 재유(齋儒)들에게 두루 벌을 시행하니, 사론(士論)이 이를 통쾌하게 여겼다.

기사년(1809, 순조9)에 운평(雲坪) 송공(宋公)[36]이 유일(遺逸)에서

주축으로 한 소론(少論)으로 분열되었다.

**35** 진왕(秦王)이……계략 : 전국(戰國) 시대 진 소왕(秦昭王)이 조(趙)나라를 정벌하려고 할 적에 위(魏)나라 왕이 조(趙)나라를 구원하려고 하자 위(魏)나라에 사신을 보내어 "내가 조(趙)나라를 공격하여 조만간 함락시킬 것이니, 제후 가운데 감히 구원하는 자가 있으면 내가 조(趙)나라를 공격한 뒤에 반드시 군대를 이동하여 먼저 공격하겠다."라고 하며 구원하지 못하도록 위협한 일이 있다. 《資治通鑑 卷5 周紀》

**36** 운평(雲坪) 송공(宋公) : 송능상(宋能相, 1710~1758)으로, 자는 사능(士能)·사홍(士弘)·사룡(士龍), 호는 운평·동해자(東海子), 본관은 은진(恩津)이며, 우암(尤菴) 송시열(宋時烈)의 증손이고 남당(南塘) 한원진(韓元震)에게 수학하였다. 송인명(宋寅明)의 추천으로 벼슬을 시작하여 사헌부 장령·집의, 시강원 서연관, 장악원 정 등이 되었다. 1809년(순조9)에 사학(四學) 유생 윤우대(尹遇大) 등이 상소하여, 송능상의 문집인 《운평집(雲坪集)》에 주자(朱子)와 선정(先正)인 김장생(金長生)을 무시하고 비난한 내용이 많다는 이유로 유일(遺逸)에서 삭제하고 문집(文集)의 각판(刻板)은 파기할 것을 청하였는데, 순조가 그대로 따라주었다. 그 뒤 1844년(헌종10)에 좌의정 권돈인(權敦仁)의 주청으로 다시 신설되었다. 《純祖實錄 9年 3月 27日·29日》

삭제되었을 적에 재유들이 명고(鳴鼓)[37]하려고 하였다. 공은 말하기를,

"불가하다. 이분은 우암(尤菴 송시열(宋時烈)) 선생의 후손이다. 우옹(尤翁)의 신령이 성무(聖廡 문묘)에서 제향을 받는데 그 후손을 훌륭한 선조의 앞에서 공격하는 것은 마음에 편안하지 못한 바가 있다."

라고 하고는 마침내 참여하지 않았다.

경오년(1810)에 영백(嶺伯 경상 감사) 윤광안(尹光顔)과 영양 현감(英陽縣監) 조석륜(曺錫倫)이 주자(朱子)의 사당을 훼철하고 우옹의 영정을 찢으니 공이 재유들과 권당하였다. 그러자 성상이 본도(本道)에 명하여 실상을 조사하게 하고 유생들을 타일러 들어오도록 하였다. 이에 공은 불가하다고 하며 말하기를,

"선비가 평소에 군부(君父)에게 신뢰를 얻지 못하여 조사를 행하라는 명이 있기까지 하였고 또 사계(査啓)가 봉입되기 전에는 많은 선비들이 감처(勘處)를 기다리는 중이니 어찌 들어갈 수 있겠는가."

라고 말하고는 다시 소회를 아뢰었다. 성상이 말씀하기를,

"조사를 행하는 것은 본래 조정의 사체인데 이 때문에 권당하고 떠나는 것은 지나치다."

라고 하고 속히 명하여 회계(回啓)하도록 하고 분명하게 타일러서 들어오도록 권유하였다. 그러나 공은 홍병정(洪秉鼎) 등 몇 사람과 함께 홀로 따르지 않다가 윤광안과 조석륜이 병예(屛裔)[38]된 뒤에야 비로소

《憲宗實錄 10年 1月 25日》

**37** 명고(鳴鼓) : 유가(儒家)의 규범에 어긋나는 행위를 하였을 때 성균관의 유생들이 그 사람의 이름을 써 붙인 북을 성균관 안에서 치고 다니며 그 죄를 널리 알리는 일을 말한다.

들어갔다.

갑술년(1814, 순조14)에 오인(午人 남인)이 채상 제공(蔡相濟恭)을 신원하고자 하여 만인소라고 칭하면서 태학(太學)의 '잘 알았다〔謹悉〕'는 허락[39]을 기다리지도 않고 합문(閤門)에 엎드렸다. 이에 공이 유생들을 이끌어 처음으로 제창한 자를 명고하고 승정원에 알리기를,

"이 상소는 성균관의 '잘 알았다〔謹悉〕'는 허락을 거치지 않았으니 받지 말아야 합니다."

라고 하였다. 이 때문에 일이 마침내 중지되었다.

을해년(1815)에 오인이 영남의 유생을 시켜서 몰래 태학에 연통하여 '잘 알았다〔謹悉〕'는 허락을 받도록 하였는데, 공이 이를 알고는 서재생(西齋生)들과 함께 연통한 유생을 모두 벌하였다. 그러자 그 무리가 말하기를,

"채공의 죄가 어떠하기에 그대가 감히 이와 같이 하는가?"

라고 하였는데, 공이 엄정한 얼굴빛을 띠고 수답(酬答)하며 조금도 기가 꺾이지 않았다. 그러자 성균관의 하례(下隸)들이 공의 앞에 늘어서 절하며 말하기를,

"한 가닥의 의리가 공의 덕분에 사라지지 않게 되었습니다."

라고 하였다.

그러나 공의 평소 조행은 삼가고 조심하여, 태학에 일이 있을 적에

**38** 병예(屛裔) : 죄인이 귀양 가서 거처하는 곳에 담을 쌓아 출입을 못하게 하던 조치로, 위리(圍籬)보다는 가벼운 조치이다.

**39** 태학(太學)의……허락 : 유생의 상소는 성균관과 사학(四學)의 두 장의(掌議)가 적은 "잘 알았다〔謹悉〕"라는 말이 없으면 봉입(捧入)할 수 없게 되어 있다. 《六典條例 吏典 承政院 總例》

의리에 관계된 것이 아니면 반드시 조짐을 살피고 기미를 분별하여 일에 앞서 피하였다가 일이 끝난 뒤에야 들어왔으며, 들어와서는 고요히 앉아서 책을 읽었고 무리를 따라 분분하게 시비 더미 속으로 들어가려고 하지 않았으니, 식자(識者)들이 이를 옳게 여겼다.

헌종 계묘년(1843, 헌종9)에 회방(回榜)[40]이라고 하여 첨지중추부사 오위장에 제수되었다.

을사년(1845) 6월 14일에 고양(高陽) 백석(白石)의 정침에서 졸하였으니, 춘추가 89세였다. 같은 군 사리대면(沙里大面) 장천(長川)의 임좌(壬坐)의 언덕에 장례하였으니, 선영을 따른 것이다. 배위 연성이씨(蓮城李氏)는 선고가 진사 성간(聖簡)이다. 1남은 회풍(會豐)으로, 효성이 돈독하다고 일컬어졌는데 세부(世父 백부)의 후사가 되었고 공보다 먼저 졸하였다. 5녀는 각각 오시흠(吳始欽), 이문복(李文福), 송흠준(宋欽俊), 이돈원(李敦元), 이필(李佖)에게 출가하였다. 회풍의 아들은 급(汲), 필(泌), 항(沆), 렴(濂), 호(澔)이고 딸은 각각 심능경(沈能駉), 윤허(尹栩), 성정호(成定鎬), 송병로(宋秉魯)에게 출가하였다. 공은 항(沆)에게 명하여 제사를 주관하게 하였다. 나머지는 기록하지 않는다.

공은 명(明)나라의 여러 사서(史書)를 모아서 합하여 한 책을 만들고 《자치통감강목(資治通鑑綱目)》의 예(例)를 본떠 이로써 존왕양이(尊王攘夷)하고 포폄하는 의리를 부쳤다. 또 정자(程子), 주자(朱子), 퇴계(退溪 이황(李滉)), 율곡(栗谷 이이(李珥)) 등 여러 선생이 불가를 물리친 말씀을 모아서 '척사정론(斥邪正論)'이라고 이름을 붙이고 서양

**40** 회방(回榜) : 과거에 합격하거나 급제한 지 예순 돌이 되는 해를 이른다.

(西洋)의 사설(邪說)까지 아울러 언급하여 그 본말을 논파하였다. 여든이 넘은 후에 《주자대전(朱子大全)》과 《퇴계전서(退溪全書》, 《율곡전서(栗谷全書)》를 수초(手抄)하여 항상 열람하였고, 우리나라의 역사를 초(抄)하여 영종(英宗 영조) 대까지 이르되 신임사화(辛壬士禍)를 상세하게 다뤘다. 삼례(三禮)[41]를 읽기를 좋아하여 송(宋)나라와 명(明)나라 학자들의 《주례(周禮)》에 대한 주설(註說)을 모아 상하(上下)의 편으로 만들었다. 혼천도(渾天圖)를 그려서 성신(星辰)의 변화와 분야(分野)의 구별을 고찰하였고 곤여도(坤輿圖)를 그려서 산천(山川)의 도리와 해도(海島)의 풍기를 고찰하였다. 또 시문(詩文)의 산고(散稿 제대로 정리하지 못한 원고) 약간 권이 있다.

공이 어렸을 적에 선고 현감 공이 《소학(小學)》과 《맹자(孟子)》를 가르치며 말하기를,

"민가의 자제들이 어려서 입문할 적에 반드시 경전을 통해서 한다면 비록 의미는 알지 못하더라도 예의(禮義)와 충효(忠孝)의 말이 눈과 귀에 익숙하게 되어 나이와 함께 자라나게 되니, 이렇게 되면 잘못된 길로 들어가는 경우가 거의 드물다."

라고 하였다. 그러므로 공이 배운 바가 육경(六經)에 근본을 두어서 자기의 말을 외는 것과 같았던 것이다.

항상 말하기를,

"선비가 예(禮)에 있어 환히 꿰뚫어 알지 못하면 만나는 일마다 막힘이 있게 된다. 비록 공거(公車 과거공부)를 일삼고 사예(詞藝 문예)를 다투더라도 반드시 낙건(洛建)[42]과 국조(國朝) 선정의 책을 가지고

41 삼례(三禮) : 《의례(儀禮)》, 《예기(禮記)》, 《주례(周禮)》를 이른다.

종신토록 종사할 계책으로 삼아야 하니, 그런 뒤에 사서(史書)와 제자서(諸子書)를 참고해야 한다."

라고 하였다. 문장은 사마천(司馬遷)과 창려(昌黎 한유(韓愈))를 위주로 하면서 서애(西涯 이동양(李東陽))와 양명(陽明 왕수인(王守仁))에까지 두루 미쳤고, 시는 소릉(少陵 두보(杜甫))과 청련(青蓮 이백(李白))을 본보기로 삼으면서 석주(石洲 권필(權韠))와 농암(農巖 김창협(金昌協))을 가까이 본받았다. 병학(兵學), 율려(律呂), 의약(醫藥), 복서(卜筮) 등 여러 기예들의 종류를 모두 다반사로 해설할 수 있었다. 또 국내의 빼어난 산수를 찾아다니며 이목을 확장시키고 흉금을 넓혔다. 만년에 《주역(周易)》을 좋아하여 반드시 《본의(本義)》를 위주로 보되 천 번을 읽는 것을 기준으로 삼아서 기이(期頤)[43]에 이르도록 조금도 해이해지지 않았다.

평소의 행동에 드러난 것으로 말하면, 겨울에는 화로를 쬐지 않았고 여름에는 부채질을 하지 않았으며 해와 달을 향하여 감히 소변을 보지 않았다. 젊었을 적에 담배를 피웠는데 중년에 그 해로움을 잘 알게 되고는 절대로 입에 가까이하지 않았다. 항상 일찍 일어나고 일찍 잠들어서 감히 한가롭게 지내지 않았다. 어버이를 섬기고 선조를 받듦에 있어서는 마음과 힘을 다하였고 어버이의 곁에 있을 적에는 즐겁게 웃고 기뻐하여 근심하는 모습이 없었다. 평소에 음주와 도박을 싫어하

**42** 낙건(洛建) : 정호(程顥)·정이(程頤) 형제와 주희(朱熹)를 지칭한다. 정호와 정이는 낙양(洛陽) 사람이고, 주희는 복건(福建) 사람이므로 이렇게 부르는 것이다.

**43** 기이(期頤) : 100세의 나이를 뜻하는 말로, 《예기(禮記)》〈곡례 상(曲禮上)〉에 "100세가 된 자를 '기(期)'라고 하니, 부양을 받는다.〔百年曰期, 頤.〕"라고 한 데에서 나온 것이다.

여 이를 하는 사람을 보면 미련 없이 떠나서 마치 자기를 더럽힐 것처럼 여기며 말하기를,

"세상에 어찌 할 만한 일이 없어서 마침내 이것을 한단 말인가."

라고 하였다. 사시(四時)에 어버이의 묘를 성묘하고 반드시 호곡(號哭)하며 지나치게 슬퍼하기를 남헌(南軒 장식(張栻))과 송강(松江 정철(鄭澈))이 했던 것처럼 해서 노년이 되도록 하루같이 하였다.

배위를 잃은 뒤에 첩을 얻을 것을 권하는 자가 있었는데 사양하며 말하기를,

"며느리가 충분히 옷과 음식을 공양하니, 어찌 자봉(自奉)의 편의 때문에 집안을 어지럽히는 조짐을 열어서야 되겠는가."

라고 하였다. 맏형수를 섬김에 공경을 다하기를 힘썼으며 길례(吉禮)와 흉례(凶禮)를 행할 때에 가산의 유무에 맞게 하였다. 오두막집 속에서도 왕실을 걱정하여 벽을 돌며 잠을 이루지 못하니 혹자가 말하기를,

"필부의 근심은 여덟 식구에 있으니 어느 겨를에 왕실까지 걱정하겠는가."

라고 하였는데, 공이 말하기를,

"선비는 마땅히 천하의 근심을 먼저 근심해야 하니 어찌 하루라도 이를 잊어서야 되겠는가. 또 필부의 근심과 즐거움은 국가의 안위에 관계된다."

라고 하였다.

일찍이 호론(湖論)과 낙론(洛論)[44]의 명리(名理)의 차이에 대하여

**44** 호론(湖論)과 낙론(洛論) : 조선 후기 심(心)과 성(性)에 대한 이해(理解)의 문제에 있어 성리학자들이 대립하여 주장하였던 논의로, 인성(人性)과 물성(物性)을 두고

논하여 말하기를,

"주자(朱子)가 '성(性)은 서로 비슷하다〔性相近〕'라는 말의 뜻을 설명하여 말씀하기를, '천명지성(天命之性)은 온 천하가 하나의 성(性)일 뿐이니 무슨 서로 비슷한 것이 있겠는가. 서로 비슷하다고 말하는 것은 기질지성(氣質之性)을 가리켜 말하는 것이니 《맹자(孟子)》의 이른 바 「개와 소와 사람의 성이 다르다.」라는 것도 이를 가리켜 말한 것이다.'라고 하였다. 주자의 이 말씀이 요약되면서도 할 말을 다하였으니 어찌 분분하게 서로 고집하여 끝내 하나로 귀결되지 못하는가."

라고 하였다. 성명(性命)의 큰 근원에 대하여 견해가 진실하고 명백한 것이 이와 같았다.

일찍이 점을 쳐서 비괘(賁卦) 초구(初九)를 만나고는 말하기를,

"내가 종신토록 관문(官門)에 이르러 물 한 모금 마신 적이 없고 과장(科場)에서는 권세 있는 자를 가까이 만나지 않았으며 또한 남의 거마를 빌린 적도 없으니, 이것이 이른바 '발을 꾸밈이니 수레를 버리고 걸어서 간다.〔賁其趾, 舍車而徒〕'[45]라는 것이다."

라고 하였다. 비록 평소 교분이 오래되었더라도 상대가 현귀하게 되면 관섭하지 않았다. 오직 대산(臺山) 김공 매순(金公邁淳), 구우(邱隅) 김공 기서(金公基敍), 거관재(居觀齋) 심공 문영(沈公文永)과 교의가

호론에서는 두 가지가 근본적으로 다르다고 주장하였고 낙론에서는 똑같다고 주장하였다. 충청 지역에 사는 남당(南塘) 한원진(韓元震) 등이 한 파를 이루어 이를 호론 또는 호파라고 하였고, 서울・경기 지역에 거주한 외암(巍巖) 이간(李柬) 등이 한 파를 이루어 이를 낙론 또는 낙파라 하였다.

**45** 발을……간다 : 이는 《주역(周易)》〈비괘(賁卦) 초구(初九)〉의 효사(爻辭)이다.

돈독하여 관선(觀善)[46]을 통해 얻은 것이 많았다.

옛사람이 '시은(時隱)이란 때가 마땅히 은둔하여야 해서 은둔하는 것이고 신은(身隱)이란 은둔을 일삼아서 시세(時世)를 논하지 않는 것이다.'라고 하였는데, 또한 몸〔身〕은 비록 은둔하였으나 마음은 실로 은둔하지 않은 경우가 있고, 또한 몸과 마음이 모두 은둔하여 사람들이 칭송할 수 없게 되는 경우가 있다. 동방삭(東方朔)[47]으로 말하면, 조시(朝市)의 대은(大隱)이 되었지만 오히려 명성을 피하는 데에 얽매임은 면하지 못하였고 은둔의 자취가 남는 데에서 떠나지 못하였다. 공은 상서(庠序)에 오십 년 동안 이름을 감추고서 환히 드러나지도 않고 어둡게 숨지도 않아서 순리대로 처신하여 남에게 사사로운 마음이 없었으니, 선비들이 그 덕을 보았고 반궁의 하인들이 그 감화에 익숙해졌다. 이것이 이른바 '처한 바를 따라 만족하고 이르는 바를 따라 편안히 여기고 우거하는 곳을 따라 즐거워한다'는 것이어서 비둔(肥遯)[48]을

**46** 관선(觀善) : 친구들끼리 서로 좋은 점을 보고 배우는 것을 말한다. 《예기(禮記)》〈학기(學記)〉에 "서로 보아 선해지는 것을 연마라고 한다.〔相觀而善之謂磨〕"라고 한 데에서 나왔다.

**47** 동방삭(東方朔) : 전한(前漢) 무제(武帝) 때의 문신으로 자는 만천(曼倩)이다. 해학과 변설(辯舌), 직간(直諫)으로 무제의 총애를 받아 수십 년간 측근으로 있으면서 태중대부 급사중(太中大夫給事中)까지 올랐다. 서왕모의 복숭아를 훔쳐 먹고 장수하여 삼천갑자를 살았다는 속설이 있다. 한번은 다른 낭관들이 그의 별난 행위를 가리켜 광인(狂人)이라 칭하자, 그가 대답하기를 "나 같은 무리는 이른바 조정에 숨어 세상을 피한 자이다. 옛사람은 깊은 산속에 숨어 세상을 피하였다.〔如朔等, 所謂避世於朝廷間者也. 古之人, 乃避世於深山中.〕"라고 한 일이 있다. 《史記 卷126 滑稽列傳》

**48** 비둔(肥遯) : 여유롭게 은거함을 의미한다. 《주역(周易)》〈둔괘(遯卦) 상구(上九)〉에 "여유로운 은둔이니 이롭지 않음이 없다.〔肥遯, 无不利.〕"라는 말이 보인다.

일삼는 바가 없으면서도 유정(幽貞)[49]을 차지함이니, 이는 바로 몸과 마음이 모두 은둔하여 아무런 자취가 없는 자인 것이다.

나는 공의 절조에 감복하기를 매우 익숙히 하였고 공 또한 나를 하찮게 여기지 않고 지기(知己)로 인정하였다. 백석(白石)은 나의 동네와 거의 반백 리가 떨어져 있었는데, 공은 구순에 가까운 나이에도 도보로 방문하여 사생(死生)의 안부를 물으며 끊임없이 함께 즐거워하였다. 항(沆)이 공의 유사(遺事)를 가지고 와서 나에게 행장을 지어줄 것을 청하니, 아, 눈 깜짝하는 사이에 무덤의 띠가 벌써 다섯 해가 묵었다. 옛날의 감회에 목이 메니, 어찌 차마 노쇠하고 병들었다고 하여 사양할 수 있겠는가. 그러나 기록할 만한 공의 행실은 시자(侍者)를 바꿔가며 꼽아도 다 세기가 어려울 정도로 많은데, 정신과 넋을 잃어 다 기술하지는 못하고 잘 알려지지 않은 것만을 드러내어 이로써 후세의 자운(子雲)과 요부(堯夫)[50]를 기다리는 바이다.

**49** 유정(幽貞) : 《주역(周易)》 〈이괘(履卦) 구이(九二)〉에 "행하는 도가 평탄하니 그윽한 사람이라야 정하고 길하다.〔履道坦坦, 幽人貞吉.〕"라고 한 데에서 은둔함을 뜻하기도 하고, 고결하고 굳센 절조(節操)를 지키는 것을 뜻하기도 한다.

**50** 자운(子雲)과 요부(堯夫) : 자운은 전한(前漢) 때의 문장가인 양웅(揚雄)의 자이고, 요부(堯夫)는 송(宋)나라 때의 학자인 소옹(邵雍)의 자이다. 두 사람 모두 저서를 완성하고서 당세에는 몰라주어도 후세에 자기와 같은 사람이 나오면 반드시 책의 진가를 알아줄 것이라 자부하였다. 양웅은 《태현경(太玄經)》을 짓고 나서 사람들이 모두 비웃자, "지금 세상 사람이 나를 알아주지 않는 것은 해로울 것이 없다. 후세에 다시 양자운이 나오면 반드시 이 글을 좋아할 것이다.〔世不我知, 無害也, 後世復有揚子雲, 必好之矣.〕"라고 하였고, 소옹은 《황극경세서(皇極經世書)》를 짓고 나서 책을 봉하고 겉면에 "이 글을 요부에게 올린다.〔文字上呈堯夫〕"라고 썼다. 《唐宋八大家文鈔 卷4 昌黎文鈔四 與馮宿論文書》《朱子語類 卷53 孟子三 公孫丑上之下 伯夷非其君不事章》

## 호은 최공 행장 경술년(1850, 철종1)
壺隱崔公行狀 庚戌

공은 휘가 상급(尙岌)이고 자가 평보(平甫)이다. 해주(海州)의 망족(望族)인 최씨(崔氏)는 고려조의 문헌공(文憲公) 휘 충(沖)이 처음으로 현달하여 문청공(文清公) 휘 자(滋), 충헌공(忠憲公) 휘 유엄(有渰)에 이르러 더욱 창대해졌다. 충헌공의 증손인 서운 부정(書雲副正) 휘 용(鄘)은 광묘(光廟 세조) 정축년(1457, 세조3)에 소릉(昭陵)[51]의 외조라고 하여 화(禍)가 미쳤다. 이분의 아들 휘 륜(崙)은 도망하여 소백산(小白山)에 들어가서 금성대군(錦城大君)[52]의 모의에 참여하였는데, 금성대군이 화를 당하게 되자 자취를 숨긴 채 생을 마쳤다. 륜(崙)은 휘 후근(厚根)을 낳았고, 후근은 휘 징(澄)을 낳았는데, 산수(山水)에서 방랑하여 모두 김동봉(金東峯 김시습(金時習))과 같은 고상한 운치가 있었다.

**51** 소릉(昭陵) : 단종의 생모이자 문종의 비인 현덕왕후(顯德王后) 권씨(權氏)의 능호로, 후에 문종의 능인 현릉(顯陵) 곁으로 이장하였다.

**52** 금성대군(錦城大君) : 1426~1457. 세종과 소헌왕후(昭憲王后) 심씨(沈氏)의 소생으로, 이름은 이유(李瑜)이다. 1455년(세조1) 형 수양대군(首陽大君)의 핍박으로부터 조카 단종을 보호하려다가 무사들과 결탁해 당여를 키운다는 죄명을 받고 삭녕(朔寧)·광주(廣州) 등에 유배되었고, 이듬해 사육신(死六臣)의 단종 복위 모의가 실패로 돌아가자 다시 경상도 순흥(順興)에 안치되었는데, 순흥 부사(順興府使) 이보흠(李甫欽)과 함께 모의해 고을 군사와 향리를 모으고 도내의 사족(士族)들에게 격문을 돌려서 의병을 일으켜 단종 복위를 계획하다가 관노의 고발로 실패하여 반역죄로 처형당하였다. 1739년(영조15) '정민(貞愍)'이라는 시호가 내려졌다.

고조 휘 응량(應亮)은 선전관으로, 인묘(仁廟 인조) 병자년(1636, 인조14)에 묵최(墨衰)[53]차림으로 호가(扈駕)하여 녹훈되었는데, 김자점(金自點)이 용사(用事)하자 다시는 벼슬하지 않았으며 또한 효성으로 이름이 났다. 증조 휘 영언(英彦)은 부산진 절제사(釜山鎭節制使)이고, 조고 휘 치하(致河)는 도총부 도사이다. 선고 휘 홍서(弘瑞)는 훈련원 첨정이고, 선비(先妣) 밀양 손씨(密陽孫氏)는 군수 식(湜)의 딸이다. 선고 첨정 공은 후사가 없이 일찍 졸하여 고조 선전관 공의 장자 영익(英益)의 증손을 데려다가 후사로 삼았으니, 바로 공이다. 영익 또한 무관이 되어 훈련원 주부의 관직을 지냈는데, 기사년(1689, 숙종15)의 화(禍)[54]에 그 관직을 잃고 물러나 포천(抱川)에 거주하였다. 이분의 아들은 진태(鎭泰)이고, 손자는 인서(仁瑞)로 첨지중추부사이다. 첨지중추부사가 공주 이씨(公州李氏) 해주(海胄)의 딸을 아내로 맞이하여 숙묘(肅廟 숙종) 경자년(1720) 7월 22일에 서울의 집에서 공을 낳았다. 공은 훌륭한 자질을 타고나서 말을 배우자마자 책을 읽고 절실하게 질문할 줄을 알았고 조금 자라서는 예(禮)를 좋아하여 능히 사당과 묘에 전알하였다.

**53** 묵최(墨衰) : 베 직령(直領)에 묵립(墨笠)과 묵대(墨帶)를 갖추어 입는 복제(服制)로, 아버지가 살아 있을 때 돌아가신 어머니의 담제(禫祭) 뒤와 생가(生家) 부모의 소상(小祥) 뒤에 입는다.

**54** 기사년의 화(禍) : 1689년(숙종15)에 일어난 기사환국(己巳換局)을 가리킨다. 이 해에 송시열(宋時烈)이 경종의 원자정호(元子定號)를 반대하여 숙종의 노여움을 사게 되자, 남인(南人)이 이를 기회로 다시 정권을 잡아 송시열과 그를 지지하던 서인(西人) 일파를 모두 축출하였다. 이로 인해 송시열은 제주도에 위리안치되었다가 사사되었고 수많은 서인 인사들이 일제히 처벌되었으며 인현왕후(仁顯王后)가 폐출되고 희빈(禧嬪) 장씨(張氏)가 중전의 자리에 올랐다.

11세에 첨정 공의 후사로 들어갔다. 이날에 새벽에 일어나 본생(本生) 선조의 묘에 하직인사를 하였는데, 묘가 집에서 다소 멀리 떨어져 있었다. 그런데 큰 호랑이가 묘의 곁에 버티고 있었으나 공은 조금도 두려워하는 마음이 없이 성묘를 마치고 집으로 내려왔다. 집안 어른이 이를 책망하자 공이 말하기를,

"성묘하려는 마음만 있어서 호랑이를 두려워할 겨를이 없었습니다."

라고 하였다. 바깥의 스승에게 나아가 《소학(小學)》을 수학하였는데 매일 닭이 울면 일어나서 세수와 양치를 하고 문안을 올린 뒤에 학업을 익혔다. 왕모(王母 조모)가 오직 병들까 걱정을 하면 매번 걱정을 풀어 드리며 말하기를,

"학문을 하다가 병이 든다면 성인이 어찌 책을 지어 가르침을 남기셨겠습니까."

라고 하였다. 그러나 또한 다소 느긋하게 하여 그 뜻을 따랐다.

관례를 올린 뒤에 지인들이 대부분 무관이 되도록 권하였고 또 장차 문음(門蔭)으로 천거하려는 논의가 있게 되었는데, 공은 이를 원하지 않아서 가솔을 데리고 호병산(壺甁山) 아래로 들어가 자호(自號)를 '호은(壺隱)'으로 짓고서 자취를 감추고 눈과 귀를 막은 채 향상(向上)의 공부[55]에 전념하였다. 여러 아우들과 한 골짜기에서 함께 지내며 어버이를 섬김에는 정성을 다하고 집안을 다스림에는 예(禮)를 숭상하였으며 제향할 적에는 한결같이 《문공가례(文公家禮 주자가례)》를 따랐다. 임신년(1752, 영조28)에 모친상을 당하였는데 슬퍼하여 몸을 훼상하기를 예제(禮制)보다 더하였고 삼년 동안 죽을 먹었다. 계미년

**55** 향상(向上)의 공부 : 성리학에서 심성을 함양하는 형이상학적인 공부를 이른다.

(1763)에 부친상을 만났는데 기이한 꿈을 꾸고서 길한 묘 터를 얻어 그곳에 장례하였다. 사시(四時)에 반드시 제사를 올렸고 제사를 올릴 적에는 반드시 심의(深衣)와 대대(大帶) 차림을 하였으며 새벽에는 반드시 사당을 배알하고 출입할 적에도 반드시 사당에 고하였다. 노령에도 오히려 이를 폐하지 않아서 더욱 삼가 법도를 지켰다. 소고기와 술은 방금(邦禁)이 있다고 하여 절대로 이로써 자봉(自奉)하지 않았으며 제사를 올릴 적에는 반드시 다른 물건을 대신 사용하였다.

평생토록 푸성귀와 거친 밥으로 겨우 배를 채우고 맛있는 음식으로 자신을 보양하지 않으며 말하기를,

"젊었을 적에 집이 가난하여 나의 어버이에게 맛있는 음식을 계속 올리지 못하였으니, 지금 어찌 감히 자신의 몸을 후하게 보양할 수 있겠는가."

라고 하였다. 가난하여 혼례를 치를 수 없는 조카들에게는 모두 혼수를 마련해주어 혼기를 놓치지 않게 하였다. 손윗누이인 김씨(金氏) 부인(婦人)이 후사가 없이 일찍 졸하였는데, 누이를 위해 밭을 마련하여 이로써 제수를 장만하게 하고 후사를 세운 뒤에는 그 밭을 그에게 주었다.

규문(閨門) 안은 항상 엄숙하여 희희(嘻嘻)의 부끄러움[56]이 없었고 벗과 사귐에는 충신독경(忠信篤敬)[57]하여 남의 선(善)한 점을 즐겨 말

**56** 희희(嘻嘻)의 부끄러움 : 절도 없이 웃고 즐기면서 가정의 기강을 손상시킴을 말한다. 《주역(周易)》〈가인괘(家人卦) 구삼(九三)〉에 "부인과 자식이 희희낙락하면 끝내 부끄러우리라.〔婦子嘻嘻, 終吝.〕"라고 하였는데, 정이(程頤)의 《역전(易傳)》에서 "희희(嘻嘻)는 웃고 즐거워하기를 절도 없이 하는 것이다. 스스로 방자하고 절도가 없으면 마침내 집안을 망침에 이를 것이니, 부끄러운 일이다."라고 해설하였다.

하였다. 마을 사람들이 그 행의(行義 품행)를 들어 천거하고자 하였으나 공이 사양하여 거절하니, 이에 선비들이 더욱 믿고 추중하게 되었다. 유심재(有心齋) 이공 화보(李公和甫)와 이택(麗澤)[58]의 벗이 되어 경전의 뜻을 강구하며 함양하고 성찰하였다. 일찍이 말하기를,

"칠정(七情)이 발하는 것 중에 노(怒)가 가장 제어하기 어려우니, 모름지기 이(理)로써 이를 이겨야 한다."

라고 하고 이어서 진백사(陳白沙)의 인잠(忍箴)[59]을 취하여 좌우에 걸어두었다.

한번은 올빼미가 방으로 들어왔는데 공이 말하기를,

"아, 하늘이 구징(咎徵 천벌이나 재앙의 징조)을 내려서 나를 경계하는

**57** 충신독경(忠信篤敬) : 《논어(論語)》 〈위령공(衛靈公)〉에 "자장(子張)이 도가 행해짐을 묻자, 공자(孔子)가 '말이 충신(忠信)하고 행실이 독경(篤敬)하면 비록 오랑캐의 나라라 하더라도 행해질 수 있지만, 말이 충신하지 못하고 행실이 독경하지 못하면 자신이 사는 주리(州里)라 하더라도 행해질 수 있겠는가.'라고 하시니, 자장이 이 말씀을 띠에 썼다.〔子張問行. 子曰: 言忠信, 行篤敬, 雖蠻貊之邦, 行矣; 言不忠信, 行不篤敬, 雖州里, 行乎哉? 子張書諸紳.〕"라고 보인다.

**58** 이택(麗澤) : 인접해 있는 두 못이 서로 물을 윤택하게 한다는 뜻으로, 벗끼리 서로 도와 학문과 덕행을 닦는 일을 비유하는 말이다. 《주역(周易)》 〈태괘(兌卦) 상(象)〉에 "붙어 있는 택(澤)이 태(兌)이니, 군자가 보고서 붕우들과 강습한다.〔麗澤兌, 君子以朋友講習.〕"라고 한 말에서 유래하였다.

**59** 진백사(陳白沙)의 인잠(忍箴) : 진백사는 명(明)나라의 유학자 진헌장(陳獻章, 1428~1500)으로, 자는 공보(公甫), 호는 석재(石齋)이며, 백사(白沙)에서 살았기 때문에 백사선생(白沙先生)이라고도 한다. 인잠(忍箴)은 《진백사집(陳白沙集)》에 〈인자찬(忍字贊)〉이라는 제목으로 실려 있는데, 이 글에 "칠정이 발하는 것 중에는 오직 노(怒)가 급하고, 여러 거스름이 가해짐에는 오직 인(忍)이 옳다네.〔七情之發, 惟怒爲遽. 衆逆之加, 惟忍爲是.〕"라고 하였다.

구나."

라고 하였다. 이어서 잠(箴)을 지어 스스로를 살피며 말하기를,

"내가 효성스럽지 못하고 우애 있지 못하여 화기(和氣)를 잃었는가? 스스로 자신을 속여 사기(邪氣)가 틈탔는가? 자식이 아비를 속여 괴기(乖氣 상서롭지 못한 기운)가 생겨났는가? 부인이 지아비를 속여 음기(陰氣)가 우세해졌는가? 내 자신을 살피지 못하여 요얼(妖孽)을 불러왔는가? 마음이 바르지 못하고 견식이 밝지 못하여 일을 공경히 행하지 못하였는가? 기욕(嗜慾)에 절도가 없어서 남을 해치고 자신을 이롭게 하여 불상(不祥)을 초래하였는가?"

라고 하였다. 이 일곱 가지 일을 가지고 아침저녁으로 자신에게 돌이켜 찾아보아서 해당됨이 있으면 고치고 없으면 더욱 힘썼다.

항상 말하기를,

"내가 종신토록 득력한 것은 《논어(論語)》 한 책에 있고, 강학한 것으로 말하면 청명한 야기(夜氣)에서 얻은 것이 많다."

라고 하였다. 또 말하기를,

"사람이 똑같이 옳게 여기는 것은 허령(虛靈)의 본체이다.[60] 새벽에 일어나 세수하고 양치하며 의관을 정돈하고 성현의 책을 읽는 것이 바로 이 마음을 밝히는 요도(要道)이다."

라고 하였다. 한가한 날에는 활쏘기를 하여 덕을 살피기도 하고 혹은

**60** 사람이……본체이다 : 《맹자(孟子)》 〈고자 상(告子上)〉에 "마음에 똑같이 옳게 여기는 것은 무엇인가? 이(理)와 의(義)를 말한다.〔心之所同然者, 何也? 謂理也義也.〕"라고 하였다. 허령(虛靈)은 심(心)을 가리키는 것으로, '허령의 본체'는 곧 심(心)의 본체인 '이(理)'를 말한다.

산수(山水)를 찾아 뜻을 읊으며 홍겨이 스스로 즐겼다. 그러나 매번 시무(時務)를 논할 때마다 반드시 말하기를,

"지금의 풍속은 부화(浮華)함을 숭상하니, 마땅히 하(夏)나라의 충(忠)[61]을 따라야 한다."

라고 하니 식자들이 지언(知言)이라고 여겼다.

정종(正宗 정조) 신해년(1791, 정조15) 10월 18일에 졸하였으니, 향년이 72세였다. 붕우들이 모두 탄식하고 애통해하며 말하기를,

"다른 사람으로 하여금 감히 사특한 말을 하지 못하도록 하는 자는 최모(崔某)이다."

라고 하였다. 김공 이용(金公履鏞)이 공을 칭찬하며 말하기를,

"평보는 은거하여 학문을 하였으나 명성이 뒤따랐으니, 옥(玉)이 묻혀 있기에 산이 빛나고 진주가 감춰져 있기에 못이 아름다운 것[62]과 같다."

라고 하였다. 포천 치소(治所) 북쪽 가막동(佳幕洞) 술좌(戌坐)의 언덕에 장례하였다.

배위 원주 이씨(原州李氏)는 부사 세흥(世興)이 그 선고이다. 인자

**61** 하(夏)나라의 충(忠) : 하(夏)·은(殷)·주(周) 시대에는 정사에서 숭상하던 바가 각각 달랐는데, 하(夏)나라는 충(忠)을 숭상하였고 은(殷)나라는 질(質)을 숭상하였으며 주(周)나라는 문(文)을 숭상하였다. 《論語集註 爲政》

**62** 옥(玉)이……것 : 진(晉)나라 육기(陸機)가 지은 〈문부(文賦)〉에 "돌이 옥을 감추고 있으면 그 때문에 산이 빛나고, 물이 진주를 품고 있으면 그 때문에 시내가 아름답게 된다.〔石韞玉而山輝, 水懷珠而川媚.〕"라고 하였다. 《文選 卷17》 또 주희(朱熹)의 〈감흥시(感興詩)〉에 "진주가 감춰져 있기에 연못은 절로 아름답고, 옥이 묻혀 있기에 산은 절로 눈부시다네.〔珠藏澤自媚, 玉蘊山含輝.〕"라는 구절이 있다.

하고 효성스러우며 부지런하고 검소하여 부덕(婦德)에 어긋남이 없었고, 제사를 올릴 적에 손수 제수를 장만하고 비복들에게 맡기지 않았으며, 종족(宗族)과 이웃을 대함에 모두 은의(恩義)가 있었다. 공보다 4년 먼저 태어나고 공보다 7년 늦게 졸하여 공의 묘 왼쪽에 부장(祔葬)하였다. 3남2녀를 낳았으니, 아들은 윤신(胤愼), 윤항(胤恒), 윤성(胤性)이고 진사 신백록(申百祿), 사인(士人) 이한장(李漢章)이 그 여서(女婿)이다. 손주로는, 종완(宗完), 윤탁(尹濯)의 처는 윤신의 소생이고, 종형(宗亨), 종길(宗吉), 종철(宗哲), 종주(宗周), 종교(宗喬)는 윤항의 소생이고, 종한(宗漢), 종렴(宗濂), 이재환(李載煥)·이백수(李栢秀)·서대순(徐大淳)의 처는 윤성의 소생이며, 긍모(兢模), 혁모(赫模), 이기규(李箕逵)·한영수(韓永秀)의 처는 여서 신백록의 소생이고, 최명후(崔命厚)·심공택(沈公宅)의 처는 여서 이한장의 소생이다. 나에게 행장을 지어줄 것을 부탁한 자는 종형의 아들 명헌(命憲)이니, 또한 문학으로써 집안을 이어나갔다.

공은 타고난 자품이 도(道)에 가까워서 일찍 위기지학(爲己之學)[63]에 뜻을 두어 말은 반드시 인의(仁義)를 말하고 행동은 반드시 효제(孝弟)에 근본을 두었으며 선(善)을 보면 따라서 행하고 잘못을 들으면 고쳤다. 사승(師承)을 통하지 않고 홀로 《소학(小學)》, 사서(四書) 등의 책에서 배우기를 구하였으니, 그 학문은 성경(誠敬)과 격치(格致)[64]

**63** 위기지학(爲己之學) : 오직 자신의 덕성을 함양하기 위해 공부하는 것을 말하는 것으로, 남이 알아주기를 바라서 공부하는 '위인지학(爲人之學)'과 상대되는 말이다. 《논어(論語)》〈헌문(憲問)〉에 "옛날의 학자들은 자신을 위한 학문을 하였는데, 지금의 학자들은 남에게 보여 주기 위한 학문을 한다.〔古之學者爲己, 今之學者爲人.〕" 하였다.

**64** 성경(誠敬)과 격치(格致) : 성경은 존성(存誠)과 거경(居敬)을 이르고, 격치는

를 절도로 삼고 기백기천(己百己千)[65]을 끝까지 추구해야 할 법도로 삼았다. 이 때문에 진실함이 쌓이고 힘쓴 것이 오래되어 나아간 길이 잘못되지 않았으니 그 유편(遺編)을 살펴보면 알 수 있다. 공은 평소에 저술을 좋아하지 않았는데 〈성신(誠身)〉, 〈경신(敬身)〉, 〈자경(自警)〉, 〈개과(改過)〉 등의 약간 편을 남겨서 기질을 변화시키는 방법과 선조를 받들고 집안을 바로잡는 방도에 정성을 기울이고 효제의 행실과 잘못을 고치는 용기에 있어서 더욱 마음을 다하였다.

정자(程子)의 말씀에 '쇄소응대(灑掃應對)로부터 올라가면 성인의 일에 이를 수 있다.'라고 하고, 주자(朱子)의 말씀에 '배우는 자는 작은 성취에 안주하여 도(道)에 나아가는 극치를 구하지 않아서는 안 되지만, 또한 허황되고 고원한 데에 힘을 써서 자기에게 절실한 실제의 병통을 살피지 않아서도 안 된다.'라고 하였는데, 공은 여기에서 터득함이 있었던 자일 것이다. 만약 도(道)가 있는 이에게 직접 배워서 뜻과 사업을 넓히고 드러낼 수 있었다면 그 성취한 바가 어찌 여기에 그쳤겠는가. 그러나 약삭빠르고 교활하며 고원한 것을 좋아해 스스로 큰 체하여 눈썹을 치켜세우고 눈을 부릅뜨면서 스스로 주장하기를 힘써 선유(先儒)의 머리 위로 뛰어넘되 신심(身心)과 성정(性情)이 발하고 일상에서 이륜(彝倫)을 행하는 사이에서는 도리어 사람들의 마음을 복종시키지 못하는 자에 견준다면 그 차이가 또한 얼마나 크겠는가.

격물(格物)과 치지(致知)를 이른다.

**65** 기백기천(己百己千) : 《중용장구(中庸章句)》 제20장에 "남이 한 번에 능숙하게 하면 나는 백 번이라도 해서 능숙하게 하고, 남이 열 번에 능숙하게 하면 나는 천 번이라도 해서 능숙하게 해야 한다.〔人一能之, 己百之; 人十能之, 己千之.〕"라고 한 것을 이른다.

척재(惕齋) 이 상공(李相公 이서구(李書九))이 일찍이 공의 학문과 행실을 기록하여 지장(誌狀)을 지어서 불후하게 하기를 도모하고자 하였으나 결행하지 못하였다. 지금 명헌이 나에게 부탁함에 간절한 정성에 감동하여 노쇠하고 병들었다는 이유로 사양할 수가 없으니, 그 가장(家狀)과 유사(遺事)를 가지고 번잡한 것은 삭제하고 요점만을 모아서 이로써 입언(立言)할 군자를 기다리는 바이다.

## 보덕 윤공 행장 임자년(1852, 철종3)

輔德尹公行狀 壬子

좌유선 신암(信菴) 윤공(尹公)은 순일한 덕과 깊은 학문으로 순묘(純廟 순조)의 빈사(賓師)가 되었다. 세 아들을 두었는데 그중 둘째인 휘 구동(久東)이 선고의 훌륭함을 그대로 이어나가 종신토록 지킴이 요약되어[66] 사림(士林)의 모범이 되었으니 아, 훌륭하다.

공은 자가 치항(稚恒)이다. 그 선조가 고려의 조정에서 벼슬하여 3대가 해평부원군(海平府院君)에 봉해지니, 자손이 이를 계기로 이곳에 관적을 두었다. 본조에 들어와 지족암(知足菴) 휘 변(忭)은 관직이 군자감 정이었는데, 정암(靜菴) 조 문정공(趙文正公 조광조(趙光祖))의 문도로서 당고(黨錮)에 연좌되었다가 뒤에 영의정 해징부원군(海澄府院君)에 추증되었다. 이분이 휘 근수(根壽)를 낳았는데, 문장과 학문으로 목릉(穆陵 선조)의 종신(宗臣)이 되었다. 일찍이 중국에 들어가 주자(朱子)와 육상산(陸象山)의 사정(邪正)에 대해 논변하였고 광국공신(光國功臣)과 호성공신(扈聖功臣)에 책훈되었으며 관직은 이상(貳相 좌·우찬성)에 이르고 해평부원군이 되었으며 영의정에 추증되고 문정(文貞)이라는 시호가 내렸다. 이분이 공에게 7대조가 된다.

**66** 지킴이 요약되어 : '지킴이 요약된다〔守約〕'는 것은 근본적인 이치를 알아서 그 요체를 실천함을 뜻한다. 《맹자(孟子)》 〈공손추 상(公孫丑上)〉에 "맹시사의 지킴은 기(氣)이니, 또 증자의 지킴이 요약됨만 못하다.〔孟施舍之守氣, 又不如曾子之守約也.〕"라고 하였다.

고조 휘 타(墥)는 사포서 별제이고 증조 휘 성면(聖冕)은 증 이조 참의이고 조고 휘 원(源)은 증 이조 참판이니, 모두 덕을 감추고 벼슬하지 않았다. 선고 신암 공의 휘는 득부(得孚)로, 용인 이씨(龍仁李氏) 정랑 보만(普萬)의 딸을 아내로 맞이하여 영종(英宗 영조) 갑술년(1754, 영조30) 1월 9일에 인천(仁川)의 우사(寓舍)에서 공을 낳았다. 공은 어렸을 때부터 마치 성인처럼 후중하였고 장난하며 놀 적에도 사람들의 생각을 벗어난 일이 많았다.

정사년(1797, 정조21)에 모친상을 만나고 기미년(1799)에 또 선고 신암 공의 상(喪)을 만났는데, 애통해 하기를 예제(禮制)보다 더 하였다. 상기를 마치고 과거에 응시하기를 좋아하지 않았는데 백씨(伯氏)의 명으로 억지로 신유년(1801, 순조1) 식년시에 응시하여 병과(丙科)로 급제하였다. 임술년(1802)에 연달아 주서, 성균관 전적, 병조 정랑, 사간원 정언, 홍문관교리 겸 《정종실록(正宗實錄 정조실록)》기사관에 제수되었다.

계해년(1803)에 다시 교리에 제수되었는데, 상소하여 조덕린(趙德隣)의 죄를 논하였으니, 그 대략은 다음과 같다.

"조덕린의 흉악한 상소와 역절(逆節)은 온 세상이 아는 바입니다. '형은 형답지 못하고 아우는 아우답지 못하다'라고 한 것은 조태구(趙泰耉)・유봉휘(柳鳳輝)도 감히 말하지 못했던 바이고, '눈물을 감추고 즉위하여 마침내 마음대로 청단(聽斷)하였다.'라고 한 것은 또한 김일경(金一鏡)・박필몽(朴弼夢)과 똑같은 심사입니다. 그 밖에 성상을 무함하고 군주에 반역한 죄가 흉참하지 않은 것이 없으니, 이자가 아무리 효경(梟獍)처럼 흉악하더라도 어찌 차마 북면(北面)하여 성상을 섬기면서 이러한 짓을 저지를 수 있단 말입니까. 대신

(臺臣)이 이른바 '이광좌(李光佐) · 조태억(趙泰億)보다 먼저 제창하여 이인좌(李麟佐) · 정희량(鄭希亮)의 효시가 되었다'는 것은 바로 단안(斷案)이 되는데, 여러 역적들은 법에 따라 복주되었으나 이자만 홀로 법망을 빠져나갔습니다. 지금 대신(臺臣)의 상소가 엄준하게 나온 지 이미 여러 날이 지났는데 아직도 유음(兪音)을 아끼고 계시니, 신은 의혹하는 마음이 듭니다. 엎드려 바라건대 전하께서는 속히 처분을 내리시어 공의(公議)가 펴지도록 해주십시오."

이윽고 헌납에 올랐다.

을축년(1805, 순조5)에 경기 도사(京畿都事)에 제수되고 병인년(1806)에 사간, 사헌부 집의에 올랐다. 정묘년(1807)에 사성에 제수되고 다시 집의에 제수되었다. 당시에 삼사에서 김종수(金鍾秀)의 죄를 처벌할 것을 청하였는데, 공이 사직하며 말하기를,

"옛날에 선고가 권세가의 뜻을 거슬렀다가 온 조정 신하들에게 성토를 당하여 집안이 장차 멸족되게 되었는데, 친척과 지인들은 죄가 연좌되는 것을 두려워하여 관계를 끊고 통문하지 않았다. 김공은 평소의 교분이 조금도 없었는데 선고를 위해 등대(登對)하여 신구해 주었으니, 항상 감사하게 여기고 있다. 지금 성토하는 상소에 진실로 차마 앞장서서 반열에 참여할 수 없다."

라고 하고는 마침내 여러 날 패초를 어기니, 시론(時論)이 이를 훌륭하게 여겼다. 이윽고 서장관에 제수되니, 이는 조정의 여론이 공이 인피할 것을 의심하여 이를 통하여 그 거취(去就)를 시험하여 살펴보고자 한 것이다. 공은 병을 이유로 사양하고 나아가지 않고는 백씨(伯氏)의 연산(連山) 임소에 있었는데 수찬으로 부르는 명이 있었으나 사양하고 나아가지 않았다.

무진년(1808)과 경오년(1810)에 삼사에 출입하고 시강원 문학, 장악원·종부시 정, 통례원 통례, 어영청 낭청에 옮겨 제수되었다. 신미년(1811)에 순흥 부사(順興府使)에 제수되고 임신년(1812)에 사직하여 체차되었다. 계유년(1813)과 갑술년(1814)에 연달아 필선, 문학, 사서에 제수되고 때로 관직(館職)을 겸하였다.

을해년(1815)에 제주 목사(濟州牧使)로 나갔다. 제주는 수로와 육로 합하여 이천 리 길인데 병을 무릅쓰고 부임하였다. 다스림에 있어서는 가르친 이후에 벌을 시행하였고 아전들 중에 나이가 젊은 이들에게 명하여 한가한 날에 독서하도록 하고 강제(講製)를 통해 능력을 시험하였다. 병자년(1816)에 표선(漂船) 수십 척이 와서 주경(州境)에 정박하였다. 이에 앞서, 주경에 머무는 표착인(漂着人)에게 찬수(饌需)와 월해(越海)의 양자(糧資)를 공급해주는 것은 반드시 부근의 민가에서 미리 거두고 계청한 뒤에야 연해읍(沿海邑)의 저치미(儲置米)로 민가에 갚아주었는데, 집마다 갚아주는 양은 한두 말에 불과하였으나 받기 위해 왕래하는 길은 거의 수백 리가 되었다. 그러므로 백성들이 차라리 잃고 말지언정 받으러 가려고 하지 않아서 그대로 관용(官用)이 된 채로 내려온 지가 이미 오래되었는데, 여러 달 동안 접제(接濟)한 비용이 합하여 팔백여 석이 되었다. 공은 특별히 공피고(拱被庫)를 설치하여 이를 가지고 이자를 불려 대비하였다가 쓰고 다시는 백성에게 거두지 못하도록 하였다. 아전을 단속하고 백성을 위로하여 은혜와 위엄이 함께 행해졌고 연름(捐廩)하고 감봉(減俸)하여 홀아비와 과부가 혜택을 입게 하였다. 봉과(封裹)를 진상할 적에는 강추위와 무더위에도 반드시 종일토록 관대(冠帶)를 착용하여 흐트러지는 모습이 없었고 삭망(朔望)의 하례(賀禮)에는 반드시 닭이 울자마자 세수하고 머리를 빗어 의관을 정돈하고 기다리기를 시종 한결같이 하였다. 이에 탐라(耽羅)의 사람들이 공의 행적을 칭송하여 근세에 제일간다고 하였다.

정축년(1817, 순조17)에 조정에 들어가 공조 참의가 되고 승정원 동부승지로 옮겼으며 이윽고 우부승지에 올랐다. 기묘년(1819)에 대사간으로 있다가 정원 현감(定原縣監)으로 나갔다. 이곳은 새로 병화(兵火)를 겪어 성지(城池)가 무너지고 현의 학교가 황폐해졌으며, 거주하는 백성 중에 유리하며 구걸하는 자가 열에 여덟, 아홉이었으나 칙전(勅錢)을 도로 봉납하는 것을 근심하여 감히 돌아가지 못하고 있었다. 공이 그 문서를 모두 불태우고 분명하게 유시하니 이에 원근의 백성들이 모두 돌아와 차츰 옛 모습을 회복하였다. 칙전 수만 냥은 순영(巡營 감영)을 왕복하며 계획을 세워 식리(殖利)해서 그 수를 채웠고, 성첩(城堞), 장대(將臺), 학사(學舍)를 모두 증수하여 모습을 바꾸니 수년 만에 치화(治化)가 크게 행해졌다.

고사(故事)에 현감이 처음 부임하면 반드시 병우후(兵虞候)에게 공장(公狀)을 들였는데, 후세에 이 법이 폐해져서 병우후가 비록 화벌(華閥)과 세족(世族)이라고 하더라도 현감이 자신을 낮추어 예를 갖추려고 하지 않았다. 이때에 서북(西北) 사람이 마침 병우후가 되었는데 공이 성복(盛服) 차림으로 알현하여 정중하게 예를 행하였다. 혹자가 말하기를,

"어찌하여 이와 같이 스스로를 낮추는가?"

라고 하니 공이 말하기를,

"관직의 높고 낮음 때문이니 문벌은 논할 바가 아니다."

라고 하였다.

심 상공(沈相公) 상규(象奎)가 기번(箕藩 평안 감영)을 안찰할 적에

공의 성적(聲績)을 포창하고 만윤(灣尹 의주 부윤(義州府尹))의 자리가 비자 장차 조정에 청하여 공을 후임자로 삼고자 하였는데, 안타깝게도 묘당에서 먼저 다른 사람을 천거하였다. 이 상공(李相公) 존수(存秀)가 이조 판서가 되어서 공을 천거하여 보덕에 의망해서 낙점을 받았는데, 대신이 '부임한 지 얼마 안 된 터라 영송(迎送)하는 것이 폐가 된다'고 하여 특별히 청해서 도로 유임하게 하였다. 임기가 끝나자 대신이 또 '피폐한 형국을 소생시키는 것을 생수(生手 생무지)에게 맡길 수 없다'고 하여 임기를 연장할 것을 연품(筵稟)하였으니, 백성들의 바람을 따른 것이었다. 공은 체차되어 돌아가고자 결심하여 옥리(獄吏)를 대면하기까지 하였다.

계미년(1823, 순조23)에 다시 보덕에 제수되었다. 8월 20일에 졸하였으니, 향년이 70세였다. 장단(長湍) 장현(長縣) 내 판부리(板浮里) 새터〔新基〕 계좌(癸坐)의 언덕에 장례하였다.

원배(元配) 전주 이씨(全州李氏)는 선고가 정언 명제(明濟)이고 계배(繼配) 남양 홍씨(南陽洪氏)는 선고가 종욱(宗郁)이니 여사(女士)의 품행이 있었다. 아들 강렬(綱烈)과 감찰 서건보(徐健輔)·조헌식(趙憲植)에게 출가한 딸들은 원배의 소생이다. 강렬은 일찍 죽었다. 정렬(珽烈), 종렬(琮烈)은 계배의 소생이다. 강렬의 아들은 치학(致學)인데 또한 일찍 죽었고, 여서(女婿)는 홍영주(洪永周), 송지인(宋知仁)이며, 서출로 아들 치효(致斅)가 있다. 사위 서건보의 아들은 현직장 경순(敬淳), 기순(綺淳), 태순(泰淳)이다.

공은 충후(忠厚)하고 간묵(簡默)하며 겉은 유순하나 속은 굳세어서 비록 급작스러운 상황을 만나더라도 다급한 말과 당황한 기색이 없었고 병을 앓을 때가 아니면 반드시 의관을 정돈하고 무릎을 꿇고 앉았다. 자질(子姪)을 가르칠 적에는 엄중하게 법도를 세워서 조금이라도 잘못한 것이 있으면 이미 관례를 치렀더라도 매번 회초리를 들었다. 후생(後生)을 대할 적에는 효제(孝悌)로 타이르고 학문으로 거듭하였다. 부녀(婦女)에게는 사치에 대해 절실히 경계시켰고 족당(族黨)에게는 화목함을 다하였으며 비복에게는 은혜와 위엄을 함께 베풀었다. 의(義)와 이(利)의 분변과 선과 악의 구분에 있어서는 반드시 일도양단(一刀兩斷)하여 머뭇거리는 바가 없었다. 진실로 말을 잘 알고 이치에 밝지 않다면 또한 어찌 이와 같을 수 있겠는가.

주량이 몹시 세었는데, 젊어서 산방에서 책을 읽을 적에 한 승려가 인접한 사인(士人)들과 함께 패만(悖慢)한 말을 많이 하자 공이 취한 기운에 그를 매질하여 거의 죽다가 겨우 살아나게 만든 일이 있었다. 선고 신암 공이 이를 듣고 호되게 꾸짖으니, 공이 이후로 다시는 술을 마시지 않았다. 만년에 형제들과 분가하여 백문(白門)[67] 안에 있는 종질(宗姪)의 집에 우거하였는데, 집안에 이간하는 말이 없어서 수십 년을 하루처럼 지냈다.

석갈(釋褐)한 이후에 겨울에도 온돌에 불을 때지 않고 상탑에 누워 지냈으며 죽도 자주 먹지 못하였으나 사람들이 서글피 탄식하는 모습을 보지 못하였다. 명분이 없는 선물은 비록 작은 것이라고 하더라도 반드시 거절하였다. 입조한 수십 년 동안 일체의 분화(芬華)와 세리(勢利)에 있어 담박하여 종남첩경(終南捷徑)[68]을 찾지 않았고 청운(靑雲)

**67** 백문(白門) : 본래 서남방(西南方)의 별칭으로, 도성의 서문(西門)이나 남문(南門)을 뜻하는 말로 쓰인다.

**68** 종남첩경(終南捷徑) : 당(唐)나라 때 노장용(盧藏用)이 진사에 급제하고 장안(長

의 인사에게 아부하지 않았다. 일찍이 말하기를,

"어두운 밤에 세력가를 찾아가 애걸해가며 벼슬을 차지하기를 도모하는 것은 내가 차마 하지 못할 일이다."

라고 하였다. 번잡함을 싫어하고 고요함을 지켜서 쓸쓸하기가 빈한한 선비와 같았으나 또한 청각(淸刻 지나치게 청렴하고 각박함)을 고상하게 여기지 않았다. 사람들을 대할 적에는 온후하고 공경스러웠으니, 공과 종유하는 자들이 마치 진한 술을 마신 것처럼 공에게 취하였다.[69]

관직에 있을 적에는 이익과 은택이 사람들에게 두루 미쳤고 간사하고 교활한 이들이 저절로 단속되었으며, 일을 시행함에 있어서 반드시 위에서 덜어 아래에 더해 주는 것[70]에 힘썼다. 그러므로 부임한 고을에서 공이 떠난 후에 그 공덕을 그리워하였다. 정읍(定邑 정원(定原))에

安) 가까이에 있는 종남산(終南山)에 은거하였는데, 뒤에 고사(高士)로 알려져 측천무후(則天武后)의 부름을 받고 크게 등용되었다. 사마승정(司馬承禎)이 황제의 부름을 받아 장안에 왔다가 원래 은거하던 천태산(天臺山)으로 돌아가려 하자, 노장용이 종남산을 가리키며 "이 산 중에 은거할 만한 좋은 곳이 많습니다."라고 하였는데, 사마승정이 "제가 보니, 이 산은 벼슬하는 첩경일 뿐입니다."라고 답한 고사가 있다.《古今事文類聚 前集 卷33 隱逸》 뒤에 '종남첩경'이라는 말로 관직이나 명리(名利)를 구하는 지름길을 비유하게 되었다.

**69** 마치……취하였다 : 중국 삼국(三國) 시대 오(吳)나라 정보(程普)가 주유(周瑜)와의 두터운 교분을 비유하면서 "주공근과 사귀다 보면 마치 진한 술을 마신 것처럼 나도 모르게 절로 취해 온다.〔與周公瑾交, 若飮醇醪, 不覺自醉.〕"라고 하였다. 공근은 주유의 자이다.《資治通鑑 卷66 漢紀》

**70** 위에서……것 : 임금이나 높은 사람들의 재물을 덜어 백성을 도와준다는 뜻으로, 본래《주역(周易)》〈익괘(益卦) 단전(彖傳)〉에 나오는 말이다. "익(益)은 위에서 덜어 아래에 더해 주니 백성의 기뻐함이 무궁하고, 위로부터 아래에 낮추니 그 도가 크게 빛난다.〔益, 損上益下, 民說无疆, 自上下下, 其道大光.〕"라고 하였다.

있을 적에 관아에 묵던 손님이 갖옷 한 벌을 만들어 자사(子舍)[71]로 보내오니, 겨우 10금(金)에 지나지 않았다. 그런데도 공이 꾸짖으며 말하기를,

"우리 집안은 대대로 청렴하고 검소한데 이 물건은 어찌 된 것인가."

라고 하니 자제들이 이를 듣고 기억하였다. 이후로 몸에는 모구(毛具)를 가까이하지 않았고 의복은 남루하여 관아의 하인을 시켜 이를 잡게 할 정도였다. 이 상공(李相公) 존수(存秀)가 항상 이 일을 칭송하며 말하기를,

"자로(子路)가 부끄러워하지 않았던 것[72]과 똑같이 부합한다."

라고 하였다.

과거에 드는 비용을 구하러 온 자가 있었는데 공은 그가 구하는 바를 들어 주되 그 집에 몰래 보내주었다. 혹자가 말하기를,

"이미 그의 소원대로 들어주고서 어찌 그로 하여금 알게 하지 않습니까?"

라고 하였는데, 공이 말하기를,

"그가 말한 과거에 드는 비용이란 그 부형을 속여서 곡경(曲徑 부정한 방법)을 점유하려는 자금에 불과하다. 내가 부형의 반열에 있으면서 어찌 그가 하는 바대로 따라줄 수 있겠는가."

**71** 자사(子舍) : 큰 방 곁에 딸린 조그만 방으로, 주로 지방관의 거처에 그 아들이 머무는 곁방을 가리킨다.

**72** 자로(子路)가……것 : 자로는 공자(孔子)의 제자로, 이름이 유(由)인데, 공자가 자로를 두고 말하기를, "해진 솜옷을 입고서 여우나 담비 가죽옷을 입은 자와 같이 서 있어도 부끄러워하지 않을 자는 유(由)일 것이다.〔衣敝縕袍, 與衣狐貉者立而不恥者, 其由也與.〕"라고 한 일이 있다. 《論語 子罕》

라고 하였다.

두 고을을 맡아 다스릴 적에 자봉(自奉)함을 평소와 다름없이 하였고 선조에게 제사하고 손님을 대접함에는 음식을 풍성하게 하였다. 또 음악과 기녀를 물리치고 멀리하여 눈과 귀에 가까이하지 않았다. 남이 알까 두려워하는 청렴함이 있어서 관리와 백성이 믿고 감화되어 차마 속이지 못하였다. 집안에서의 실제 행실과 조정에서의 풍모가 이와 같은 점이 있었다. 평생토록 묘지에서 구걸하는 것[73]을 부끄럽게 여기고 담을 넘어가 만나는 것[74]을 천하게 여긴 것은 더욱 훌륭하여 기록할 만하다. 요컨대 공이 보존한 바와 지킨 바는 비단 가정에서 전하는 시례(詩禮)의 가르침[75]뿐만이 아니었으니, 이것이 이른바 '온

**73** 묘지에서 구걸하는 것 : 묘지에서 남은 제사 음식을 구걸해 배불리 먹는 것으로, 부귀와 영달을 위하여 이리저리 기웃거리며 구걸함을 비유한다. 어느 제(齊)나라 사람이 밖에 나가면 늘 술과 고기를 배불리 먹고 돌아오곤 하였는데 그 아내가 누구와 함께 먹었는가를 물어보면 모두 부귀한 사람들과 먹었다고 하였으나 부귀한 사람들 중에 집에 찾아오는 이는 아무도 없었다. 이를 이상하게 여긴 아내가 남편을 미행하였는데 온 도성을 두루 다녀도 함께 이야기를 나누는 자는 없었고 동쪽 성곽 밖의 묘지 사이에서 제사를 지내는 사람에게 가서 남은 제사 음식을 구걸하여 먹고 부족하면 또 돌아보고 다른 곳으로 찾아가서 구걸하며 배부르게 먹는 것이었다. 이를 알게 된 아내는 집에 돌아와 첩과 함께 남편을 원망하며 울었는데, 남편은 이를 알지 못하고 의기양양하게 집으로 와서는 여전히 거드름을 피웠다. 《孟子 離婁下》

**74** 담을……것 : 중매를 통하지 않고 담을 넘어가 이성을 만나는 것으로, 정도(正道)에 따르지 않고 부정한 방법으로 벼슬을 구함을 비유한다. 《맹자(孟子)》 〈등문공 하(滕文公下)〉에 "사내가 태어나면 그를 위하여 아내가 있기를 원하고 딸이 태어나면 그를 위하여 남편이 있기를 원하는 것은 부모의 마음이어서 누구나 다 지니고 있지만, 부모의 명령과 중매쟁이의 말을 기다리지 않고 구멍을 뚫고 서로 엿보거나 담을 넘어가 서로 만난다면 부모와 나라 사람들이 모두 천하게 여길 것이다."라고 하였다.

세상이 혼탁하면 깨끗한 선비를 알 수 있다.'라는 경우일 것이다.

김공 재찬(金公載瓚)과 이공 존수(李公存秀)가 공의 행실을 높이 여겨서 선발하여 크게 기용하고자 하였으나 미처 하지 못하였다. 그러나 '크게 뜻을 펴더라도 더 보태지지 않고 곤궁하게 살더라도 줄어들지 않는다.'[76]라고 하지 않았는가. 근재(近齋 박윤원(朴胤源))의 윤자(胤子)인 박공 종여(朴公宗輿)가 나에게 말하기를,

"이 시대에도 굶어죽는 것을 두려워하지 않는 자가 있으니, 바로 윤 학사(尹學士) 모(某)이다."

라고 하였다. 내가 말하기를,

"죽고 사는 것은 사람에게 있어 중대한 것인데 이 공은 홀로 죽음을 두려워하지 않았으니, 이는 몸의 지조를 지키는 것을 중대하게 여겨서 작록(爵祿)이 마음에 들어오지 않고 빈천이 지조를 바꿀 수 없는 자인 것입니다. 이와 같은 자는 일신과 명성이 완전하게 보전된 군자가 되기에 손색이 없습니다."

라고 하였다.

나는 공의 집안과 주진(朱陳)의 정의(情誼)[77]가 있어서 평소에 공을

**75** 시례(詩禮)의 가르침 : 집안에서 전수하는 가르침을 이른다. 자세한 내용은 353쪽 주19 참조.

**76** 크게 뜻을……않는다 : 이는 《맹자(孟子)》 〈진심 상(盡心上)〉에 보이는 말로, "군자의 본성은 비록 크게 뜻을 펴더라도 더 보태지지 않고 비록 곤궁하게 살더라도 줄어들지 않으니, 그 분수가 정해져 있기 때문이다.〔君子所性, 雖大行, 不加焉, 雖窮居, 不損焉, 分定故也.〕"라고 하였다.

**77** 주진(朱陳)의 정의(情誼) : '주진'은 당(唐)나라 때 서주(徐州) 고풍현(古豐縣)에 있었던 마을 이름으로, 백거이(白居易)의 〈주진촌(朱陳村)〉이라는 시로 인해 널리 알

사모하고 좋아하였는데, 정렬이 집안에서 전하는 글을 나에게 보여주며 행장을 지어줄 것을 청하니, 어찌 노쇠하고 병들었다고 하여 사양할 수 있겠는가. 병을 무릅쓰고 붓을 들어서 세계(世系), 작리(爵里), 행치(行治), 생졸(生卒)의 대강을 이상과 같이 기술하되, 감히 지나치게 찬미하여 부끄럽게 하는 말을 함으로써 준양시회(遵養時晦)하였던 공의 평소 뜻을 해치지는 않았으니, 구원(九原)에서 다시 살아 돌아온다면 공이 틀림없이 빙그레 웃을 것이다.

려졌는데, 주씨(朱氏)와 진씨(陳氏) 두 집안만이 살면서 대대로 혼인관계를 맺은 데에서 양쪽 집안 사이에 대대로 혼인을 맺은 세의(世誼)를 뜻하게 되었다.

# 증 동몽교관 박공 행장 임자년(1852, 철종3)

## 贈童蒙教官朴公行狀 壬子

속리산(俗離山)은 호서(湖西)의 여러 산들의 종주가 되는 산으로, 굽이쳐 서려서 힘차게 기운이 엉겨 청주(淸州)에 이르는데, 신령하고 깨끗한 기운이 왕성하게 뭉쳐 더 이상 지나가지 않아[78] 왕왕 현철(賢哲)의 훌륭한 발자취가 많았다. 예컨대 정절공(貞節公) 필재(華齋) 박 선생(朴先生)[79]이 청주의 목과산(木瓜山)에서 은둔하였는데, 휘 창모(昌模)에 이르러 이곳에서 은거하며 의(義)를 행하였으니, 바로 이른바 '걸출하고 기이하며 충성스럽고 신실하며 재주와 덕을 겸비한 인물'[80]인 것이다. 아, 훌륭하다.

**78** 굽이쳐……않아 : '굽이쳐 서려서 힘차게 기운이 엉기다〔蜿蟺扶輿 磅礴而鬱積〕', '신령하고 깨끗한 기운이 왕성하게 뭉쳐 더 이상 지나가지 않는다〔靈淑之氣 盛而不過〕' 등의 말은 본래 당(唐)나라 문장가 한유(韓愈)의 〈송요도사서(送廖道士序)〉에 보이는 것으로, 요 도사(廖道士)의 출신지인 침주(郴州)를 형용하며 한 말이다.

**79** 정절공(貞節公) 필재(華齋) 박 선생(朴先生) : 박광우(朴光佑, 1495~1545)로, 자는 국이(國耳), 호는 필재・잠소당(潛昭堂), 본관은 상주(尙州)이며, 시호는 정절(貞節)이다. 1545년(인종1) 사간이 되었으나 을사사화(乙巳士禍)로 하옥되고, 이어서 동선역(洞仙驛)으로 유배되던 중 장독으로 인하여 돈화문 밖에서 사망하였다. 1547년(명종2) 가산이 몰수되었으며, 1570년(선조3) 신원되었다. 뒤에 이조 판서에 추증되고 청주(淸州)의 송천서원(松泉書院)에 제향되었다.

**80** 걸출하고……인물 : 이 말 역시 한유(韓愈)의 〈송요도사서(送廖道士序)〉에 보이는 것으로, 침주(郴州)처럼 산세의 기운이 엉겨서 왕성한 곳에는 틀림없이 이와 같이 뛰어난 인물이 나오는 법임을 말하였다.

공은 자가 덕후(德厚)이다. 그 선조는 신라의 시조로부터 나왔는데 휘 언창(彦昌)에 이르러 왕자로서 사벌대군(沙伐大君)에 봉해졌다. 사벌은 바로 상주(尙州)의 옛 이름인데 후손이 그대로 이곳을 관향으로 삼았다. 이후로 관작이 이어지고 명망과 덕이 있는 인물이 때때로 배출되니, 상산부원군(商山府院君) 휘 려(侶)가 고려에서 가장 현달하였다. 본조에 들어와 휘 양생(良生)은 이조 판서를 지냈다. 5대를 전하여 휘 광보(光輔)에 이르러 덕을 감추고 벼슬하지 않아서 아우 필재 공과 이름을 나란히 하였다. 고조는 휘 시귀(時龜)로, 호가 미봉(薇峯)이며, 학행으로 알려졌다. 증조는 휘 상태(尙泰)이고 조고는 휘 사천(師天)이며 선고는 휘 조신(肇新)이니, 대대로 효성이 지극하여 작설(綽楔)이 이어졌다. 선비(先妣) 김해 김씨(金海金氏)는 즙해(楫海)가 그 선고이다. 영묘(英廟 영조) 29년 계유년(1753)에 공을 낳았다. 공은 3세에 선고를 여의어서 교육해 줄 사람이 없었으나 스스로 학문을 할 줄 알았다. 홀어머니를 섬김에 지극한 효성이 있어서 숙수(菽水)[81]가 떨어지더라도 지물(志物)의 봉양[82]에는 혹시라도 빠뜨림이 없었다. 모부인이 병들어 위독해지자 공은 목욕재계하여 하늘에 절하며 자신의 목숨을 대신 거두어 가도록 기도하였고 또 손가락을 베어 피를 받아 올려서

**81** 숙수(菽水) : 콩죽과 물이라는 뜻으로, 가난하지만 어버이를 극진하게 봉양하는 효자의 음식을 비유할 때 쓰는 말이다. 공자(孔子)의 제자 자로(子路)가 집안이 가난해서 효도를 제대로 하지 못한다고 탄식을 하자, 공자가 "콩죽을 끓여 먹고 물을 마시더라도 기쁘게 해 드리는 일을 극진히 행한다면, 그것이 바로 효이다.〔啜菽飮水盡其歡, 斯之謂孝.〕"라고 위로했던 고사에서 나온 것이다. 《禮記 檀弓下》

**82** 지물(志物)의 봉양 : 지(志)는 양지(養志)로, 어버이의 뜻을 받들어 어버이를 즐겁게 하는 것을 말하고, 물(物)은 의복·음식 등으로 어버이를 봉양하는 것을 말한다.

며칠이나마 수명을 더 늘일 수 있게 하였다. 또 횟배를 앓아 몹시 위급해지자 의원이 꿩을 써야만 한다고 하였는데 구할 길이 없었다. 그런데 홀연히 꿩이 날아와 뜰로 들어오니 이를 잡아서 올리자 모부인의 병이 마침내 나았다. 이에 사람들이 효성에 감동한 소치라고 칭송하였다.

모부인의 상(喪)을 만나게 되어서는 슬픔으로 몸을 훼상하여 거의 목숨을 잃을 뻔하였고, 어린아이처럼 울고 곡하여 그 애통함이 주위 사람을 감동시켰다. 조문하는 자가 감탄하며 말하기를,

"우리 당(黨) 중에서 어버이를 섬김에 효를 다한 자는 박모(朴某) 한 사람뿐이다."

라고 하였다. 유택(幽宅)의 터를 정할 때에 감여가(堪輿家)에게 묻지 않고 직접 시초(蓍草)로 점을 쳐서 길흉을 정하였다. 이때 호랑이가 홀연히 다가와 발로 땅을 파서 마치 한 지점을 가리키는 듯이 하니 공이 말하기를,

"혈(穴)이 틀림없이 이곳에 있다."

라고 하고 마침내 장례를 행하였다. 3년 동안 여막에서 지내며 채소와 과일을 먹지 않았고, 길복(吉服)으로 바꿔 입은 후에 길에서 연한 고기를 마주하게 되자 울음을 삼키며 말하기를,

"선비(先妣)께서 좋아하시던 것이다."

라고 하였다.

경진년(1820, 순조20) 2월 4일에 정침(正寢)에서 고종(考終)하였으니, 향년이 68세였다. 다음 달에 도성(道城)의 선영 옆의 유좌(酉坐)의 언덕에 부장(祔葬)하였으니, 공의 유지(遺志)를 따른 것이다.

공은 타고난 자질이 도(道)에 가까워서 평소에는 말수가 적고 신중하였으나 사람을 대할 적에는 온화한 기운이 넘쳐났고 일에 임해서는

얼굴을 찌푸리지 않았으며 한가로이 거처할 때에는 흐트러진 모습을 보이지 않았다. 원망을 마음에 품지 않았고 득실을 입 밖에 말하지 않았으며 남의 선한 행실을 들으면 마치 자신이 지닌 것처럼 마음으로 좋아하였다. 먼 곳과 가까운 곳에 있는 선영을 몸소 찾아가 성묘하지 않은 곳이 없었고 밭을 두어 제수를 마련하고 비석을 세워 묘의 의물(儀物)을 갖추었다. 선조 묘소의 위차가 세월이 오래되어 증명할 만한 것이 없었는데, 공이 밤낮으로 이를 슬퍼하고 한탄하여 감히 잠시도 잊지 못하였다. 그러던 중에 꿈에 공의 중부(仲父)가 알려주기를,

"선조 묘소의 지석(誌石)이 건사(巾笥) 속에 보관되어 있으니, 어찌 그리 근심할 것이 있겠느냐."

라고 하였다. 공이 꿈을 깬 뒤에 기이하게 여겨서 옛 상자들을 찾아보다가 과연 산도(山圖)를 얻고는 의심의 여지가 없이 분명하게 알게 되었다. 그 지극한 효성에 감통한 것이 이와 같았다.

공은 일찍 선고를 여의어서 상복을 입지 못한 것을 지극한 애통으로 여겨서 선고가 별세한 지 주갑(周甲)이 되는 날에 처음으로 추복(追服)을 행하였는데, 소식(素食)을 하고 거적을 베고 자기를 초상 때와 같이 하였고 하루에 세 번 무덤에 올라 반드시 슬픔을 다하여 곡해서 이렇게 삼년을 마쳤다. 평소에는 반드시 일찍 일어나 세수하고 머리를 빗으며 의관을 바르게 하고는 먼저 가묘(家廟)를 배알하고 이어서 어버이의 무덤을 찾았는데 춥거나 덥다고 하여 그만두지 않으니 무덤 앞에 무릎을 꿇는 자리가 절구처럼 움푹 파였다. 제수(祭需)는 가산(家産)의 유무에 걸맞게 하되 정결함을 지극히 하는 데에 힘썼다. 평소에 말하기를,

"어버이를 봉양하고 선조를 제사하는 것은 남을 시켜서는 안 된다."

라고 하여 몸소 제사에 임하여 직접 제수를 살폈으며 즐겨 드시던 것을 생각하여 힘을 다해 마련하였다. 폐양자(蔽陽子)와 포의(布衣), 포대(布帶)의 차림으로 제사를 받들며 말하기를,

"군자에게는 종신(終身)의 상(喪)이 있으니, 기일(忌日)을 이른다."[83]

라고 하였다.

공은 초야에 몸을 감추고 있었으나 나라를 근심하고 사랑함은 천성에 근본을 두었다. 원자가 탄생한 것을 듣고는 마을 사람들보다 먼저 술과 음식을 마련해서 마을의 부로(父老)들을 초대하여 잔치를 벌이며 말하기를,

"나라의 경사에 잔치를 베푸는 것이 어찌 남보다 늦을 수 있겠는가."

라고 하였으니, 이는 바로 횡거(橫渠 장재(張載))의 뜻이다. 친족을 대할 때에는 친소(親疏)의 구분이 없이 각각 은혜와 사랑을 다하였고 항상 예의(禮義), 염치(廉恥), 효제(孝悌), 충신(忠信) 등의 말로 타이르고 가르쳤으며 또한 일찍이 위가(韋家)의 고사[84]를 사모하여 화수회(花樹會)를 이루었다. 몸을 검속하고 재용(財用)을 절약하여 수입을 헤아려서 지출하였으며, 순리를 따라서 반드시 분수를 편안히 여기려고 하여 비록 궁핍함을 만나더라도 구차하게 구걸하지 않았다. 남에 대하여 염치를 손상하고 의리를 해칠까 전전긍긍하였으나 도(道)에

**83** 군자에게는……이른다 : 이 말은 본래《예기(禮記)》〈제의(祭義)〉에 나오는 말로, 자식은 종신토록 어버이의 기일에 일체의 일을 접어 두고 오직 어버이만을 생각하고 슬퍼하며 상중에 있을 때처럼 처신하기 때문에 기일을 종신의 상이라고 한 것이다.

**84** 위가(韋家)의 고사 : 당(唐)나라 때의 망족(望族)이던 위씨(韋氏)들이 화수회(花樹會)를 결성하고 화수 아래에서 친족을 모아 놓고 술을 마신 고사를 가리킨다.《近思錄 治法》

위반되고 덕(德)에 어긋나는 자를 보면 조금도 용서하지 않았다. 교유하는 이들을 신중하게 택하여 서로 좋은 점을 보고 배우며 간절하고 자상히 권면하였으며, 의방(義方)[85]으로써 자손을 가르치고 너그러움으로써 노복을 다스리며 말하기를,

"노복은 선조가 남겨주신 바이며 또한 사람의 자식이니 좋게 대하지 않아서야 되겠는가."

라고 하였다.

공은 경서(經書)와 사서(史書)에 있어서 보지 않은 것이 없었으며 《성학집요(聖學輯要)》를 몹시 좋아하여 율곡(栗谷 이이(李珥))을 신명처럼 독실하게 믿었다. 일찍이 오성십도(五聖十圖)를 상고하여 성학도(聖學圖) 3폭을 그려서 흠모하는 마음을 부쳤다. 또 '대장부의 행신과 처사는 응당 청천백일과 같아야 한다.〔大丈夫行身處事 當如靑天白日〕' 라는 13자를 벽 위에 써 붙여서 이로써 반성할 수 있게 하고 말하기를,

"군자는 존심(存心)하기를 마땅히 지수(止水)와 같이 하여 철저하게 깨끗이 해야 한다."

라고 하였다. 평소에 '조문도석사(朝聞道夕死)' 장(章)[86]을 외우며 이를 마음에 새겨 실천하여 터득함이 있었다. 일찍이 마을의 수재(秀才)

**85** 의방(義方) : 자식을 가르치는 올바른 도리를 말한다. 춘추 시대 위(衛)나라 장공(莊公)의 아들 주우(州吁)가 방자하게 굴자 현대부(賢大夫) 석작(石碏)이 장공에게 "자식을 사랑한다면 그에게 올바른 도리로 가르쳐서 삿된 길로 빠져들지 않게 해야 한다.〔愛子, 教之以義方, 弗納於邪.〕"라고 충간한 데에서 온 말이다. 《春秋左氏傳 隱公 3年》

**86** 조문도석사(朝聞道夕死) 장(章) : 《논어(論語)》 〈이인(里仁)〉에 "아침에 도를 들으면 저녁에 죽어도 좋다.〔朝聞道, 夕死, 可矣.〕"라고 한 장(章)을 가리킨다.

들을 도성촌(道成村) 엄목정(嚴木亭)에서 모이게 하여 경학을 토론하기도 하고 혹은 사예(詞藝)를 시험하기도 하여 기수(沂水)에서 목욕하고 무우(舞雩)에서 바람 쐬고서 시를 읊으며 돌아오는 정취[87]가 있었으니, 지나가는 자들이 손가락으로 가리키며 흠모하였다.

항상 풍속을 개선시키는 데에 독실하게 힘써서 남전향약(藍田鄉約)[88]과 석담향약(石潭鄉約)[89]을 가져다가 자신의 뜻을 덧붙여서 한 지역에서 행하고자 하였다. 그러나 미처 이루지 못하였으니, 안타깝다. 명리(名理)에 관한 저술은 계술(繼述)하기만 하고 창작하지는 않았으니, 또한 그 조예를 살펴볼 수 있다. 시 또한 돈박하여 의리와 정취가 있어서, 겉만 화려하게 꾸미는 자에 견줄 바가 아니었으나 산일되어 수습하지 못하였다. 만년에 몰운(沒韻)[90]으로 백여 구(句)의 시를 지어 이로써 한 질을 이루었다. 또 자식을 경계하는 책을 지어서, 나라를

**87** 기수(沂水)에서……정취 : 이는 본래《논어(論語)》〈선진(先進)〉에 보이는 증점(曾點)의 말에서 나온 것으로, 공자(孔子)가 시종하는 제자들에게 자신의 뜻을 어떻게 펼칠지를 물었을 적에, 증점이 "늦은 봄이 되어 봄옷이 만들어지면, 관(冠)을 쓴 어른 5, 6명과 동자 6, 7명과 함께 나가 기수에서 목욕하고 무우에서 바람 쐬고서 시를 읊으며 돌아오겠습니다.〔莫春者, 春服旣成, 冠者五六人、童子六七人, 浴乎沂, 風乎舞雩, 詠而歸.〕"라고 대답하여 공자의 칭찬을 들었다.

**88** 남전향약(藍田鄉約) : 송(宋)나라 때 남전에 살던 여씨(呂氏) 4형제, 즉 여대균(呂大鈞)·여대충(呂大忠)·여대방(呂大防)·여대림(呂大臨)이 같은 고을 사람들과 지키기로 약속한 규약으로, '여씨향약(呂氏鄉約)'이라고도 한다.

**89** 석담향약(石潭鄉約) : 율곡(栗谷) 이이(李珥)가 만든 향약이다. 석담은 해주(海州)에 위치한 곳으로, 이이가 강학하던 곳이다.

**90** 몰운(沒韻) : 시에 운자(韻字)를 사용함에 있어 해당 운통(韻統)에 속한 글자를 빠짐없이 사용하는 것을 이른다.

살리고 백성을 오래 살게 하는 방도와 부모가 살아계실 적에 봉양하고 돌아가신 뒤에 제사하며 일상에서 늘 행해야 하는 방도에 대하여 모두 개괄하여 언급하였으니, 어찌 공의 한 집안의 준칙이 될 뿐이겠는가. 공이 귀하게 여긴 바는 바로 은(殷)나라가 숭상하던 바[91]여서, 마치 혼금(渾金)과 박옥(璞玉)[92]이 감춰져 있을수록 더욱 진귀해지는 것과 같다. 만약 문사(文辭)를 가지고 공을 평가한다면 어찌 공을 엉성하게 아는 것이 아니겠는가.

공의 배위 안동 김씨(安東金氏)는 통덕랑 동철(東喆)의 딸이니, 상락부원군(上洛府院君) 방경(方慶)이 그 선조이다. 3남을 낳았으니, 장남은 희경(熙敬)이고 그 아래는 희갑(熙甲), 희윤(熙潤)인데, 각각 자녀를 두었으나 모두 어리다.

공은 법가필사(法家拂士)[93]의 집안에서 태어나서 몸소 효제를 행하였다. 추복(追服)한 한 가지 일은 비록 예(禮)에는 보이지 않으나 정(情)이 이르는 바에 예(禮)가 또한 따르는 법이니, 정(情)과 예(禮)의 사이에서 조율하되 그 정도(正道)를 잃지 않은 경우일 것이다. 효는

**91** 은(殷)나라가 숭상하던 바 : '질(質)'을 이른다. 하(夏)·은(殷)·주(周) 시대에는 정사에서 숭상하던 바가 각각 달랐는데, 하(夏)나라는 충(忠)을 숭상하였고 은(殷)나라는 질(質)을 숭상하였으며 주(周)나라는 문(文)을 숭상하였다. 《論語集註 爲政》

**92** 혼금(渾金)과 박옥(璞玉) : 혼금은 정련하지 않은 금을, 박옥은 조탁하지 않은 옥을 이르는 것으로, 꾸밈을 더하지 않은 천연의 아름다운 자질을 비유하는 말로 쓰인다.

**93** 법가필사(法家拂士) : 법도 있는 대신의 집안과 보필하는 선비의 뜻으로, 《맹자(孟子)》 〈고자 하(告子下)〉에 "들어가면 법도 있는 대신의 집안과 보필하는 선비가 없고 나오면 적국과 외환이 없는 경우는 나라가 항상 망한다.〔入則無法家拂士, 出則無敵國外患者, 國恒亡.〕"라고 보인다.

시작에 애경의 방도를 돈독히 하고 끝에 애모하는 방도를 지극히 함에 그 방법이 또한 다양하지만 그 마음은 똑같다. 그러므로 '〈육아(蓼莪)〉에서 효자가 봉양할 것을 생각함을 볼 수 있고 〈사월(四月)〉에서 효자가 제사할 것을 생각함을 볼 수 있다.'[94]라고 하는 것이니, 이는 효가 만선(萬善)과 백행(百行)의 근본이 되는 까닭이다.

마을의 인사들이 칭송하고 사모하기를 그치지 않아서 조정에 아뢰니, 기해년(1839, 헌종5)에 공에게 동몽교관을 추증하였다. 이를 두고 군자는 말하기를,

"이는 공의 덕에 걸맞기에 부족하다."

라고 한다. 그러나 밖에서 이르는 것이 공에게 무슨 상관이 있겠는가. 공은 '인(忍)'으로 덕을 삼는다는 뜻을 취하여 방에 '인와(忍窩)'라는 편액을 거니, 학자들이 인와처사(忍窩處士)라고 일컬었다.

공의 손자 성원(聲遠)이 나를 종유하였는데, 공의 행장을 지어줄 것을 부탁하였다. 공은 나의 선고와 같은 해에 태어나고 별세한 달과 날짜도 같으니, 내가 탄식하며 감모(感慕)하는 마음이 들어서 감히 노쇠하고 병들었다고 하여 사양할 수가 없다. 또 성원의 간절한 정성에 감복하였기에 병을 무릅쓰고 붓을 들어서 이상과 같이 서술하여 이로써 덕을 알아주는 군자를 기다리는 바이다.

**94** 육아(蓼莪)에서……있다 : 이 말은 《공총자(孔叢子)》〈기의(記義)〉에 보이는데, 공자(孔子)의 말로 되어 있다. 〈육아〉와 〈사월(四月)〉은 《시경(詩經)》 소아(小雅)의 편명으로, 〈육아〉는 효자가 돌아가신 부모를 생각하면서 끝까지 봉양하지 못한 심정을 애달프게 읊은 시이고, 〈사월〉은 관직에 있는 자들이 탐욕스럽고 잔학하여 각 나라들이 화를 만나 원망과 혼란이 함께 일어난 것을 읊은 시이다.

## 안곡 이공 행장
安谷李公行狀

공은 성이 이씨(李氏), 휘가 중명(重明), 자가 자문(子文)이며, 그 선조는 경주(慶州) 사람이다. 휘 주좌(周佐)는 고려의 상서로서 공훈을 드러내어 아산(牙山)에 봉해졌는데, 자손이 그대로 이를 관향으로 삼았다. 문하시중 휘 옹(邕)에 이르러서는 호가 조은(釣隱)인데 본조에 들어와 아산에 은거하며 포은(圃隱 정몽주(鄭夢周)), 목은(牧隱 이색(李穡)) 등의 제현과 함께 이름을 나란히 하였다. 이분의 손자 휘 원생(原生)은 사헌부 장령으로서 대사헌에 추증되었다. 이분이 휘 종성(宗誠)을 낳았으니, 현감이다. 3대를 전하여 휘 척(陟)에 이르러 문과에 급제하고 부사가 되었으니, 이분이 바로 공의 오대조이다. 선공감 첨정 휘 수붕(壽鵬), 헌릉 참봉(獻陵參奉) 휘 인좌(仁佐), 휘 준(俊), 군자감 정 휘 사금(嗣金)이 바로 공의 고조, 증조, 조고, 선고이다. 군자감 정 공은 배위가 두 분이니, 파평 윤씨(坡平尹氏) 생원 모(㷎)의 딸과 상주 김씨(尙州金氏) 홍(鴻)의 딸이다. 김씨는 3남을 낳았는데, 공은 그중에 막내이다.

공은 남다른 자질을 타고나서 총명함이 빼어났다. 분곡(盆谷) 이공 승벽(李公承璧)에게 수업을 받았는데, 이공의 기대가 몹시 중하였으며 함께 배우는 아이들이 억지로 책을 덮게 하면 홀로 구석진 곳으로 가서 외우고 풀이하는 데에 침잠하였다. 어린 나이에 문장의 재주가 빠르게 향상되어 변려문을 가지고 동당시(東堂試)에서 장원을 하였는데, 시험을 주관하는 자가 어린 아이라고 하여 2등으로 낮추어버리니 이후로 화려한 명성이 크게 알려졌다. 신묘년(1651, 효종2)에 사마시에 합격하였다.

공은 평소에 명절(名節)을 흠모하여 지기(志氣)가 꼿꼿하였다. 명(明)나라가 멸망하여 천지가 무너진 것을 보고는 비분강개하여 살아갈 의지가 없는 듯하였고 명(明)나라를 언급하게 되면 매번 오열하며 눈물을 흘렸다. 현종 정미년(1667, 현종8)에 명(明)나라 사람 진득(陳得), 임인관(林寅觀) 등이 바다를 표류하여 탐라(耽羅)에 이르러서는, 영력황제(永曆皇帝)가 지금 한 모퉁이의 땅을 보유하고 있어서 숭정(崇禎)의 정통을 이을 수 있다고 말하였는데 조정에서는 이들을 연경(燕京)으로 압송할 것을 논의하니[95] 공이 통탄함을 이기지 못하였다.

뒤에 가뭄을 만나서 구언(求言)하였는데 공이 반궁(泮宮)에 있으면서 성지(聖旨)에 응해 상소하여 황묘(皇廟)를 건립할 것을 청하며 다음과 같이 아뢰었다.

**95** 현종……논의하니 : 정미년(1667, 현종8) 6월에 제주도에 당선(唐船) 1척이 표류해 왔는데 배는 난파되었고 배에 실었던 물건은 모두 물에 잠겨 남은 것이 거의 없었으며, 배에는 임인관(林寅觀), 증승(曾勝), 진득(陳得) 등 95명의 사람이 타고 있었다. 이들은 명(明)나라 복건성(福建省)의 관상인(官商人)으로서, 청(淸)나라에 귀속하지 않고 일본과 교통(交通)하는 자들인데 일본에 가다가 바다에서 바람을 만나 난파당하여 이곳에 표류하게 된 것이었다. 이들은 일본으로 칙사를 보내어 배를 타고 돌아갈 수 있게 해주거나, 배 한 척을 내주어 직접 본토로 돌아갈 수 있게 해 줄 것을 우리 조정에 간곡히 요청하였는데, 조정에서는 이를 따라주지 않고 이들을 모두 청(淸)나라 연경(燕京)으로 압송하였다.《顯宗實錄 8年 6月 21日, 10月 3日》영력황제(永曆皇帝)는 명(明)나라가 청(淸)나라에 의해 함락된 뒤에 명 왕실의 일족이 화중(華中)・화남(華南)에 세운 남명(南明)의 마지막 황제이며, 숭정(崇禎)은 명(明)나라의 마지막 황제로, 묘호는 의종(毅宗)이다.

"임진년(1592, 선조25)에 섬나라 오랑캐가 쳐들어와서 우리 열군(列郡)을 유린하고 우리 적자(赤子)들을 도륙하며 우리 종묘를 잿더미로 만들고 우리 능침을 능욕하였습니다. 그러나 다행히 신종황제(神宗皇帝)께서 천하의 군대를 움직이고 천하의 재화를 다 쏟아주신 덕분에 8년간 힘써 토벌하여 삼한(三韓)의 강토를 회복하였습니다. 그렇다면 우리의 망한 나라를 부흥시켜서 우리 종묘가 혈식할 수 있게 만든 것은 추호도 모두가 황제의 힘입니다. 창오(蒼梧)로 수레가 멀리 떠남에 적현(赤縣)이 붕괴되었고 해가 염해(炎海)에서 저묾에 물결이 용주(龍舟)를 침몰시켰는데[96] 원릉(園陵)은 불타고 향화(香火)는 처량해졌으니 아, 마치 옆에 계시는 듯한 우리 신종황제의 영령이 오히려 어디에 의귀하시겠습니까. 오르고 내리시는 영령이 우리나라에 마음을 두고 계실 것이 분명합니다. 엎드려 바라건대 전하께서는 우리나라를 다시 살아나게 한 큰 은혜를 생각하고 선왕께서 복사(服事)하셨던 지극한 정성을 헤아리시어 정결한 곳을 택하여 사당을 건립해서 그 제사가 길이 보존되도록 하소서. 이렇게 하신다면 온 나라의 사람이 모두 기쁜 마음으로 복종할 뿐만이 아니라 하늘에 계신 선조대왕(宣祖大王)의 영령이 틀림없이 문손(文孫)[97]

**96** 창오(蒼梧)로……침몰시켰는데 : 이는 명(明)나라가 멸망한 뒤에 명(明) 왕실의 일족이 중국의 남쪽 지역에서 남명(南明)을 세워 청(淸)나라에 저항하다가 그 마지막 황제인 영력제(永曆帝)가 살해됨으로써 완전히 멸망하게 된 것을 비유하여 말한 것이다. 창오(蒼梧)는 중국 호남성(湖南省)에 있는 산으로, 옛날에 순(舜)임금이 남쪽 지방을 순행하다가 죽어 이곳 기슭에 묻혔다. 적현(赤縣)은 적현신주(赤縣神州)의 준말로, 중원(中原)이나 중국의 이칭으로 사용되었다. 염해(炎海)는 몹시 더운 남쪽 지방을 가리키고, 용주(龍舟)는 임금이 탄 배를 뜻한다.

이 뜻을 계승함을 기뻐하실 것이고 땅에 묻힌 선왕조 백성의 혼백들도 자신의 군주가 훌륭한 후손을 둔 것을 기뻐할 것입니다."

성상이 이 일을 처리하도록 내려보냈는데, 논의하는 자들이 존귀한 천자를 편방(偏邦)에서 제사할 수 없다는 이유를 내세우고 또 제사의 의례를 가지고 논란하여 마침내 가로막혀 시행되지 못하였다. 그러나 성상이 그 뜻을 가상하게 여겨 특별히 현릉 참봉(顯陵參奉)에 제수하였다. 경술년(1670, 현종11)에 상소하여 서리(胥吏)의 폐해를 아뢰니, 가상하다는 비답이 내렸다. 또 열읍의 시폐(時弊) 여덟 조목을 올렸다. 신해년(1671)에 광흥창 봉사로 승진하였다.

임자년(1672) 5월 21일에 정침(正寢)에서 고종(考終)하였으니, 태어난 을사년(1605, 선조38) 8월 9일로부터 향년 58세가 된다.[98] 묘는 목천(木川) 마망산(馬望山) 임좌(壬坐)에 있다.

배위 김제 조씨(金堤趙氏)는 첨지중추부사 함(涵)의 딸로, 1남1녀를 낳았는데, 아들은 장신(長新)이고 딸은 박유근(朴楡根)에게 출가하였다. 계배(繼配) 춘천 박씨(春川朴氏)는 준(晙)의 딸로, 역시 1남1녀를 낳았는데, 아들은 장식(長植)이고 딸은 윤지연(尹之衍)에게 출가하였다. 장신의 2남은 윤실(潤實), 윤오(潤五)이고, 2녀는 유순원(兪舜

**97** 문손(文孫) : 본래 주(周)나라 문왕(文王)의 자손이란 뜻으로, 《서경(書經)》〈입정(立政)〉에 "지금부터 이후로 문자(文子), 문손(文孫)은 여러 옥사와 여러 신중히 할 형벌을 그르치지 마시고 오직 정(正)을 다스리소서.〔繼自今, 文子文孫, 其勿誤于庶獄庶愼, 惟正是乂之.〕"라고 한 데에서 보이는데, 전하여 임금의 후손에 대한 미칭으로 쓰인다.

**98** 임자년……된다 : 생년 을사년(1605, 선조38)과 몰년 임자년(1672, 현종13)을 가지고 계산하면 향년은 68세가 된다. 원문에 오류가 있는 듯하다.

元), 김성숙(金聲肅)에게 출가하였다. 장식의 2남은 윤룡(潤龍), 윤원(潤元)이고, 딸은 이수린(李壽麟)에게 출가하였다. 제상(齊相), 제기(齊機)는 윤오의 소생인데, 제기는 출계(出系)하여 윤룡의 후사가 되었다. 나머지는 다 기록하지 않는다.

공은 타고난 성품이 정직(貞直)하고 기국이 넓어서 곤궁하게 누추한 오두막에서 지내도 항상 세교(世敎)와 민생(民生)에 마음을 두었다. 매번 가뭄과 홍수로 재해가 생기는 것을 볼 때마다 동이 트도록 벽 주위를 서성였고 때로는 벌떡 일어나서 재해를 그치게 할 방도를 도모하여 누차 상소하여 일을 논해서 지위에서 벗어남을 혐의하지 않았다. 공이 지은 정문(程文)은 각 문체가 모두 절묘한 경지에 이르러서 강제(講製)에서 항상 상위의 성적을 차지하여 자주 성상의 칭찬을 받았는데, 끝내 과거에 급제하지 못하여 선우후락(先憂後樂)[99]의 뜻을 드러내어 밝히지 못하였으니, 안타깝다.

공은 어려서부터 학문을 좋아하여 시서(詩書)와 백가(百家)를 연찬(硏鑽)하지 않은 바가 없었고 특히 상수(象數)에 정밀하고 오례(五禮)에 두루 통달하였으니, 사우(士友)들이 나아와 질정하는 일이 많았다. 사장(詞章)을 지은 것은 대부분 명(明)나라를 그리워하는 시여서 풍천(風泉)의 마지막 장으로 갖추어 둘 수 있었다.[100] 후손들이 흩어진 조각

**99** 선우후락(先憂後樂) : 송(宋)나라의 명재상 범중엄(范仲淹)이 지은 〈악양루기(岳陽樓記)〉의 "천하 사람들이 근심하기에 앞서 근심하고, 천하 사람들이 즐거워한 뒤에 즐거워한다.〔先天下之憂而憂, 後天下之樂而樂.〕"라는 말을 요약한 것으로, 높은 벼슬에 있으면서 언제나 나라와 백성을 걱정하여 노심초사한다는 의미이다.

**100** 풍천(風泉)의……있었다 : '풍천'은 《시경(詩經)》 회풍(檜風)의 〈비풍(匪風)〉과 조풍(曹風)의 〈하천(下泉)〉을 합칭한 말로, 이 두 시는 모두 제후국의 대부가 주

들을 수습하여 세상에 간행하였으니, 이는 백분의 일 정도만 남은 것이다. 그러나 정미년에 올린 한 상소로 천하와 만세에 떳떳하게 할 말이 있을 수 있으니, 또한 많을 필요가 있겠는가.

우재(尤齋) 송 문정(宋文正 송시열(宋時烈)) 선생이 공의 상소를 높이 평가하여 말하기를,

"이러한 세상에 이러한 말이 이 사람에게서 나왔으니, 가상히 여기는 은전이 없어서는 안 된다."

라고 하였고, 또 말하기를,

"조정의 논의가 일치되지 못하였으므로 끝내 시행되지는 못하였으나, 성상께서 옳다고 여기셨으므로 이 사람에게 관직을 내리신 것이다. 나는 일찍이 조만간에 이 일이 이루어질 것이라고 생각하였다."

라고 하였다. 한수재(寒水齋) 권 선생(權先生 권상하(權尙夏))이 말하기를,

"화양(華陽)의 일[101]은 내가 의기(義起)[102]한 것이 아니다. 돌아가신

(周)나라 왕실이 쇠미해진 것을 탄식해 읊은 시들이다. 전하여 멸망한 왕조를 그리워한다는 뜻으로 쓰이는데, 이 사람의 시가 그 뒤를 이을 수 있다는 의미이다.

**101** 화양(華陽)의 일 : 화양동(華陽洞)에 만동묘(萬東廟)를 세워 명(明)나라 신종(神宗)과 의종(毅宗)을 제사하는 일을 이른다. 송시열(宋時烈)이 1689년(숙종15) 사사(賜死)될 적에 이 일을 제자인 권상하(權尙夏)에게 유명(遺命)으로 부탁하였다. 이에 따라 권상하는 1704년 민정중(閔鼎重)・정호(鄭澔)・이선직(李先稷)과 함께 부근 유생들의 협력을 얻어 만동묘를 창건하고 신종과 의종의 신위를 봉안하여 제사지냈다.

**102** 의기(義起) : 《예기(禮記)》 〈예운(禮運)〉에 "예(禮)라는 것은 의(義)의 실질이니, 의에 맞추어서 맞으면 예(禮)는 비록 선왕(先王) 때에 없는 것일지라도 의로써 새로 만들 수 있다.〔禮也者, 義之實也. 協諸義而協, 則禮雖先王未之有, 可以義起.〕"라고 한 데서 온 말로, 예문(禮文)에 없더라도 이치를 참작하여 새로운 예(禮)를 만드는

스승님께서 〈삼학사전(三學士傳)〉의 끝에서 말씀하시기를, '진사 이중명이 상소하여 신종의 사당을 세울 것을 청하였다.'라고 하시고 당시의 논의가 이를 시행하지 못하게 한 것을 마음으로 항상 개탄하셨다. 그러다가 섬에 유배되어 계실 때에 하직 인사를 함에 이르러 만력(萬曆)과 숭정(崇禎) 두 황제의 사당을 세우는 일을 부탁하셨다."

라고 하였다. 아, 갑신년(1704, 숙종30)에 대보단(大報壇)[103]과 만동묘(萬東廟)[104]가 이루어진 것은 바로 공의 한 마디 말이 단초가 된 것으로, 공이 황조(皇朝 명나라)를 위하는 가슴 가득한 혈성이 이때에 이루어진 것이니, 어찌 굳이 자신의 시대에 직접 봐야할 필요가 있겠는가.

고례(古禮)에 큰 재해를 막아 내고 큰 환란을 막아 냈으면 그를 위해 제사 지내니,[105] 옛날에 성왕(聖王)이 일반 사람들에게 시행한 것도 오히려 이와 같은데 하물며 우리나라가 황조에 대하여 어떻게 해야 하겠는가. 혹자는 번국(藩國)이 사사로운 은혜 때문에 사당을 세우는 것을 두고 참람하다고 여기기도 한다. 그러나 황조의 제사가 끊기지

것을 말한다.

**103** 대보단(大報壇) : 임진왜란 때에 원군을 보낸 명(明)나라 신종(神宗)의 은혜를 기리기 위해 1704년(숙종30) 창덕궁(昌德宮) 안에 설치한 제단으로, 1749년(영조25)에는 명(明)나라 태조(太祖)와 의종(毅宗)까지 합사(合祀)하였다.

**104** 만동묘(萬東廟) : 411쪽 주101 참조.

**105** 고례(古禮)에……제사하니 : 《예기(禮記)》 〈제법(祭法)〉에 "성왕이 제사를 제정함에, 법이 백성에게 시행되었으면 제사 지내고, 목숨 바쳐 국사에 힘썼으면 제사 지내고, 국가를 안정시킨 공로가 있으면 제사 지내고, 큰 재해를 막아 냈으면 제사 지내고, 큰 환란을 막아 냈으면 제사 지낸다.〔夫聖王之制祭祀也, 法施於民則祀之, 以死勤事則祀之, 以勞定國則祀之, 能禦大菑則祀之, 能捍大患則祀之.〕"라고 하였다.

않았다면 진실로 비례(非禮)가 되겠지만 지금은 구묘(九廟 천자의 종묘(宗廟))가 혈식하지 못한 지가 이미 오래되었으니, 도리어 의기(義起)에 있어 무슨 문제될 것이 있겠는가. 또 《대명집례(大明集禮)》에 따르면 친왕(親王)이 또한 인조(仁祖)를 제사하였는데 악가(樂歌)를 한결같이 태묘(太廟)를 따르고 예(禮)의 등급을 낮춘 바가 없으니, 신하가 군주를 제사하는 것과 자손이 선조를 제사하는 것은 그 의리가 똑같다.

대보단은 바로 하늘에 제사하는 예(禮)를 따르는 것인데, 화(禍)가 우려됨은 제단〔壇〕과 사당〔廟〕이 똑같으니, 만약 다름이 없음을 안다면 곧장 사당을 세우는 것이 옳다.[106] 이 의리는 농암(農巖) 김 문간공(金文簡公 김창협(金昌協))이 참되고 바르게 말하였으니, 공이 사당을 세울 것을 청한 논의와 절로 부합한다. 만동묘로 말하면, 또 배신(陪臣 제후의 신하)은 천자를 제사하는 예(禮)가 없다고 말하는 이가 있다. 그러나 황조가 이미 우리나라를 내복(內服)[107]으로 보았고, 또 신주(神州)[108]가 침몰되어 오랑캐가 다스림에 명(明)나라의 일월(日月)을 떠

106 대보단은……옳다 : 이 내용은 김창협(金昌協)이 1704년(숙종40) 당시 우의정으로 있던 이유(李濡)에게 보낸 편지에 보인다. 당시에 대보단(大報壇)을 건립하는 과정에서 명(明)나라 황제를 제사하는 것을 청(淸)나라에서 알게 되면 이를 문제 삼아 화가 있게 될까 염려하는 논의가 있었다. 사당이 아닌 제단을 건립하게 된 것도 이러한 이유 때문이었다. 이에 대해 김창협은 청(淸)나라가 이러한 사실을 알았을 경우 문제가 되는 것은 사당과 제단이 다를 것이 없으므로 곧장 사당을 세우는 것이 옳으니, 그렇지 않으면 제단도 세워서는 안 된다고 주장하였다. 《農巖集 卷17 與李右相》

107 내복(內服) : 천자의 교화가 미치는 왕기(王畿) 이내의 지역을 이르는 말로, 천자의 교화가 미치지 않는 왕기 밖의 지역인 외복(外服)과 상대되는 말이다.

108 신주(神州) : 적현신주(赤縣神州)의 준말로, 중원(中原)이나 중국의 이칭으로 사용된다.

받드는 곳으로는 오히려 우리나라가 있으니, 우리나라의 뭇 백성들은 모두 명(明)나라의 유민일 뿐이다. 유민으로서 옛 군주를 제사한 경우로, 예컨대 활주(滑州)가 요(堯)를 제사한 것과 정강(靜江)이 순(舜)을 제사한 것과 회계(會稽)가 우(禹)를 제사한 것과 초인(楚人)이 소왕(昭王)을 제사한 것과 같은 것은 모두 덕을 그리워하여 보답하는 제사를 올린 것이니, 신리(神理)와 인정(人情)으로 헤아려볼 때 어찌 그만둘 수 없는 것이 아니겠는가. 어찌 근거할 바가 없다고 말할 수 있겠는가. 제단과 사당이 모두 공의 한 마디 말에서 시작되었으니 명(明)나라의 충신이 되기에 부끄러운 바가 없다. 아, 훌륭하다.

정종(正宗 정조) 정사년(1797, 정조21)에 명하여 《존주록(尊周錄)》[109]을 편찬하게 하였는데 특별히 공의 이름을 기재하였다. 순묘(純廟 순조) 병인년(1806, 순조6)에 공을 천안(天安) 안곡(安谷)의 향사(鄕祉)에 제향하니, 안곡은 바로 공이 살던 곳으로, 인하여 호로 삼은 곳이다. 화천(華泉) 이공 채(李公采)가 '용계서사(龍溪書祉)'라고 편액을 썼으니, 이는 지촌(芝村) 이 문간공(李文簡公 이희조(李喜朝))의 유의(遺意)이다.

연천(淵泉) 홍상국(洪相國) 석주(奭周)가 공의 찬(贊)을 지었으니, 다음과 같다.

《춘추》 한 권의 의리[110]가 陽秋一部

109 존주록(尊周錄) : 정식 명칭은 《존주휘편(尊周彙編)》으로, 1595년(선조28) 신충일(申忠一)을 건주위(建州衛)에 사자(使者)로 보낸 이후부터 정묘호란과 병자호란을 거쳐 정조가 죽을 때까지 대후금(對後金)·대청(對淸)의 전란과 교섭사 및 이와 관련된 여러 신하의 사적을 모은 책이다.

110 춘추 한 권의 의리 : 《춘추(春秋)》의 의리란, 천자의 나라인 주(周)나라를 높이

우리나라에 해와 별처럼 빛나네 日星吾東
누가 이를 드러내어 밝혔는가 孰其闡之
대로(大老 송시열)의 공이라네 大老之功
대로가 특별히 써서 말하기를 大老特書
이생이라는 자가 있다고 하여서 曰有李生
삼학사와 함께 暨三學士
그 명성을 나란히 세웠네 倂樹厥聲
저 북원을 바라보니 瞻彼北苑
신령스러운 제단이 우뚝하네 截屹靈壇
공이 이 영화에 참여하니 公與有榮
낭간[111]이 아름답게 빛나리라 赫赫琅玕

아, 〈증민(烝民)〉 수장(首章)의 뜻[112]이 오래되어도 사라지지 않음을 증험할 수 있다.

고 오랑캐를 배격하는 의리로, 여기에서는 천자의 나라였던 명(明)나라를 종주국으로서 높이는 의리를 이른다.

**111** 낭간(琅玕) : 옥(玉)과 비슷한 일종의 아름다운 돌로, 충직한 간언이나 좋은 문장을 비유하는 말로 쓰인다. 한유(韓愈)의 〈착착(齪齪)〉에 "구름을 헤치고 천문에 호소하여, 배 속을 열어서 낭간을 바치련다.〔排雲叫閶闔, 披腹呈琅玕.〕"라고 한 데에서 온 말이다.

**112** 증민(烝民) 수장(首章)의 뜻 : 〈증민〉은 《시경(詩經)》 대아(大雅)의 편명으로, 그 수장에 "하늘이 여러 백성을 내시니, 사물이 있음에 법(法)이 있도다. 백성이 떳떳한 성품을 갖고 있는지라 이 아름다운 덕(德)을 좋아하도다.〔天生烝民, 有物有則. 民之秉彝, 好是懿德.〕"라고 하였다. 이는 사람들이 모두 떳떳한 본성을 타고나서, 군신(君臣) 간의 의리, 부자(父子) 간의 친함과 같은 올바른 도리를 따르기를 좋아함을 말한 것이다.

공이 별세한 지 이백여 년이 되었으나 아직도 행장이 없었는데, 공의 종현손(從玄孫) 심영(心永)이 처음으로 유사(遺事)를 기술하고 공의 현손 주석(周錫)이 그 손자 인모(仁模)를 보내어 공의 행실을 기술해 줄 것을 청해왔다. 나는 공의 풍절(風節)을 되뇌며 감복한 지가 오래되었는데, 공의 상소를 읽고 나서 더욱더 격세의 감회를 이기지 못하였다. 이에 감히 노쇠하였다는 이유로 사양하지 못하고 마침내 병을 무릅쓰고 붓을 휘둘러 이상과 같이 기술해서 덕을 알아주는 군자를 기다리는 바이다.

# 주암 이공 행장

## 疇巖李公行狀

공은 휘가 의병(義秉), 자가 재심(在心)으로, 처음의 휘는 상준(商濬)이고, 자는 사형(士衡)이며, 호는 주암(疇巖)이다. 세계(世系)는 선원(璿源)에서 나왔으니, 세종의 별자(別子) 광평대군(廣坪大君) 장의공(章懿公) 휘 여(璵)가 시조가 된다. 이분이 영순군(永順君) 공소공(恭昭公) 휘 부(溥)를 낳았는데, 훌륭하여 명성이 있었다. 이분의 증손 휘 한(漢)이 처음으로 왕실의 관적을 떠나 군수가 되고 판서에 추증되었다. 3대를 전하여 군수 증 영의정 휘 욱(郁)에 이르렀고, 이분은 2남을 두었으니, 첨지중추부사 증 이조판서 휘 후재(厚載)와 우의정 완남부원군(完南府院君) 충정공(忠貞公) 휘 후원(厚源)이다. 판서 공이 사헌부 장령 증 우찬성 휘 형(逈)을 낳았으니, 바로 공의 오대조이다. 고조는 군수 증 영의정 휘 중휘(重輝)이다. 증조는 영의정 혜정공(惠定公) 휘 유(濡)로, 재주와 덕망으로 명릉(明陵 숙종)의 신신(藎臣)[113]이 되었으며 경종의 묘정(廟庭)에 배향되었다. 조고는 현감 증 이조판서 휘 현응(顯應)이다. 선고는 이조 판서 문정공(文貞公) 휘 최중(最中)이다. 선비(先妣) 함안 조씨(咸安趙氏)는 개성 유수(開城

**113** 신신(藎臣) : 충애(忠愛)가 돈독한 충신을 이른다. 《시경(詩經)》 대아(大雅) 〈문왕(文王)〉에 "왕의 충신들은 너의 할아버지를 생각하지 않겠는가.〔王之藎臣, 無念爾祖?〕"라고 하였는데, 채침(蔡沈)은 《집전(集傳)》에서 "신(藎)은 나아감이니, 충애의 돈독함이 나아가고 나아가 그치지 않음을 말한 것이다."라고 하였다.

留守) 증 좌찬성 영복(榮福)이 그 선고이다.

영종(英宗 영조) 신미년(1751, 영조27) 7월 7일에 공은 한사(漢師 한양) 수진방(壽進坊)의 우소(寓所)에서 태어났다. 타고난 자질이 영특하여 7세에 이미 독서할 줄을 알아서 책려하기를 기다리지 않고도 절로 일취월장하였다. 15세에 소심(素心) 신공(申公)을 따라 배웠는데, 신공이 공에게 기대함이 매우 중하여 조심하고 근신(謹愼)하도록 항상 가르쳤다. 신묘년(1771)에 선고 문정공이 북쪽 변방에 유배되자, 공은 경황하여 병이 나서 세 달 뒤에야 비로소 나았다. 계사년(1773)에 생원시에 합격하였다. 을미년(1775)에 모친상을 당하였다.

정묘(正廟 정조) 임인년(1782, 정조6)에 두 이공(李公)의 옥사[114]가 일어났을 적에 선고 문정공이 흉악한 무리들에게 무함을 당하여 어떤 화(禍)가 닥칠지 예측할 수 없는 지경이었는데, 성상이 이미 물러난 사람이라고 하여 특별히 살려주어서 추자도(楸子島)에 유배하였다. 문정공이 길을 떠나기 전에 공을 돌아보며 말하기를,

"변고를 만난 것이 비록 망극하지만 이 일로 장해(瘴海)로 떠남은

**114** 두 이공(李公)의 옥사 : '두 이공'은 이택징(李澤徵, 1715~1782)과 이유백(李有白, 1722~1782)을 가리킨다. 1782년(정조6) 이택징이 규장각의 폐단과 정세에 대한 과격한 상소를 올려 조정이 분분해지자, 대사헌 이재협(李在協)이 소를 올려 이를 탄핵하였는데, 이유백이 이택징을 옹호하는 상소를 올리면서 그 내용이 더욱 과격해져 말이 효의왕후(孝懿王后)에 미치고 왕후의 일가인 김치묵(金峙默)을 치죄할 것을 청하기에 이르렀다. 이를 보고 정조가 격노하였는데, 얼마 있다가 이유백의 아우인 이유원(李有源)이 이유백과 이택징이 모의하여 상소를 올렸다고 고발하였다. 이에 모두 역모죄로 다스려, 이유백은 국문하는 도중에 죽고 이택징은 처형되고, 이의병(李義秉)의 부친인 이최중(李最中)도 이에 연좌되어 추자도(楸子島)에 귀양 가서 죽었다. 이들은 모두 순조(純祖) 때에 신원(伸寃)되었다.

곧 낙토(樂土)인 것이다."

라고 하였다. 공은 천한 자의 옷을 입고 문정공의 편여(篇輿 대나무를 엮어 만든 가마)를 어깨에 메고서 청파역(靑坡驛)으로 나와 머물며 문정공을 따라 강가에 이르렀는데, 금오랑(金吾郎)이 고함을 치며 닻을 올리게 하고 공이 배에 오르는 것을 허락하지 않으니, 배가 바다를 건넘에 이르러 부자가 만나보지 못하게 되었다.

흉악한 무리들이 평소에 문정공의 언론이 강직한 것을 싫어하여 문정공을 유배 보낸 뒤에도 기필코 죽이고자 하였는데, 윗사람의 비위를 맞추어 영합하는 자들이 기를 꺾고 욕보이는 짓을 못하는 바가 없어서 온갖 방법으로 엿보고 감시하는 통에 바다를 건너가 만나볼 수 있는 길이 막혔다. 공은 배소의 안부를 알아보기 위해 직접 상인의 일을 해가며 심력을 다하고 위난을 무릅썼으나 끝내 통문하지 못하고 바다만 바라보며 통곡하다가 돌아왔다. 그러고는 묘 아래의 누추한 방에 거처하며 매일 새벽과 저녁에 산에 올라 남쪽을 바라보고 재배하며 눈물을 흘리면서 기도하고 축원하였다.

갑진년(1784, 정조8) 가을에 갑자기 해가 떨어지는 꿈을 꾸고는 마음이 동하여 그날 밤에 길을 떠났는데, 영암(靈巖) 땅에 이르러 부음을 듣고는 기절하였다가 한참 뒤에나 깨어났다. 고을 수령에게 분상(奔喪)하는 것을 청하였는데 수령이 처음에는 굳게 거절하였으나 공의 효성에 감동하여 허락하였다. 배소 밖에 이르러서 진장(鎭將)이 조령(朝令)이 없었다는 이유로 막아서서 들어가지 못하게 하였다. 이에 진장에게 말하기를,

"진장은 홀로 아버지가 없는가. 부자가 사별한 지 3년이 되었는데, 살아 계실 적에는 슬하에서 인사를 올리지도 못하고 돌아가신 뒤에

는 관 앞에서 곡하지도 못하니, 이것이 어찌 인리(人理)이겠는가."

라고 하고는 가슴을 치고 하늘에 부르짖으며 자진하려고 하였다. 그러자 한 병졸이 몰래 고하여 말하기를,

"공의 정성은 금석도 감동시키니, 제가 비록 죄를 얻더라도 마다하지 않겠습니다."

라고 하였다. 이윽고 공의 등을 밀어 들어가게 하자 곡하고 가슴을 치며 혼절하기를 수차례 하니, 섬의 백성들이 울음을 삼키지 않는 이가 없었다.

돌아와 고장(藁葬)하고는 이어서 여묘하였는데 짚을 엮어서 창문을 막으니 집안사람들도 그 얼굴을 보지 못하였으며, 죽을 마시고 소찬을 먹으며 피눈물을 흘리면서 삼년을 보내기를 하루같이 하였다. 상기(喪期)가 다하였더라도 오히려 창문을 막은 방에서 지내면서 새벽에 사당을 배알하였고 성묘할 때마다 곡하기를 종신토록 하였다. 항상 자질(子姪)들에게 말하기를,

"나는 죄악이 끝도 없어서 바닷가 배소에 계시는 삼 년 동안 병환이 있어도 상약(嘗藥)하지 못하고 돌아가셔도 반함(飯含)하지 못하였으니, 이는 천지 사이의 한 죄인인 것이다. 내가 죽은 뒤에도 반함하지 말아서 선고를 다시 뵐 수 없는 나의 애통함을 조금이나마 속죄할 수 있게 해다오."

라고 하였다.

섬에 들어가던 날에 선고가 유명(遺命)을 남기셨는지를 물었는데 기거하던 곳의 주인이 말하기를,

"다른 말씀은 없었고 다만 부채 하나를 남기며 말씀하기를, '우리 아이가 이르면 전해줄 것이니 이는 유명한 부채이다.'라고 하였습

니다."

라고 하였다. 공이 이를 받아서 보관하였으나 그 뜻을 알지 못하여 이를 지극한 통한으로 여겨서 매번 부채를 어루만지며 울었다. 항상 문정공이 좋아하던 음식을 유배 중에 올리지 못한 것을 생각하며 다시는 입에 가까이 하지 않았고 그 음식을 보면 눈물을 흘렸으며, 너절한 옷을 입고 거친 음식을 먹으며 그럭저럭 세월을 보냈으니, 비단 잔치에 참여하지 않을 뿐만이 아니었다.

병진년(1796, 정조20)에 장차 억울함을 하소연하려고 하면서 공이 맹세하여 말하기를,

"성상께 아뢸 문장의 초고를 매일 밤 잠잘 때에 나의 배에 올려두어서 백일이 되도록 이부자리에 떨어지지 않는다면 나의 정성을 증명할 수 있을 것이다."

라고 하였다. 글이 과연 떨어지지 않으니, 마침내 성상을 감동시킬 수 있어서 깊은 원통함이 모두 신설되었다. 만약 지극한 정성에 감동한 것이 아니라면 어찌 이와 같을 수 있겠는가. 순묘(純廟 순조) 원년(1801)에 두 이공의 관작을 회복하였으며, 또 문정공에게 사제(賜祭)하고 이어서 절혜(節惠)의 은전[115]을 내리니, 유명(幽明)의 사이에 다시 유감이 없게 되었다. 그러나 공은 벼슬하지 않을 것을 마음에 맹세

**115** 절혜(節惠)의 은전 : 절혜는 망자의 여러 가지 선행 가운데 특별한 것을 뽑아 시호를 내림을 이른다. 《예기(禮記)》〈표기(表記)〉에 "선왕은 죽은 사람에게 하나의 시호를 가하니, 그 사람의 이름을 높여 주기 위함이다. 시호를 정할 때에는 그 사람의 아름다운 행실이 많다고 하더라도 오직 대표적인 미덕을 뽑아서 그 선행을 전일하게 하니, 이는 그 이름이 행실보다 지나친 것을 수치로 여겨서이다.〔先王謚以尊名, 節以壹惠, 恥名之浮於行也.〕"라는 공자(孔子)의 말이 나온다.

하여 임술년(1802)에 중부 도사(中部都事)에 제수되고 갑자년(1804)에 재차 의금부 도사에 제수되었으나 모두 나아가지 않았다. 친구들은 출사할 것을 권면하는 이가 많았고 집안사람들도 가난함 때문에 벼슬하는 의리를 말하는 자가 있었으나 공은 굳게 뜻을 지켜서 흔들리지 않았다. 갑술년(1814) 2월 26일에 주암(疇巖)의 본가에서 고종(考終)하였으니, 향년이 64세였다. 4월에 광주(廣州) 궁촌(宮村)의 선영에 장례하였다.

배위 여흥 민씨(驪興閔氏)는 예조 판서 백흥(百興)의 딸로, 겸손하고 신중하며 사리에 두루 통달하여 여사(女士)의 풍모가 있었다. 공보다 1년 먼저 태어나고 공보다 25년 먼저 별세하였는데, 처음에는 선영에 부장(祔葬)하였다가 뒤에 공의 묘에 합장하였다. 3남2녀를 낳았으니, 아들은 음서로 부사가 된 화연(和淵), 호연(好淵), 우연(友淵)이고, 딸들은 윤보일(尹輔一), 김근희(金近喜)에게 출가하였다. 신연(莘淵), 암연(巖淵), 무과 급제하여 현감이 된 도연(陶淵)은 측실의 소생이다. 부사의 아들은 인청(寅淸)이고 딸들은 현감 조진문(趙鎭文), 진사 김풍희(金豐喜)에게 출가하였다. 호연의 계자(繼子)는 인목(寅穆)이고 딸은 참봉 안응수(安膺壽)에게 출가하였다. 우연의 아들은 참봉 인식(寅軾), 인목, 인혁(寅赫), 인철(寅轍)이고, 딸들은 진사 송택진(宋宅鎭), 진사 권우선(權禹善), 김경희(金景喜), 신휘(申楎)에게 출가하였다.

공은 자품이 밝고 풍도가 바르고 깨끗해서 체구는 작았으나 정채(精彩)가 사람들을 움직였고 효성에 있어서 특히 타고났다. 문정공은 평소에 엄하여, 공을 늦게 낳았다고 해서 혹시라도 가르침을 느슨히 하지 않았는데, 공이 밤낮으로 이를 잘 알아서 선고의 뜻에 앞서 잘 받들어 따랐다. 작은 잘못이 있으면 문정공이 매번 밥상을 마주하고 먹지 않았는데, 공이 두려워하여 거적을 깔고 엎드려 잘못을 빌어서 문정공이 밥을 먹은 후에야 물러났다. 문정공이 공의 몸이 허약하여 병이 나는 것을 염려하여 몸소 그 동정을 살폈는데, 공은 급히 불을 끄고 잠자리에 들었다가 바로 일어나 문정공이 계신 곳으로 가서 몰래 기거를 살펴, 밤마다 늘 이렇게 하였다. 문정공이 평소에 병환을 잘 앓았는데 공은 밤낮으로 띠를 풀지 않고 일상에 필요한 일들을 다른 사람을 시켜 대신 수고하게 하지 않았다. 문정공이 때로 밥상을 받고서 좋아하지 않으면 공이 반드시 주방에 들어가 손수 맛있는 음식을 장만해서 숟가락을 뜨게 하고야 말았다. 다른 사람이 혹 물건을 주면 비록 하찮은 물건이라고 하더라도 반드시 문정공에게 여쭤보고서 올리거나 물렸다. 선비(先妣) 조 부인의 병이 위독해지자 공은 매일 밤마다 하늘에 기도하다가 형색이 마르고 쇠하여 마침내 고질(痼疾)이 되었다. 거상(居喪)할 적에는 예방(禮防)을 엄격히 하여 중문(中門)에 들어가지 않았다. 일찍이 '들어가서는 효도하고 나와서는 공손히 한다.'[116]라는 글과 '부모에게 치욕을 끼칠 것을 생각한다.'[117]라는 글을 늘 되뇌어서

**116** 들어가서는……한다 : 이는《논어(論語)》〈학이(學而)〉에 보이는 말로, "제자(弟子)가 들어가서는 효도하고 나와서는 공손히 하며, 행실을 삼가고 말을 성실하게 하며, 널리 사람들을 사랑하되 인(仁)한 이를 친근히 해야 하니, 이것을 행하고 여력이 있으면 글을 배워야 한다.〔弟子入則孝, 出則弟, 謹而信, 汎愛衆, 而親仁, 行有餘力, 則以學文.〕"라고 하였다.

**117** 부모에게……생각한다 : 이는《예기(禮記)》〈내칙(內則)〉에 보이는 말로, "부모가 비록 별세하셨더라도 장차 선한 일을 하려 할 적에는 부모에게 좋은 명예를 끼칠 것을 생각하여 반드시 결행하며, 장차 선하지 못한 일을 하려 할 적에는 부모에게 치욕을 끼칠 것을 생각하여 반드시 과감하게 행하지 말아야한다.〔父母雖沒, 將爲善, 思貽父

날이 밝도록 하나만을 생각하여[118] 잠시라도 해이해지지 않았다. 선대의 필적과 문정공의 글씨를 모아서 손수 서첩을 만들어 집안에 전하는 보물이 되게 하였다.

백부(伯父)와 중부(仲父)를 섬기기를 문정공을 섬기듯이 하였고 자씨(姊氏)와 우애가 돈독하여 입고 먹는 것과 질병에 있어서 반드시 먼저 근심하였다. 자서(姊壻 매형)가 별세하자 공이 직접 영외(嶺外)에 찾아가서 자씨를 보살피니 자씨가 이 덕분에 목숨을 보전하였다. 종족에게까지 이러한 마음을 미루어 베풀어서 화목함에 힘썼다. 종질(從姪) 이연(伊淵)이 일찍 고아가 되어서 의지할 곳이 없었는데, 공이 자식처럼 아끼고 기르며 그를 위해 생계를 마련해주어 자립할 수 있게 하였다. 궁촌(宮村)에 사창(社倉)이 있었는데, 이는 바로 증조 혜정공이 만든 것이었다. 문정공이 이 제도를 확장하여 봄가을로 염산(斂散)하게 하고는 '공년균(共年囷)'이라고 이름을 붙였다. 공이 이것의 옛 제도를 손보고 중단된 것을 회복하여 환난을 구휼할 방법을 도모하였으니, 이것이 이른바 '그래도 한 지방에서는 시험해 볼 수 있다.'[119]라는 것이다. 나주(羅州)의 의사(義士) 이동혁(李東赫)이 임인년에 문정공

母命名, 必果; 將爲不善, 思貽父母羞辱, 必不果.〕"라고 하였다.

**118** 날이……생각하여 : 《시경(詩經)》 소아(小雅) 〈소완(小宛)〉에 "날이 밝도록 잠을 못 이루고 두 분을 생각하노라.〔明發不寐, 有懷二人.〕"라고 보이는데, 두 분은 곧 부모를 가리킨다.

**119** 그래도……있다 : 이는 본래 장재(張載)의 말로, 장재가 정전제(井田制)의 시행을 주장하면서 "비록 이것을 천하에 시행할 수는 없으나 그래도 한 지방에서는 시험해 볼 수 있다.〔縱不能行之天下, 猶可驗之一鄕.〕"라고 말했다는 내용이, 여대림(呂大臨)이 지은 장재의 행장에 보인다.

을 위하여 죽었는데 공이 그 행록(行錄)을 기술하고 사림(士林)의 글을 널리 받아서 불후하게 할 것을 도모하니, 이는 모두 효성을 미루어 넓혀나간 것이다.

평소에 간묵하고 준엄하였으나 일을 처리함에는 간략함으로써 하고 남을 다스림에는 너그러움으로써 하며 사람들을 대함에는 온화함으로써 하였으므로 현우(賢愚)와 귀천(貴賤)이 없이 모두에게 환심을 얻었다. 어려서부터 총명함이 몹시 빼어나서 입에서 나오는 대로 줄줄 책을 외웠으며, 문정공이 회초리를 때릴 때마다 공은 더욱 경책하여 학업에 힘썼고 《논어(論語)》 읽는 것을 가장 좋아하였다. 당세의 유자(儒者)들을 차례로 배알하여 이들에게 무젖고 훈도되었다. 이 때문에 자신을 단속하고 집안을 다스림에 법도가 엄정하였다. 밤에 홀로 있을 때에도 마치 상제를 대하듯이 엄숙하여 흐트러진 모습과 나태한 행동이 없었으며 해와 달을 향하여 소변을 보지 않았고 집에서 기르는 닭이나 개, 사사로이 도축한 고기를 먹지 않았으니, 문정공이 남긴 법도를 체행한 것이었다.

만년에 거듭 역리(逆理)[120]의 상(喪)을 당하고는 추양(秋陽) 김공 기덕(金公箕悳)을 마주하여 차라리 잠든 상태로 영원히 깨어나지 않기를 원하였는데 김공이 말하기를,

"나는 살아서 어버이를 제사함에 응당 정성과 힘을 다할 것이니, 사후(死後)에는 생시(生時)에 미칠 수 없기 때문에 빨리 죽기를 원하지 않습니다."

라고 하였다. 그러자 공이 흠모하고 감탄하여 마지않았다. 임종할 때

**120** 역리(逆理) : 이치를 거스른다는 뜻으로, 자식이 부모보다 먼저 죽는 것을 말한다.

에 손수 고목을 그려서 김공에게 주며 말하기를,

"공의 효성에 감복하여 백세의 수명을 기약하기를 원합니다."

라고 하였으니, 서로 계합한 바가 깊었다.

고구(故舊)와 돈독하여 영서(潁西) 임공(任公 임로(任魯))과 도의(道義)로써 절시(切偲)[121]하였다. 일찍이 모여서 《소학(小學)》을 강독하였는데 나도 여기에 참여하였다. 강독하다가 부자지륜(父子之倫)에 이르자 공이 오열하며 소리를 내지 못하니, 우연이라고 생각하였는데 강독을 마친 뒤에도 그러하지 않은 때가 없었다. 글을 대할 때뿐만이 아니라 평소의 대화에서도 우연히 문정공의 일을 언급하게 되면 매번 눈물을 흘렸고, 고금의 윤상(倫常)의 일을 말하게 되면 또한 매번 뺨에 눈물이 흘러서 보는 이들을 안타깝게 하였다. 이는 종신토록 부모를 사모한 자라고 할 수 있을 것이다.

효라는 것은 그 마음을 스스로 다할 수 있는 것이다. 그 마음을 다하면 일에 나타나고 일에 나타나면 감통하기를 기약하지 않아도 감통할 수 있으니, 하루아침에 이루는 공효가 아니다. 공은 해가 떨어지는 꿈을 꾸고는 선고의 상(喪)에 천리 길을 달려갔으며 성상의 마음을 감동시켜 칠 일의 우레를 회복하였다.[122] 정성이 쌓여 감통함을 이룬

**121** 절시(切偲) : 절절시시(切切偲偲), 즉 간곡하게 충고하고 자상하게 권면하는 것으로, 친구 간에 책선(責善)하는 것을 말한다. 《논어(論語)》 〈자로(子路)〉에, 자로가 "어떻게 해야 그 사람을 선비라 부를 수 있습니까?"라고 묻자, 공자는 "간절하게 서로 책선(責善)하고 화기애애하면 선비라고 부를 수 있다. 붕우 간에 간절하게 책선하고 형제간에 화기애애해야 한다.〔切切偲偲, 怡怡如也, 可謂士矣. 朋友切切偲偲, 兄弟怡怡.〕"라고 하였다.

**122** 칠 일의……회복하였다 : 올바른 도리가 다시 회복되었음을 말한 것이다. 《주역

것이 어찌 그저 얼음 속에서 물고기를 얻고 눈 속에서 죽순을 얻은 것[123]에 견주겠는가. 또 슬픔을 머금고 애통함을 품어서 평생토록 자획(自劃)하여 세 번 벼슬의 명이 내려도 나가지 않고 하나의 절개를 바꾸지 않아서 이로써 선인(先人)에게 충정을 바친 것은 하늘의 떳떳한 도(道)를 붙들고 교화를 세울 수 있다. 이와 같은 자는 참으로 주자(朱子)가 이른바 '살아 있는 효제〔活孝悌〕'라는 것[124]이다. 응당 요북곽(廖北郭),[125] 유병산(劉屛山)[126]과 시대는 멀지만 귀결이 같으며, 또 공이

(周易)》〈복괘(復卦)〉 괘사(卦辭)에 이르기를, "그 도(道)를 반복하여 칠 일 만에 와서 회복하니, 가는 바를 둠이 이롭다.〔反復其道, 七日來復, 利有攸往.〕"라고 하였다.

**123** 얼음……것 : 왕상(王祥)이 계모 주씨(朱氏)가 겨울에 생선을 먹고 싶어 하자 옷을 벗고 얼음을 깨서 물에 들어가 고기를 잡으려 하였는데 홀연히 얼음이 녹으며 잉어 두 마리가 뛰어올랐다고 하며, 맹종(孟宗)이 위독한 어머니가 눈이 쌓인 한겨울에 죽순을 먹고 싶어 하자 대숲에 들어가 슬피 울었는데 죽순이 돋아났다고 한다.《五倫行實圖 孝子》

**124** 주자(朱子)가……것 : 주희(朱熹)의 《회암집(晦菴集)》 권60 〈답증무의(答曾無疑)〉에 "그 이른바 효제충서(孝悌忠恕)는 비록 다만 이러한 한 가지일이지만 모름지기 천하의 의리를 터득하여 안팎을 두루 통달해야 하니, 이렇게 하면 이 효제충서가 비로소 살아 있는 물건이 된다. 이렇게 하지 않으면 곧 죽은 효제충서일 뿐이니 비록 종신토록 몸가짐을 잘 지켜 실추함이 없더라도 또한 그저 마을의 상인과 부녀의 법도가 될 뿐이니 말할 것이 있겠는가.〔蓋其所謂孝悌忠恕, 雖只是此一事, 然須見得天下義理, 表裏通透, 則此孝悌忠恕方是活物. 如其不然, 便只是箇死底孝悌忠恕, 雖能持守終身, 不致失墜, 亦不免但爲鄕曲之常人、婦女之檢押而已, 何足道哉?〕"라고 하였다.

**125** 요북곽(廖北郭) : 후한(後漢) 때의 사람 요부(廖扶)로, 자는 문기(文起), 호는 북곽이다. 부친이 북지 태수(北地太守)로 있다가 영초(永初) 연간에 강족(羌族)이 침략해온 사건에 연좌되어 하옥되어 죽었는데, 요부는 이를 원통해하여 다시는 벼슬을 하지 않을 것을 맹세하고 오로지 경전을 연구하는 데에 몰두하였다.《後漢書 卷112 方術列傳 廖扶傳》

일찍이 시를 지어서 농암(農巖) 김 문간공(金文簡公 김창협(金昌協))에게 지음(知音)을 의탁하였으니, 스스로 비유한 바를 알 수 있다. 선철의 말에 '부모가 몸을 주심에 받아서 훼손됨이 없게 하고 천지가 본성을 품부함에 길러서 손상됨이 없게 하여 둘 다 온전히 하여 돌아가야 비로소 제대로 돌아갔다고 할 수 있다.'[127]라고 하였는데, 공이 거의 여기에 가까우니 아, 훌륭하다.

공의 문벌과 명망에다가 문학(文學)과 경제(經濟)의 재주까지 겸비하였으니, 만약 세상의 화난에 가로막히지 않았다면 충분히 군주를 훌륭히 보필하여 세도(世道)를 경륜할 수 있었을 것인데, 일이 마침내 크게 어그러졌다. 엎어진 동이 안이 다시 비춰진 뒤에[128] 만약 천거되어 뽑혀서 강연(講筵)과 대성(臺省)의 자리에 있을 수 있었다면 또한 틀

**126** 유병산(劉屛山) : 남송(南宋)의 학자 유자휘(劉子翬)로, 자는 언충(彦沖), 호는 병산이다. 부친 유겹(劉韐)이 정강(靖康)의 변란에 죽자 통분해 하여 거의 죽을 지경에 이르렀으며 삼년상을 마친 뒤에 흥화군 통판(興化軍通判)이 되었다가 유임하라는 명이 내리자 사직하고 무이산(武夷山)으로 돌아와 다시는 벼슬에 나가지 않았다. 때때로 부친의 묘 아래로 찾아가 멀리서 바라보고 배회하며 눈물을 흘리며 오열하면서 며칠 만에야 돌아가곤 하였다. 《宋史 卷434 儒林列傳 劉子翬》

**127** 부모가……있다 : 이 말은 김창흡(金昌翕)의 문집 《삼연집(三淵集)》 권32 〈제망제경명문(祭亡弟敬明文)〉에 보인다.

**128** 엎어진……뒤에 : 임금의 은혜를 입어 억울한 누명을 벗거나 죄를 씻게 됨을 비유하여 말한 것이다. 《포박자(抱朴子)》 〈변문(辨問)〉에 "해와 달도 비추지 못하는 곳이 있고, 성인도 알지 못하는 것이 있으나 어찌 이 때문에 성인이 하지 않는 것이라고 하며 천하에 신선이 없다고 하겠는가. 이것은 바로 해와 달과 별이 엎어 놓은 동이 안을 비추지 못한다고 책망하는 격이다.〔日月有所不照, 聖人有所不知, 豈可以聖人所不爲, 便云天下無仙? 是責三光不照覆盆之內也.〕"라고 한 데서 온 말이다. 여기에서는 이의병(李義秉)의 부친 이최중(李最中)이 신원된 것을 두고 말한 것이다.

림없이 명론(名論)과 풍절(風節)이 한 시대의 모범이 될 수 있었을 것인데, 조금도 그 대략을 드러내지 못하고 뜻을 간직한 채 별세하고 말았으니 어찌 명운이 아니겠는가. 공은 젊어서 과거 공부를 하여서 문장을 짓는 것이 민첩하여 왕왕 붓을 휘두르면 곧장 글이 완성되었다. 만년에는 시율(詩律)을 좋아하였는데 격조와 운율이 통창하니 논하는 자들이 성정을 살펴볼 수 있다고 평가하였다. 그 문고에 '목석초(木石草)'라고 제목을 붙였는데, '목석'이라고 한 것은 화난으로 인하여 스스로 이름을 붙인 것이다.

내가 책상 아래에서 가르침을 받은 것이 십수 년이어서 유독 공의 지우와 사랑을 입었는데 임종할 때에 윤자(胤子)에게 명하여 나에게 사후의 일을 부탁하게 하였으니, 내가 어찌 감히 이 부탁을 감당할 수 있겠는가. 공이 일찍이 나에게 명하여 문정공의 언행을 기술하는 글을 짓도록 하였으니, 진실로 이름을 의탁하는 것을 영화롭게 여겼으나 나의 미천함이 저어되어 마침내 공의 지극한 뜻을 거절하였다. 지금 공의 여러 후손이 또 공의 유사(遺事)를 기술하여 나에게 행장을 지어 줄 것을 청해왔는데, 노쇠하고 병든 데다 문장의 재주도 없어서 다른 사람의 부탁도 감히 들어줄 수가 없으니, 더구나 공에게 있어서는 어떠하겠는가. 그러나 한번 기회를 얻어 공의 사후의 일에 힘을 바침으로써 사모하는 마음을 펴기를 원한 지가 오래되었다. 이 때문에 졸렬함을 잊고 공의 훌륭한 덕을 기술하되, 평소의 과분한 것을 두려워하는 경계를 훼손할까 염려하여 감히 조심하지 않을 수 없으니, 이 글을 손에 쥐고 가서 구경(九京 구원(九原))에서 공을 떳떳이 뵐 수 있을 것이다.

# 묵헌 봉공 행장
默軒奉公行狀

공은 휘가 여해(汝諧), 자가 화보(和甫)이다. 봉씨(奉氏)는 하음(河陰)에 관적을 두니, 고려 좌복야(左僕射) 하음백(河陰伯) 휘 우(佑)가 시조가 된다. 휘 천우(天佑)에 이르러서 충숙왕(忠肅王)이 원(元)나라에 들어갈 때를 만나 충심을 다해 세자를 보호하였고 문겸(文謙)이라는 시호를 하사받았으니, 이분이 공의 고조가 된다. 증조는 휘 문(文)으로, 판도 판서(版圖判書)이다. 조고는 휘 유례(由禮)로, 본조에 들어와서 이조 판서가 되었다. 선고는 휘 즙(楫)으로, 병조 판서이다. 선고 판서 공은 경주 이씨(慶州李氏)를 아내로 맞이하였으니, 문충공(文忠公) 계맹(繼孟)의 딸이다. 영락(永樂) 기해년(1419, 세종1) 8월 15일에 고양리(高陽里)의 집에서 공을 낳았다.

공은 성품이 온화하고 순수하며 재주가 출중하고 빼어나서 어린 나이에 이미 노성한 사람과 같았다. 성공 삼고(成公三顧) 형제와 문민(文愍) 박공 중림(朴公仲林)의 문하에서 수업하였는데, 박공이 공의 기국(器局)이 큰일을 이룰 만한 것을 아껴서 자신의 딸을 아내로 맞이하게 하였다. 공은 취금(醉琴) 박공(朴公 박팽년(朴彭年))과 나이가 조금 차이 났으나 지기(志氣)가 부합하여 서로 지기(知己)로 인정하였다. 평소에 염정(恬靜)하고 과묵하여 종일토록 단정한 자세로 경례(經禮)를 연구하였다. 묘당에서 그 명성을 듣고 천거하여 사옹원 별좌에 제수하였는데, 공은 작은 관직도 하찮게 여기지 않고 한결같은 마음으로 직분을 수행하여 명망과 실제가 모두 드러났다. 조정에서 장차 크게 기용하려고 하였는데, 육신(六臣)이 상왕(上王)을 복위할 것을 도모함[129]에 이르러 일이 발각되자 체포되었다. 취금의 아우 박기년(朴耆年)도 정국(庭鞫)에 있었는데, 그가 말하기를,

"봉여해가 미리 계획하여 스스로 '칼을 차고 대궐로 들어가서 막는 자가 있으면 찌르겠다.'라고 말하였다."

라고 하였다. 사형을 앞두고 취금 공과 이 충간공(李忠簡公) 개(塏)가 공의 손을 잡고 말하기를,

"남자는 살아서는 의사(義士)가 되어야 하고 죽어서는 의귀(義鬼)가 되어야 하네."

라고 하였다. 이에 공이 미소를 머금은 채 죽음을 맞이하였으니, 바로 병자년(1456, 세조2) 5월 모일(某日)이었다. 여러 공과 함께 적몰(籍沒)을 당하고 자손은 호남(湖南)으로 유배되었다.

배위는 순천 박씨(順天朴氏)로, 2남1녀를 두었으니, 아들은 감찰 인(寅), 사직 헌(憲)이고, 딸은 진효연(陳孝淵)에게 출가하였다. 손자는 시언(時彦)이다.

공은 태어나면서부터 지성(至性)이 있어서 부모를 섬김에 효성을 다하였고, 거상(居喪)할 적에는 이척(易戚)[130]을 모두 잘 갖추었으며

**129** 육신(六臣)이……도모함 : 상왕(上王)은 숙부 수양대군(首陽大君)에게 왕위를 선양하고 상왕이 된 단종을 가리키고, 육신은 1456년(세조2) 단종의 복위를 꾀하다가 처형된 이개(李塏), 하위지(河緯地), 유성원(柳誠源), 성삼문(成三問), 유응부(兪應孚), 박팽년(朴彭年) 등 이른바 '사육신(死六臣)'을 가리킨다.

**130** 이척(易戚) : 상례(喪禮)에 있어서 '이(易)'는 형식적으로 잘 치르는 것을 이르고 '척(戚)'은 슬퍼하는 마음이 가득한 것을 이른다. 《논어(論語)》 〈팔일(八佾)〉에 "상례는 형식적으로 잘 치르기보다는 차라리 슬퍼하는 마음이 가득해야 한다.〔喪與其易也,

죽을 먹으며 여묘(廬墓)하기를 삼년을 하루같이 하였다. 탁월하게 풍절(風節)이 있어서, 일찍이 격앙하고 강개하여 국가를 위해 한번 죽기를 원하였다. 문장의 재주를 일찍 이루어서 저술한 바가 매우 많았으나 유고와 사경(四經)의 석의(釋義)가 모두 화마에 삼켜졌으니, 애석하다.

또 공의 삼종질(三從姪) 병조 판서 강성군(江城君) 석주(石柱)는 총부(摠府)에서 입직하다가 광묘(光廟 세조)가 선양(禪讓) 받은 것을 듣고는 실성하여 통곡하였는데, 취금 공이 경회루(慶會樓) 아래의 청위지(淸渭池)에 투신하려다가 성 충문공(成忠文公 성삼문(成三問))의 만류로 그만둔 것을 보고는 물러나 〈청위지가(淸渭池歌)〉를 지었으니, 다음과 같다.

| | |
|---|---|
| 깊고 깊은 청위지여 | 深兮深兮淸渭池 |
| 요동쳐도 탁해지지 않고 물을 대도 흐르지 않네 | 撓之不濁注之不流 |
| 이 속에 투신하려는 사람이여 | 投其人於此中兮 |
| 몸은 죽더라도 뜻은 변하기 어려우리라 | 身雖死而志難渝 |

그러자 시기하는 자가 고하여 아뢰기를,

"봉석주는 좌익(佐翊)[131]에 참여하지 않았고 또 〈청위지가〉를 지어서 육신(六臣)의 억울함을 슬퍼하였습니다."

라고 하였다. 이에 강성군이 김공 효성(金公孝誠)과 함께 같은 날에 주륙을 당하였고 공의 종숙(從叔) 봉뉴(奉紐)도 동시에 절개를 세워

寧戚.〕"라고 한 데에서 유래한 것이다.

**131** 좌익(佐翊) : 1455년(세조1) 세조 즉위에 공을 세운 44명에게 내린 훈호(勳號)이다.

죽었으니, 이 일이 《장릉지(莊陵誌)》[132]와 《동학사초혼기(東鶴寺招魂記)》[133]에 실려 있다. 숙묘조(肅廟朝 숙종조)에 특별히 강성군의 죄안을 씻어주고 아울러 훈봉(勳封)을 회복하였다. 정묘(正廟 정조) 신해년(1791, 정조15)에 공을 장릉(莊陵 단종의 능)의 제단에 배향하였고, 순묘(純廟 순조) 을축년(1805, 순조5)에 공에게 좌승지를 추증하고 또 삼계(森溪)의 사당에 공을 제향하였다.

아, 장릉과 광릉(光陵 세조)의 시대는 사적에 궐문(闕文)이 많아서 감히 할 말을 다 하지 못하지만, 여러 공이 천인(天人)과 기수(氣數)를 다투어 구족이 멸하여도 후회하지 않았던 것은 황조(皇朝 명나라)의 방효유(方孝孺),[134] 철현(鐵鉉)[135] 등의 현인들과 시대는 다르나 똑같이

**132** 장릉지(莊陵誌) : 윤순거(尹舜擧)가 편찬한 《노릉지(魯陵誌)》 2권에 권화(權和)·박경여(朴慶餘) 등이 속지(續誌) 2권을 증보해 만든 책이다. 이 책은 단종이 세조에게 왕위를 빼앗긴 뒤 강원도 영월로 추방되어 비명으로 죽기까지의 사실과 그 뒤 숙종 때 복위된 데에 따른 제반 문제를 기록한 것으로, 구지(舊誌)인 《노릉지》는 노산군(魯山君)의 능호(陵號)에 따른 것이고, 속지인 《장릉지》는 단종으로 복위된 뒤의 능호인 장릉(莊陵)에 따른 것이다.

**133** 동학사초혼기(東鶴寺招魂記) : 계룡산 동학사에서 향사를 받들면서 단종조에 억울하게 죽은 인물들의 명단을 기록한 책이다. 단종에서 세조로 바뀌는 과정, 즉 계유정난에서 죽은 정승 황보인(黃甫仁), 김종서(金宗瑞), 이양(李穰)을 비롯하여 사육신과 자손들의 이름을 수록하였다.

**134** 방효유(方孝孺) : 명(明)나라 학자로, 혜제(惠帝) 때에 시강학사(侍講學士)가 되었는데, 후일의 성조(成祖)인 연왕(燕王)이 모반(謀叛)하여 도성(都城)을 함락하고 방효유에게 성조의 등극(登極)을 반포하는 조서(詔書)를 초하도록 강요하였으나 이를 끝까지 거부하여 책형(磔刑)을 당했다.

**135** 철현(鐵鉉) : 명(明)나라의 건문제(建文帝)의 충신으로, 반정에 성공한 성조(成祖) 영락제(永樂帝)에게 대항하며 충절을 지키다 처참하게 희생되었다.

부합한다. 나는 매번 계유년(1453, 단종1)과 병자년(1456, 세조2)의 일[136]을 읽을 때면 눈물을 흘리지 않은 적이 없다. 무릇 죽고 사는 것은 사람에게 있어서 중대한 것이지만, 몸을 희생하지 않으면 인(仁)을 이룰 수 없고 생(生)을 버리지 않으면 의(義)를 취할 수 없다. 그러므로 반드시 생사의 관문을 초월하여 이로써 인의(仁義)의 옳은 도리를 구해야 한다. 이러한 까닭에 정신이 여유롭고 힘이 안정되어 사생을 조모(朝暮)와 같이 보는 자가 아니면 어찌 이처럼 천경(天經 천지간의 당연한 도리)을 지탱할 수 있겠는가.

공의 13세손 인직(仁稷)이 공의 유사(遺事)를 안고 와서 나에게 행장을 지어줄 것을 청하였다. 공이 하료(下僚)의 지위에 있으면서도 의(義)를 견지함이 더욱 굳건하여 육신(六臣)과 같은 경지로 돌아간 것은 특히 우뚝하게 빼어나니, 이는 바로 천도(天道)에 근원하고 민이(民彝)를 따라서, 의도한 바가 없이 이렇게 하는 자인 것이다. 그러므로 사양하지 않고 이상과 같이 기술하고 강성군과 공의 종숙의 일을 함께 들어서 이로써 지언(知言)의 군자[137]에게 고하는 바이다.

**136** 계유년과 병자년의 일 : 계유년(1453, 단종1)에는 수양대군(首陽大君)이 정권 장악을 위해 반대파를 숙청하여, 단종을 보필하던 대신들인 김종서(金宗瑞), 황보인(皇甫仁) 등을 죽이고 안평대군(安平大君)을 사사(賜死)하였으며, 병자년(1456, 세조2)에는 성삼문(成三問), 박팽년(朴彭年), 이개(李塏) 등이 단종의 복위를 도모한 것이 발각되어 처형되고 단종은 노산군(魯山君)으로 강봉(降封)되어 강원도 영월(寧越)에 유배되었다.

**137** 지언(知言)의 군자 : 말의 이치를 잘 알아서 그 진의를 잘 파악하는 사람을 이른다. '지언'은 공손추(公孫丑)가 부동심(不動心)할 수 있는 방법에 대해 물었을 때, 맹자(孟子)가 "나는 말을 알고 나의 호연지기를 잘 기른다.〔我知言, 我善養吾浩然之氣.〕"라고 대답한 데서 온 말로, '지언'에 대해 주희(朱熹)는 "마음을 다하고 성(性)을 알아서

천하의 모든 말에 대하여 이치를 궁구하여 그 시비득실의 소이연을 아는 것이다.〔盡心知性, 於凡天下之言, 無不有以究極其理而識其是非得失之所以然也.〕"라고 설명하였다.《孟子 公孫丑上》

# 연안 부사 홍공 행장
## 延安府使洪公行狀

아, 신임사화(辛壬士禍)[138]가 일어났을 때에 수허재(守虛齋) 충간(忠簡) 홍공(洪公 홍계적(洪啓迪))이 건저(建儲)하는 계책을 힘써 도와서 나라를 위해 목숨을 바쳐 높은 충정과 아름다운 절개가 해와 별과 함께 광채를 다투었다. 그 자손들이 선조의 훌륭함을 이어받아 대대로 명망과 덕행이 있었으니, 근래의 고(故) 부사 휘 명섭(明燮)이 그 중 하나이다.

공은 자가 양신(良臣), 호가 산천(山天)이다. 홍씨(洪氏)는 세계(世系)가 남양(南陽)에서 나왔으니, 고려조의 태사(太師) 휘 은열(殷悅)이 시조가 된다. 5대를 내려와 휘 관(灌)에 이르러서는 이자겸(李資謙)의 난에 순절하였다. 본조에 들어와 휘 춘경(春卿)은 문과에 급제하여 관찰사가 되고 영의정 남녕부원군(南寧府院君)에 추증되었다. 휘 명원

**138** 신임사화(辛壬士禍) : 경종 즉위 초인 신축년(1721, 경종1)과 임인년(1722)에 세제 책봉과 대리청정을 둘러싸고 일어난 옥사이다. 1720년에 숙종이 승하하고 경종이 33세의 나이로 즉위하였는데, 후사가 없고 병이 많았다. 이에 노론(老論)의 주도하에 연잉군(延礽君)이 세제로 책봉되자, 노론은 한 걸음 더 나아가 세제의 대리청정을 강행하고자 하였다. 이에 소론(少論)인 사직 김일경(金一鏡) 등이 노론의 주장을 경종에 대한 불충이라고 몰아 소(疏)를 올리자, 경종이 노론 사대신(四大臣)을 파직시켜 유배 보냈으며, 이외에도 많은 노론의 인물들을 삭직시키고 소론을 등용하였다. 1722년 3월에 목호룡(睦虎龍)이 노론 측이 세자 시절의 경종을 시해하려 했다고 고변하자, 소론은 이를 기회로 옥사를 일으켜 유배된 노론의 사대신을 사사(賜死)하게 하고, 대다수의 노론을 제거하였다.

(命元)은 호가 해봉(海峯)으로, 선묘(宣廟 선조)의 명신이 되었다. 이후로 관작이 계속 이어지다가 충간공에 이르러 인기(人紀 인륜)를 붙들어 세워 그 시대를 빛냈으니, 이분이 공에게 증조가 된다. 조고 휘 주영(疇泳)은 음보(蔭補)로 벼슬을 하여 남대(南臺)[139]로 천거되었으나 나가지 않았고, 뒤에 증손 재룡(在龍)이 존귀해짐에 따라 이조판서 겸 성균관좨주에 추증되었다. 선고 휘 병용(秉容)은 곤궁함을 지키며 학문을 쌓았으며 세마의 관직을 지냈다. 선비(先妣) 숙인(淑人) 전주 유씨(全州柳氏)는 군수 서(恕)의 딸이다. 계비(繼妣) 숙인 장흥 임씨(長興任氏)는 통덕랑(通德郎) 술원(述源)이 그 선고로, 정묘(正廟 정조) 신축년(1781, 정조5) 8월 23일에 공을 낳았다. 공은 뛰어난 자질이 있어서 어려서부터 침착하고 간묵하여 성인(成人)의 의용이 있었다. 선고 세마 공은 공이 원대한 기국을 지닌 것을 기뻐하여 고향을 떠나 한사(漢師 한양)의 백악산(白岳山) 아래로 데리고 가서 선배와 장로들 사이에서 학업을 닦게 하였다.

13세에 모친상을 당하였는데 슬픔으로 몸을 훼상하여 거의 목숨을 잃을 뻔하였다. 17세에는 다시 부친상을 당하였는데 슬퍼하고 비통해하며 드러나고 존재하는 듯하게 하여[140] 마음과 예문(禮文)을 모두 지

**139** 남대(南臺) : 조선 후기에 은일(隱逸)로서 학문과 덕행이 뛰어나 사헌부의 장령, 지평 등에 천거된 사람을 이른다.

**140** 드러나고……하여 : 부모를 제사함에 정성을 지극히 하여서 마치 부모의 모습이 드러나고〔著〕 존재하는〔存〕 듯하게 됨을 이른다. 《예기(禮記)》 〈제의(祭義)〉에 "제사하는 날 방에 들어가면 애연히 마치 자리에 있는 듯하며, 주선(周旋)하여 문을 나오면 숙연히 그 목소리가 들리는 듯하며, 문을 나와서 들으면 개연히 그 탄식하는 소리가 들리는 듯하다. 이런 까닭에 선왕의 효는 그 안색을 눈에서 잊지 않고 그 소리를 귀에서

극히 하였다. 상기(喪期)를 마친 뒤에 서공 영보(徐公英輔)의 집안에 장가들었다. 서씨(徐氏)는 2대째 장수가 되었는데 그 문하에 무예를 닦아 제멋대로인 선비들이 많아서 기생을 끼고 노래하는 소리로 날마다 시끄럽고 복잡하였다. 그러나 공은 홀로 우뚝하게 몸가짐을 굳건히 하여 만나는 사물에 따라 태도가 변하지 않으면서도 온화하고 돈후한 기상을 잃지 않으니, 식자(識者)들이 훌륭한 일을 해낼 그릇임을 알아보았다.

벼슬을 시작하여 선공감 감역이 되었는데 동료 관원과의 피혐(避嫌)을 이유로 체직되었고, 계미년(1823, 순조23)에 부솔에 제수되었는데 또 혐의를 이유로 체직되니, 식자들이 또 공이 구차하게 벼슬에 나아가지 않는 것이 이와 같음을 알게 되었다. 갑신년(1824)에 장원서 봉사에 제수되고 직장으로 있다가 주부로 승진하였다. 기축년(1829)에 경모궁 영(景慕宮令)으로 있다가 남평 현감(南平縣監)으로 나갔다. 계사년(1833)에 합천 군수(陜川郡守)로 옮겼다. 병신년(1836, 헌종2)에 연안 부사(延安府使)로 승진하였다. 경자년(1840)에 공주 판관(公州判官)으로 옮겼다. 부임하는 곳마다 복잡한 사무를 잘 처리하고 관절(關節)[141]을 일절 끊어버리며 곤궁한 백성에게 은혜를 먼저 베풀어 덕화

끊지 않고 그 심지와 기욕을 마음에서 잊지 않는다. 사랑을 지극히 하면 존재하는 듯하고 정성을 지극히 하면 드러난다. 드러나고 존재하는 듯하여 마음에 잊지 않으니 어찌 공경하지 않을 수 있겠는가.〔祭之日, 入室, 僾然必有見乎其位; 周還出戶, 肅然必有聞乎其容聲; 出戶而聽, 愾然必有聞乎其歎息之聲. 是故先王之孝也, 色不忘乎目, 聲不絶乎耳, 心志嗜欲 不忘乎心. 致愛則存, 致愨則著, 著存不忘乎心矣, 夫安得不敬乎?〕"라고 하였다.

**141** 관절(關節) : 요로(要路)에 뇌물을 바치고 청탁하는 것을 이른다.

(德化)가 흡족하였다. 남평에서 임기를 마치고 돌아올 적에 봉름 수천 민(緡)을 내어 백성들에게 주어서 염산(斂散)함에 부족한 것을 돕게 하였다.

합천에 있을 때에 마침 기근과 역병이 함께 닥쳤는데 의약(醫藥)으로 죽어가는 사람들을 살리고 쌀과 고기로 살아있는 사람들을 구휼하였으며, 이웃 고을의 유리하며 구걸하는 이들에게도 똑같이 대우하여 인정을 베푸니, 온 경내에 굶어죽은 시신이 없게 되었다. 혹자가 공에게 진자(賑資)를 감영에 보고할 것을 권하였는데 공이 말하기를,

"내가 나의 물건으로 나의 백성들을 구제하는 것이니 어찌 보고할 필요가 있겠는가."

라고 하였다. 갑오년(1834, 순조34) 대상(大喪)[142]이 났을 적에 규례대로 백성들에게 부의를 거뒀는데 공이 말하기를,

"흉년에 백성들에게 거두는 것은 원망을 부르기가 쉬우니 군주를 선양하고 아래에 은택이 미치게 하는 방도가 아니다."

라고 하고 또한 봉름을 할애하여 이를 충당하였다.

고을에 대동전(大同錢) 삼십만 전이 있었는데 봉납해야 할 때에 아전이 곧 중간에서 건몰(乾沒)하고 경사(京師)에서 관문(關文)을 내려 독촉하면 또 숨기고 보고하지 않았다. 그러다가 가을이 되어 경사(京司)에서 장차 감죄할 것을 논하게 되니, 공이 아전과 향관을 모아서 연고를 고하고 말하기를,

"나는 죄를 지은 사람이니 도리어 무슨 낯으로 편안하게 관청에 있겠는가. 속히 떠날 채비를 하겠다."

142 대상(大喪) : 임금의 상사(喪事)를 뜻하는 말로, 순조의 상(喪)을 가리킨다.

라고 하였다. 그러자 이윽고 한 사람의 제창에 백 사람이 화답하여 물살이 대로를 달리듯이 빠르게 진행되어 크고 작은 돈이 모여서 삼십만 전이 하루가 못되어 만들어지니, 끝내 아무 일이 없게 되었다. 공은 봉름 만오천 전을 출연하여 이를 갚고 또 담당 관리의 친족에게 나누어 징수하여 이를 채웠다. 혹자가 담당 관리를 철저하게 치죄할 것을 청하자 공은 일부러 이를 늦추었는데, 이튿날에 담당 관리가 죽었다. 그러자 공이 말하기를,

"내가 늦춘 까닭은 바로 이를 생각해서이다. 하찮은 소리(小吏)가 공금을 이렇게 많이 횡령하였으니 이미 정상적인 품성이 아닌 것이고 발각되어 붙잡히면 반드시 죽는 것을 알고도 다시 들어온 것은 죽을 날이 가까웠기 때문이다."

라고 하니 듣는 자들이 그 아량에 탄복하였다.

합천군에는 해인사(海印寺)에서 지역(紙役)을 바치는 옛 규례가 있었는데 뒤에 중단되었으나 아직도 독촉함이 심하였다. 이에 공이 천금(千金)을 내어 이청(吏廳)에 맡겨서 지역전(紙役錢)이라는 이름을 붙이고 관용(官用)으로 공급하게 하여 영원히 승려들의 부역을 견감해주도록 하였다. 연안으로 옮겨 부임할 적에 합천의 백성들이 유임을 청하였으나 받아들여지지 않으니, 간혹 눈물을 흘리며 전별하는 자도 있었으며, 합천군에서 누대와 비석을 세워 공적을 기록하였고 또 생사당을 세워 제향을 올렸다.

연안에 있을 때에 팔도에 거듭 흉년이 들었으나 오직 연안만 계속 풍년이 들었는데 곡가(穀價)는 흉년이 든 고을과 비교하여 차이가 없어서 수미(需米) 한 포의 가격이 25민(緡)에 팔렸다. 이에 공은 단지 9민(緡)만 봉입하며 말하기를,

"상정법(詳定法)[143]에 의거하면 3, 5민(緡)을 봉입하는 것이 진실로 옳지만 지금 더 봉입하는 것은 경영하려는 바가 있어서이다."

라고 하고는 마침내 모두 빈관(賓館), 교궁(校宮), 장대(將臺), 성황(城隍)의 역(役)에 들어가게 하고 역민(役民)이 유리하여 구걸하면 하루에 돈 30문(文)을 지급하였다. 이에 온 고을의 모습이 달라져서 굶어죽게 된 자들이 덕분에 살아나게 되었다.

도백(道伯)이 저채(邸債)[144]를 구획하는 일로 누차 공에게 간청하기를 마지않아서 공화(公貨)를 먼저 빌릴 것을 요구하기까지 하였다. 그러나 공은 불가함을 견지하며 말하기를,

"어찌 사적인 이유로 공사(公事)를 방해할 수 있겠는가."

라고 하였다. 마침내 이로 말미암아 중고(中考)의 고과를 받으니, 당일로 장부를 정리하고 장차 돌아가려고 하였는데 고을 사람들이 가로막아 떠나지 못하였다. 이튿날 새벽에 단기(單騎)로 도성까지 달려갔는데 연안의 백성 수백 인이 대궐에 엎드려서 공을 용서해주기를 소원하였다. 이윽고 도백이 체직을 당하고 묘당에서는 또 공을 단거(單擧)하여 돌아갈 것을 재촉하니, 공이 어쩔 수 없이 다시 부임하였다. 이때 공이 부임한 지 겨우 수개월밖에 안 되었으나 백성들이 아끼고 떠받드는 것이 이와 같았다.

**143** 상정법(詳定法) : 조선 시대에, 대동법의 내용을 지방의 인문 지리적 특수성에 따라 조정한 세부 규칙으로, 1708년(숙종34)부터 황해도 해서청(海西廳)에서 주관하여 황해도 지방에서 시행하였다.

**144** 저채(邸債) : 경저리(京邸吏)나 영저리(營邸吏)가 백성들의 공납(貢納)을 방납(防納)함으로써 백성이 이들에게 진 빚인데, 이를 구실로 빚의 배를 징취하는 등 작폐(作弊)가 극심하였다.

공주 판관이 되었을 적에 세선(稅船)이 다른 지역에서 취재(臭載)[145] 하였는데 법을 집행하는 자가 법률을 엄격하게 적용해서 죄를 논하여 파직되었다. 임인년(1842, 헌종8)에 이르러 안렴사(按廉使)가 전임(前任)의 일로 인하여 공을 가혹하게 무함하니, 모두 허황되고 터무니없는 것이었다. 공은 옥리(獄吏)에게 심문을 받고 공초를 바치면서 조목별로 매우 분명하게 변론하였다. 이에 여러 사람의 의견이 이를 억울하게 여겨서 분소(分疏)하여 쫓겨남을 면하게 하고자 하였는데 공이 말하기를,

"사람들이 실제로 죄를 지은 것이 없음을 알아주면 다행이니, 어찌 편의를 좇아서 수계(繡啓)를 경시하고 국체를 손상시켜서야 되겠는가."

라고 하고는 마침내 중주(中州 충주(忠州))의 배소(配所)로 나아갔다. 얼마 뒤에 묘당에서 건의하여 아뢰기를,

"올해는 바로 고(故) 충간공이 절개를 세우다가 화를 당한 지 두 번째 주갑(周甲)이 되는 해입니다. 그런데 그 사손(祀孫) 모(某)가 죄가 그다지 무겁지 않은데 아직도 유배자의 명단에 있으니, 십대의 자손을 용서하여 구원(九原)에 있는 자를 위로하는 방법이 아닌 듯합니다."

라고 하니 성상이 특별히 명하여 방환(放還)하게 하였다. 을사년(1845)에 사복시 첨정에 제수되었다.

무신년(1848) 8월 5일에 정침(正寢)에서 고종(考終)하였다. 이해

**145** 취재(臭載) : 짐을 실은 배가 뒤집혀 가라앉거나, 배에 실은 곡물이 상하여 냄새가 나고 못쓰게 되는 것을 말한다.

6월부터 피로한 기색을 보이다가 점점 위독해졌는데 집안사람에게 말하기를,

"죽고 사는 것은 모두 하늘에서 정한 것이니 잡다하게 약을 쓸 필요가 없다."

라고 하였다. 병이 위독해진 뒤에도 정신이 혼미하지 않아서 사후의 일을 조처함에 빠뜨리는 바가 없었고 편안하게 세상을 떠났다. 9월 그믐에 양주(楊州) 금문리(金門里)의 간좌(艮坐)의 언덕에 장례하였다.

공은 키가 크고 체격이 건장하며 풍도(風度)가 늠름하였으며 사람들을 대할 적에 마음이 통연(洞然)하여 기쁘거나 서운한 기색을 낯빛에 드러내지 않았다. 효우(孝友)를 타고나서, 항상 일찍 고아가 되어 직접 어버이를 봉양하지 못한 것을 종신토록 슬퍼하였다. 중부(仲父) 신녕(新寧) 공[146]을 아버지처럼 섬겨서 다른 집에 살면서도 혼정신성(昏定晨省)을 폐하지 않고 좌우에서 수고로운 일을 감당하였다. 날마다 반드시 일찍 일어나 사당을 배알하였고 선조를 추모하는 데에 부지런하여서 항상 오사(五思)[147]의 정성을 지극히 하였다. 만년에 자씨(姊氏)

**146** 신녕(新寧) 공 : 홍병채(洪秉寀, 1745~?)로, 자는 중료(仲僚), 본관은 남양(南陽)이다. 1792년(정조16) 생원시에 합격하였고 의금부 도사, 제용감 판관, 양구 현감(楊口縣監), 신녕 현감(新寧縣監) 등을 역임하였다.

**147** 오사(五思) : 제사 때 재계(齋戒)하면서 선조를 간절히 그리워하는 다섯 가지 생각으로, 《예기(禮記)》〈제의(祭義)〉에 "안에 치재를 하고 밖에 산재를 해서, 제사하는 날에 제사하는 분의 거처하시던 것을 생각하며 웃고 말씀하시던 것을 생각하며 뜻하시던 것을 생각하며 즐거워하시던 것을 생각하며 기호하시던 것을 생각해서, 재계한 지 3일이 되면 비로소 위하여 재계했던 분 즉 선조를 볼 수 있는 것이다.〔致齊於內, 散齊於外, 齊之日, 思其居處, 思其笑語, 思其志意, 思其所樂, 思其所嗜, 齊三日, 乃見

와 이웃하여 살면서 옛사람이 수염을 태우고 쑥뜸을 떴던 우애[148]가 있었다.

평소에 술을 좋아하였으나 한 번도 과음한 적이 없었고 백성을 다스릴 때에는 특히 경계하는 마음을 가져서 더욱 절제하였다. 병오년(1846, 헌종12)에 수릉(綏陵)을 옮겨 봉안할 때에 공이 이미 해의 그늘을 보고 있었으나[149] 한 번도 병을 핑계로 편의를 추구하지 않으면서 말하기를,

"나는 국가의 후한 은혜를 받았는데 나이가 곧 일흔에 가까우니 나라

其所爲齊者.〕"라고 하였다.

**148** 옛사람이……우애 : 형제를 위하여 고통을 감내하거나 고통을 함께 나누는 우애를 이른다. 수염을 태운 것은 당(唐)나라의 명상(名相) 이적(李勣)의 고사로, 그의 누나가 병들었을 때 누나를 위하여 손수 죽을 끓이다가 수염을 태웠는데, 누나가 그것을 보고 "복첩(僕妾)이 많은데, 어찌 친히 이렇게 애를 쓰는가?"라고 하자 이적이 대답하기를 "어찌 사람이 없어서 그러겠습니까. 지금 누님이 연로하시고 저 또한 연로하니, 누님을 위해 자주 죽을 끓여 드리려고 한들 다시 할 수 있겠습니까."라고 하였다. 《小學 善行》 쑥뜸을 뜬 것은 송 태조(宋太祖)의 고사로, 송 태조의 아우 진왕(晉王)이 병이 나자 태조가 친히 찾아가서 간호하며 직접 쑥뜸을 놓았는데 진왕이 고통스러워하자 태조가 자신에게도 쑥뜸을 떠서 그 고통을 함께 나눴다. 《淵鑑類函 卷267》

**149** 해의……있었으나 : '해의 그늘을 본다는 것〔視蔭〕'은 해그늘을 보면서 날짜를 탐한다는 뜻인 '시음게일(視蔭愒日)'을 줄여 말한 것인데, 하는 일 없이 세월을 보내면서 날짜가 지나가는 것을 애석해하는 것을 의미하기도 하고 죽을 날이 얼마 남지 않은 것을 의미하기도 한다. 춘추 시대 진(晉)나라의 경(卿)인 조맹(趙孟)이 해그늘을 바라보면서 "아침 그늘이 저녁까지 갈 수 없는데, 어찌 5년을 기다릴 수 있겠는가?"라고 하니, 후자(后子)가 나와서 사람들에게 말하기를 "조맹은 머지않아 죽을 것이다. 백성의 주인이 되어 세월을 허송하며 살 날짜를 탐하니, 그가 얼마나 살 수 있겠는가?" 하였다.〔趙孟視蔭曰: 朝夕不相及, 誰能待五? 后子出而告人曰: 趙孟將死矣. 主民, 翫歲而愒日, 其與幾何?〕"라고 한 고사에서 유래하였다. 《春秋左氏傳 昭公 1年》

를 위하여 힘을 바칠 날이 많이 남지 않았다. 어찌 장마나 더위로 괴롭다고 하여 근력(筋力)으로 예(禮)를 행하는 것[150]을 조금이라도 꺼릴 수 있겠는가."

라고 하였다. 공은 일찍부터 가정에서 가르침을 받고 장성해서는 더욱 절차탁마하여 스스로 잘난 체하지 않았고 자신을 단속함에는 늘 정해진 법이 있어서 너그러운 뜻이 넉넉하였으니, 뜻을 달리하는 자들도 좋아하여 복종해 마지않았다. 다스림을 펼 때에는 명예를 빛내기를 추구하지 않고 사람들을 사랑하는 데에 마음을 두어서 반드시 구제하는 바가 있었으며, 부임하는 곳마다 모두 선정을 베풀어서 승려들도 또한 공을 위하여 축원하였으니, 모두 가장(家狀)에 기록되어 있으므로 생략한다.

배위 서 부인(徐夫人)은 집안을 다스림에 법도가 있어서 윗사람을 받들고 아랫사람을 부릴 적에 한결같이 공의 뜻을 따르고 어김이 없었다. 2남을 낳았으나 장성하지 못하여 족제(族弟) 장섭(章燮)의 아들 진사 재현(在鉉)을 데려다가 후사로 삼았다. 재현은 부친을 닮아 집안의 일을 잘 계승하여 뜻과 사업을 계술(繼述)하는 것을 효로 여겼으며 가전(家傳)을 지어서 조목별로 매우 상세하게 본말을 열거하여 나에게 행장을 지어줄 것을 간청해왔다. 누차 돌려보냈으나 더욱 정성스럽게 청하므로 의리상 사양할 수가 없었다. 나는 이를 통하여 공이 인(仁)을 행한 것이 가정을 훈도하였음에 감복하였고 또 충간공의 덕이 반드시

**150** 근력(筋力)으로……것 : 《예기(禮記)》 〈곡례 상(曲禮上)〉에 "가난한 사람은 재물을 가지고 예를 행하지 않고, 늙은 사람은 근력을 가지고 예를 행하지 않는다.〔貧者不以貨財爲禮, 老者不以筋力爲禮.〕"라고 하였다.

면 후대에도 보답을 받음을 확인하였다. 선철(先哲)이 '다른 사람의 훌륭한 점을 칭찬할 적에 반드시 그 부형과 사우(師友)에 근본을 두는 것은 후함이 지극한 것이다.'[151]라고 하였는데, 나도 공에 있어서 이렇게 말하는 바이다.

**151** 다른……것이다 : 이는 송(宋)나라 학자 소식(蘇軾)의 말로, 《논어집주(論語集註)》 〈공야장(公冶長)〉에 "공자가 자천을 두고 평하셨다. '군자답다, 이 사람이여. 노나라에 군자가 없었다면 이 사람이 어디에서 이러한 덕을 취했겠는가.'〔子謂子賤: 君子哉, 若人! 魯無君子者, 斯焉取斯?〕"라고 한 장(章)의 집주에 보인다.

# 태릉 참봉 이공 행장
泰陵參奉李公行狀

문정공(文正公) 도암(陶菴) 이 선생(李先生 이재(李縡))이 한천(寒泉)에서 도학(道學)을 강론하여 시대의 유종(儒宗)이 되었는데, 외암(巍巖) 이 문정공(李文正公 이간(李柬))의 시례(詩禮)의 정훈(庭訓)[152]을 계승하고 스승의 가르침을 전습(傳習)하여 황하(黃河)의 물을 들이마셔 양을 채워서[153] 우뚝하게 고족제자(高足弟子)가 된 분이 있었으니, 바로 고(故) 태릉 참봉 휘 사병(師炳) 자 도삼(道三)이 그러한 분이다.

공은 전의(全義) 사람이니, 고려 때의 태사(太師) 휘 도(棹)로부터 시작되어 유명한 성씨가 되었다. 9대를 전하여 보문 제학(寶文提學) 휘 익(翊)에 이르러 예안(禮安)으로 관적을 옮겼다. 또 3대를 전하여 이조 판서 휘 온(韞)에 이르러 처음으로 본조에서 벼슬을 하였다. 또 4대를 전하여 수성금화사 별제 휘 사종(嗣宗)에 이르렀는데, 승경(勝景)을 찾아서 온양(溫陽)의 설아산(雪峨山) 아래로 들어가니 자손들이 이후로 이곳에 터를 잡았다. 이분이 휘 단(耑)을 낳았으니, 벼슬하지

**152** 시례(詩禮)의 정훈(庭訓) : 집안에서 전수하는 가르침을 이른다. 자세한 내용은 353쪽 주19 참조.

**153** 황하(黃河)의……채워서 : 훌륭한 스승의 문하에 들어가 자신의 역량만큼 실컷 배웠다는 말로, 《장자(莊子)》 〈소요유(逍遙遊)〉에 "뱁새는 깊은 숲 속에 둥지를 튼다 해도 한 개의 나뭇가지를 사용할 따름이며, 두더지는 황하의 물을 마신다 해도 배를 채우는 데 지나지 않는 법이다.〔鷦鷯巢於深林, 不過一枝. 偃鼠飮河, 不過滿腹.〕"라고 한 데에서 나온 말이다.

않았다. 이분이 휘 진문(振門)을 낳았으니, 첨지중추부사이며 공에게 고조가 된다. 증조 휘 박(璞)은 수군절도사이다. 조고 휘 태형(泰亨)은 생원으로, 노인을 우대하는 은전을 통하여 가선대부(嘉善大夫)의 품계에 올랐다. 선고는 바로 외암 선생 휘 간(柬)이니 도학과 문장으로 경연관에 제수되고 이조 판서에 추증되었으며 시호는 문정이다. 전비(前妣)와 후비(後妣)는 모두 파평 윤씨(坡平尹氏)로 정부인(貞夫人)에 추증되었는데, 전비는 통덕랑(通德郎) 헌(憓)의 딸이고 후비는 학생 이징(以徵)의 딸이다. 공은 전비의 소생으로 숙묘(肅廟 숙종) 갑오년(1714, 숙종40) 6월 1일에 태어났는데, 어려서부터 타고난 자질이 특별하여 효우(孝友)가 돈독하였다. 태어나서 돌이 되자마자 어머니를 여의고 계비(繼妣)를 섬김에 자식의 직분을 다하였으며 스스로 독서할 줄을 알아서 문리(文理)가 빠르게 향상되었다.

14세에 선고 문정공이 역책(易簀)하였는데, 슬퍼함에 예(禮)를 어김이 없었다. 이후로 경술(經術)에만 전념하여 뜻과 사업을 계술하는 것을 자신의 임무로 여겨서 훈지(壎篪)[154]가 서로 권면하여 밤낮으로 해이함이 없었고 성인(聖人)의 말씀을 독실하게 믿어서 의미를 깨닫지 못하면 손에서 놓지 않았다. 하학입덕(下學入德)의 방법과 천인성명(天人性命)의 깊은 뜻과 진퇴행장(進退行藏)의 의리에 있어서 연구하지 않음이 없어서 이를 가지고 실천할 바탕으로 삼았고, 공령(功令)의

**154** 훈지(壎篪) : '훈(壎)'과 '지(篪)'는 모두 악기 이름으로, 훈은 흙을 구워서 만든 나팔인 질나발이며 지는 대나무로 만든 피리이다. 《시경(詩經)》 〈하인사(何人斯)〉에 "백씨는 훈을 불고, 중씨는 지를 분다.〔伯氏吹壎, 仲氏吹篪.〕"라고 한 데에서 나온 말로, 서로 조화된 음률을 이룬다는 뜻에서 우애가 지극한 형제간을 비유하는 말로 쓰인다.

공부와 명리(名利)의 길에 있어서는 일찍이 마음을 둔 적이 없어서 마치 삼대(三代 하(夏)·은(殷)·주(周))의 선비처럼 초연(超然)하였다.

갑인년(1734, 영조10)에 도암 선생을 배알하였는데 선생이 한 번 보고는 기대함이 몹시 중하였다. 당시 사람들이 말하기를,

"외암의 네 아들이 저마다 외암의 한 부분을 닮았으니, 첫째 아들은 통달하고 민첩함을 닮았고 둘째 아들은 온화하고 순수함을 닮았고 셋째 아들은 엄정함을 닮았고 막내아들은 과감하고 굳셈을 닮았다."

라고 하였는데 공은 셋째 아들이 되니, 군자가 이를 지언(知言)으로 여겼다. 백씨(伯氏) 진사 공(進士公 이관병(李觀炳))이 별세하자 중씨(仲氏) 영천 군수 공(榮川郡守公 이이병(李頤炳))과 함께 서로 의지하여 일이 있으면 매번 의심나는 바를 물어서 결국 정도(正道)에 맞게 된 뒤에야 행하였다.

병신년(1776)에 천거되어 태릉 참봉에 제수되었으나 나아가지 않았다. 정묘(正廟 정조) 임인년(1782, 정조6) 1월 25일에 정침(正寢)에서 졸하였으니, 향년이 69세였다. 사림 중에 탄식하며 슬퍼하지 않는 이가 없었다. 선영을 따라 사기소(沙器所) 건좌(乾坐)의 언덕에 장례하였다.

공은 학문을 함에 있어 오로지 내면에만 마음을 써서 너절한 옷과 거친 음식에 대해서도 편안하게 여겼다. 중씨 영천 공이 경산 현령(慶山縣令)이 되었을 적에 공이 찾아가 문안하였는데 의관이 모두 낡았었다. 이에 영천 공이 갈아입게 하려고 하자 공이 허락하지 않으며 말하기를,

"이 옷이 본래 몸에 맞습니다."

라고 하였다. 영천 공이 이를 훌륭하게 여겨서 항상 이 일을 들어 자식

들을 경계하여 따라 지키도록 하였다. 노년이 된 뒤에는 우애가 더욱 돈독해져서, 영천 공이 병이 들면 공이 반드시 직접 간호하여 자질(子姪)들이 앞에 가득하더라도 수고로움을 대신하게 하지 않았다.

항상 근면하고 신중히 할 것을 자질들에게 가르치며 말하기를,

"이것 외에는 너희에게 털끝만큼도 바라는 바가 없다."

라고 하였다. 고어(古語) 중에 훈계할 만한 것이 있으면 반드시 손수 써서 남겨주었는데 자획이 근엄하고 법도가 있었다. 한 아들이 재주와 행실이 일찍 이루어졌으나 장가들지 못하고 요절하니, 영천 공이 순리대로 받아들이지 못할까 염려하여 직접 찾아가 위로하였는데, 막내아들이 독서하지 않는 것에 노하여 회초리를 드는 공을 보고는 감탄하며 말하기를,

"이는 보통사람이 하기 어려운 바인데 내 아우가 능히 이렇게 하니 훌륭하다고 할 만하다."

라고 하였다.

공은 천륜(天倫)에 돈독하였다. 진 참봉(陳參奉) 한평(漢平)은 공의 6대조 별제 공의 장인인데, 묘소가 태화(泰華)의 북쪽에 있었으나 제사를 주관하는 자가 없었다. 이에 공이 종족과 도모하여 재물을 모아서 한 해에 한 번 제사를 지내니 지금까지도 폐해지지 않고 있다. 공부를 함에 있어서는 함양(涵養)을 근본으로 하여 독서를 마치면 항상 눈을 감고 무릎을 꿇고 앉으니, 이웃의 부녀들이 그 문 앞을 지날 때면 피하지 않고 말하기를,

"모공(某公)은 평소에 눈을 감고 있으니 앞으로 지나가도 무방하다."

라고 하였다. 마을에 자식의 관례를 치르면서 공에게 빈(賓)이 되어줄 것을 청하는 자가 있어서 공이 이에 나아갔는데, 평소에 교만하고

무례하던 한 소년이 공이 온 것을 보고는 옷깃을 여미고 용모를 고치며 말하기를,

"덕스러운 모습을 한번 보자마자 나도 모르게 부끄러워 등에 땀이 흐른다."

라고 하였다.

원배(元配) 진주 유씨(晉州柳氏)는 이(儞)의 딸로, 공과 같은 해에 태어나고 공보다 27년 먼저 별세하였고, 계배(繼配) 성주 현씨(星州玄氏)는 희안(希顔)의 딸로, 공보다 21년 늦게 태어나고 공보다 5년 먼저 별세하였으니, 묘는 모두 부장(祔葬)하였다. 장남 윤주(潤冑)는 유씨의 소생이고, 성주(聖冑), 정주(正冑)는 현씨의 소생이다. 윤주의 2남은 시현(時鉉), 기현(基鉉)이고, 3녀는 조상준(趙相俊), 김재학(金載學), 박재봉(朴載鳳)에게 출가하였다. 성주의 3남은 치현(致鉉), 계현(啓鉉), 응현(應鉉)이고, 1녀는 유치승(兪致昇)에게 출가하였다. 정주의 1남은 필현(弼鉉)이고, 2녀는 정석명(鄭錫明), 이제(李濟)에게 출가하였다. 증손으로는 원학(源學)은 시현의 소생이고, 원필(源弼)은 기현의 소생이고, 원장(源長), 원상(源常), 민치귀(閔致龜)·맹인순(孟寅淳)의 부인은 치현의 소생이고, 원교(源教), 원회(源會), 윤순선(尹舜善)·민종호(閔宗鎬)의 부인은 계현의 소생이고, 원택(源澤), 원홍(源弘)은 응현의 소생이고, 원창(源昌), 원발(源發)은 필현의 소생이다. 나머지는 다 기록하지 못한다.

공이 별세하고서 지구(知舊)와 문인(門人)들이 각각 본 바를 가지고 칭송하고 서술하였는데 대략 이르기를,

"그 학문은 인(仁)과 예(禮)를 종주로 삼고 경(敬)과 의(義)를 법도로 삼아서 참으로 알고 실천하여 함양한 것이 깊고 쌓인 것이 두터웠

다. 행실이 효제(孝悌)에 돈독하였으나 오히려 다하지 못할까 염려하였고 덕이 공겸(恭謙)에서 드러났으나 항상 부족하게 여기는 듯하였다. 곧고 굳센 지조와 맑고 깨끗한 기상과 바르고 큰 심사와 점잖고 엄숙한 규모는 지금 세상에서 찾아보면 짝할 이가 드물다."

라고 하였다. 또 이르기를,

"선악을 변별함에 추상(秋霜)처럼 꿋꿋하고 공명정대하여 천지간에 부끄러움이 없어서, 구하지 않아도 도(道)는 더욱 드러났다."

라고 하였다. 아, 공의 시대를 논하는 자는 여기에서 충분히 그 실제를 알 수 있을 것이다.

원장이 일찍이 나를 종유하였는데 내가 평소에 공의 행실에 감복하였던 것을 말하며 공의 행장을 지어줄 것을 부탁하였다. 나는 노쇠하여 죽음을 앞두고 정신과 넋을 잃어서 까마득하여 글을 지을 줄을 알지 못한다. 그러나 생각건대 옛날에 구봉(九峯)과 절재(節齋)가 안으로는 서산(西山)의 전수를 잇고 밖으로는 자양(紫陽)의 단서를 이어서[155] 전수함이 분명하고 문로(門路)가 순정(純正)하여 사문(斯文)의 정령(頂領)이 되었으니, 시작을 따져보고 끝을 요약해보면 공이 이에 가까울 것이다. 이에 그 세계(世系), 관작과 향리, 생졸(生卒), 덕행의 개략을 기술하여 이로써 덕을 알아주는 군자가 살펴보기를 기다리는 바이다.

**155** 구봉(九峯)과……이어서 : 서산(西山)은 송(宋)나라 도학자 채원정(蔡元定)의 호이고, 구봉(九峯)과 절재(節齋)는 채원정의 아들들인 채침(蔡沈)과 채연(蔡淵)의 호이다. 자양(紫陽)은 주희(朱熹)의 호로, 채침과 채연은 주희에게서 수학하였다.

## 누교처사 신공 행장
### 樓橋處士愼公行狀

공은 휘가 필황(必璜), 자가 순칠(舜七)이다. 신씨(愼氏)는 거창(居昌)에 관적을 두니, 선조 휘 수(修)가 고려 때에 중국에서 우리나라로 와서 사도 좌복야(司徒左僕射)의 관직을 지내고 공헌(恭獻)의 시호를 하사받았는데, 이후로 대대로 현달한 사람이 있어서 때로 향사(鄕祠)에 제향되기도 하였다. 고조 휘 제(梯)와 증조 휘 수침(守沈)에 이르러 모두 학행과 효의(孝義)로 알려졌으며, 증조는 동몽교관에 추증되었다. 조고 휘 복명(復明)과 선고 휘 성렬(性烈)은 모두 대대로 가학(家學)을 전하였다. 선비(先妣) 진양 강씨(晉陽姜氏)는 동지중추부사 헌(𢡮)이 그 선고이다.

공은 정종(正宗 정조) 기미년(1799, 정조23)에 태어났다. 어렸을 적에는 울더라도 목이 쉬도록 울지는 않고 젖을 먹을 때에도 차마 깨물지는 않아서 부모의 마음을 상하게 할까 염려하여 인후하고 유순함이 보통 아이들과 달랐다. 부모의 품을 벗어나기도 전에 선고가 별세하였고, 11세에는 모부인의 상(喪)을 당하였는데 곡하고 발을 구르며 슬픔으로 몸을 훼상하였고 삼 년 동안 글방에 나가지 않으며 여러 아이들과 함께 일을 하였다. 식자들이 효성과 사랑이 이와 같은데도 하늘이 그 양친을 빼앗아 간 것을 의문하였으니, 이치란 알 수 없는 점이 있는 것이다. 상기(喪期)를 마친 뒤에 강재(剛齋) 송공(宋公 송치규(宋穉圭))의 문하로 나아가 배웠는데, 말에 법도가 있고 행동거지에 일정함이 있어서 혹 한 순간도 중단한 적이 없었다. 동문의 여러 사람들이 모두

공을 두고 말하여,

"과연 '남이 한 번에 능하면 나는 열 번을 하는 것'[156]에 능하니 그 부지런함을 따라갈 수가 없다."

라고 하였다.

집에 있을 적에 항상 '선(善)을 행하는 것이 가장 즐겁다.'[157]라는 말을 외면서 스스로 분발하였다. 세 형과 약속하여 말하기를,

"우리 형제는 일찍 고아가 되어 학문을 하지 못하였고 또 함께 끌어줄 사우(師友)도 없습니다. 만약 스스로 단속하지 않는다면 방탕하고 사치스러운 일을 못할 짓이 없게 될 것입니다. 지금부터는 술 마시고 노름하지 말며 노닐고 즐기느라 학업을 폐하지 말아야 합니다. 자신이 비단옷을 겹으로 입고 상에 맛있는 반찬을 두 가지 이상 놓기보다는 차라리 절약하여 남에게 베풀어주는 것이 낫습니다."

라고 하였다. 자질(子姪)과 동복(僮僕)은 각각 사농(士農)의 업(業)에 힘쓰게 하여 한 사람도 유의유식(遊衣遊食)하는 자가 없도록 하였다. 매순(每旬)에 한 집안의 궁핍한 자를 살펴 구휼해 주었고, 또 약속하여 각각 곡식을 내어서 별도로 저장하였다가 식구의 수를 따져 굶주림을 주휼하였다. 이 덕분에 무자년(1828, 순조28)의 흉년을 만났을

156 남이……것 : 이는《중용장구(中庸章句)》제20장에 나오는 말을 원용한 것으로, "남이 한 번에 능하거든 나는 백 번을 하며, 남이 열 번에 능하거든 나는 천 번을 하여야 한다.〔人一能之, 己百之, 人十能之, 己千之.〕"라고 하였다.

157 선(善)을……즐겁다 : 후한(後漢) 명제(明帝)가 광무제(光武帝)의 여덟째 아들인 동평왕(東平王) 유창(劉蒼)에게 집에 있을 적에 무엇이 가장 즐거우냐고 묻자, 유창이 "선(善)을 행하는 것이 가장 즐겁습니다.〔爲善最樂〕"라고 대답한 고사가 있다.《後漢書 卷42 東平憲王列傳》

때에 온 고을이 배고픔에 허덕였으나 공의 친족 수십 집은 한 사람도 굶주려 죽는 이가 없었다.

항상 어버이의 얼굴을 알지 못하는 것을 지극한 애통으로 여겨서 자최(齊衰)나 참최(斬衰)의 상복을 입은 사람을 보면 반드시 눈물을 흘리며 말하기를,

"사람의 자식이 되어서 이 상복을 입지 못하였으니, 죽는 것만 못한 지가 오래되었다."

라고 하였다. 심지어 삼년 간 추복(追服)하려고까지 하였으나 이윽고 말하기를,

"세 형이 상기를 마치고 평인(平人)이 된 지가 이미 오래되었는데 아우 하나가 홀로 안쓰럽게 상복을 입는다면 남들이 보기에 어떠하겠는가."

라고 하였다. 마침내 정(情)을 누르고 행하지 않았으나 그래도 심상을 뒤늦게 행하여 슬퍼하며 일을 폐하기를 삼 년간 하였다. 선유(先儒)들의 예설(禮說)을 모아서 내용을 가감하고 해석하여 하나의 가법(家法)을 저술하였다. 종족과 향당에 상(喪)이 있을 때마다 반드시 가서 곡하여 슬픔을 다하고 상차(喪次)에 있으면서 염습하는 절차를 살펴보았다. 경인년(1830, 순조30) 익종(翼宗)[158]의 상(喪)이 났을 적에는 인산(因山) 전에 술을 마시거나 고기를 먹지 않았고 삼 년 동안 쓸데없

**158** 익종(翼宗) : 1809~1830. 자는 덕인(德寅), 호는 경헌(敬軒), 시호는 효명(孝明)이다. 순조와 순원왕후(純元王后) 김씨(金氏)의 소생으로, 1812년(순조12) 왕세자에 책봉되었고, 순조 말년에 대리청정을 하면서 많은 공로가 있었으나 4년 만에 훙서하였다. 아들인 헌종이 즉위하면서 익종으로 추존되었다.

이 출입하지 않았다. 병이 위독하였을 적에 유릉(裕陵)[159]의 상제(祥祭)를 만났는데, 맛있는 음식을 올리지 못하게 하였다.

평소 성품이 편안하고 고요하여 화려한 것을 좋아하지 않았으며 오직 산수(山水)에 대해서 지락(至樂)이 있었다. 만년에 분계(粉溪) 한 구석에 집을 짓고 꽃을 심고서 그 사이에서 소요하였다. 근처 골짜기의 촌 학동 중에 찾아와 학업을 청하는 이가 있으면 반드시 마음을 다하여 가르치고 이끌어서 영재(英才)로 변화시킨 경우가 또한 많았다.

순묘(純廟 순조) 임진년(1832, 순조32) 5월 9일에 분계의 우소(寓所)에서 별세하였으니, 향년이 겨우 34세였다. 배위 창녕 조씨(昌寧曺氏)는 사인(士人) 덕명(德明)의 딸로, 매계(梅溪) 위(偉)의 후손이다. 자식이 없어서 중형(仲兄) 필찬(必瓚)의 아들 재헌(在巘)을 후사로 삼았다. 맹양산(孟陽山) 경좌(庚坐)의 언덕에 장례하였다. 상(喪)을 치르고 장례를 지낼 적에 원근의 사우(士友)들이 모두 목 놓아 곡하며 말하기를,

"어진 선비를 다시 볼 수 없게 되었다."

라고 하였다.

나는 일찍이 강재의 문하에 청수(淸修)하고 독실한 선비들이 많다고 들었는데, 공의 행록(行錄)을 보고는 공의 실제 행실과 독실한 학문이 이처럼 잡티가 없이 순수함을 더욱 잘 알게 되었다. 그러나 짧은 수명에 국한되어 끝내 이름을 이룬 바가 없게 되었으니, 아마도 옛날에 이른바 '꽃은 피었으나 열매를 맺지 못하는 경우'[160]로서 성인(聖人)이

**159** 유릉(裕陵) : 익종(翼宗)의 능호인 수릉(綏陵)의 오류로 보인다.

**160** 꽃은…… 경우 : 이는《논어(論語)》〈자한(子罕)〉에 보이는 말로, 공자(孔子)가

일찍이 깊이 애석해하였던 바일 것이다. 재헌이 천리 길을 찾아와서 나에게 행장을 지어줄 것을 청하였는데, 그 정성이 간절하였다. 그러므로 병을 무릅쓰고 이상과 같이 기술하는 바이다. 또 그가 단정하고 깨끗하여 선고를 계술(繼述)할 수 있음을 아끼니, 공의 사후의 일에 대하여 기대가 없을 수 없다.

말씀하기를, "싹은 났으나 꽃을 피우지 못하는 경우도 있고, 꽃은 피었으나 열매를 맺지 못하는 경우도 있다.〔苗而不秀者, 有矣夫; 秀而不實者, 有矣夫.〕"라고 하였다.

지은이 홍직필(洪直弼)

1776년(영조52) 6월 13일 신시(申時)에 한성의 주자동(鑄字洞)에서 태어나 1852년(철종3) 7월 17일 유시(酉時)에 노호(鷺湖)의 노의정사(蘆漪精舍)에서 향년 77세로 세상을 떠났다. 초명은 긍필(兢弼), 자는 백응(伯應)·백림(伯臨), 호는 매산(梅山), 본관은 남양(南陽)이며, 시호는 문경(文敬)이다. 평생 출사하지 않고 학문 강학에 힘써 근재(近齋) 박윤원(朴胤源) 문하에서 그 학맥을 계승하고 이를 후대에 전한 노론(老論) 낙론(洛論)의 핵심 사상가이자 문인 교육자이다. 학문은 박윤원 외에도 노주(老洲) 오희상(吳熙常)의 영향을 많이 받았으며 문하의 제자로 전재(全齋) 임헌회(任憲晦), 중암(重菴) 김평묵(金平默) 등이 있다.

옮긴이

신상후(申相厚)

1981년 서울에서 태어났다. 이화여자대학교 철학과를 졸업하고 동 대학원 철학과에서 석사학위와 박사학위를 취득하였다. 한국고전번역원 부설 고전번역교육원의 연수과정과 전문과정을 마쳤다. 성신여자대학교 고전연구소 연구원을 지냈고, 현재 이화여자대학교 철학과 강사로 재직하고 있다. 번역서로는 《주역정의》(공역), 《도곡집》(공역)이 있으며, 논문으로는 〈주희의 미발 지각론 연구〉, 〈조선조 낙학의 미발심론 연구〉, 〈왕필 『주역』 해석의 특징에 관한 연구〉, 〈강정일당의 공부론과 그 철학적 토대〉 등이 있다.

이정은(李貞恩)

1983년 경기도 포천에서 태어났다. 성신여자대학교 한문교육과를 졸업하고 동 대학원 한문학과 석사학위를 취득하였다. 한국고전번역원 부설 고전번역교육원의 연수과정과 전문과정을 마쳤다. 현재 성신여자대학교 고전연구소 선임연구원으로 재직하고 있다. 번역서로는 《도곡집》(공역)이 있다.

※ 각 권별 옮긴이는 권44·45 신상후, 권46·47 이정은이다.

**권역별거점연구소협동번역사업 연구진**

연구책임자 **신영주**(성신여자대학교 한문교육과 교수)
공동연구원 **김여주**(성신여자대학교 한문교육과 교수)
**김용재**(성신여자대학교 한문교육과 교수)
**류준경**(성신여자대학교 한문교육과 교수)
**이종덕**(한국고전번역원 부설 고전번역교육원 강사)
책임연구원 **성백효**
연 구 원 **김창효** **연석환**
**사경화** **신상후**
**이영준** **이정은**
**김성은** **박희정**
윤 문 **윤은숙**


매산집 16

홍직필 지음 | 신상후 · 이정은 옮김

2021년 12월 31일 초판 1쇄 발행

편집 · 발행 학자원

등록 2011.4.6 제2011-14호

주소 (05355) 서울시 강동구 천호대로 1121

전화 02-6403-1000 | 팩스 02-6338-1001 | 이메일 hakjaone@daum.net





값 40,000원

ISBN 979-11-6247-247-7 94810
979-11-87806-00-4 (세트)